经济人的精神世界

JINGJIREN DE JINGSHEN SHIJIE

王泓远◎著

经济人的精神世界

王泓远　著

中国财政经济出版社

图书在版编目（CIP）数据

经济人的精神世界/王泓远著．—北京：中国财政经济出版社，2011.6
ISBN 978-7-5095-2625-5

Ⅰ.①经… Ⅱ.①王… Ⅲ.①经济学-精神（哲学）-研究 Ⅳ.①F0-02

中国版本图书馆CIP数据核字（2011）第016401号

责任编辑：卢关平　　责任校对：黄亚青
封面设计：孙俪铭　　版式设计：兰　波

中国财政经济出版社出版
URL：http：//www.cfeph.cn
E-mail：cfeph@cfeph.cn

社址：北京市海淀区阜成路甲28号　邮政编码：100142
发行处电话：88190406　财经书店电话：64033436
北京金华印刷有限公司印刷　各地新华书店经销
787×1092毫米　16开　26.25印张　432 000字
2011年8月第1版　2011年8月北京第1次印刷
印数：1--3500册　定价：49.00元
ISBN 978-7-5095-2625-5/F·2234
（图书出现印装问题，本社负责调换）
本社质量投诉电话：010-88190744

自　序

经济人的精神世界

序言写在最后而放在最前，因此，序言对任何一部著作都具有总结性和导言性，拙作也是如此。东西方主流经济学本质上是一门人学——经济人学。在未叙述这一主题思想之前简单地回忆一下经济学的治学思路变化，无疑对于我们认识、概括和表述经济人学具有积极意义。书是由人写人读的，所以，经济人学与经济学人是对应着的，即“人写书，书写人”的对应关系。在中国，经济学理论队伍对中国革命、建设和改革是作出贡献的，这是主流、本质方面，必须予以充分肯定。他们的忠诚、信仰和坚韧精神永远值得人们敬重和弘扬！但也有人“画说”这个理论队伍有点“东倒西歪”，其理论语言有些“东拉西扯”。新中国成立 60 年来，前 30 年一边倒，倒向苏联，言必苏联，书必苏联；同时，对西方经济学则采取“一要批判，二要否定”的态度。从经济人学的博弈观点可说是计划经济人打败了市场经济人。后 30 年又一边歪，歪向西方，言必西方，书必西方；同时，有人对东方经济学即马克思主义经济学则采取“一要冷对，二要淡化”的态度。这又可说是市场经济人打败了计划经济人。至于何年何月才能真正确立具有中国特色、中国气派的理论经济学，即马克思主义经济学的中国化、时代化和大众化，恐怕还要 30 年。学说史一再表明，急了不行，欲速则不达。

1978 年是中国社会主义历史发展的分水岭，也是理论经济科学发展的里程碑。改革开放打开国门之后，我们有机会接触到一点西方经济学，主要是萨缪尔森、诺德豪斯为代表的西方《经济学》。这两位学者尽管在《经济学》中大批马克思的经济文品，竭力否定马克思的劳动价值理论和社会主义制度，但有趣的是，他们却在书中盛赞马克思的人品，说马克思是经济学界的“巨匠”（萨缪尔森、诺德豪斯《经济学》上册第15页），是“智慧大师”（《经济学》下册第1290页），是“伟大的人物”（《经济学》下册第1293页），在长期形成的所有西方学者都是反马克思的思维定势之下，他们此言使我为之一振和沉思。作为人文科学，其理论的最高思维形式不是概念、范畴、规律等范式，而是借以升华的信念和信仰。我虽然还不是马克思主义的虔诚孝子，但习惯却使我养成了谁在文品中颂扬马克思或肯定社会主义，我就有一种“爱你没商量”的感觉。这决不是“愚忠”。我想这总比国人编写的西方经济学对马克思闷着一声不吭要好吧！更何况这两位经济学家自叙其学说特点是混合经济学，坦称混合“综合”了古典经济学和马克思经济学呢！而且，早在60余年前，这两位美国著名经济学家就尖锐地评述了美国经济科学的走向，指出经济学本质上是一门发展科学，并嘱咐人们不要忘记，“看不见的手”有时会引导经济走上错误的道路，直言计划经济和市场经济是两种极端的经济体制形式，都不能代表当今世界经济制度的发展现实。同时他们还为美国极端的自由市场经济开出了一剂药方，“现代的社会经济制度，没有一个是其中的一种纯粹形式。相反，社会是带有市场、命令和传统成分的混合经济。”（命令一语，该书作者视同计划经济）换句话说，经济人并不是纯种的而是混血的经济人。我这个人对内有点浪漫对外有点幻想，如果后来的美国位高权重者采纳了萨氏的如此醒世名言，美国如今焉能陷入金融危机的灭顶之灾！临危受命的美国另一位当政的经济学家伯南克在《大箫条》著作中认为解释大箫条是经济学的“圣杯”，并专门总结了美国1929—1932年的金融危机，告诫人们吸取历史上的惨痛教训，可是恰恰是在他担任美联储主席之际使美国爆发了第二次金融危机。看来还是社会存在决定社会意识，“人算不如天算”！

课本课本，一课之本。对于国人，东西方主流经济学无疑是“进口货”、“舶来品”。其理论思维语言形式，东方的马克思经济学是德意志式的思辨语言，这种语言讲究整体性、公理性和规范性，同中国汉人语言的散文性、达意性和演化性是有很大差别的，因此，人们理解和运用这种经济学是似易实难的，至今也很难说《资本论》这部马克思经济学巨著已入心入脑了。在中国，东西方主流经济学的“理性”表述形式无疑影响着经济学界：一次是将马克思经济学理性化，从概念到概念的诠释，并把它奉为“经典”；另一次是把西方经济学理性的数理化，从公式到模型的推论，以至将经济学当做

“数控机床”来操作；还有一次是鲜为人知的，中国人民大学经济系孟氧教授及其爱徒以物理学上的“场论”为题创作的《经济学社会场论》（1990年版）。这些理上加理的经济著作思维形式是否禁锢了国人天生的散发式的头脑，拖累了中国理智经济学的前进步伐，是值得深思和评估的。爱因斯坦说：“纯粹的逻辑思维不可能给予我们任何关于经验世界的知识；一切关于实在的知识，都始于经验，又止于经验。”（《爱因斯坦——相对论一百年》第15页）“钱”、“爱”、“梦”可能是今日频率最高的三个流行语。每一个人都曾做过梦，也都想做个好梦，但是最好的梦还是赶快醒来！学贯东西的黑格尔大师在《哲学史讲演录》中给我们提了一个醒，他在评述中国先贤老子、孔子等著作文体时惊叹地说道：“在中国的哲学里，我们遇见了一种十分特别的完全散文式的理智。”（《哲学史讲演录》第1卷第132页），就是说，黑格尔敏锐地发现中国先哲们在诠释人类智慧结晶哲学“理智”时，同他们具有不同的思维语言表述方式，他们是思辨式语言而国人是散文式语言。两种不同语言方式同样伟大，同样高尚，同样真挚，可谓是殊途同归，各领风骚。当然，中西文化确有相似相通之处。就纯粹的思维形式言，国人“散文式的理智”也有类似于西方德国古典哲学上的物质、精神、存在、思维、理性、意识等一样的道、名、仁、义、天、地、物（如五行：金、木、水、火、土）等核心概念，而且这些概念相比西方表述得更集中、更简单、更纯粹。可见，中国的“散文不散”。至于墨子门徒将“卵有毛”、“马下蛋”、“狗亦可谓一羔羊”、“鸡有三足”、“火不热”、“车轮不辗地”以及“龟身长于蛇”等看似奇谈怪论，兴许就是中国古代辩证法的“散文式的理智”表述形式。一般地说，内涵越是简单纯粹的东西它的外延就越广阔，包容的东西就越多。这或许就是国人在讲“道”的同时强调讲“名”，讲究名副其实，名正言顺的表述方式。值得指出的是，前不久中国著名文学家王蒙在北京卫视深入浅出地讲解了“老子”后出版了《老子十八讲》，这部脍炙人口的哲学著作就是他用娴熟的“散文式的理智”诠释老子哲学——《易经》的成果。“话须通俗方传远，语必关风始动人。”我相信，既然如今哲学已经走在前头，经济学还会落下太远吗!？在人类两大基本生产——物质生产和精神生产的活动中，人们对于物质生产及其产品命名比较容易，也比较容易达成共识；然而对于精神生产及其产品却难以取得共识，有时尽管在同代人勉强地达成了共识，然而到了下一代人又产生了对立和歧义。反映人们物质利益关系的经济学的文学都是蘸上蜜糖的，所以，我想经济学的用语可能更是如此啊！

在 20 世纪 40 年代末，正是“东风压倒西风”之际，机智的萨缪尔森、诺德豪斯在他们的《经济学》绪论中惊呼：“10 亿多人，约占全世界人口的 1/3，生活在把《资本论》当做经济学真理的国度里。”（《经济学》上册第 3 页）他们哪里知道，即使是在当代也有如《资本论》出版问世不久，德国著名思想家、历史学家梅林评述时所说的那样：对《资本论》惊讶的人多，读它的人少；对《资本论》惊叹的人多，理解的人少。中国改革开放后，学术界的春天来了。经济学家陈征、洪远朋等学人写出了一部又一部的《资本论》注释和解说，后由宋涛主编、顾海良副主编和蔡超等人作画还出版了《画说资本论》（笔者和江西财经大学宋醒民教授均为该书编委），最近上海人民出版社出版了学者吴兴人的图文并茂的《话说资本论》；他们这些“画说”和“话说”《资本论》尽管对于学习、普及和传播马克思《资本论》发挥了积极作用，然而平心而论，所有这些“翻译”、“美容”的功夫并不是文本上的，只是文体上的东西。《资本论》的生命力不仅在于流行，更在于流传。所以，除了“美容师”的美容之外，重要的是要有一大批赤胆忠心的传播师。那么，如何传播呢？恩格斯明确指出，马克思主义不是教义而是一种方法，即立场、观点和方法。他将浩如烟海、博大精深的马克思著作凝结为“是一种方法”。可谓是“悠悠万世，惟此为大”啊！从一定意义上讲，马克思《资本论》确实是一部经济学的方法论，萨缪尔森《经济学》则是一部方法学。有趣的是，已故的著名影视导演谢晋曾给精神产品做过广告形象的代言人，他说《学习的革命》一书是一部影响儿童前途和命运的好书。我慕名买了一本，读过后却大都已记不起来了，可是有两句话却使我过目不忘，记忆犹新。该书说，学校教育有两条基本规定或两条基本原则：“学习怎样学习，学习怎样思考。”我们若将这两条合成提炼出来无非就是方法问题。如果说《学习的革命》还只是用一般方法说教的话，那么，中国“海归”经济学人竭力推荐的美国经济学家曼昆《经济学原理》（北京大学出版社 1999 年版）的“序言”中却说出了经济学的教学目的是使学生“成为好公民”。此言道出了作为教师的使命和责任，所以，我愿将其原文抄录如下：“我坚定地相信，每一个人都应该学习经济学所提供的基本思想。普通教育的目的之一是让人们更多地了解世界，以便使他们成为好公民。经济学的学

习和任何一门学科的学习一样是服务于这个目的。”（曼昆：《经济学原理》，北京大学出版社 1999 年版，第 6 页）

一提到经济人，学界几乎异口同声地以斯密那只“看不见的手”作为经济人的思维模特，并以利己利他、理性非理性作为论述限界，这恐怕是经济人学之所以困惑和滞后的一个主要原因。斯密全称是亚当·斯密。亚当见于《圣经》中第一个人的名字，意为“出于众多”，而他的姓“斯密”则意为“劳动者”。也许由于名正言顺的缘故，作为资产阶级经济学家，斯密尚能理直气壮地坚持劳动价值论，《国民财富的性质和原因的研究》（又译《国富论》）（商务印书馆 1972 年版）中的三条劳动价值基本命题就是他那个经济人的灵魂和核心：（1）他首先将劳动和价值作出因果分析，指出：“劳动是衡量一切商品交换价值的真实尺度”（《国富论》上卷第 26 页），同时强调“只有用劳动作标准，才能在一切时代和一切地方比较各种商品的价值”（《国富论》上卷第 32 页）。（2）他还从劳动价值“尺度”、“标准”讲到“产权”，强调“劳动所有权是一切其他所有权的主要基础，所以，这种所有权是最神圣不可侵犯的”（《国富论》上卷第 115 页）。（3）斯密似乎已料到了资本家及其卫道士的诡辩术，于是设问指出，“也许有人说，资本的利润只是特种劳动工资的别名，换言之，不外是监督指挥这种劳动的工资。但利润与工资截然不同，它们受着两个完全不同的原则的支配，而且资本的利润同所谓监督指挥这种劳动的数量、强度与技巧不成比例。利润完全受所投资本的价值的支配，利润的多少与资本的大小恰成比例”（《国富论》上卷第 43 页）。斯密在他生命的最后几年精心修润的《道德情操论》中新增加了一章《关于我们的道德情操的败坏，即我们的情操被崇拜富贵和鄙视贫困所占据》，他此言倾诉了他对经济人的爱憎分明的治学观，若比起学界有人声称“为穷人说话，为富人办事”的藐视公允的治学观，其言多么高尚和真挚啊！所以，我认为，斯密经济人首先是也主要是劳动经济人，至于他那只“看不见的手”无疑是劳动价值之手。在斯密之后，有意识地将经济学视为人学的首推马歇尔的《经济学原理》（1890 年），马歇尔在绪论中开宗明义地指出：“经济学是一门研究财富的学问，同时也是研究人的学问。”不仅如此，马歇尔还在行文中以利己利人（即利他）作为主题三次提到了“经济人”，并在序言中自叙说到他“曾经有过这样的打算：以一个‘经济人’的活动为内容，建立一个抽象的经济学”。当然“打算”毕竟是打算，把“打算”变成为现实谈何容易。更何况，在马歇尔以前很久，马克思已在《资本论》中用“经济范畴的人格化”论述了一部“抽象的经济学”；在马克思以前很久，他的英国老乡斯密早在《国富论》里描述了渔夫和猎人、富人和穷人的形象经济学。所以，马歇尔尽管一心想要写出“经济人”学，但他已无力超越其前辈，只好作为一个美好的“打算”而留在学说史之中了。

人这个主体作用于客体并通过刺激一反应而外在地产生了思维语言形式。所以，说到经济人，一个关键问题是如何正确地解决人与人、经济人与经济人之间的沟通和交流的思维语言形式问题。《论语》最后一章指出，不知言，不知人也。近代瑞士著名语言大师索绪尔从人这一主体关系上将语言和言语作了细分。他说，语言是人类的、集体的、共时性的，它讲究规范性、公理性和强制性；而言语不同，言语是指在人类语言中的个人用语，而个人用语往往带有原生的、感性的、演化的诸多特点。从发生学讲，语言或言语都是人、经济人在社会经济文化活动实践中演化出来的感性理性两种思维语言形式。由此使我们联想到关于科学的一种规定问题。长期以来，人们存在一种误判，总以为感性经验不算科学，只有理性经验才是科学。可是西方科学发展却是以感性与理性的经验积累作为诠释科学发展两个相继阶段的。德国古典哲学鼻祖康德率先将科学分为“经验”和“超验”两部分。后来黑格尔顺着康德的思路将“经验”上升称为“经验科学”，将“超验”则称为“思辨科学”。黑格尔还将两者作一比较说明：“思辨科学对于经验科学的内容并不是置之不理，而是加以承认与利用，将经验科学中的普遍原则、规律和分类等加以承认和应用，以充实其自身的内容。”（《小逻辑》第49页）由此可见，他们是将感性经验和理性超验进而将经验科学和思辨科学都看做是科学的，我认为，这才是他们著作的本质规定。后来恩格斯明确指出：“关于思维的科学，和其他任何科学一样，是一种历史的科学。”强调“政治经济学本质上是一门历史的科学”，并将马克思《资本论》这部政治经济学定性为经验科学（《马克思恩格斯选集》第3卷，人民出版社1972年版，第470页）。所以，理论经济学本质上是一门历史的经验科学，并不是思辨科学或经济哲学。与时俱进的农业经济、工业经济和知识经济等经济史以及经济学说史就是一门经验科学的历史诠释形式。所以，经济学其用语无疑具有历史的民族的语言形式，而从经济学中抽象出经济人学的语言形式是以个人为主题的，如前所述，个人用语通常是原生的、随机的、演绎的，有时还用肢体等语言形式来表情达意，借以沟通和交流。

“道可道非常道，名可名非常名。”如今能否设想从经济学中脱胎出一门经济人学，像从母体脱胎出婴儿一样各有与其对方沟通、交流的思维语言形式。例如，经济学一个核心概念“货币”的用语就是这样。现在看来，这种货币用语一旦离开了学府大院平常人就很难讲得通用得通的，而人们通用的语言仍然叫“钱”，大上海叫钞票的人比叫钱的人更多。中国古代金融学者东晋鲁褒的《钱神论》向我们展示了经济人的一部言词生活史，他说：“钱之所在，危可使安，死可使活；钱之所去，贵可使贱，生可使杀。是故忿诤辩讼，非钱不胜；孤弱幽滞，非钱不拔；怨仇嫌恨，非钱不解；令问笑谈，非钱不发。”在经济全球化和国际化大潮中国人依然以“钱”字作为人们之间通用的经济语言。从个人到群体几乎都是如此。钱老钱学森明志说：“我姓钱，但是我不爱钱。”中央电视台（以下简称“央视”）著名主持人崔永元在“小崔说事”栏目中同数学家杨乐等一批科学家对话时说道：“第一次听到这么多的科学家在一起谈钱。”如今出版刊物呈几何级数增长，可谓“读书读皮，读报读题”都读不过来了。然而书市上仍有一种出版物如雨后春笋般地发展，如《你的钱呢——点击经济学关键词》、《赚钱一定有方法——轻松赚钱的72个秘决》等。此外，还有一部现代版的“钱神论”即庄恩岳主编的《人生每日忠告》一书，据笔者统计满眼是“钱”：“摇钱树”、“赚钱”、“赔钱”、“挣钱”、“死钱”、“玩钱”、“活钱”、“骗钱”、“黑钱”、“灰钱”、“黑心钱”、“血汗钱”、“挣洋钱”、“掏钱包”、“正道钱”、“赚大钱”、“赚女人钱”、“赚儿童钱”、“赚开心钱”、“赚智慧钱”等752个“钱”字，称得上是中国现代版的“钱经”或一部货币金融学。如果再将国人讲的挣钱（工资）、本钱（资本）、赚钱（利润或剩余价值）等钱字有机串连起来或许会构成一部中国经济学。一个“钱”字不知要比“货币”涵盖多么广阔，影响多么深远！有意思的是，今日经济学人谁会想到继斯密经济人那只“看不见的手”之后，温家宝总理在应对金融危机时使出了“看得见的手”。温家宝总理强调“出手要快，出拳要重”等名言，言犹在耳，深入人心，难道斯密之“手”同温家宝总理之“手”在经济理论、思维文化建树上不是等价概念吗？荣获1938年诺贝尔文学奖的赛珍珠曾为我国著名学者林语堂的《中国人》一书作序时说，这是迄今为止最真实、最深刻、最完备、最重要的一部关于中国的著作。林语堂在总结国人的用语特点时说：中国人在判断某论点正确与否时，并不仅仅诉诸道理，而是既诉诸道理，也诉诸人情。“REASONABLENESS”译成中文为“情理”，包含了两方面的内容，“情”即“人情”或“人性”；“理”即“天理”或“外部原因”。“情”代表着可评价某项活动或某个历史问题的标准。就是说，中国人所思所言、为人处事是始终讲究“合情合理，通情达理”的，经济人何尝不应具有如此通情达理的人文精神呢。

恩格斯说，写什么怎么写是个风格问题。在语言风格上，英国人和德国人不完全一样。有人介绍说莎士比亚在写作时并没有规范性的词书验证自己的用词造句是否正确。17世纪以来，英国经济学家们在培根这位“唯物主义的鼻祖”的归纳方法影响下传承了文理学科的写作风格。斯密是腰缠万贯、阅历丰富又当过陪臣的教书匠，他一生十分讲究用词造句的功夫，他那部流芳后世的《国富论》上的仅仅一只“看不见的手”竟被后人痴迷地演绎成为一个栩栩如生的市场经济人。西方经济学甚至把斯密那只“看不见的手”当做“千手观音”来膜拜。然而德国经济学不同，因深受德国古典哲学的感染和熏陶，其叙述文体过于拘谨和死板。据讲康德终生在偏辟的乡村生活和写作，每日固定时间和线路在柯尼斯堡乡间的一条小路上散步，他这种程式化的生活方式，竟然成为村妇们校对钟表的根据。而他的学说的集大成者黑格尔则将人们有血有肉的丰富思想透视如同一副X片、抽象出一张从概念到概念的思维路线图，规定人们只能按其思路所思所行，所以，后来的德国经济学无一不受其影响和制约。尽管都是哲学，但在文体形式上，黑格尔的《哲学史讲演录》和《小逻辑》两部著作在表述风格上也并不一样，前者以感性为主，后者以理性为主。值得指出的是，马克思批判地继承了德意志思辨方式。他早年在柏林大学读书给他父亲写信明志说道：“我打算埋头于科学和艺术。”此后尽管马克思评论过歌德、黑格尔等人的美学思想，评述过拉萨尔的《济金根》的剧作，并创作过悲剧《乌兰涅姆》和讽刺小说《斯考尔昂和菲力克斯》，还给他热恋中的燕妮写了三本诗集以及相当数量的文学作品。然而历史却选择了他将毕生的主要精力和时间从事于社会科学尤其是经济科学。即便如此，他仍痴志不移地坚持“科学和艺术”相一致的创作精神，将其呕心沥血的《资本论》写成了“一个艺术的整体”。马克思在介绍挚友库格曼医生夫人读书时提示她不妨先读《资本论》中“工作日”等描述性部分，就是一个明证。后来马克思和恩格斯的得意弟子考茨基在恩格斯的指导下写出了《马克思的经济学说》，这部独树一帜、行文明快的经济学著作是《资本论》问世以来的第一部散文式的普及本，也是一个深入浅出的范本。一百四十余年后，萨缪尔森和诺德豪斯在《经济学》中明确指出："经济学是科学，也是艺术。"两位经济学大师如此评价其经济科学特色，就是对我们转喻和期待，呼唤我们同他们一道进入经济学的真、善、美的境界，即经济人的真、善、美的精神世界。

本书之所以选择经济人作为论述对象的主体，除了前面各种原因之外，重要原因是，人作为一个类，它的基本单位是个人，是具有生命实体的个人；而由个人结成的群体乃至人类则是衍化的虚体的。在这里，认识人的实体和虚体对于形塑经济人显然有着方法意义。当然，孤独的个人是不能生存发展的，只有结合成一定的群体才能生存和发展。所以，人又是名副其实的群体动物。最早由两性个人结成群婚制家庭，接着出现了家族、氏族、部落、民族、国家和世界等组织制度形式。用经济学语言诠释，这些组织制度形式无非是特殊的生产关系和经济关系形式。如果我们将人类出现的因各种需要如物质、能量和信息的生理需要（欲望）和心理需要（希望）而结成的各种组织制度形式，用纯粹的思维形式来表述，就是个人——群体——人类同心圆式的有机群体。这个有机群体的起点、核心和实体不是别的，而是有生命的个人。古希腊哲人只是呼唤"人啊，要认识你自己"，那么，人应该怎样认识自己呢？中国先哲孙子告诉我们"知彼知己，百战不殆；不知彼而知己，一胜一负；不知彼不知己，每战必败"。就是说，人要认识人要有个参照物，要有两个人才能认知自己。恩格斯在介绍和评述马克思经济学"从商品开始"时同样指出，"在这个产品中结合着两个人"。与恩格斯志同道合的马克思人性化地分析指出，"社会关系的含义是指许多个人的合作"。后来他把这种许多个人的"合作"抽象为人与人的合作，进而将人与人的合作归纳为我和你的合作。他说："（1）我在我的生产中物化了我的个性和我的个性的特点，……（2）在你享受或使用我的产品时，我直接享受到的是：既意识到我的劳动满足了人的需要，从而物化了人的本质，又创造了与另一个人的本质的需要相符合的物品。（3）对你来说，我是你与类之间的中介人，……（4）在我个人的生命表现中，我直接创造了你的生命表现，因而在我个人的活动中，我直接证实和实现了我的真正的本质，即我的人的本质，我的社会的本质。"（《马克思恩格斯全集》第42卷，人民出版社1979

年版，第37页）马克思如此生动而深刻地说明了市场经济人的精神世界，就是为我们提示了分析生产关系和经济关系的思维“模块”，生动地告诉人们社会合作关系就是你和我的两个现实经济人之间的合作关系。所以，在市场经济诸种关系之中你和我则是最经常、最普遍、最本质的生产关系和经济关系。西方经济学开篇上的供给和需求同样地体现了你和我两个经济人之间的经济关系。因此，从方法论上讲，作为经济人通常是：“你就是你，我就是我；你中有我，我中有你；你就是我，我就是你”三重生产经济关系。附图显示如下：

经济人在漫长的交换关系岁月中，首先遵循“你就是你，我就是我”的相对独立的法人资格，承认对方是产权所有者，并按照一种经济权利同另一种经济权利相交换的契约规范，严格地遵守市场上的各种游戏规则进行产权产品的交换关系。这时经济人之间预知对方是独立的经济法人。每一方只有通过双方共同一致的意志行为，才能让渡自己的商品，占有别人的商品，而且他们始终是一种平等（公平）的法制经济关系。其次交换双方主体有如地球与太阳的关系一样，他们应学会处理好自转和公转之间关系，充分地意识到“你中有我，我中有你”的经济利益关系。一切商品对它们的所有者是非使用价值，对它们非所有者是使用价值，彼此必须看到你的商品（使用价值）对我有用，我的商品（货币价值）对你有用。马克思说：“你和我在市场上只知道一个规律，即商品交换的规律。”商品交换，说到底是两种商品的劳动交换，是体现你我劳动交换关系的。重要的是，交换双方主体不仅仅是法制的、劳动的交换关系，还是“你就是我，我就是你”的人文经济关系。交换双方始终应坚持以人为本、以心换心的高尚的人品境界、健康的人生心态、情感的人生行为而直面对方，诚信相待，以达到和谐双赢之目的。央视少儿节目主题歌词有一句写得好：“我的心放在你那里”，反过来也是一样。当代才女于丹在讲述国学时常常好穿插一些富于哲理的故事。她说，一个人考察地狱和天堂，在考察地狱时发现，每个人都有一把一米长的勺子，但因勺子一米长，每个人都吃不到食物，结果面黄饥瘦；后来又去考察天堂，他一看都拿一米长的勺子，食物也都是一样，但是吃东西是你用勺子喂我，我用勺子喂你，结果个个红光满面，精神焕发。于丹在这里用"你用勺子喂我，我用勺子喂你"的故事显然体现了两个经济人的最基本的供求关系理念，体现了市场经济还是一种合作经济关系。正如物体中的"原子"、多媒体中的"比特"、生物体的"基因"一样，从经济学中找出"商品"和从经济人学中找出"你我"同样具有思维建模的积极意义。

你和我要生存要全面发展自然而然地将走向黑格尔、马克思指明的"人就是人的世界，就是国家，社会"。然而，黑格尔的世界和马克思的世界是不同的，黑格尔认为人过于忙碌于现实，驰骋于外界，不应"只去认识虚浮习气的东西"（今人叫做"浮躁"）而应沉稳地回归到内心的精神家园；而马克思的世界则是现实的、发展的、开放的精神世界，即"全世界无产者，联合起来!"前者内向、内敛，后者外向、张扬。为了达到如此的生存发展的精神世界，人类早期曾通过牧师、武士、商人和冒险家前行探路，接着是地主、资本家和雇佣工人等经济人各自高举土地、资本和劳动的大旗，沿着生产、分配、交换和消费的循环节拍前行。其中地主、资本家紧紧掌握着"大炮和黄油"、"大棒和胡萝卜"等硬实力和巧实力驱使人们"选择"和配置资源活动，在利益最大化的诱惑和驱使下，土地、资本经济人的自私、贪婪和疯狂，曾导致了人类蒙受了两次世界大战和两次世界金融经济危机之苦。当今美国确实强大，但并不伟大。历史上"罗马民族的伟大，是他们能够征服许多地方的原因，但他们的征服，破坏了他们的伟大"。这里如果我们把罗马征服换上美国征服其历史多么惊人地相似。"前事不忘，后事之师。"我们必须清醒地看到，以美国为首的西方发达国家对我国"西化"、"分化"的战略意图不会改变，他们亡我之心不死，念念不忘利用所谓"人权"、台湾、西藏、新疆、"中国威胁论"等问题制造事端。其中惯用"卡"、"挡"、"占"、"控"、"变"（艾丰语）等经济手段同我们较劲：(1)"卡"——用有利于他们的法制规则卡我们，要我们就范，阻止我国加入 WTO 十余年还嫌不够解恨，至今拒不承认我国是市场经济国家。(2)"挡"——利用所谓市场配额、反倾销法、技术壁垒等名目阻挡我国产品进入他们市场。(3)“占”——千方百计、无孔不入地占领我国一切市场份额。麦德龙、沃尔玛和家乐福等西方世界级商场竟然在发展中的中国经营起萝卜、白菜、豆浆和油条。(4)“控”——通过国际500强企业打入中国，控制一部分关系国计民生的大企业，对我国市场经济发展施加重大影响。(5)“变”——利用收买的内鬼——洋奴、汉奸、卖国贼之流妄图搞颜色革命。2006年初，美国总统布什自鸣得意地宣称：“我们成为‘玫瑰革命’（格鲁吉亚)、‘橙色革命’（乌克兰）以及‘郁金香革命’（吉尔吉斯斯坦）的见证者，上述革命只是开始……我们不会停止努力，因为这符合我们的国家利益。”谁会怀疑小布什会“停止努力”不想改变中国颜色呢！但是，在席卷全球的金融经济危机之中，惟有中国“风景这边独好”，社会主义不仅救了中国，社会主义也救了世界。西方有识之士公认中国是使世界经济复苏的“引领者”。社会主义或马克思主义铸造了无产阶级的思想家、革命家和领袖人物，由他们组织、统率本阶级的广大劳动人民和优秀分子高举“联合劳动”的伟大红旗，利用“人类社会所创造的一切，人类思想所建树的一切”如联合国、WTO组织、奥林匹克组织、世博组织以及和平、绿色和环保组织等形式，特别是“全世界无产者，联合起来!”等国际组织形式，心连心，手牵手地高唱同一首歌——《国际歌》，在科学发展的大路上阔步走向人类的全面发展的新世界——“各尽所能，各取所需”的大同世界。

重要的是，个人是主流经济学的理论出发点。这个出发点直接关系到逻辑思维进程的中介点和归宿点的，即关系到理论体系的确立和发展。贫民出身，才思敏捷的著名启蒙思想家卢梭曾说：“作为人性，它首先关心的是其自身。它的第一位法则是维护生存。”那么，人性如何维护生存呢？马克思和恩格斯研究指出，人首先只有解决好吃、穿、住、行、用的物质资料等东西，然后才能从事政治、法律、文化、科技、教育、艺术、宗教等精神活动。所以，物质生活资料生产是人类生存发展的共同基础，也是人们得以从事各种社会活动的共同基础。同时他们在哲学、经济学中反复强调研究个人活动的方法论意义时指出：“任何人类历史的第一个前提无疑是有生命的个人存在。”“这是一些现实的个人，是他们的活动和他们的物质条件。”“现实中的个人，也就是说，这些个人是从事活动的，进行物质生产的，因而是在一定的物质的、不受他们任意支配的界限、前提和条件下活动着的。”后来马克思于1857年在经济学手稿的导言中重申了这种个人观点，明确告诉我们："在社会中进行生产的个人，——因而，这些个人的一定社会性质的生产，自然是出发点。"（《马克思恩格斯选集》第2卷人民出版社1972年版，第86页），这种"社会中的个人"，在奴隶社会是奴隶主和奴隶、在封建社会是地主和农民、在资本主义社会则是资本家和雇佣工人。这些个人就是不同社会历史中的主体经济人。资本主义与社会主义没有不可逾越的界限，对遗体的解剖也是对活体深入认识的一种参照物。马克思在《资本论》序言中专门以资本主义生产方式及其生产关系和交换关系作为研究对象。我国学界对此研究对象曾持有三种见解，即研究生产方式、研究生产关系和研究交换关系。对此我们可存而不论。在我看来，马克思是将资本主义经济"一分为二"即分为资本主义的私有制经济的生产关系和市场经济运行的交换关系，尽管两种经济关系有联系有区别，但我们看到它们之间的区别是非常重要的。正如人们看到车与道、船与河的区别一样重要。在私有制生产关系下的经济人和在市场经济运行交换关系下的经济人，同样是有显著区别的。马克思《资本论》从生产关系领域和交换关系领域刻画了资本和劳动、资本家和雇佣工人的两副截然不同面貌。在市场交换关系中，交换双方本着所谓自由、平等等商品人文精神愿买愿卖，彼此成为自由经济人；然而市场交换关系这一自由、平等现象仅仅是再生产过程转瞬即逝的一种外观，当劳动经济人跟随资本经济人一起踏入资本家的"非请莫入"的工厂大门之后，人们马上"就会看到，我们的剧中人的面貌已经起了某些变化。原来的货币所有者成了资本家，昂首前行；劳动力所有者成了他的工人，尾随于后。一个笑容满面，雄心勃勃；一个战战兢兢，畏缩不前，像在市场上出卖了自己的皮一样，只有一个前途——让人家来鞣"。从马克思这段描述中不难看出，在生产关系领域是由剩余价值规律起支配作用，生产关系就是剥削关系，是死劳动剥削活劳动的问题；而在交换关系领域是价值规律起支配作用，交换关系则是自由买卖关系，是一种劳动同另一种劳动的交换合作问题。所以，从方法论讲，我们说明资本主义生产方式时应持"桥归桥，路归路"的具体问题具体分析。从经济学上认识、概括和表述这些主体经济人，马克思在《资本论》中为我们揭示了三重理论思维形式——"物的人格化和人格的物化"、"经济关系的人格化"和"经济范畴的人格化"。这"三化"无疑充分反映了人和自然、人和人、人和自己（有如弗洛伊德的本我、自我、超我三者和谐相处，人才得以健康快乐发展）之间的经济关系。所以，三重理论思维形式“一个都不能少”，则是马克思经济人的理论思维的内在规定和要求。

当然，想要写出这样一部有模有样的经济人学是很难很难的，难就难在“学”字上面。从“哲学”、“法学”到“经济学”的“学”字是泛指这门学问的研究对象、研究方法和研究任务以及研究目的、特点等思维方式，除了哲学本身具有方法论性质之外，作为经济学尤其是主流经济学或理论经济学，我国学界似乎不太重视研究“学”字的内涵和规定。笔者同样如此。因此，本书只能定名为《经济人的精神世界》，不敢标示经济人学的精神世界。本书并没有挖掘更多更新的思想资料，只是用人们熟知的思想资料叙说一个故事，关于经济人的故事。我写这个故事时断时续历经三年，用我们江西苏区老红军编织草鞋的经验来说就是“草鞋无样，边打边像”，是否像样敬请读者评说和指正。在1845年，马克思和恩格斯曾在《费尔巴哈》一文的脚注上写道：**“真正的人＝思维着的人的精神”**（《马克思恩格斯选集》第1卷，人民出版社1972年版，第55页）。1893年，恩格斯于晚年致梅林的一封信中深情地反思说道，他们最初创建学说时“把重点放在从作为基础的经济事实中探索”，“但是我们这样做的时候，为了内容而忽视了形式方面”。就是说，他们当初重视了经济的决定性作用而忽视了精神的反作用。这是马克思主义创始人的警世名言。所以，在经济人问题上我们切不可只盯住经济、商品或见物不见人，而是应确立以人为主体，见物更见人的精神。研究表明，我们解读经济人的问题实际上是揭示经济人的精神问题。江浙地区不仅经济发达其经济文化也发达。1998年，由时任江苏省委书记陈焕友作序，徐光耀和向民编著了一部名曰《江苏人的经济观》可翻译过来说是“江苏人的精神世界观”。2006年，李浩然先生编辑出版了一部《温洲人的经商智慧》，讲抽象一点实为“温州经济人的精神世界”，该书转述了著名学者刘吉对温州人的概括和评价说道：改革开放初期的温州很穷，温州人多出外谋生，当时被叫做“可怜的温州人”；20世纪80年代中后期，温州假冒伪劣产品泛滥，背负骂名的温州人被称为“可恨的温州人”；20世纪90世代，温州在市场经济发展中迈出了大步伐，全国都有温州人在闯市场，全国市场都有温州产品，大家都说是“可怕的温州人”；如今的温州，产品大阔步走向国际市场，行业打赢国际反倾销官司，人人称温州人为“可敬的温州人”。所以，本书试以人、经济人的生理及其心理的需要作为论述的主体对象，以物质生产和精神生产作为经济人生存发展的基本方式，运用感性和理性、形象和抽象、历史和现实、宏观和微观相结合的比较研究方法，并以历史、自然、劳动、阶级、民族、制度、社会、艺术作为主体的前提概念而诠释经济人的情、知、意、品的精神世界，以促使经济人自觉全面发展。在我收笔之际我看到了一条新闻，时间是2009年的深秋，地点是北京央视的演播室，经济学家、国家统计局总经济师姚景源在分析2009年经济形势时快人快语地说道："经济学像人一样，要看本质看发展。"他很可能是无意之中将经济学当做是人学——经济人学来讲的，然而却折射出经济学可能正在演变成经济人学的一缕曙光。

"知者乐水，仁者乐山。"最后让我用美国霍普金斯大学生物学者卡尔·P.斯望说过的治学之道作为结束语。他说："任何一门科学都像一条河。它隐隐约约，并从不太引人注目的地方开始，其进程时缓时急，有枯竭期，也有涨水期。由于许多人从事研究工作，各种思想像支流一样注入其中，势头得到加强。陆续产生的研究和结论使它得到加深和扩展。"我是一个"七分传统，三分浪漫"之人，这种人在毛泽东时代被看做是天然离经叛道的。"歪打正着。"我在"文化大革命"运动中被斗三年，下放十年（1968—1978年），那真是一条漫长的"文化苦旅"啊！老伴李淑环一提起此事，便埋怨说我还不是"啄木鸟死在树洞里，坏在嘴上！"但人性难改，我仍愿在这里将黑格尔在柏林大学讲演中的一段话转赠给中青年经济学教师，他语重情长地说道："我们老一辈的人是从时代的暴风雨中成长的，我们应该赞美诸君的幸福，因为你们的青春正是落在这样一些日子里，你们可以不受扰乱地专心从事真理和科学的探讨。"

王泓远

2009年12月26日

目 录

经济人的精神世界

于人性自私、贪婪和疯狂招致了两次世界大战和两次金融大萧条的惩罚；人与自然界动植物之间要和谐发展应向动植物学习，胡杨、三文鱼的生存拼搏精神令人深思和惊叹，而“劳动是财富之父，土地是财富之母”的人性化经济理念更值得人们传承和弘扬。人为了生存发展需要而进行的物质资料生产，应选择自然再生产和经济再生产相统一的经济循环的可持续发展方式。与此同时，人要抛弃人类中心主义、人类生存需要中心主义而选择与动植物共存共荣的伦理思维方式。

人类历史是一部劳动和劳动者的发展历史。西方经济学有过劳动价值、效用价值和稀缺价值三种主要价值思路的经济人，其中斯密的“只有劳动，能在一切时代、一切地方，比较各种商品价值”、“劳动所有权是一切其他所有权的主要基础”，是斯密经济人的主体精神，学界以“看不见的手”作为斯密经济人的化身无疑是以部分替代整体、个别代替一般，未必符合斯密的原著精神。劳动是马克思主义的灵魂和核心，而劳动二重性是马克思经济学的基础和枢纽，马克思经济人是发展的，19 世纪 40 年代用异化劳动、50 年代用劳动价值、60 年代用剩余价值劳动作为劳动经济人，他还打算创作一部名为“劳动的政治经济学”——而“人格的物化和物的人格化”、“经济关系的人格化”和“经济范畴的人格化”则是马克思制定经济人的三重理论思维形式，并据此诠释了资本和劳动、资本家和雇佣工人之间的既斗争又合作关系的实质、特点和前途。斯密和马克思为我们探索劳动经济人提供了科学方法论。

在阶级社会和有阶级层的社会里，人及其经济人无一不打上阶级阶层的烙印，每一社会时空都有多种生产、生产力和生产关系，同时只有一种生产、生产力和生产关系决定该社会性质及其发展趋势。与此同时，社会有多重的阶级结构体系，其中只有一个阶级取得了统治阶级地位。阶级阶层本质上是劳动问题，即分工是活动劳动，所有制主要是物化劳动；马克思强调的是生产资料物化劳动，列宁则偏重于人的活劳动。他认为阶级是一个集团占有、支配另一个集团的劳动问题。阶级首先也主要是劳动、土地、资本等经济资源的一种人文标志和尺度。古今中外有识之士倡导消灭阶级和阶级差别，实现人类无剥削无压迫的大同世界。在英文中，class 既可译为“阶级”也可译为“阶层”，而人所共知的原因引发国内外一些学者倾向于使用“阶层”描述经济人。

每一个人、经济人都深深地打上了与生俱来的民族胎记。族是词组的圆心，外延至家族、民族、民族等族群，并在市场环境中扩展至贵族、上班族、有房族、有车族等称谓。学者通常以共同地域、共同语言、共同经济生活和共同心理素质四大元素作出民族定义。关于民族与种族、社会、国家之间的制约关系，必须看到，民族往往运用种族、社会和国家作为民族的铠甲，相反地，国家、社会、种族也常常以民族作为“护城河”。在世界民族之林中以色列人、阿拉伯人、英美商人、日本商人和中国商人是世界优秀的经商民族。中国历史上商人以儒文化为核心并以朋、友、帮、党、派、会等作为组织形式。在中国特色社会主义下，坚持各民族谁也离不开谁，各民族平等、团结和睦、和谐发展、共同繁荣。

个人和群体想要达到有序有效的活动都需要制度文化，以保障其健康和谐发展，制度文化分为自发的、原生的、隐性的契约性文化和自觉的、显性的、强制性的制度文化，语言、风格、习惯、教训、指示、惯例、默契等对制度形成具有潜移默化影响，三大宗教中都有清规戒律性的制度文化约束其信徒，西方四大政治名著中的《君王论》、《乌托邦》、《政府论》和《社会契约论》实际上是四大制度论，空想社会主义设想社会制度和工厂制度。马克思直言“我考察资产阶级的经济制度”，《资本论》无疑是考察资产阶级的一部“经济制度论”。所以，马克思主义经济学本质上是一门社会制度经济学。

人、经济人都生存发展于各种群体组织形式之中，家庭、企业、政府是人类最古老最恒久的经济组织或经济制度形式，其中家庭是上述组织的胚胎形式。生产什么、如何生产和为谁生产是人类社会经济组织三大决策目的目标，人类生存发展需要和满足生存发展需要的实体是人的需要量——产品量——劳动量，人类经历了两种资源配置社会方式，即计划经济是先验的、轨道式的社会劳动（劳动产品）分配方式，市场经济是自发的、演化式的社会劳动（劳动价值）配置方式。邓小平强调计划和市场都是经济手段或经济方法。中国是当今世界上唯一实行过计划经济和市场经济的社会主义国家，也是实行区别于欧美西方自由市场经济的社会主义市场经济国家。

每一种商品包括货币商品和资本商品都是物质性和艺术性相统一的，每一个经济人的情、理、言、行同样是科学性和艺术性相统一的，所以经济人的一切活动应是真善美；经济人的精神世界如同人的左右脑大致可划分为智商和情商、抽象和形象等两种基本思维形态。孔子的六艺及其主张的“兴于诗、立于礼、成于乐”，郭沫若诠释说国人的“乐”字含义广阔，凡使人的快乐、享受的东西都可称为“乐”。马克思在柏林大学读书时给他父亲写信明志说，“我打算埋头于科学与艺术”，后来他果然如愿地将《资本论》创作成为“一部艺术的整体”。一百四十余年后，萨缪尔森和诺德豪斯在《经济学》中也说“经济学是科学，也是艺术”，马克思经济艺术美学两个要点是人的“劳动创造了美”和“人也按照美的规律来建造”。所以马克思《资本论》是一部经典的经济艺术论。

第一章

历史经济人

人、经济人都是一定历史时空的产物，并以其情、理、言、行而活动于一定历史的经济时空。因此，我们坚持运用历史的观点方法考察人、经济人及其情、理、言、行的活动规律是很重要的一种方法论。历史可划分为自然史和人类史，只要有人存在，自然史和人类史就彼此相互制约和影响。这时，人这个主体运用历史时空的观点和方法诠释天地人客体对象的本质及其发展规律，就是历史科学。这种历史科学可划分为狭义历史和广义历史。狭义历史可说是向后看的历史，这种历史将已经发生的人和事的经验记载、记录下来，就是历史。所以，“历史就是记录，记录前面是史实，记录的后面是史学。”而广义历史，可说是向前看的历史，即历史唯物主义或唯物史观，它讲究人的生存发展的物质生活资料的生产、生产力和生产关系及其政治、法律、道德、文化、艺术等上层建筑之间的互动规律，这种唯物史观不仅告诉人们如何记录、解释和传承历史，重要的是引领人们如何创造、推动历史向前发展。由于人作为一个类，它的基本单位是个人，每个人的现实活动不是前后隔绝的，而是“承前启后”的，由于人一生下来就面对前人留下来的

"生产力、资金和环境"，同时人只能在这一历史的基础上传承、发展和创造，因此，人、经济人必须同时具有向后向前看的全面历史观。恩格斯曾明确总结指出，一切历史科学包括"政治经济学本质上是一门历史的科学"。而经济科学作为一门独特的人学——经济人"学"首先应是历史经济人。对历史的寻根和遐想是人类共同的天性。

一、人、经济人都在一定的历史时空中生存和发展

人、经济人都在一定的历史时空中生存和发展，所以，反映、概括和表述经济人的学问同任何学科或人文科学一样本质上是一门历史的科学。在流行于世的历史文献中有狭义历史和广义历史之分，而两种含义的历史都以人为本，并以人物、事件和年代作为历史科学的三大文体形式

1-1. 流行于世的东西方主流经济学存在着一种思维定势，就是一提到经济人往往好从二百余年前斯密那个经济人开始，并将利己或利他、理性或非理性作为诠释他那个经济人的全部逻辑，而且在深入地考察经济人利益时又常常从经济的角度审视人，把人视为物而非为活生生的现实人，即使有极少著作叙述了经济人也只是作为整个经济学体系中的一部分，甚至是很不显眼的一小部分，有的经济学著作压根儿是存而不论的，从未将经济人看做是政治经济学体系的主体或主题。颇为费解的是，一些熟知马克思将经济学的研究对象规定为以人与人为主体的生产关系、经济关系，甚至也清楚马克思《资本论》将"物的人格化和人格的物化"、"经济范畴的人格化"和"人们扮演的经济角色不过是经济关系的人格化"[①]的人，却只字不提马克思的经济人。甚至诠释西方经济学的人，他们根本不提马歇尔《经济学原理》上三次明确写到的"经济人"。现在看来，人们之所以还不能对"经济人"这一概念给予自觉、清晰和系统的描述，原因很多，可能主要是经济"人"的问题

要比“经济人”问题复杂困难得多，因此，本章愿以人本观点对经济人作一历史比较考察。

1－2. 学说史一再表明，人对于自身的自然属性认识和把握是比较成熟的。然而，人对于自身的精神、意识等人文属性却仍在不断地苦思冥想和莫衷一是之中。人可能是一部天书，是其密码、基因、机关未被洞悉的研究对象。古希腊神话中有一则关于“人”的诞生的传说：斯芬克司是人面狮身的怪物，她通常守候在海边一条通道的岩石上，质问每一个过路人同样一个问题：有一样东西开始用四条腿走路，然后用两条腿走路，最后用三条腿走路，这个东西是什么？回答不出这个问题的人都被她吃掉了。英雄俄狄浦斯为民除害，来到斯芬克司守候的道路旁答道：“人啊，认识你自己吧！”[②]到普罗塔哥拉斯（约公元前485—前410）提出“人是万物的尺度”这一命题时，显然都是将“人”理解为个体的存在者。从积极意义上讲，这个命题凸显了知识构建的主体性作用，但他们显然忽视了个体与总体、主体与客体的相对关系。所以，不难看出，古希腊先哲是以孤立的个人作为出发点的，然而我国著名思想家孙子不同，他的醒世名言“知彼知已，百战不殆”，是用相对的绝对，从两个人来正确认识个人。文学艺术同样是反映现实的。20世纪末，中国香港著名影视明星成龙主演过一部惊险打斗电影，片名就叫《我是谁》。剧情叙说了美国中央情报局外派一名特务乘飞机去非洲某地搜集情报活动的故事。由于他人地两生又在极其残酷的战争环境下阴差阳错地迫使飞机降落在非洲某个土著部落，当地人蜂拥而上并追问他是谁？当他看到土著人的面部用红白粉涂抹的纹饰和手持大刀长矛且不断地吼叫，致使他下意识地回答说：“我是谁”，于是当地土著人以为他的名字叫“我是谁”。从此便直呼他为“我是谁”。在社会现实生活中，人都常常以为他是谁或你是谁我可能不太清楚，难道还用问“我是谁”，我还不清楚我自己吗！经济人也常常如此啊！

1－3. 当代，法国著名学者埃德加·莫兰于20世纪末在《迷失的范式：人性研究》一书的扉页上排列了一个科学发展史的年表，指出人对人自身的人性研究比对其他科学研究几乎等于零。他在年表中告诉我们，宇宙历史70亿年、地球历史50亿年、生命历史25亿年、脊椎动物历史6亿年、爬行动物历史3亿年、哺乳动物历史1000万年、原人历史400万年、智人历史5万—10万年、城市和国家的历史10000年、哲学2500年、关于人的科学的历史0年[3]。他这里明确讲到关于人的科学历史0年的论断，并非是虚无主义或为其人性研究著作问世所作的一种调侃和包装。我国学者同样持有相类似的治学观点，北京大学黄楠森等著名学者在《西方人学观念史卷》前言中也说："人学不是一门成熟的学科，但西方历史上又有丰富的人学观点，散见于各门学科之中。本书并没有发掘更多、更新的资料，我们只是用大家熟知的材料叙说一个故事，一个关于人的故事。"[4]

1-4. 有趣的是，当东西方人文学家对于人性或人学正在"研究"和"叙说"之际，《中国人》、《闲话中国人》却在书市热销了。前一部《中国人》是林语堂先生于20世纪30年代专门评述中国人的性格、心灵和理想的人文著述，意欲向外国人"讲解"如何"理解"中国人，并告诉外国人，在理想教育和人格培养中，除了英国人，很少有哪个国家的人像中国人这样重视理想和性格的培养。在他看来，性格即是人。在20世纪30年代，正值旧中国处于水深火热、内忧外患之际，尽管作者怀着极大的痛苦反思、奋笔疾书刻画了中国人方方面面，但如今已时过境迁，各色人物的面貌有如似曾相识的一幅黑白老照片。后一部《闲话中国人》是易中天先生于21世纪初所创作的一部中国人学。在改革开放的盛世年代，该书作者怀着极大的热情，用"随笔体学术著作"的创作风格，以中国人的饮食、服饰、面子、人情、单位、家庭、婚恋和友谊等人们生活中的基本内容作为视角，"闲话不闲"地讲述了中国人的物质精神面貌的生活故事，可说是给我们拍摄了一幅中国人的彩色新照片。两位名家运用生动的笔触描绘了栩栩如生的历史人物和惊心动魄的历史事件，让我们在轻松的阅读中感悟到为人处世的哲理和真谛。如今我们在文山书海上竟能看到《魔鬼经济学》、《卧底经济学》和《巧克力经济学》等经济学问世，那么，我们将《中国人》、《闲话中国人》看做似一部"中国人经济学"或"闲话中国经济人学"又有什么不可以的呢！

东西方主流经济学与人的历史比较

1-5. "温故而知新"是包含温故而能创新的。在政治经济学与人或经济人学的历史传承上，我们不应回避西方经济学和马克思经济学的联系和区别。在17—18世纪，西方经济学坚持了两种基本人文观点，即在经济人问题上他们抽掉了人的历史性，只提倡可以超越于历史时空的富人与穷人、勤快人与懒惰人，甚至在经济范畴上将原始猎人的棍棒和石器等生产工具同资本经济人的资本等生产资料视为等价概念；同时在经济人的社会问题上他们只承认两种人类社会，一种是人为的，另一种是自然的。他们将前资本主义的奴隶社会、封建社会视为是人为的、不合理、不自然的，只有他们那个资本主义社会才是自然的、合理的、永恒的。他们本能地好将自己生存的社会视为理想模式，尽管斯密持有一定历史感地谈到了进步社会、静止社会和退步社会，然而他却未能有意识讲到经济人的社会历史观。一提到经济人，几乎异口同声地以斯密那个经济人作为思维模特，并以利己利他、理性非理性为限，这恐怕是经济人学困惑和滞后的一个主要原因。斯密全称是亚当·斯密。亚当见于《圣经》中第一个人的名字，意为“出于众多”，而他的姓“斯密”则意为“劳动者”。也许由于名正言顺的缘故，作为资产阶级经济学家，斯密尚能理直气壮地坚持劳动价值论，《国民财富的性质和原因的研究》中的三条劳动价值基本命题就是他那个经济人的灵魂和核心：（1）他首先将劳动价值作出因果分析，指出：“劳动是衡量一切商品交换价值的真实尺度”（《国民财富的性质和原因的研究》上卷，商务印书馆1972年版，第26页），同时强调“只有用劳动作标准，才能在一切时代和一切地方比较各种商品的价值”（《国民财富的性质和原因的研究》上卷，商务印书馆1972年版，第32页），然后他从工人和资本家两个主体经济人深入分析了劳动价值的意义。（2）他强调“劳动所有权是一切其他所有权的主要基础，所以，这种所有权是最神圣不可侵犯的”（《国民财富的性质和原因的研究》上卷，商务印书馆1972年版，第115页）。（3）接着他设问指出，“也许有人说，资本的利润只是特种劳动工资的别名，换言之，不外是监督指挥这种劳动的工资。但利润与工资截然不同，它们受着两个完全不同的原则的支配，而且资本的利润同所谓监督指挥这种劳动的数量、强度和技巧不成比例。利润完全受所投资本的价值的支配，利润的多少与资本的大小恰成比例”（同上书第43页）。尽管斯密是典型的富翁，身为大资产阶级，但我们对他不应追问穿什么吃什么，只问想什么干什么。斯密在他生命最后几年精心修润《道德情操论》时他深感言犹未尽，特意增补了一章《关于我们的道德情操的败坏，即我们的情操被崇拜富贵和鄙视贫困所占据》，此言倾诉了他对经济人的治学观，若比起如今有人声称“为穷人说话，为富人办事”的貌似公允的治学观其言多么高尚和真挚啊！所以，我认为，斯密经济人首先是也主要是劳动经济人，至于他那只“看不见的手”无疑是劳动价值之手。在斯密之后，有意识地将经济学视为人学的首推马歇尔的《经济学原理》，他在绪论中开宗明义地指出：“经济学是一门研究财富的学问，同时也是研究人的学问。”不仅如此，他还在行文中以利己利人（即利他）作为主题三次提到了“经济人”，并在序言自叙中说他“曾经有过这样的打算：以一个‘经济人’的活动为内容，建立一个抽象的经济学”。当然“打算”毕竟是打算，把“打算”变成为现实谈何容易。

1-6. 后来马克思和恩格斯依据在科学上诚实与否，作为划分古典经济学和庸俗经济学的“本质的区别”，对斯密和李嘉图等古典经济学家给予了很高评价。恩格斯早在1859年评述马克思的第一部经济学著作时同样明确指出：“政治经济学从商品开始，即从产品由个别人或原始公社相互交换的时刻开始。进入交换的产品是商品。但是它成为商品，只是因为在这个物中，在这个产品中结合着两个人或两个公社之间关系，在这里，两者已经不再结合在同一个人身上了。在这里我们立即得到了贯穿着整个经济学并在资产阶级经济学家头脑中引起过可怕混乱的特殊事实的例子，这个事实就是：经济学所研究的不是物，而是人和人之间的关系，归根到底是阶级和阶级之间的关系：可是这些关系总是同物结合着，并且作为物出现；诚然，这个或那个经济学家在个别场合也曾察觉到这种联系，而马克思第一次揭示出它对于整个经济学的意义，从而使最难的问题变得如此简单明了，甚至资产阶级经济学家现在也能理解了。”马克思坦称：“我的价值、货币和资本的理论就其要点来说是斯密—李嘉图学说的必然的发展。”马克思批判地继承了古典经济学的经济人，并在代表著作《资本论》中明确写道：“我决不用玫瑰色描绘资本家和地主的面貌。不过这里涉及的人，只是经济范畴的人格化。”在这里，“人们彼此只是作为商品的代表即商品所有者而存在。在研究进程中我们会看到，人们扮演的经济角色不过是经济关系的人格化，人们是作为这种关系的承担者而彼此对立着”，即资本主义社会生产关系和交换关系中的经济人。

1-7. 在19—20世纪，西方经济学尽管程度不同提到了经济人，但他们却始终不能从人的基本实践活动中将人视为一定的历史实践活动的主体，而是着力研究经济发展周期及经济周期的标志和标值，并依据繁荣——衰退——萧条——复苏——繁荣等经济周期标志，提出了30年至60年不等的小周期、中周期和大周期的标值，以此作为预测和决策经济顺时发展的主要根据。到了20世纪西方主流经济学有两部权威著作在诠释“经济是什么”的时候都谈到了人或个人的选择，实际上就是“经济人”的选择问题。在20世纪的上半叶，萨缪尔森、诺德豪斯将他们《经济学》定义为“经济学是研究人和社会如何进行选择”。他们的这个定义虽然比不上马歇尔将经济学定义为研究人的学问那么直白，但他们在往后叙述时补充说道：“经济学是研究社会如何进行选择”，在这里，他们显然是将经济学同经济人看做是一个等价概念。在20世纪的下半叶，以克林顿总统经济顾问委员会主席、诺贝尔经济学奖获得者斯蒂格利茨《经济学》为代表，该书作者同样以“经济是什么”说道：“经济研究的是：我们社会中的个人、厂商、政府和其他组织是如何进行选择的。”尽管他没有像他的前辈那样重复经济学是选择的科学，但他在回答经济学研究“我们社会中的个人……如何进行选择”时首先提到了“个人”，我们同样可解读是“经济人”的同义语。由此可见，论及20世纪西方主流经济学性质和任务时应冷静地看到，他们对人或个人总起讲缺乏历史性、社会性和阶级性，实际上是将人或个人视为市场经济的模特人，用日本流行语讲他们将人视为“经济动物。”

1-8. 反映再现人类历史科学文献有一个狭义历史和广义历史之分。我认为，狭义历史可说是一门向后看的历史，这种历史只是将昨天的人物和事情的经验记录或载籍下来，并在记述中考据解释，借以传承给后人如何认识和记取历史兴衰和人事沧桑。因此，这种历史的意义主要在于诚记历史、解释历史和传承历史。西方史学之父希罗多德的《历史》和我国史学之父司马迁的《史记》，就是狭义历史的经典之作。中国是世界文明古国，中国古代皇帝为了给自己树碑立传、弘扬伟绩是非常重视史记的。在皇帝的左右各设一名史官，左侧史官专门记录皇帝的言论，右侧史官专门记录皇帝的行为。毛泽东的湖南老乡和挚友，已故我国著名学者周谷城在《史学与美学》中快人快语说道：历史就是记录，记录前面是史实，记录的后面是史学。他还在该书中形象地解释史的意义为：“手持盛筭之器，然则持此毙者为何等人物？曰，史官司是也。筭（读音suan）在中国甲骨文，史字就是记录。王国维在解释甲骨文‘史’字时，认为‘史’为手持盛筭之器，筭与简策相同，手持盛筭之器，无异于手持策简；手持简策，正象征记录。”[⑤] 从中国台湾旅居香港的当代著名学者南怀瑾也这样阐释，他说：“历史本来就是人和事物的经验的记录，换言之，把历代的人和事的经验记录下来，就成为历史。”[6]当今名嘴，中央电视台著名主持人白岩松讲得更干脆，他于2005年1月29日作台湾同胞春节包机节目时说：“今天的新闻，明天的历史。”名家易中天为程步《真秦始皇》作序时也说：“我们知道，史书记籍的所谓的‘历史’，无非是过去的新闻。”（新浪博客2009年2月22日）由此可见，历史无疑是将昨天的人和事的经验记录或载籍下来，这种历史有如孔子讲过的，“物有本末，事有始终，知所先后，则近道矣”的直观的时序历史。

1-9. 然而真正近道入理的要算广义历史，这种历史是一门向前看的历史，即马克思理论创新的唯物史观或历史唯物主义。这种历史不仅告诉人们如何记述、解释和传承历史，重要的是引领人们如何去创新历史、推动历史向前发展，使人成为创造历史的主人。那么，什么是历史唯物主义呢？恩格斯作了解释：“历史唯物主义这个名词表达了一种关于历史过程的观点，这种观点认为一切重要历史事件的终极原因和伟大力量是社会经济发展，生产方式和交换方式的改变，由此产生的社会之划分为不同的阶级，以及这些阶级彼此之间的斗争。”对于反映、再现人类历史活动的各种自然科学和社会科学，马克思和恩格斯一向把它们看做是历史科学。区别正如《资本论》引述“如维科所说的那样，人类史同自然史的区别在于，人类史是我们自己创造的，而自然史不是我们自己创造的”[7]。同时他们强调指出：“我们仅仅知道一门唯一的科学，即历史科学。历史可以从两方面来考察，可以把它划分为自然史和人类史。但这两方面是密切相联的；只要有人存在，自然史和人类史就彼此相互制约。”[8]有意思的是，当代美国著名学者唐斯曾编辑了一部号称《影响世界的十六本书》的目录中也把科学史划分为两部分，在自然史的目录下他介绍了牛顿、爱因斯坦等人的生平和贡献，在人类史的目录下他介绍了耶稣、马克思等人的生平和贡献。唐斯这种历史科学分篇目录无疑是对马克思和恩格斯上述历史科学观提供了一个重要佐证。在第十一届全国人大一次会议闭幕会上温家宝总理答记者问时说道：“‘行事见于当时，是非公于后世。’历史是人民创造的，也是人民书写的。一个领导者应该把眼睛盯住前方，把握现在，思考未来。”（中国网2008年3月18日）人要认识到自己的经历就是历史。著名新闻工作者朱穆之也告诉我们观察问题仍须坚持向后向前两种历史观，他说：“在改革的过程看，不仅要向前看，也要向后看。好比坐着轮船在海上航行，旅客总是埋怨船走得太慢；只有经常回头看看，

才会发现自己离原来的出发地已经很远，离目的地越来越近了。”

1－10. 值得指出的是，在哲学与政治经济学的学科渊源上，人们以往总认为马克思首先研究哲学主要是历史唯物主义哲学，然后再用历史唯物主义哲学去研究经济学的，但是，如果我们转换一下视角便会看到，马克思在自述担当《莱茵报》主编选稿实践中主要是处理森林盗伐、土地细分等民生经济稿件时萌发了“实践”的经济唯物史观，后来于《1857—1858年经济学手稿》的总导言中概括表述了唯物史观，最后在《资本论》这部划时代的政治经济学中实证了唯物史观。不仅如此，后来恩格斯在整理、编辑《资本论》第二卷时给丹尼尔逊的信中同样指出，“一切历史科学，包括政治经济学”，并在他的警世之作《反杜林论》中进一步明确指出，“政治经济学本质上是一门历史的科学”。恩格斯当过兵，被马克思一家戏称为“将军”，他不仅慷慨资助并妥善安排了马克思一家的理财开支，还成为马克思学说的首席代言人。恩格斯曾快人快语地说道：“历史从哪里开始，思想进程也应当从哪里开始，而思想进程的进一步发展不过是历史过程在抽象的、理论上前后一贯的形式上的反映；”⑨马克思主义经典作家始终将所有科学视为历史科学。并在唯物史观的指导下，全面深入地考察了自然史和人类史，由于他们坚持“只要有人存在”两种历史必然相互制约和发展，因而他们专注于研究人类史、主要是人类的物质资料生产史和人口繁衍生产史。并且认为，物质资料生产要依赖于人口生产，而人口生产则要依靠于物质资料生产。后来他们从经济学上将物质资料生产与人口生产概括出以劳动和劳动者为主体的唯物史观，并总结指出：“历史破天荒第一次被安置在它的真正基础上，一个很明显而以前完全被人忽略的事实，即人们首先必须吃、喝、住、穿，就是说首先必须劳动，然后才能争取统治，从事政治、宗教和哲学等等，——这一很明显的事实在历史上应有的权威，此时终于被承认了。”

1－11. 马克思和恩格斯在治学过程中都非常赞赏美国著名人文学者摩尔根的名著《古代社会》，两位经典作家还摘引了该书一些有益有用的思想资料。摩尔根在《古代社会》为我们描述了一幅人类从野蛮、蒙昧到文明社会进化的经济图景。在野蛮时代分为低、中、高三个阶段，在低级阶段人类以野果为食物，中级阶段食用鱼类和使用火，高级阶段发明了弓箭捕猎活动。在蒙昧时代同样分为低、中、高三个阶段，在低级阶段发明了制陶术，中级阶段饲养家畜、种植技术和使用土坯及石头，高级阶段使用铁制工具。在文明时代，发明使用文字。后来恩格斯自叙说据此“为基础”创作出《家庭、私有制和国家的起源》。并按照摩尔根对人类社会的三种分期法进一步指出：“我们可以把摩尔根的分期法概括如下：蒙昧时代是以采集现成的天然产物为主的时期；人类的制造品主要是作这种采集的辅助工具。野蛮时代是学会经营畜牧业和农业的时期，是学会靠人类的活动来增加天然产物生产的方法的时期。文明时代是学会对天然产物进一步加工的时期，是真正的工业和艺术产生的时期。”这无疑是一幅不同历史期经济人物的素描。在《资本论》中马克思坚持了历史唯物主义观点和方法，尽管马克思运用了德意志的思辨哲学方法“从抽象上升到具体的方法”，即科学抽象法，并用概念、范畴等理论思维形式反映、再现了英国资本主义社会生产方式，但他同时也将历史观点方法形成为三种历史叙述文体，即以人物为中心对象的历史传记体，以事件为中心对象的历史叙述体，和以年代为中心对象的历史编年史，并在著作中将这三种历史文体有机地加以融合，给读者以极其厚重的历史感、真实感和亲切感。

二、人类从神祇时代经过英雄时代走向人的时代

人类经过神祇、英雄和人的时代。如将人类历史划分为野蛮、蒙昧、文明时代或石器、铜器、铁器时代一样，还以不同研究任务概括表述了人类多样性的实践活动方式。马克思赞赏维科提出的神祇时代、英雄时代和人的时代，而贯穿于上述三种时代主体的则是人

2－1. 马克思赞赏意大利学者坚巴蒂斯塔·维科的“人类历史是人类自己创造的”基本观点，并在《资本论》第一卷第409页一个很长的脚注中深入指出：“如维科所说的那样，人类史同自然史的区别在于，人类史是我们自己创造的，而自然史不是我们自己创造的。”[10] 维科（1668—1744）是18世纪意大利哲学家，自学成才，曾任家庭教师和大学教师。他在《新科学》

一书中依据自己生活和未来的思索提出了历史循环论。他持有一种宿命论的认识，以为人类社会要经过生成逐渐走向毁灭的时代。他认为，人类首先经过野蛮时期，然后进入众神阶段。在众神阶段，人们处于对超自然现象恐惧的支配之下。后来氏族首领为了避免内外的夹击而建立互助联盟，就产生了“英雄时期”。这时社会上出现了贵族和平民之分。由于平民争取平等权利的斗争，历史发展到“人的时期”，但这时期又面临着腐朽、衰亡而返回野蛮时期。这便是英国著名《简明不列颠百科全书》（8卷）介绍的维科的循环历史观的简要梗概。维科曾根据人类在不同时代所表现的共同本性的方式不同，将全部人类历史划分为既互相联系又互相区别的三个时代，即神祇时代、英雄时代和人的时代。我愿借题将其基本内涵诠释如下。这三种时代的主体不仅是顺时的，也是共时的，区别只是论述主体是神祇、是英雄，还是人的问题。

1. 神祇时代

2－2. 中国古文化“神”指天神，“祇”指地神，泛指神。恩格斯从认识论上探讨了人的灵魂不死的问题，他说：“在远古时代，人们还完全不知道自己身体的构造，并受梦中应景像的影响，于是就产生了一种观念；他们的思维和感觉不是他们身体的活动，而是一种独特的、寓于这个身体之中而在人死亡时离开身体的灵魂的活动。从这时候起，人们不得不思考这种灵魂对外部世界的关系。既然灵魂在人死时离开肉体而继续活着，那么就没有理由去设想它本身还会死亡，这样就产生了灵魂不死的观念。”在我国藏传佛教中有一种转世说，某人某天某时逝世，同时某人在某天某时生，而生者便是逝者灵魂转世之人。人类在野蛮时期后出现的神祇时代，是这样一种时代即在人类原始的蒙昧时期，人类对神祇和鬼怪等精神现象的敬畏和崇拜可大致地划分为两个层次，从自发的、朦胧的、随机的崇拜逐渐演化为自觉的、有领导的、有组织的宗教崇拜。以灵魂作为宗教的信仰基础和传教根据的基督教、伊斯兰教和佛教的经典产生不过2500余年，然而在此前产生的类人猿及其原人、智人的历史已有1000万年乃至10万年之久，那时先民对于动物崇拜、自然崇拜和祖先崇拜早已存在和发展，这种崇拜显然是一种非宗教式的敬畏崇拜。

2-3. 人类最早认识人自己往往是从人的近亲——动物来认识自己的。他们在生产生活中看到了人不如某些动物强壮，也不如某些动物灵敏，于是用一种羡慕而敬畏的心情以动物为神，加以膜拜。有如恩格斯明确指出的“人是从动物发展而来的，这点就已经决定了人永远不能脱离动物所有的特性，所以问题只是在于这些特性，多些或少些，在于兽性或人性程度不同”。从动物进化而来的人仍然是具有兽性文化观念的。古希腊的斯芬克司就是人面狮身之神；普罗米修斯尽管用泥土构成了人形，但他仍然没有忘记“从各种动物的心里摄取善恶，将他封闭在人的胸膛里”；而智慧之神雅典娜“把灵魂和神圣的呼吸送给这仅仅有着半生命的生物”。而且同样在古埃及那里，能工巧匠们运用石料雕琢堆砌成了一座雄伟壮观的狮身人面像。和人面兽身不同，中国圆明园十二铜制的生肖则是兽面人身。不仅如此，埃及人还将一大批飞禽走兽视为众神，其中把鹰被奉为鸟中之王，是何洛斯的化身。古埃及法老出征时身边有专职人员研究秃鹰和乌鸦的飞行，以断吉凶祸福。在庞大的动物众神的殿堂之中，甚至鳄鱼、狼和青蛙也有一定的神位被人供奉祭祀，和中国甲骨文意义一样用其裂纹走向占卜人的知行祸福。后来从敬畏动物开始向动物学习。古希腊人德谟克利特猜想人从蜘蛛学会了织布和缝补；从燕子学会了造房子；在近现代从蝙蝠到雷达，从海豚到声呐，从鸟的翅膀到飞机的机翼，诱发了多少科学家从生物模拟中取得了惊人的科学技术成就。在市场经济活动中厂商以动物命名其品牌的几乎比比皆是，德国宝马牌汽车、法国鳄鱼牌夹克，中国七匹狼风衣、鸭鸭牌羽绒服是众所周知的驰名品牌（详见本书第二章自然经济人）。

2-4. 人不仅仅以动物为神，一旦人在生产生活实践中学会了利用动物的某些特异功能后便神气起来了，开始以动物为役甚至以动物为敌。先民同凶猛禽兽厮杀有时会被食肉动物吃掉，或者为了围捕猛兽用激烈的吼叫和呐喊来壮胆助威和协同动作，这种不断发生的惨烈场面和壮观情景往往使先民在进入梦境时再现出来。奥地利著名精神分析学弗洛伊德认为，梦是一种科学的有价值的精神现象，破解其成因与功能对于深入认识人学具有重要意义。他认为梦是人的愿望或愿景在梦境中的曲折实现。英国人类学家泰勒提出了著名的“万物有灵论”，他认为在宗教产生以前，在人类童年的野蛮状态时对于人的影子、回声、呼吸、睡眠、水中映象等现象，尤其对梦魔等精神现象的感受到人的自身有两个实体：一是躯体，二是灵体。而且两者可以分离，当人的躯体死亡后，灵体仍停留在人世间游荡。并将这一灵体移植到自然界万事万物，使其无一不附有灵体，具有灵性和神灵，这便是他总结提出来的万物有灵论。在实际生活和梦幻想象中，人们也朦胧地意识到人体有两部分：一是肉体，二是灵魂。柏拉图认为人的本质是灵魂。后来基督教神学家路德、奥古斯汀在诠释神学时都认为人的肉体和灵魂都是有生命的，并可以独自活动，其中灵魂被逐渐地演变为各种宗教崇拜。同时人还有一种奇怪的认识，他们认为人迹常至的地方由神来主宰，而人迹罕至的禽兽出没的地方则由精灵去主宰。并开始将人类的精神现象细分为灵魂与精灵（或幽灵、鬼怪）高低两部分，借以表示人的性善和性恶，并断言性善者可升入天堂，性恶者当下地狱。

2-5. 东西方文化是有相通相似之处的。我国古典名著《礼记·祭法》说："人死日鬼，此五代所不变也。"我国古代先民并将鬼分为恶鬼与善鬼。古语称恶鬼为"厉"。《左传·襄公二十六年》："厉之不如。"杜予注释说："厉，恶鬼也。"所谓恶鬼泛指意外的"横死"、"强死"、"凶死"、"屈死"的鬼魂。相反对于正常死亡的称为善鬼，相信其鬼魂与本氏族的族群活着的人生活在一起，或与本氏族死去的成员共同生活，他们在冥冥之中保护着他们氏族的成员平安。也许在对动物崇拜的同时或之后，人类产生了自然崇拜。先民们对天空中的流星运行、日蚀月亏、闪电雷鸣、火山喷发、海啸地震等自然现象极不理解，产生了一种敬畏观念。他们有时捡起一块险些砸伤自己的火山石头而对其感恩祈福，有时在磨制石斧、石刀等石制生产工具时发现石料上的奇异花纹而崇爱；有时面对岩洞之中炫目耀眼的怪状钟乳石而崇敬；对于含有不同的矿物质和金属成分的矿石显现的绚丽多姿的色调、光泽和形状，特别是先民遇到闪烁的猫眼石或夜明珠之类的石头而祈祷，等等。人崇拜无机物神到崇拜有机物神。摩尔根在《古代社会》介绍说在北美历史上的易洛魁部落信奉人与物结为一体的神，在他们概念中，有三个姊妹神——即玉蜀黍之神、豆荚之神、南瓜之神并通称三姊妹神为"我们的生命"、"我们的瞻仰者"。我国古人（云南苗族）坚信山有山神、水有水神、地有地神、树有树神等敬神仪式就是一种拜物教现象，即以人的基本物质生产资源为神，借以保护维护财产永续利用的权利。而定期定制的敬神活动势必成为人类保护产权的一种制度经济雏型。

2-6. 灵魂等意识形式像任何其他的意识形式一样，它不仅仅支配着当代人的行为和对各种意识形式发生影响，并与后代人也发生前后的传承关系。流行至今的“灵魂”、“精灵”、“灵感”、“幽灵”等用语无疑与历史上的意识形式有着渊源关系。马克思和恩格斯在《共产党宣言》开篇上写道，一个幽灵，共产主义幽灵，在欧洲徘徊；毛泽东那句著名诗句“六亿神州尽舜尧”和江泽民为我国研制的太空飞船提名“神舟”等用语就是意识形式的古为今用的典型例证。先民的灵魂观念是他们对动物崇拜、自然崇拜和祖先崇拜的意识基础，也是宗教赖以发生与流传的一种意识基础。众所周知，马克思在《资本论》中论述劳动价值理论时分析指出，由于在市场经济条件下人们把商品生产的劳动不叫劳动，而叫价值；把生产商品耗费的劳动量不叫劳动量，而叫价值量进而叫做价格量；进而把人们之间的交换劳动关系不叫劳动关系，而叫做商品与商品、物与物之间关系，这种潜移默化的错觉结果使人们产生了商品拜物教。当今我国城市一些中小商店的厅堂供奉的赵公元帅或关公塑像就是如此。在当代，我国一些股民、股市著作或网络作品通称巴菲特、罗杰斯和索罗斯为三大“股神”，等等。从理论思维来看待这种灵魂意识，显然是人借助想像力征服自然、支配自然力的积极认识，是人类早期生产生活实践中获取驾驭自然力的知识的反映；也是人对于自然的、动物的和人自身的来源、构造和功能的各种幻觉意识形式。

2-7. 人猿相揖之后，通过劳动而进化为人，是真正的经济人的历史起点。人类在童年幼稚时期只好借助于上帝、神仙、鬼怪、灵魂、祭祀、崇拜、祈祷、禁忌等意识形式表述其动机、生产、消费、供给、需要等潜在的经济人文化观念的表现形式。在物质生产和精神生产两大基本现象中，上层建筑领域的政治、思想、法律、道德、宗教等精神现象是深刻反映社会经济基础的，是维护、服务于经济基础的“守夜人”。马克思有时就将政治、思想等精神现象看做是“一种特殊的生产形式”，与列宁那个“政治是经济的集中表现”命题具有异曲同工之妙。宗教产生无疑是精神生产，而宗教仪式则是精神消费。圣诞节、复活节、万圣节既是基督教的盛大节日，也是信徒或非信徒的市场经济的供销节日。在欧美圣诞节前后一个月的销售额约占商家一年销售额的五分之一或四分之一。近年来，对“财”字有两种解析：一是把“财”当做是发财的过程和结果；二是把“财”当做一种“财运”或机会。这种解析意欲说明人只有借助财神爷——赵公元帅（赵公明）的灵感，再加上自己的勤奋努力，才能发财致富。后来各行各业的神都是人化神，是人对人自身的神化认识和崇敬。这类人化神起先大多据有一技之长，在同行中身怀绝技，死后被奉为行业的祖师爷。例如，鲁班：木匠、泥匠、石匠祖神；华佗、孙思邈：医药业祖神；朱元璋、伍子胥：丐业祖神；杜康：酒业祖神；唐明皇李隆基：戏剧界梨园弟子祖师；罗祖：剃头匠、理发师祖神；老子：铁匠始祖；葛之仙：染房敬奉的祖神；周庄王：说鼓书敬奉的祖祇；比干：文财神；关公、赵公明：武财神；伍五路：五路财神；范蠡：商人之祖神；黄道婆：棉纺业保护神；仓颉：书吏保护神；张衡：机械、工艺业保护祖神；文昌神：刻字、印字、裱画、纸店等供奉的祖神；妈祖：航海业的保护神等。这些神虽分属于某个行业，但共同特点是与老百姓的日常的生产生活密切相关，反映出关注和保护民生的文化精神。

2-8. 我国现行的“五一”黄金周和“十一”黄金周的“黄金”一词都带有鲜明的商品拜物教、货币拜物教的味道，淡化了政治人文意义。如今全球化已将圣诞节全方位带到了中国：全球的圣诞用品大多是中国制造；中国人也深受鼓舞，大把购物；还有尽情狂欢者，也有批评假日商业化的人。中国的基督徒数量在稳步增加，几乎如同它的经济增长一样令人印象深刻。但是，与其说中国公众像西方世界一样庆祝耶稣诞生是出于宗教信仰，不如说是一种显示阔气的消费。西方零售商依靠圣诞节赚钱。在美国，早在感恩节到来前，圣诞季节就已提前开始；而在加拿大和英国，则是在万圣节前就开始了。一些百货商品从8月就开始进入“圣诞”旺季了，而有些礼品店则全年都宣传圣诞主题。对于圣诞购物者而言，中国有完美的答案。全球的圣诞玩具和装饰品约80%产自中国的三个沿海省份，通过浙江省义乌市的国际商品展销会出口。浙江省义乌市每年出口大约价值10亿美元的圣诞用品。这种商品拜物教可能是一种宗教观念的蜕变或慢性萎缩与消失。尽管拜物教几乎是所有宗教的历史起点，但它在我国并未衰败和消失，如今却在商品经济土壤中复活了，成为可感觉又不可感觉的“崇拜物”。任何人与神都是在发展变化的，自即时起，人们便将面对自然的、社会的、人文的一切都将划分为神圣和非神圣的两类神祇文化。

2. 英雄时代

2-9. 从人到神再到人是经过漫长的英雄时代而演化生成的。恩格斯在

《家庭、私有制和国家的起源》中把人类出现的古希腊社会制度看做是“英雄时代”。人类历史发展到英雄时代是一种半神半人、半英雄半人民的人文观念的嬗变时代。西方人称“英雄人物”其观念跟我们中国人不同，我们说侵略，他们观念里大概主要是征服，跟今天人类渴望登上珠峰，登上月球有几份相像。外国“福布斯”财富榜和上海外国人编辑的胡润财富榜称商家为领袖人物。如今商场如战场。因而黎瑞刚主编的财经访谈的成功人物其书名曰《财富人生英雄榜》，在他们心目中，商人成了英雄。在英雄辈出的时代，作为一种发展的人文观念，可大致分为两个主要层次：一是个体英雄存在；二是群体英雄存在。在神祇时代，人由于对动物崇拜、自然崇拜乃至祖先崇拜，就将这种崇拜逐渐地定格为神祇的宗教文化观念。

2－10. 著名的基督教、伊斯兰教和佛教三大宗教就是这种宗教文化观念的集中代表。并称于世的三大宗教因历史、地域、民族和习俗诸种历史背景缘故，产生了以上帝、安拉和佛为至高无上的神，并以耶稣、穆罕默德和释迦牟尼为他们在人世间的先知、信使和领袖，并逐渐形成了以其历史、仪式、经典和组织四大基本因素作为他们宗教的实体和活动的基本方式。宗教史说明，耶稣是拿勒镇上一个手工业劳动者——木匠；穆罕默德意为受到高度赞扬的人，并一度曾是著名商人，曾在麦加地方做过牧羊人；唯有释迦牟尼出身于名门贵族，但他心地善良，同情和关心劳苦大众和人间疾苦。佛意为“觉者”，即先知先觉者。佛教的创始人乔达摩·悉达多（公元前563—前483年）出生于刹帝利阶层，是印度北部（今尼伯尔边境）释加族的太子，人称“释加牟尼”，意为“释加族的圣人”[11]。《圣经》、《古兰经》和《金刚经》三大宗教经典几乎都反对人不顾一切地聚敛钱财，怒斥盘剥欺榨贫苦人民，并不断地教诲人应从信赖财富转向信赖创世主，从一味追求现实的荣华富贵转向追求来世的永恒幸福。人们的目光和情趣是相辅相成的。由于耶稣、穆罕默德和释迦牟尼的做人真诚和传教真心而成为沟通上帝与人间的形象代言人。同时，也因信徒们相信他们进而相信他们传播的上帝、安拉和佛的福音和经典。他们同那些口是心非，说一套做一套的《巴黎圣母院》中的大主教亚洛德式传教者不同，也和不断传出的西方教堂中道德败坏，假借传教而“骚扰”女信徒的牧师不同。当然，也和手握“圣经”宣誓上台后肆意发动“石油战争”之人不同。

2－11. 人类童年物质生活是处在人对人的依赖阶段。在这个历史阶段，人类获取物质生活资料是极其艰难的，他们必须战胜大自然的巨变，猛兽的袭击和敌人的破坏，其中那些为了民族的生存发展和民族的集体利益而机智、勇敢奋斗和献身的英雄和战士，特别受到人们的爱戴和尊敬，被推选称为领袖、巨人、英雄或王。中国人的人文始祖——炎黄二帝作为先贤，在远古的极端困苦条件下，领导、组织和团结广大的中华民族族人战天斗地，垒土筑房，开展农耕……先民以感恩深情将他们人化为神加以膜拜，今人仍对他们崇敬和祭拜。这种祖先崇拜主要是个体英雄存在方式。德国著名学者斯威布所著流传甚广的《希腊的神话和传说》就是再现了早熟的古希腊人的半神半人、半英雄半人民生活的一部经典之作。“在希腊的默科湟，在指定的一天，人、神等会来决定人类的权利和义务。”神话即人话，传说即人说。作为优秀民族的希腊人有着一种自尊、公正、刚毅、勇敢的精神，也是他们光荣、伟大和威武的重要标志。马克思早在《政治经济学批判》导言中曾对希腊神话作过极其精彩的评述，并总结说：“任何神话都是用想像和借助想像以征服自然力，支配自然力，把自然力加以形象化。”这时形象化了的主要是半英雄半神祇的人物。在古希腊，宙斯被称为众神之王、而他的夫人赫拉则奉为诸神之母，普罗米修斯从天上盗取火种给人类而被称为火神，安泰为大地吸取力量之神，雅典娜为智慧之神，赫淮斯托斯为工匠之神，阿腻弥斯为猎手之神，厄勒提亚为助产士之神。在古希腊，几乎人世间的一切善恶事物都有一位相应的神来支配、指挥和管理，人们的一切活动都与神相伴相随。如有友爱之神、爱情之神、睡眠之神、劳役之神、饥荒之神、战斗之神、争吵之神、谎言之神、命运之神、正义之神、违法之神和毁灭之神等。希腊人把太阳、月亮、河流、泉水等，总之凡是对人有用的东西都看做是神。阿波罗为太阳神，还有日神、月神、年神、世纪神和四季神——“春神戴着饰以鲜花的发带，夏神戴着黄金谷穗的花冠，秋神面容如醉，冬神则卷发雪白如同冰雪”⑫。

2－12. 每一个民族都有他们的神话和传说，以此作为宇宙起源和民族起源的答案。华夏文明也是如此。著名学者柏杨在《中国人史纲》中说，不知何年何日我国太空中漂浮着一只巨星。在巨星内部有一位名叫盘古的巨人，一直在用他手中的斧头不停地开凿，企图把自己从围困中解救出来。经过18000年的不懈努力，盘古挥出最后一斧，只听一声巨响，巨星被分为两半，盘古头上的一半巨星化为气体不断上升，脚下一半巨星则变为大地，不断加厚，宇宙从此有了天空和大地。中华民族心目中主宰天上的却不是盘古，跟犹太人不同，犹太人认为创世纪的和主宰世纪的都是耶和华，而盘古只管创造天地，主宰天地的则是玉皇大帝。民间称他为“老天爷”。后来经过九龙纪、五龙纪、撮提纪等十纪演化，撮提纪中出现了“三皇”——天皇、地皇、人皇。经过“三皇”的拼搏奋斗，世界已有了长足进步，但人们生活仍然十分困苦。于是出现了有巢氏、燧人氏、伏羲氏、女娲氏、神农氏等，他们为人们解决了吃、穿、住、用等生存发展的物质资料。“氏”的原始意义也是神祇，不过神性比盘古、“三皇”似乎更少，算做人民心目中的英雄。中国是世界神话故乡之一。在生产生活的实践中，由于先民们对日月星辰、风云雷电等自然现象缺乏理解，作出了种种想像，借以表达对自然现象的解释和征服自然的愿望，于是创造了“扶桑十日”、“后羿射日”、“嫦娥奔月”、“精卫填海”、“女娲补天”、“盘古开天”等等神话传说，这些传说中的半人半神，无一不是牺牲自我、成就集体的典型。

2-13. 中国神话观念文化有一个显著特点，即反映的不是个体意识而是群体意识。这便是群体英雄的存在方式，体现了人是合群的集体的社会动物。我国自古至今涌现了一批又一批的可歌可泣的英雄人物：春秋战国时期的老子、孙武、屈原；秦朝时期的陈胜、吴广及秦始皇陵兵马俑；汉朝时期的司马迁、张衡、蔡文姬、蔡伦、王昭君；南北朝时期的祖冲之；隋朝时期的李春指挥修筑赵州桥；唐朝时期的松赞干布和文成公主、杜甫、李白；宋朝时期的毕昇、苏轼、李清照、岳飞；辽代时期的萧绰；元朝时期的郭守敬、关汉卿、黄道婆；明朝时期的李自成、李时珍、郑和、罗贯中；清朝时期的曹雪芹、林则徐、洪秀全；中华民国时期以及其后的孙中山、李大钊、毛泽东、周恩来、刘少奇、朱德。当代的张思德、刘胡兰、雷锋、焦裕禄、钱学森、孔繁森、杨利伟、方永刚等英雄和先进人物，他（她）们永远活在人民群众的心中。最近，在汶川大地震中又涌现出一批英雄人物（包括英雄少年）。人按照人的模样塑造出来的神同样是历史的、发展的、变化的。古希腊哲学家色诺芬尼早就明确指出：“人神同形同性。”德国古典哲学最后一位大师费尔巴哈在评述基督教本质时同样指出，神的本质实际上就是人的本质。从库萨的“人是上帝”的哲理到流行于今日的市场经济的广告词——“顾客就是上帝”，无论是宗教之神还是先民之神，都是被理想化了的人的自我形象，而且是一种伟大的自我形象。当然神同人一样因历史时代不同，甚至民族不同，其形象、地位和意义也不尽相同。从印度传入我国的佛像起初塑造成印度人的模样，后来，又塑造成为中国汉人的模样。改革开放后，我国商场的服装模特衣架尽是黄头发、蓝眼睛、高鼻子，最近几年这些模特衣架逐渐本土化——中国汉人化了。相比而言，在神祇时代的上帝、安拉和佛为一神教，而英雄时代的宙斯、普罗米修斯、雅典娜均为众神教，神开始泛神化了；前者是从神到人，后者是从人到神，人与神的因果关系不一样了；前者是神支配控制人，后者是人支配控制神，是人逐渐地认识到人的命运、潜能和力量的一种演变和回归。

3. 人的时代

2－14. 依据不同历史人物来表现人类本性的不同方式，维科将全部人类历史时期依次划分为神祇时代、英雄时代和人的时代。在他心目中人只不过是应该有理性而已。在神祇时代即原始人时代，人的筋骨强壮、牙齿锋利，与动物差别不大，在自然本性上表现为凶狠和残暴；他们四肢发达，头脑简单，强于想像，不善推理，把自己已创造东西的能力都归于神力，而大自然变化均由神来主宰，一切来源于神。在英雄时代，为生存斗争的组织、领导者成为中心人物，“胜者王侯，败者寇”，胜利者为主人，失败者为奴隶；胜者权力神授，天然成为统治者，并在诸多领域如经济、政治、法律、宗教、文化、礼仪、语言等方面享有特权。在人的时代，人才真正成为人。但好景不长，在他看来，这时人的本性不同于神性，也不同于兽性，而是理性和理智，并把良心、理性和责任视为自然法。人类繁荣发展之后，则不思进取，贪图安逸，并由安逸进入腐化、堕落和衰败，社会家庭也解体了，历史只好回复到人吃人的相互厮杀的野蛮时期状态。由此社会不断循环轮回，并在新的基础上得以生成和发展，发展了又腐化衰败。这便是维科的循环社会历史观。人类认识、概括和表述自己是历史的也是相对的，正像人认识和把握自然现象需要相对的参照物一样，人对人自己的认识同样需要一个参照物，维科那个参照物就是不同历史时代的神祇、英雄和人，即理性化了的人的榜样，并警示人们切勿因腐败和堕落断送了理想时代，而重返野蛮时期。维科这种认识和提示是极其宝贵的，然而必须看到，由于历史的宗教的局限性，他只看到了人的精神方面演变，并未看到人是社会的物质和精神的有机整体，而且，在社会中是人们的物质经济生活决定人们的精神思想生活。人类解决这种新历史观的重任历史地落到了马克思和恩格斯身上。马克思和恩格斯对人类理论思维最大的两个贡献是以人类劳动实践为主体考察了人类社会劳动历史规律，发现了历史唯物主义（唯物史观）；接着运用历史唯物主义考察了资本主义社会劳动历史规律，发现了剩余价值学说。

三、在人的时代：人对人的依赖、人对物的依赖和人的自由全面发展

马克思以人类生存发展需要的物质资料产品的生产劳动为主线，诠释了人对人的依赖关系、人对物的依赖关系和人的自由全面发展的三种历史社会经济人，确立了马克思经济学是一门研究经济人的历史科学

马克思认为，人的依赖关系（起初完全是自然发生的），是最初的社会形态，在这种形态下，人的生产能力只是在狭窄的范围内和孤立的地点上发展着。以物的依赖性为基础的人的独立性，是第二大形态，在这种形态下，才形成普遍的社会物质变换、全面的关系、多方面的需求以及全面能力的体系。建立在个人全面发展和他们共同的社会生产能力成为他们的社会财富这一基础上的自由个性，是第三个阶段，第二阶段为第三阶段创造条件[13]。

3－1. 人类通过实践认识的所有对象不外是物质现象和精神现象两类基本现象，同时，在人类历史社会发展中，存在着物质生产和精神生产及其物质生产工具系列和精神生产工具系列。在方法论上，人们研究物质生产方式，必须考察人类物质生产工具方式。美国摩尔根在他的《古代社会》一书中用人类谋取物质生活资料时所使用的生产工具方式，概括标志了人类经历

的野蛮时代、开化时代和文明时代[14]。马克思赞赏并引用了摩尔根《古代社会》的成果，并在他的《资本论》研究中得出，“各种经济时代的区别，不在于生产什么，而在于怎样生产，用什么劳动资料生产”；“劳动资料不仅是人类劳动力发展的测量器，而且是劳动借以进行的社会关系的指示器”[15]。马克思还在该书的小注中具体指出，按照人类制造工具和武器的材料，可将人类时代划分为石器时代、青铜时代和铁器时代。他还依据劳动资料具体地界定了人类历史社会的发展思路，他说手推磨产生了封建社会，蒸汽磨产生了资本主义社会；后来列宁顺着马克思这一思路接着指出，“苏维埃加电气化”预示未来的社会主义和共产主义社会。在这里，石器、铜器、铁器、手推磨、蒸汽磨、电气化等劳动资料即生产工具等用语，记录了人类取得物质生产资料的发展简史，同时记录了人类精神生产的发展简史。马克思在这里所作的划分和标志生动而集中地体现了唯物主义和历史唯物主义即唯物主义的经济观。

1. 人对人的依赖

3－2. 在诠释人类历史时代的标志和方法上，维科依据人类观念发展依次划分为神祇时代、英雄时代和人的时代。他这种划分只是将盛行于中世纪的宗教文化和希腊的神话传说作为认识人类本性的阶梯发展，尽管他最后以人的时代作为人的精神现象归宿，然而，人对人的认识仍然是历史的、艰难的、复杂的。在漫长的历史时期人总是以为太阳围绕着地球转。科学发现，恰恰相反，是地球围绕着太阳转。原因是人那时并不了解地球自转和公转的大道理。人的表现或现象是存在的，科学的任务在于透过现象抓住本质，然而本质因何表现为如此现象，却是科学的主导任务。所以，我们在认识维科的人的时代时愿以马克思和恩格斯的历史唯物主义即唯物史观作为指导思想；并依据马克思关于人对人的依赖、人对物的依赖和人的自由全面发展作为诠释经济人的主体发展的三种人文发展思路。人的主体发展在人对人的依赖条件下，是以家庭基本单位和自然经济生活为特征的。在这个历史时期的生产力水平极其低劣，往往一个木棒、石块、弓箭或独木舟等就是简单生产工具。同时人们之间关系主要依赖于人的血缘和亲缘的家族关系，整个人类面对自然环境、动物生态几乎没有主体的能动地位，面对大自然往往显得无能为力，只是依靠偶尔捕猎到的小动物来过“凭运气生活”，或依靠树上的野果或地下的植物根块来“靠天吃饭”，一家人相互依存、互相帮助才可获取生活资料和防卫人兽袭击，人类绝对地依赖于人与人之间的共同体来生存和活动。

3-3. 在不同历史时期，人类本性的内涵呈现出多种多样，各具特色。古希腊传说人曾以金属的优劣作为人性的标志，并将人类的本性发展依次描绘成黄金、白银、青铜和恶铁等时代，似乎一代不如一代。我国改革开放以来，流行于世的金婚、银婚或黄金周等用语可能就是进口货——外来语。而丹麦考古学家同样用人类生产生活的器具所使用的质料，又将人类历史概括为石器时代、青铜时代和铁器时代。最近我国少数学者研究认为，在石器时代和铜器时代之间可能还有一个以良诸、红山等地出土的玉器为代表的玉器时代。人类从以物喻人到以人喻人、从物本到人本是人类认识史上的一次巨大飞跃。维科以人类本性为标志划分了神祇时代、英雄时代和人的时代；摩尔根则从人类经济生活的进步率得出了另一个版本——人类主体发展史即野蛮时代、开化时代和文明时代，并认为每一时代都有不同的人文理念和经济生活方式。马克思和恩格斯对于人类文明遗产一向持有广阔胸怀，凡是人类思想所建树的、凡是人类社会所创造的物质精神人文成果，他们都能重新予以审视性吸取。因此，他们不仅赞赏和引用了维科和摩尔根这两位西方学者的人文思想资料，还在他们的代表著作中提出了划分人类历史时期的标志和形态。他们以人的劳动为本体，依次规定了以劳动资料（主要为生产工具）、劳动者与生产资料结合方式和剩余劳动社会形式三条基本标准，作为划分人类历史经济时期的主要标志。他们坚持辩证地认识和把握人类历史，要求人们应全面深入地考察社会，因而，他们还以人本思想为主体并多视角多层次地全面地考察了各种社会形态：一种是以人的生产关系基础——所有制为主体，把社会划分为原始社会、奴隶社会、封建社会、资本主义社会和社会主义社会、共产主义社会；二种是以人的生产力因素为主体，把社会划分为农业社会、工业社会和现代化社会（信息社会）；三种是以人的交往交换为主体，把社会划分为自然经济、商品经济和产品经济社会；四种是以人的发展为主体，还把社会划分人对人的依赖、人对物的依赖和人的自由全面发展的社会形态等[16]。附表说明如下：

形 态 表

人类经济形态	人类技术形态	人类交换形态	人类主体形态
原始社会、奴隶社会、封建社会	农业社会	自然经济	人对人的依赖
资本主义社会、社会主义社会	工业社会	商品经济	人对物的依赖
共产主义社会	信息社会	产品经济	人的自由全面发展

3－4. 认识和把握人的历史起点，还是应该从人的近亲——动物分析开始。如恩格斯在前面讲到的，人是从动物发展而来的，因此，人永远脱离不了动物的所有特性，无论在生理上还是在观念上都是如此。基因科学表明，不说貌似于人的狒狒和猩猩与人，就是说老鼠与人的基因也仅仅相差百分之零点二，而动物基本的生存和繁殖的本能就是食欲和性欲。动物这种二重性的欲望本能，是以个体觅食活动和群体的交配生育活动为特征的，前者维持其个体生命，后者维系其群体生命。由此可见，动物的食欲和性欲是纯粹维持生命的自然过程。作为人类生存和繁衍的内在本能，中世纪基督教思想家托马斯·阿奎那曾把人的这两种本能视为“意欲”，并将这种意欲划分为感性意欲和理性意欲，其中感性意欲——食欲和性欲属于动物，而且强调感性意欲和理性意欲共同支配人的行为。他这里主张的人的食欲和性欲的观点，有点类似于马克思和恩格斯论述费尔巴哈的人文历史现点。他们认为，人们首先确定一切人类生存的第一个前提也就是一切历史的第一个前提，这个前提就是：人们为了能够“创造历史”，必须能够生活。但是，为了生活，首先就需要衣、食、住以及其他东西。因此，第一个历史活动就是生产满足这些需要的资料，即生产物质生活资料。这是历史观第一件事实。第二件事实是，已经得到满足的第一个需要本身、满足需要的活动和已经获得的为满足需要所使用的工具又引起新的需要。第三件事实就是，每日都在重新生产自己生命的人们开始生产另外一些人，即增殖。这就是夫妻之间的关系，父母和子女之间的关系，也就是家庭。这样，生命的生产——无论是自己生命的生产（通过劳动）或他人生命的生产（通过生育）——立即表现为双重关系，即一方面是自然关系，另一方面是社会关系[17]。

3－5. 必须看到，人与动物是不同的，人除了食欲和性欲这两种意欲和动物相同以外，重要的是人还有两种与动物不同的意欲——求知欲和求美欲。这两种意欲不仅促使人类的智商和情商得到巨大发展，也是人类区别于动物的两个根本标志。在人类历史发展上，为了满足人类的意欲始终存在着物质生产和精神生产，同时存在着物质生产工具系列和精神生产工具系列。考察物质资料生产方式，必须考察人类物质生产的劳动资料或生产工具方式。在马克思看来，这种生产工具方式不仅是人类生产力发展的标示器，还是人类物质生产借以进行的生产关系的指示器。同样地看，在考察人类精神生产资料生产方式时，必须考察精神生产资料工具的生产方式，即人类理论思维形式——概念、范畴、规律、体系等范式。这些理论思维范式，就是反映和记录人类物质精神生产发展的标志和尺度。例如，人类为生存发展产生的内在的意欲需要，即食欲、性欲、求知欲、求美欲等人文观念形式，和记录人类童年时代的时空活动，表明人依赖于人的形式是以性别和血缘为基础的家庭（或家族）、氏族、胞族、部落、联盟和民族等同心圆式的社会组织形式。不说人类，只说个人的一生一世也都是在各种各样的组织中生存和发展。这些组织形式特别是以血缘关系建立起来的家庭、民族等组织形式同时则是具有强大的生命力和经济力的人文观念思维形式。摩尔根《古代社会》中描述了以性别和血缘为基础的群婚家族、血缘家族、对偶家族、父氏家族和单偶家族等诸种家族组织制度形式，这些家族本身同时是生产、消费的基本经济单位形式。在当代，家族除了人口生产以外，也存在相当多的家族式的企业生产经营组织形式。

3－6. 西班牙《国家报》2007 年 5 月 6 日报道说：全球最古老家族企业有 1289 岁了。现代企业家能想像企业在自己家族手中维持 14 个世纪吗？创建于 578 年至今仍在营业的日本寺庙建筑企业金刚组曾有这样的运气，但 2006 年初金刚组被收购，因此，美国《家族企业》杂志把全球最古老家族企业的头衔给了日本的粟津温泉饭店，该饭店成立于 718 年，2007 年已有 1289 岁了。1400 多年前，金刚家族在圣德太子的邀请下从朝鲜来到日本建造至今犹存的四天王寺，金刚组就此诞生。在经历了 40 代家族传承之后，至今该企业还通过其在大孤的总部建设和维修一些寺庙。而粟津家族是从 718 年开始在小松市经营自己的温泉宾馆，现在该饭店有 100 套房间，能容纳 450 人入住。在这些见证过帝国兴衰、战争存亡和沧海桑田的家族企业俱乐部中，西班牙的科多纽酒厂排名第 17 位，科多纽酒厂于 1551 年由豪梅·科多纽创建，至今已经持续了将近 5 个世纪。1976 年胡安·卡洛国王将科多纽酒厂的酒窖宣布为历史和艺术遗产，这里每年生产 6000 万瓶香槟酒，吸引着大约 20 万名游客前来参观。从排名来看，意大利和法国入围的长寿家族企业最多，其次是英国和德国。排在第 3 位的是于 1000 年在法国成立的古莱纳城堡，古莱纳家族经营的这个城堡不仅是一家博物馆，还是少见的蝴蝶收藏馆，城堡还生产葡萄酒。纵观全球最古老的100个家族企业排名，可以发现美酒和美食生产可以保障企业的经营经久不衰[18]。众所周知，我国改革开放后，在农村实行了家庭联产承包制，涌现了大量遍布于城乡的个体企业和私人企业。王永庆、郭台铭、李嘉诚、霍英东、曾宪梓以及后来居上的李兆基等港台著名企业家经营的企业无疑是以家族为基本单位的经济企业。

3-7. 在人对物（商品）的依赖同时伴有人对人的思维精神的依赖。在西方，从14世纪末至15世纪初，即从自然经济向商品经济演化的时期，与这一经济社会存在相适应的是依次出现的文艺复兴运动、启蒙思想运动和德国古典哲学兴起三大人文社会思潮。文艺复兴自意大利的但丁、达·芬奇等文学艺术大师提出的人性美、人的尊严和人的力量等思想开始，相继扩展到法国、德国、西班牙和英国等国家，到了16世纪达到了全盛时期。文艺复兴运动为资产阶级登上历史舞台做了重要的思想舆论准备。这场思想运动以复兴古希腊、罗马文化艺术为先导，以人的尊严和人的崇高为人本思想核心，是反封建（反自然经济的人身依附等）、反宗教（反基督教的"神权"、禁欲主义等）的思想运动，同时，这场思想运动反映了商品经济及其文化观念——"自由、平等、所有权和边沁"。在《资本论》中马克思透过商品经济——资本经济人和劳动经济人诠释了商品经济的文化精神。

> 马克思指出："劳动力的买和卖是在流通领域或商品交换领域的界限以内进行的，这个领域确实是天赋人权的真正乐园。那里占统治地位的只是自由、平等、所有权和边沁。自由！因为商品例如劳动力的买者和卖者，只取决于自己的自由意志。他们是作为自由的、在法律上平等的人缔结契约的。契约是他们的意志借以得到共同的法律表现的最后结果。平等！因为他们彼此只是作为商品所有者发生关系，用等价物交换等价物。所有权！因为他们都只支配自己的东西。边沁！因为双方都只顾自己。使他们连在一起并发生关系的唯一力量，是他们的利己心，是他们的特殊利益，是他们的私人利益。正因为人人只顾自己，谁也不管别人，所以大家都是在事物的预定的和谐下，或者说，在全能的神的保佑下，完成着互惠互利、共同有益、全体有利的事业。"[19]

3–8. 这就是说，在市场流通领域内，在利己心或追逐利益最大化的前提下，经济人一味追求自由买卖、自由竞争，等价交换、平等要求，相称法人、自行决策，互利互惠、和谐双赢等经济理念。这种商品经济内在的思想文化，为商品经济发展做足了舆论准备。同时“自由、平等、所有权和边沁”从经济领域扩展到政治、法律、文化诸种领域，一些资产阶级文人墨客将它们诠释成为教条而到处套用。文艺复兴之后，在法国兴起了一场启蒙思想运动。所谓启蒙（enlightenment）意欲用光明驱散黑暗，用理性替代愚昧，用资本主义替代封建主义的人文呼唤，是一种思想解放运动。这场启蒙思想解放运动持续了一个世纪之久（即18世纪），产生了以孟德斯鸠、伏尔泰和卢梭等人为代表的一批又一批的伟大思想家。在我国书市上一度热销的西方四大政治名著中的洛克的《政府论》和卢梭的《社会契约论》，就是继续解放思想和规范私有制商品经济秩序的人文名著。卢梭契约论的出发点是，推翻封建专制之后，社会如何才能达到平等呢？卢梭说只有用契约形式作为规范一切合法利益的基础。他说由于人是自私的、自由的，每一个人的力量，每一个人的自由都是他生存发展的唯一手段。那么，如何才能使个人集合起来形成总体力量，同时又不妨碍个人自由和个人利益呢？这当然是一个两难选择。他说最好的选择就是让大家订立一个社会契约，人人遵守这个社会契约，这样就既保障了你的自由也保障了我的自由，既保障了你的生存发展利益也保障了我的生存发展利益。这也许是最早的一部制度经济学的雏形。在文艺复兴和启蒙思想运动两大思想解放运动之后，康德、费希特、谢林、黑格尔和费尔巴哈等德国古典哲学大师都程度不同地谈到了人本思想，主要是人性因何、如何成为理性、理念和理论思维问题的纯粹精神人。由此不难看出，两大思想解放运动从思想精神上稳固了人对人的依赖关系。

2. 人对物的依赖

3–9. 人对物的依赖具有自觉与不自觉两重含义。所谓人对物的自觉依赖并不是说人类在创造物质财富时只要有两只双手去劳动就行了。中国的天人合一思想，与古典经济学家威廉·配第那句“劳动是财富之父，土地是财富之母”的名言都形象而深刻地道出了人与自然、人与物的依赖关系。马克思和恩格斯不仅肯定了配第这个正确观点，还在《哥达纲领批判》一书开篇中强调指出，劳动不是一切财富的源泉，自然界和劳动一样也是财富的源泉。从他们这种双重的财富内涵意义上讲，人必然要依赖于物（即自然资源）才能创造物质财富或物质产品。后来马克思在《资本论》中分析劳动过程时同样强调了人与物、人与自然之间的依赖关系。马克思首先从静态上分析指出劳动过程的三个简单要素：即人的有目的的活动或劳动本身，劳动对象和劳动资料。然后从动态上综合指出，在劳动过程中，人的活动借助于劳动资料使劳动对象发生了预定的变化，于是整个劳动过程消失在产品之中，这时劳动产品是使用价值，是经过形式变化而适合人的需要的自然物质产品。这时人的劳动物化了。所谓不自觉依赖，即人对物的依赖是从这种意义上讲的，当人类从自然经济进入到商品经济后，这时人们为了生存发展需要而进行的“生产什么、如何生产、为谁生产”等生产活动方式，不像家庭内部分工而彼此生产时所耗费的工、料、时那么清楚，也不像两个邻里家庭各自生产什么彼此那么透明，就是说，它不像在自然经济时那么先验、透明和简单，不是一种线性的、直通的轨道生产方式；而是一种模糊、迂回和复杂的演化方式，用斯密话讲就是用那只“看不见的手”即价格指引经济人生产经营的自发活动方式。

3－10. 在这种演化的经济运行方式中，人们把他们生产的产品叫做商品，把生产商品所耗费的劳动叫做价值，进而把耗费的劳动量叫做价值量或价格量，将人们交换商品的劳动关系叫做是商品和商品、物和物之间的物物关系。这种迂回的、相对的意识反映还表现在人们尽管意识到商品价值实体是劳动，但在市场交换这个“转化器”中人们却发现生产关系与交换关系、生产劳动与交换劳动的表现形式不一样了。这时，生产商品劳动所创造的价值却不能自我地、独立地表现，而是迂回地、相对地通过另外一种商品来表现。即用马克思价值形式基础的简单价值形式——“20码麻布＝1件上衣”的老例子来相对表现了。在商品市场上两个商品经济人这样一问一答：麻布有没有价值？麻布说我有，并说不信你可问问上衣我有没有价值；那么，20码麻布有多少价值？麻布接着答道：我的价值同上衣的价值一样多，不信你再问问上衣，它会明确告诉你。所以，马克思分析指出：“最简单的价值关系就是一个商品同另一个不同种的商品（不管是哪一种商品都一样）的价值关系。因此，两个商品的价值关系为一个商品提供了最简单的价值表现。”（《资本论》第1卷，人民出版社1975年版，第61—62页）马克思还在他的《政治经济学批判》一书中曾用“宫殿”作为等价物比较说：“伦敦的鞋油厂主曾用几座宫殿来表示大批鞋油的价值。”这就是说，这时，价值生产与价值交换，价值决定与价值表现不一样了。这一向是困扰理论经济学的一个理念“魔方”。一个商品的价值要在商品的交换关系或交换价值中表现出来。也就是说，现象与本质不一样了。价值本质不能自我地、独立地表现出来，而是迂回、曲折、相对地表现出来，由于这样表现方式使经济人产生了商品拜物教的幻觉。现在让我们从伦敦回到北京。

3-11. 我国商务部前部长薄熙来讲过一个流传甚广的等价物交换的故事。他在同欧洲贸易代表谈判后既理性又无奈地说道，8亿件上衣才能换回1架空客飞机。就是说，8亿件上衣商品的价值要通过一架空客飞机商品的价值来表现。当然，薄熙来这个交换价值故事还包含许多发人深思的故事。这样一来，就使经济人对商品有一种可感觉又不可感觉的神秘感觉。马克思把经济人的这种感觉用了一种最实际也最贴切的隐喻，即称商品拜物教性质。这种商品拜物教性质，正像语言一样，是人们的商品社会的产物，是社会经济基础和社会上层建筑的共同产物。从经济基础上讲，由于资本主义私有制生产和市场经济生产的实体劳动存在着社会性矛盾，就是私人劳动生产什么、如何生产和为谁生产，统统由私人决策拍板；同时这种私人劳动又必须在市场中并被市场所承认，成为市场经济社会总劳动的一部分，而且只有在市场成交中才能被认可，这样一来就产生了劳动双重性矛盾，就是说，劳动既是私人劳动又是社会劳动的博弈现象。重要的是，马克思和恩格斯讲到的人对物的依赖意义还在于说明资本家对雇佣劳动的剥削和统治。在《1857—1858年经济学手稿》中马克思明确指出：“资本家对工人的统治，就是物对人的统治，死劳动对活劳动的统治，产品对生产者的统治。”

3-12. 同时从上层建筑层面上讲，意识的特点就是这样：它有一种相对的继承性，有点像我们随手刚一关上电视荧屏瞬间会给人的眼球一种“视觉暂留”现象一样。前辈神祇等宗教观念意识必然要在人们思想意识中留下较深的烙印。谁会想到，在科学技术迅猛发展，知识经济日新月异的信息时代条件下，中国新闻网披露美国《新闻周刊》2007年3月31日发布的一项调查结果显示，每10个美国人当中竟有超过9个人相信神或上帝的存在[20]。所以，不难看出，美国人的宗教观念既是历史积淀也是现实商品经济的产物。尽管科学包括经济科学已揭示了拜物教的性质和成因，但马克思在《资本论》中明确告诉我们："只有当实际日常生活的关系，在人们面前表现为人与人之间和人与自然之间极明白而合理的关系的时候，现实世界的宗教反映才会消失。只有当社会生活过程即物质生产过程的形态，作为自由结合的人的产物，处于人的有意识有计划的控制之下的时候，它才会把自己的神秘的纱幕揭掉。但是，这需要有一定的社会物质基础或一系列物质生存条件，而这些条件本身又是长期的、痛苦的历史发展的自然产物。"[21]在生产同类或不同类产品的自然经济社会中，我们会很容易看到，一个手工业者生产产品所耗费的劳动，和另一个手工业生产者生产同样产品所耗费的劳动大体上是差不多的。生产麻布和生产上衣的可能就是邻居，也许就是麻布生产者自己同时经营上衣生产，因此，他们彼此了解对方生产产品所耗费的劳动及其价值表现。可是在社会化乃至全球化的商品经济时代，一切采取了社会化生产和纷繁复杂的交换，产品交换者实际关心的是自己的产品能换回别人多少产品，它们之间的比例经过逐渐磨合而稳定时，这种比例就好像是由产品本能分泌产生出来似的。于是造成了一种观念，即商品——价值——人（劳动）的平等、自由等人文观念。这时人们从不去问生产商品的劳动为什么当做价值，商品生产耗费的劳动量为什么当做价值量，人们的交换产品实际上是彼此交换劳动的关系，为什么变成了物与物、商品与商品之间的关系。所以，马克思深刻指出："使用物品当做价值，正像语言一样，是人们的社会产物。"[22]但要说到经济学的流传之作当属斯密和马克思。两位经济学大师，一个被西方视为经济学的鼻祖，一个被我们东方即马克思主义学者奉为"劳动的政治经济学"的导师；一个用娴熟的散文体创作了《国富论》，一个运用思辨文法创造了一部《资本论》——"工人阶级的圣经"（恩格斯语）；一个用形象思维描述了那只"看不见的手"的隐形经济人，一个用抽象思维诠释了"经济范畴的人格化"即马克思的理论经济人；一个在《国富论》许多地方谈到了"天赋自由"、"自由贸易"和"平等贸易"，一个在《1857—1858年经济学手稿》中运用经济哲学语言提示了自由和平等在商品社会中的基本内涵：

经济人之间的经济"交换，确立了主体之间的全面平等，那么内容，即促使人们去进行交换的个人材料和物质材料，则确立了自由。可见，平等和自由不仅在以交换价值为基础的交换中受到尊重，而且交换价值的交换是一切平等和自由的生产的、现实的基础。作为纯粹观念，平等和自由仅仅是交换价值的交换的一种理想化的表现；作为在法律的、政治的、社会的关系上发展了的东西，平等和自由不过是另一次方的这种基础而已。而这种情况也已为历史所证实"[23]。

3. 人的自由全面发展

3－13. 从马克思关于人的主体发展三个阶段中不难看出，人始终是社会发展阶段的主体并反映为逻辑思维进程中的出发点、中介点和归宿点。马克思非常熟悉文艺复兴、启蒙思想和德国古典哲学中的"人"的问题。他批判继承了先贤的人文优秀成果。文艺复兴作家爱用人性反对神性，用人权反对神权，把人的价值、尊严和力量拔到了无以复加的高度。马克思一家都热爱莎士比亚著作，熟悉马克思生活的二女婿拉法格说，马克思全家把莎士比亚的著作视为"圣经"，他写作《资本论》还不时地翻阅莎翁著作来修润其著作。他在家有时大段大段地背诵莎士比亚的名篇警句欣赏其品味，陶冶情操。莎士比亚对马克思人文观点形成的作用是不言自明的。莎士比亚曾经借用剧中人哈姆雷特之口颂扬人类：**"人类是一件多么了不起的杰作！多么宝贵的理性！多么伟大的力量！多么优美的仪表！多么文雅的举动！在行为上多么像一个天使！在智慧上多么像一个天神！宇宙的精华！万物的灵长！"**[24]后来的启蒙思想家同样颂扬人的自由、平等和博爱，强调人道主义，反对神道，讲究人性论，提出了天赋人权口号，从政治上反对君权神授，反对专制特权；同时他们突出人的理性，为科学发展开辟了道路，也为建立民主制度和契约国家解放了思想。如果说文艺复兴从人文思想上描述了人的主体，启蒙思想从人文政治上论述了人的主体，那么，德国古典哲学则从人文思维上论证了人的主体。而德国古典哲学大师们在宣扬人的理性思维时，明确提出了人的主体性原则，将神本论还原为人本论，使哲学真正开始成为时代精神的精华。人类思维发展历史并不是一条笔直大道，往往会从一种倾向转向另一种倾向，从一种极端跳荡到另一种极端，因为人在运用智商之际会伴随着情商，更何况任何人都站在一定的立场、观点和方法上说话办事呢。我有一个不成熟的看法，即凡属于经典的东西都有两重性，即既有科学性、传承性，又有其凝固性、保守性，这样也许会给后人以创新的空间。

3－14. 值得一提的是，马克思作为优秀人文思想继承者在诠释人尤其是诠释经济人时的方法论是非常独到的：第一，文艺复兴以来思想家们的人文思想研究主要着眼于从社会上层建筑的思想、政治、法律、道德、艺术、宗教等意识思想形式上，大都又从人们的动机上来诠释人，尽管这些思想形式在一定程度上反映了社会经济基础要求，顺应了人类社会历史发展总体变化，但他们往往本末倒置，未能从社会经济基础发展变化上寻找原因，更未能做到“在考察这些变革时，必须时刻把经济生产条件方面所发生的那些可用自然科学精确眼光指明出来的物质变革，去与人们所藉以意识到这个冲突并力求把它克服的那法律的、政治的、宗教的、美术的或哲学的形式，——简言之，思想形式，——分别清楚。正如我们评判一个人时不能以他对自己的揣度为根据一样，我们评判这样一个变革时代也不能以它的意识为根据”（马克思：《政治经济学批判》序言，人民出版社 1955 年版，单行本，第 3 页）。马克思和恩格斯与他们不同，着重于从社会经济基础上的生产、生产力和生产关系或经济关系上诠释人。两位导师强调指出，一切人类生存的第一个前提也是历史的第一个前提，人为了生活首先就需要衣、食、住以及其他东西。后来恩格斯在推介《卡尔·马克思》一文时进一步强调指出，历史破天荒第一次被安置在它的真正基础上；一个很明显而以前完全被人忽略的事实，即人们首先必须吃、喝、住、穿，就是说首先必须劳动，然后才能争取统治，从事政治、宗教和哲学等活动。这样一来，经典作家就将人的物质与精神、基础与上层、原生与派生之间的关系界定清楚了，使人逐渐地养成为理性的社会思维动物。

3－15. 第二，与上述方法视角相联系的是，既然从社会经济基础上诠释经济人，那么，人的生存与发展所依靠的物质资料，进而物质资料生产所依靠的只能是人的生产劳动。所以，不难看出，劳动是马克思主义的核心。马克思主义哲学批判继承了德国古典哲学的辩证法和唯物主义，并据此创造了历史唯物主义或唯物史观，所以，马克思主义哲学全部是历史唯物主义或唯物史观，其核心讲究的是劳动，说明人类起源于劳动、人类与自然联结于劳动、人类历史则是一部劳动和劳动者的历史。马克思主义政治经济学批判继承了斯密、李嘉图古典经济学的劳动价值的初步基础，同时指出他们“无例外地忽略了这样一个简单的事实：既然商品有二重性——使用价值和交换价值，那么，体现在商品上的劳动也必然具有二重性……实际上就是批判地理解问题的全部秘密”。从学说史上讲，马克思正是从古典经济学忽略了的地方开始研究劳动价值的。他说“商品中包含的劳动的这种二重性，是首先由我批判地证明了的。这一点是理解政治经济学的枢纽”。他还说劳动二重性“这是对事实的全部理解的基础”。马克思在这里又是“秘密”、又是“枢纽”、又是“基础”地评说了劳动二重性，还介绍说劳动二重性是“我的书最好的地方”，是《资本论》这部书中的“崭新的因素”[25]，就是说劳动二重性是马克思经济科学生理结构中的“基因”或“干细胞”。至于在哲学和政治经济学基础上的科学社会主义，马克思顺理成章地将哲学劳动和政治经济学上的劳动，运用到科学社会主义，使雇佣劳动发展为联合劳动，使雇佣劳动者从奴隶变为主人，并通过社会的契约形式规定劳动者的权利与义务，探索如何创造出联合劳动的社会共同体，促使人的自由全面发展等战略策略问题。这样一来，马克思就运用“劳动”这根红线将纷繁复杂的哲学、政治经济学和社会主义串联起来了。在20世纪90年代，北京市某化妆品公司曾在央视做了一篇极富哲理的广告词，即“把简单的事情搞复杂了，太累；把复杂的事情搞简单了，聪明”。

3-16. 第三，在从社会经济基础上诠释经济人、劳动经济人后，马克思紧接着分析社会人。与传统的古典哲学解释人时往往是抽象的、思维的或精神上的“人”不同，也同古典经济学常常好从一般想像、随机抓到的猎人和渔夫、勤快人和懒惫人或富人和穷人等经济人不同，马克思和恩格斯是把人、经济人视为是“从事实际活动的人”、“现实的人”和“社会中的个人”或“现实的个人”，即在一定社会中的从事物质资料生产劳动实践的人。在《1857—1858年经济学手稿》导言中马克思反复强调了“在社会中进行生产的个人，——因而，这些个人的一定社会性质的生产，自然是出发点”。接着引述了亚里士多德的名言指出，“人是最名副其实的社会动物，不仅是一种合群的动物，而且是只有在社会中才能独立的动物。孤立的一个人在社会之外进行生产——这是罕见的事”。在论述经济学方法时他进一步强调指出，

"就是在理论方法上，主体，即社会，也一定要经常作为前提浮现在表象面前"，"在研究经济范畴的发展时，正如在研究任何历史科学、社会科学时一样，应当时刻把握住：无论在现实中或在头脑中，主体——这里是现代资产阶级社会——都是既与的；因而范畴表现这个一定社会的、这个主体的存在形式、存在规定、常常只是个别的侧面；因此，这个一定社会在科学上也决不是在把它当做这样一个社会来谈论的时候才开始存在的。这必须把握住，因为这对于分篇直接具有决定的意义。"[26]就是说，人是社会人，经济人同样是一定社会中的经济人。正如马克思强调的它对建立马克思主义政治经济学"具有决定的意义"。

第四，马克思在这里从方法论上谈到的个人是个"大写的人"，是依次形成的个人、群体和人类同心圆式的"大写的人"。这"大写的人"不仅关系到如何正确理解"个人"这一活生生的人的主体问题，更关系到如何正确理解人的全面发展的问题。马克思在《〈黑格尔法哲学批判〉导言》一文中明确讲到："人就是人的世界，就是国家，社会。"[27]附图说明如下：

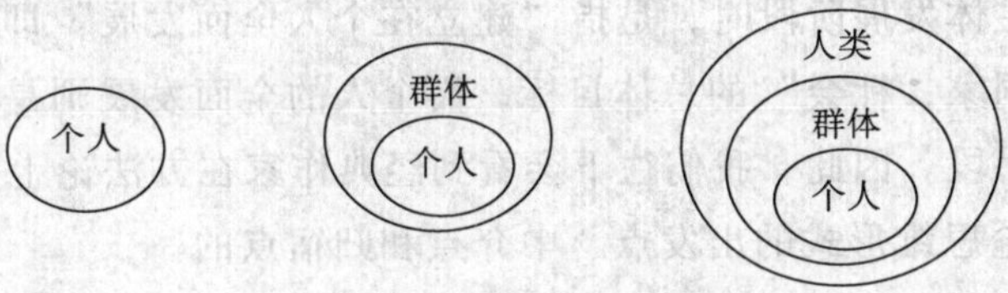

四、个人发展有限性和人类发展无限性是互为前提的

"人"是一个复杂的社会有机整体，具有多重规定性。马克思和恩格斯曾指出，"人是社会生产关系的总和"，"人就是人的世界，就是国家，社会。"因此，人们必须多维地去认识和把握经济人的本质及其活动规律

1. 个 人

4-1. 每人都在传承并评论过前人。马克思说亚里士多德关于人的评论标志着古典时代的特征，富兰克林关于人的定义标志着美国社会的特点，阿尔都塞则说人是有“意识形态的动物”等等。而马克思则准确说到，“人是最名副其实的社会动物”，马克思这个论断包含两个要素：一个是“动物性”，另一个是“社会性”。显而易见，人与其他动物本质区别在于人的社会性。因此，马克思说，人的本质是全部社会关系、生产关系的总和。在马克思和恩格斯看来，人是以其个人、群体和人类的三重同心圆式存在和活动着的。其中是以“个人”为主体，也是实体并贯串于群体和人类之中。群体、人类则虽然是由人构成但它们是虚体。用黑格尔话说，每一个人都是一个世界，后来马克思进一步指出：“人就是人的世界，就是国家，社会。”[27]在这里，第一个“人”字显然是指个人或个体。与黑格尔不同的是，马克思论述人这一能动主体发展阶段时，是指“建立在个人全面发展”即“人就是人的世界，就是国家，社会”的总体目标，而个人的全面发展则是实现这一总体目标的基本手段。因此，我们往下会看到经典作家在方法论上始终是以“个人”作为理论思维形式的出发点、中介点和归宿点的。

4-2. 在哲学中，马克思主义创始人明确指出，“任何人类历史的第一个前提无疑是有生命的个人的存在。因此第一个需要确定的具体事实就是这些个人的肉体组织，以及受肉体组织制约的他们与自然界关系。”接着在谈到生产方式与生活方式的关系时还指出，“个人是什么样的，这取决于他们进行生产的物质条件”；在谈到分工意义时指出，“分工的每一个阶段还根据个人与劳动的材料、工具和产品的关系决定他们相互之间的关系。”马克思和恩格斯在《费尔巴哈》这部经典之作中还指出，“以一定的方式进行生产活动的一定的个人，发生一定的社会关系和政治关系”，并强调“这里所说的个人不是他们自己或别人想像中的那种个人，而是现实中的个人”，是“从现实的、有生命的个人本身出发”，“社会关系的含义是指许多个人的合作”。最后他们总结写道，“对于各个个人来说，出发点总是他们自己，当然是在一定历史条件和关系中的个人”[28]。在政治经济学中，马克思在《1857—1858 年经济学手稿》导言中同样坚持了“个人”为理论出发点，他说："在社会中进行生产的个人，——因而，这些个人的一定社会性质的生产，自然是出发点"，还总结说到"因此，说到生产，总是指一定社会发展阶段上的生产——社会个人的生产"。后来在《资本论》第一卷第七篇分析占有方式时辩证地讲到重新建立个人所有制，他说："从资本主义生产方式产生的资本主义占有方式，从而资本主义的私有制，是对个人的、以自己劳动为基础的私有制的第一个否定。但资本主义生产由于自然过程的必然性，造成了对自身的否定。这是否定的否定。这种否定不是重新建立私有制，而是在资本主义时代的成就的基础上，也就是说，在协作和对土地及靠劳动本身生产的生产资料的共同占有的基础上，重新建立个人所有制。"[29]

4－3. 在科学社会主义中，马克思和恩格斯在《哥达纲领批判》阐述劳动是一切财富和一切文化的源泉观点时指出，"只有一个人事先就以所有者的身份来对待自然界"时才这样，同时批判"哥达纲领"把条文改变为"既然劳动是一切财富的源泉，社会中的任何个人要不占有劳动的产品就不能占有财富"时又一次提到了"个人"。他们由破而立地设想社会主义劳动时在提到"个人"时说，"因为这时和资本主义社会相反，个人的劳动不再经过迂回曲折的道路，而是直接地作为总劳动的构成部分存在着"。他们在把"公正的分配"和"平等的权利"结合起来批判"哥达纲领"时进一步指出，"权利，就它的本性来说，只在于使用同一尺度"，但在实际中避免因使用这个同一的尺度来衡量不同劳动情况的个人时而造成的不平等，那么，"权利就不应当是平等的，而应当是不平等的"，这是因为，在社会主义条件下，"每个人像其他人一样只是劳动者"。由此可见，马克思主义三个组成部分都贯穿着另外一条主线——个人，经济人便成为理论逻辑进程的基本出发点。经典作家在这里讲到的"个人"，并不只是一个理论上的假设或抽象，正如他们一再强调的"这里所说的个人不是他们自己或别人想像中的那种个人，而是现实中的个人"。这种"个人"是在一定的社会历史生产条件中发展着：在古罗马，个人是以贵族、骑士、平民、奴隶等身份出现的；在中世纪，个人是以封建领主、陪臣、行会师傅、帮工、农奴、自由民等身份出现的；在资本主义社会，个人是以资本家、雇佣工人、地主、农民、律师、演员、医生、牧师等身份出现的；在社会主义社会，比如中国特色社会主义社会，个人是以工人、农民、军人、农民工、公务员、教师、演员、医生、经理、总裁及"社会主义建设者"——民营企业家、外商资本家等身份出现的。这时，个人都在一定社会历史的舞台上扮演着不同角色，“你方唱罢我登场”。

4-4. 与黑格尔《精神现象学》具有相近思维的弗洛伊德所著《梦的解析》即梦的精神分析学，是这位奥地利精神科学大师对于人类精神现象作出的重要贡献。弗洛伊德于1923年出版的《自我和本我》一书中将人格的结构、内涵和发展作了深入描述。他的分析思路首先是“本我”包括要求得到眼前满足的一切本能的驱动力，并按照快乐原则行事，一味追求满足。而“本我”中的一切永远是无意识的。然后是“自我”处于“本我”和“超我”之间，代表着普性和机智的中介职能，并按照现实原则行事，监督“本我”的动静，给予适当满足。弗洛伊德还将“本我”和“自我”比喻为马和马车夫。“自我”要驾驭“本我”，但马可能不听话，二者因此会僵持一下，直到一方屈服。于是需要调节和控制。最后是“超我”（supereso）代表着良好、社会准则和自我理想，是人格中的高层领导，它按照至善原则行事，指导“自我”，限制“本我”。弗洛伊德认为只有三个“我”和睦相处，保持协调平衡，人才能健康和谐发展。在市场经济大潮中人不仅要学会正确处理人与自然、人与人之间关系，重要的是，还必须正确处理好个人与自己即“本我”、“自我”和“超我”之间关系。学会按照快乐、现实和至善三原则行事，促使市场经济得以健康和谐发展。

2. 群　体

4-5. 个人为了生存与发展，必需有生活物质资料产品，而为了获取生活物质资料产品个人必须与他人结成生产物质资料的生产关系和社会关系，彼此合作进行物质资料生产，否则便不能进行生产，也不能生存和发展。在历史或现实中，孤立的个人是不存在的，由个人发展到以个人为中心的个人主义也是难以为继的。尽管在资产阶级历史学、政治学、经济学乃至文学中喋喋不休地谈论着个人，但在马克思和恩格斯看来，他们只不过是将个人等同于“私人”的一种概念转换或错觉，目的是用个人代替私人。马克思在《1857—1858年经济学手稿》导言中对于这种个人作了深入的历史分析，他说：“这种十八世纪的个人，一方面是封建社会形式解体的产物，另一方面是十六世纪以来新兴生产力的产物，而在十八世纪的预言家看来（斯密和李嘉图还完全以这些预言家为依据），这种个人是一种理想，它的存在是过去的事；在他们看来，这种个人不是历史的结果，而是历史的起点。因为，按照他们关于人类天性的看法，合乎自然的个人并不是从历史中产生的，而是由自然造成的。这样的错觉是到现在为止的每个新时代所具有的。……我们越往前追溯历史，个人，也就是进行生产的个人，就显得越不独立，越从属于一个更大的整体：最初还是十分自然地在家庭和扩大成为氏族的家庭中；后来是在由氏族间的冲突和融合而产生的各种形式的公社中。只有到十八世纪，在‘市民社会’中，社会结合的各种形式，对个人说来，才只是达到他私人目的的手段，才是外在的必然性。但是，产生这种孤立个人的观点的时代，正是具有迄今为止最发达的社会关系（从这种观点看来是一般关系）的时代。人是最名副其实的社会动物，不仅是一种合群的动物，而且是只有在社会中才能独立的动物。”[30]法国古斯塔夫·勒席在他的《乌合之众——大众心理研究》中认为，个人一旦进入群体之中，他的个性便被淹没了，群体的思想占据了统治地位。但中国文化表明人可“和而不同”，个人非但未被淹没反而使其个性更为张扬和发展。

4-6. 马克思在这里反复强调指出的“社会”或“社会关系”，正如他所诠释的，这是因为“社会是个人之间的合作”。就是说，社会是人对人的依赖、人对物的依赖和人的自由全面发展最理想的合作方式和组织方式。换句话说，个人是存在、活动于家庭、社区、企业和团体等社会各种群体组织方式之中的。群体形成是历史的、发展的、变化的。群体组织形式按形成原因计有血缘群体、族缘群体、地缘群体、业缘群体、志缘群体和趣缘群体等诸种群体组织形式。个人在不同历史社会及其不同时代，可能同时扮演不同角色兼有几个或几十个群体成员身份。比如一个年轻美国黑人男子，根据自己的种族、性别、行业、职业、籍贯、政见、宗教、收入、偏好和举措等特点，在不同场景条件下他可能认同和参与的群体组织包括：黑人种族群体、男性群体、青年群体、金融行业群体、会计职业群体、某州某市的同乡群体、激进政团、基督教会群体、白领工薪群体、业余棒球队群体。除此之外，他还可能是“麦德龙”商场会员、“肯德基”会员或某个慈善组织发起者、集邮协会人员、爱犬俱乐部成员等等。如本章前面提到的，个人自从动物发展以来本能地继承了动物的食欲和性欲，同时个人与动物又有本质区别的是人有求知欲和求美欲，而后面这两欲便在群体社会、世界组织形成之中丰富为情、知、意、品所构成的个人的基本精神世界。

4-7. 首先是情感精神世界——个人的性情、脾气、爱好、兴趣、情绪、偏好等等，这是最普遍、最鲜明的个人的喜、怒、哀、乐的情感世界。成功的恋爱、婚姻、家庭是靠情感维系的，成功的厂商企业同样需要情感来支撑。先民们在山崖、洞穴中刻画的野牛、驴马等壁画或各种人物符号大都是情商支配下的象形东西，之后才是正经的文学符号等智商产物。其次是在实践中总结出来的感识精神世界——经验、见识、理智、知识、想像、能力等等，形式上是个人的，但实际上则是群体铸成的，即能使他个人将情感与理智结合起来活动，即形象思维与抽象思维相结合的思维活动。再次是意志精神世界——个人的愿望、志向、理想、抱负、决心、坚毅、耐心、勤奋、刻苦等等，这是个人在各种实践中生成的抽象思维形式。最后是，个人精神世界中的最高境界——人格、人品、胸怀、气度、气质、智慧、科学、信仰等等，它既是个人的又是群体的，既是客观的又是主观的。正如有些人性善，有些人性恶；有些人利他，有些人利己；有些人自私，有些人无私；有些人理性，有些人非理性；一个人有时同时存在性善性恶的两面性。这时，个人这些意识形式无疑会程度不同地影响经济人在生产什么、如何生产和为谁生产等方面的决策理念和厂商活动。这时他们的意识既是个人的，又是群体的，也是人类的。因此，群体应当尊重、发扬和保护个人生存发展需要的欲望、要求、意志和性格等个性。相反，切不可用群体或人类的精神去压抑、抹杀、代替个人精神，在商品经济或市场经济世界中，全面认识这些个人或经济人的精神世界是十分必要的。马克思总结指出："真正的财富就是所有个人发达的生产力。"

3. 人　类

4-8. 从个人到群体再到人类，是个人依次的自由全面发展的三重同心圆式的境域。这时，我们无论是从顺时还是从同时上讲，个人始终是自由全面发展的起点、核心和实体。当然，个人脱离群体社会是不能存活的，同时群体社会也脱离不了人类世界，因此，在人的主体发展同时上或顺时上同样是由个人、群体和人类形成的；如果我们从纵向上观察个人，这时个人、群体和人类是在朝向顺时方向发展着。有如哲学上的个别、特殊和一般的关系一样。作为有生命的现实人，在地球村时代，个人通过交换和交流逐渐地养成具有群体意识和人类意识，努力做到“人就是人的世界，就是国家，社会”，即一个大写的个人。同时马克思还从另一种意义上即从社会经济基础和上层建筑上告诉我们，“人的本质不是单个人所固有的抽象物，在其现实上，它是一切社会关系的总和”。因此，我们对于人的本质及其规律的认识和把握上无疑需要将人类社会关系作一全面描述。作为有生命周期的个人时空是极其有限的，在同一时代内，人一般地都在其有限的生命周期内去思考和活动。这也许是一条人文定律。这时，个人生命周期主要有四种年龄规定：即年代年龄、生理年龄、心理年龄和职业年龄。年代年龄是指个人生命的自然年龄，是其他年龄的共同基础，如今个人平均寿命为 70 ~ 80 岁。生理年龄即个人的成人年龄，我国规定为 18 岁。心理年龄如个人的内向或外向。如流行的“六十岁的年龄，三十岁的心脏”。个人通常从公元的年代年龄里思考人生，并往往持有两种截然不同的人生理念：一种是消极的，哀叹生命苦短，因而个人应及时行乐，追名逐利，纸醉金迷，花天酒地，完全过着一种颓废生活。相反，另一种人生如我国先贤瞿秋白所说：“本来，生命只有一次，对于谁都是宝贵的。但是，假使他的生命溶化在大众的里面，假使他天天在为这个世界干些什么，那么，他总在生长，虽然衰老病死仍旧是逃避不了，然而他的事业——大众的事业是不死的，他会领略到‘永久的青年’。”20 世纪 50 年代前苏联著名作家奥斯特洛夫斯基倡导：“人的一生应这样度过：当回忆往事的时候，他不致于因为虚度年华而痛悔，也不致于因为过去的碌碌无为而羞愧；在临死的时候，他能够说：‘我的整个生命和全部精力，都已献给世界上最壮丽的事业——为人类的解放而斗争’。”正如人从动物演变为人是经过劳动和语言的推动一样，人的历史的全面发展同样需要劳动和语言推动其沟通、交流和合作，而反映、概括和表述这一发展变化过程的有多种学科，其中经济学科则是首推的劳动语言学科的主要思维形式。

五、劳动和语言是人的自由全面发展的主要思维形式

《论语》最末一章指出，不知言，无以知人也。人通过刺激与

反应形成了意识，并经过外在而表现为言语——语言——言语，伴随着感性——理性——感性的跳荡起伏，最终以合情合理、通情达理的思维语言方式沟通、交流、协调经济人的生产生活关系

5－1. 人类的精神文明成果，作为万事万物客观信息的复写、摄制和反映，不仅可以定格在人的生命头脑之中，还可以文字、图像、符号、声音等形式，定格在无生命的各种物质载体之上，如岩洞、兽骨、兽皮、竹简、纸张、磁带、光盘等物质载体。重要的是，人类物质成果折射出了人类精神成果，人类的金字塔、长城、兵马俑等八大奇迹，和以手推磨代表的封建社会，以蒸汽磨代表的资本主义社会和以苏维埃加电气化代表的社会主义社会（马克思、列宁语）无一不表明人类精神力量多么伟大！人类将其劳动过程和结果均概括为精神、文明和文化等各种思维范式。人类为了获得生存发展需要的生活物质资料而创造出来的一切有形物体，和人类口头及其非物质文化遗产，也是人的头脑思维发展的载体和标志。概括和表述上述物体和遗产的一种重要的思维标志和尺度的精神、文明、文化和知识等思维形式是一个言人人殊的东西。这些主观见之于客观而产生的思维形式，源于主体将客体各种对象分类、界定、比较和选择。主体一方面根据客体来引起、调整自己的认识和行动；另一方面主体能动地改造建设客体，为主体所用来证明和实现主体价值和精神力量。在主客体互动过程中，发生了人与自然、人与社会、人与自己（如弗洛伊德的本我、自我和超我）的关系；所以，从纯粹思维形式认识和把握上述关系，就是主体——客体——主体。其中主体人的头脑思维中最宽泛深邃的理论范式或纲领集中地表现为人的精神、文明、文化和知识等理论思维形式，这些理论思维形式无疑也是经济人的精神世界的核心范式。

5－2. 精神：中国庄子最早讲到的精神是指在人的身心之上的称谓精神。但若论最全面系统从理论思维诠释人的精神，不能不提到19世纪的德国古典哲学大师黑格尔（1770—1830）。这位哲学大师将人世间种种现象归结为物质和精神两种基本现象，并认为物质现象源于精神，是精神的表现形式，据此构筑了一个庞大的哲学全书。他原计划写一部叫做《一个思辨哲学的体系》，并认为科学如果没有体系不能成为科学。于是在科学体系的框架下把他那个哲学体系分为四个部分，即精神现象学、逻辑学、自然哲学和精神哲学。其中《精神现象学》有如海谋在《黑格尔和他的时代》一书中指出的，它“作为整个体系的导言，作为整个体系的第一部，并且作为自身的全体”。可见《精神现象学》在他整个哲学体系中的地位和作用。黑格尔可能受到了谢林的“绝对哲学”的影响在他的《精神现象学》中系统地讲到了他那个著名的“绝对精神”。而德国古典哲学的真正传承者马克思评价说：《精神现象学》是黑格尔哲学的真正诞生地和秘密，是理解黑格尔哲学的钥匙。黑格尔在全书中依次论述了逻辑学、自然哲学和精神哲学。至于他那个历史哲学、法哲学等著作均可归纳到逻辑学，是逻辑学的补充和应用。黑格尔从思维与存在的关系出发，将思维存在等自然物质现象看做是“绝对精神”的各种化身和表现形式。他认为，在自然界和社会世界以前，在某一个地方“存在”过一种“绝对精神”，这个绝对精神不断地运动、转化和发展，从一种形式发展为另一种形式，并依次经过逻辑、自然和精神三个发展阶段。开始，在逻辑阶段表现为精神、理念、思维等形式自行发展，在自然阶段表现为机械性、物理性和有机性等形式自行发展，最后人出现了。人的出现表明“绝对精神”挣脱了自然界回到了人的精神阶段，在这阶段“绝对精神”相继经过了“主观精神”（个人意志）、“客观精神”（社会意志）和“绝对精神”，达到了自我认识和自我发展。由此可见，从纯粹思维形式来讲，黑格尔哲学全书的基本思路是，从一种精神现象到另一种精神现象的运动表现过程。

5－3. 值得指出的是，在黑格尔的哲学全书中有一部书名就叫《精神现象学》。这也许是学说史上最集中、最普遍地描述人类精神现象的哲学著作。马克思在写作《资本论》时经常浏览黑格尔的哲学著作，认为这对他在材料加工的方法上帮了他很大的忙。恩格斯在评述黑格尔哲学品质时指出，黑格尔的哲学形式尽管那么抽象和唯心，但黑格尔的思想发展却总是与世界历史的发展紧紧地平行着，而且思维方式有着巨大的历史感作基础。同时恩格斯提醒人们说：我们不应该为了观念的东西而忘掉现实主义的东西，为了席勒而忘掉莎士比亚。文理是相通的，而完全以描述社会人文为基础的文学巨匠雨果（1564—1616）在《悲惨世界》中借信仰法则篇里评述道：“物质的发展，我们是需要的；还有精神的伟大，我们也要坚持。”从欧洲大陆到英伦三岛并没有人为的思想鸿沟阻隔。英国著名经济学家斯密在《国富论》中直言说道个人有肉体、年龄、财产和门第上四种优越资质，但斯密在分析个人肉体优越时强调指出，客观存在个人资质的优越、体力的优越、容貌的优越、动作敏捷的优越、克制性的优越等。肉体上的品质，必须有精神上的品质来支持，否则在社会的任何时期，都不够从中取得多大的威权。一个非常有力的人，单凭体力，不过能使两个弱者服从他。同时一个有智慧有道德的人，却能取得非常大的权威。后来马克思和恩格斯在《费尔巴哈》中在页边上写着：**"真正的人 = 思维着的人的精神"**。为上述先哲做了一个简明扼要的总结。远的不说，我国建设社会主义精神文明深入人心，家喻户晓，已变成为社会主义物质文明的强大动力。我们党三代领导人和胡锦涛总书记都非常重视总结、倡导人文精神。江泽民指出，优秀精神是一个民族在社会实践中所形成和展现出来的高贵的道德人格、合理的价值观念、崇高的理想和高尚的人生追求，传统民族精神、革命精神和时代精神是其主要内容。党的十七大报告提出"弘扬中华文化，建设中华民族共有精神家园"。已故著名作家王小波有一部著作书名就叫做《我的精神家园》。最近《人民日报》评论员提出："让精神成为美学的尺度。"有意思的是，为我国成功申办奥运立下了汗马功劳的何振梁曾好奇地问萨马兰奇："你五次亲自为邓亚萍颁奖，你为什么那么喜欢邓亚萍？萨翁说她身上有一种奥运精神！"如今流行于世的种种"精神"一词，不胜枚举。比如，世界精神、时代精神、革命精神、民族精神、政治精神、宗教精神、道德精神、公民精神、职业精神、企业精神等等，而且作为指导思想，社会主义精神文明建设贯穿于我国各种政治、经济、文化、科学、教育等生活领域之中。一个没有自己理论和精神的政党、国家和民族，是站不住、挺不直、走不远的，会成为别人的附庸和奴仆。

5-4. 文明：在西方，16—18 世纪相继兴起的文艺复兴和启蒙思想运动，使文明成为站在历史潮头的思想家、文艺家们反封建、反神权的思想斗争工具。18 世纪美国著名人类学家摩尔根在其《古代社会》使用了蒙昧、野蛮和文明三个主题词作为比较和划分人类社会历史发展的尺度和标志。作为历史唯物主义创始人的马克思和恩格斯高度评价并引述了该书一些观点和资料，其中恩格斯还根据《古代社会》中的蒙昧、野蛮和文明三个阶段框架添充了崭新内容，写出了历史唯物主义名著《家庭、私有制和国家的起源》。公认的人类四大文明古国——巴比伦、埃及、印度和中国，其中只有中国没有断代而延续下来。在当代，值得注意的是，美国人塞缪尔·亨廷顿在《文明的冲突——21 世纪国际政治的重建》一书中声称，在新的世界中，冲突的根源主要将是文化上的，而不是意识形态和经济的，西方和非西方文明之间的冲突将主宰全球政治，并预言全球政治文明之间的断裂带上发生的地区冲突，最有可能升级为大规模战争。如果说还会有一场世界大战的话，那将是一场文明之间的大战。人类的思考可能是相反相成的。与亨廷顿观点相反的是《文明的共存——对塞缪尔·亨廷顿“文明冲突论”的批判》，该书作者拉尔德·米勒是一位权威的批判家，他针锋相对地批判了亨廷顿的文明观和世界观。这位学者指出，不是文明的对抗，而是文明的共存和对话。国际社会更须更多地尝试进行合作，只有对于各种文化表现出宽容，全球的和平共存才可能得以实现。虽然国际社会政治的发展似乎证明了亨廷顿理论观点有某种预见性，但是米勒的理论思想却有极大的现实价值，反映了正义的历史心声。我们不妨将他们的观点看做是同一命题中的合题——这样一来两位思想家就在知性和意性上汇合在一起了。如前所述，社会主义精神文明已成为我国社会主义建设的重要指导思想。众所周知，邓小平提出了社会主义精神文明，舆论宣传上诸如文明市民、文明家庭、文明社区等等比比皆如，令人目不暇接。胡锦涛总书记概括指出：“一部人类社会发展史，是人类生命繁衍，财富创造的物质文明发展史，更是人类文化积累、文明传承的精神文明发展史。人类社会每一次跃进，人类文明每一次升华，无不镌刻着文化进步的烙印。”

5－5. 文化：精神、文明和文化等范式的使用并没有什么绝对的界限，大都是看社会经济使用者的需要和偏好而定。在我国，“文化”一词含义是“以文化成”和“以文教化”，即根据人类发展的需要来改造自然和社会。《周易·贲卦》一书中就有“观乎人文，以化成天下”的说法。后来，“文化”又被理解为统治者的施政言法，它是与“武功”和“武威”相对立的“文治”、“教化”和礼乐典章制度的总称，具有教育和感化世人和治化万民的功能。汉代刘向在《说苑·指武》中有“圣人之治天下也，先文德而后武力。为不服也，文化不改，然后加诛”之语。南齐王融在《曲水诗序》中提出“设神理以景谷，敷文化以柔远”。我国现行的“文化”一词，并非古人创造，而是在19世纪末由日文转译而来，也是由西方引进的舶来品。文化这一概念使用最广泛，而含义又最为模糊。1920年，文化有6个不同定义，到1952年已增加到161个。改革开放之初，以一部脍炙人口的《文化苦旅》蜚声文坛的著名学者余秋雨在同央视主持人马东（马季之子）对话说文化定义时他说目前有两百多种文化定义，并说他给出了一个简单的定义是：文化，是一种已经变成习惯的生活方式和精神价值，并强调精神价值。而比较经典的是泰勒于1871年提出的定义，泰勒说："所谓文化或文明，就其广泛的民族学意义来说，乃是包括知识、信仰、艺术、道德、法律、习俗和任何人作为一名社会成员而获得的能力和习惯在内的复杂整体。"不管何种文化含义，一个不争的事实是：一个国家、一个社会，它的整体文化一旦形成，它就会强烈地反作用于社会，并且制约着每一个人的行为。"文化"的英文和法文都是culture，其德文则为kultur，它们都是源于拉丁文cultura。其原始含义最先是指耕作，一是为敬神而耕作，二是为生计而耕作，可见其辞源均具有深厚的农业经济劳动底蕴，是经济基础的集中反映。后来，人类社会的发展和演变，导致"文化"概念的内涵加深和外延扩展，使文化已成为当今社会的一个含义最广泛也是最复杂的概念之一。

5-6. 为了便于区分历史时代和社会进程，人们曾提出了石器文化、青铜文化、奴隶制文化、封建文化、资本主义文化和社会主义文化等等文化。人们既可以用它来特指一切具有特定内涵的历史主体和实体，如"中国文化"、"西方文化"、"非洲文化"等；还可以用它来表示人们所受教养和受训练的水平和实际状态，如"文化程度"、"文化品位"等；甚至还用它来反映人们所从事的知识领域及其所获得的实际成果，如科学、技术、哲学、文学和艺术等文化事业和文化成果。除此以外，在各社会组织和社会群体特色基础上形成了"组织文化"、"企业文化"、"校园文化"、"社区文化"等概念；由于政府承担了一部分文化职能而导致"文化部门"和"文化官员"诞生；由于某些人或某些部门从事的活动与文化相关而产生了"文化事务"和"文化活动"；为保障文化活动的有序进行而推动了社会的"文化立法"和"文化司法"；因不同国家间为促进文化交流、推动文化发展而签订相关协议，致使"文化协议"和"文化宪章"得以出现。文化还被广泛地运用于世俗社会的一切感性化的日常经济生活中，从而出现了"节日文化"、"酒文化"、"茶文化"、"饮食文化"、"服饰文化"、"居住文化"、"厕所文化"、"民俗文化"、"婚恋文化"、"生育文化"、"丧葬文化"、"鬼文化"、"生产文化"和"消费文化"等等文化。我国改革开放后一些地方举办了所谓文化搭台、经济唱戏等经济文化活动，已成为一些地区政府吸引投资活动的重要举措。还有在经济活动中出现的"文化市场"、"文化工业"、"文化产业"和"文化用品"等种种含义宽泛的文化概念。所谓文化，在经济领域泛指人类的一切创造物品及其活动过程。

5-7. 知识：东西方文化渊源表明，知识一词早于精神、文明和文化出现于东西方文献之中。据中华书局1980年12月第2版杨伯峻评说的《论语》统计，《论语》总共出现了116次“知”字，主要有三层含义：其一，作为名词，是知识的意思；其二，作为动词，是知之、知道的意思；其三，作为借代词，是“智”，有聪明、有智慧的意思。古希腊先哲亚里士多德在《形而上学》中说“求知是人类的本性”。《古兰经》讲“要追求知识，哪怕它远在中国”。德国古典哲学鼻祖康德认为，知识有两个来源：一个是感觉经验，一个是理性的纯粹形式。德国古典哲学非常讲究理性，而康德的第一部哲学著作便是《纯粹理性批判》。在1807年，德国古典哲学集大成者黑格尔给他一个叫蔡尔曼的学生的一封信里明确讲到，“只有知识才是唯一的救星”。而影响深远的是英国著名经验唯物主义者培根讲过的名言，“知识就是力量”。例如，拉丁文称知识scien-tia，从而science（科学）一词便成为最受敬重的那一部分知识的名称。这里所使用“知识”这一概念，与托马斯·库恩的“范式”（paradigm）有相似之处。库恩的范式的基本内涵便是知识。库恩的定义是：“它是建立在一种或若干前人科学成就基础上的理论体系；这些科学成就是一定时期内作为一特殊的科学团体所共有的知识，它提供着进一步研究的知识基础。”这种范式有一整套的基本前提、概念体系和论述方法，供信奉它的理论家们用来解释各种理论问题，它能比较持久地聚集吸引一批志同道合的理论家在它的基础上进行研究活动。同库恩针锋相对的是英籍匈牙利学者伊·拉卡托斯在《科学研究纲领方法》一书中批判否定了库恩的范式论，并由破而立地提出了一套理论硬核、保护地带和研究方法的研究纲领方法论。

5-8. 在解放思想和理论创新的大潮中，我国学者宋大庆出版了一部《知识革命论》，他从人是动物一直论述到知识经济并强调人是知识动物，是社会化知识动物。他主张知识产业是用知识产业，知识经济包含智能、智慧产业和脑业。并依据知识价值论为指导，指出知业（知识产业）能够更广泛、更准确地代表21世纪知识信息社会。在他看来，知识已越过土地、劳动、机器、资本、服务甚至包括信息，迅猛地成长为人类社会的主导力量、主流财富、主流文明和关键的知识权力，知识商品就像水、空气、饮食、衣服、住行、娱乐一样，充满了整个人类社会；知识产业如同农业、牧业、工业、商业、金融业、服务业一样成为人类社会最主要的产业集群。更重要的是，任何智能、智商、智慧和脑业连同信息首先必须转化为知识商品，才具有商品的使用价值和价值，才便于人们比较、计算和交换。就是说，人们必须把自己的思想、信息、创意写出来、说出来、使出来、造出来才具有实际意义和经济意义。当今世界上的科学技术产业、信息情报产业、文化教育产业、传播娱乐产业、智能智慧产业、策划设计产业、思想创意产业、咨询代理产业、规划管理产业、通讯资讯产业等知识产业的崛起和发展，形成了以人的发明、发现、创意、策划、设计、技术专利权、著作权、版权、商标权、品牌、信息、情报、文化、娱乐、传播、资讯为代表的知识商品、知识资本、知识财富和知识价值，将要改变市场经济一切，重于市场经济一切。理论文化有一种惯性，哪怕是不文不雅之词，只要产出并流动起来就能形成为一种先入为主的从众的心理。在我国，知识经济就是这样。

5-9. 精神、文明、文化和知识等人文范式都是历史的发展的，是一定历史时代人类实践活动的概括和总结，是人类头脑中的一种普遍的意识现象。尽管人类在各种生活实践中创造出来的精神、文明、文化等范式是重要的，然而人类为了自己需要目的有时“借更改名称以改变事物，乃是人类天赋的诡辩法。当直接利益十分冲突时，就寻找一个缝隙，以便于在传统的范围内打破传统”。说得更直白的曼海姆在《意识形态与乌托邦》中说道：“我们应当首先意识到这样一个事实：同一术语或同一概念，在大多数情况下，由不同境势中的人来使用时，所表示的往往是完全不同的重要，但更为重要的还是要看人们对范式的诠释和应用，看人们如何运用它们去指导实践活动。”例如，人们最忌讳、最恐惧的死亡一词，《礼记·曲礼》曰：“天子死曰崩，诸侯曰薨，大夫曰卒，士曰不禄，庶人曰死。”而士大夫阶级称死亡为“疾终”、“潜世”、“物故”、“厌世”、“弃养”、“损官舍”、“弃堂帐”、“弃手足”、“迁神”、“迁化”等用语层出不穷，而庶民百姓则把死亡演化为“卒”、“没”、“下世”、“谢世”、“逝世”、“升天”、“老了”、“不在了”、“丢了”、“走了”等用语，如今在战场上为国家为民族而战死之人被称为“捐躯”、“牺牲”、“光荣了”等等。一个人的死亡现象却在不同历史社会的不同阶级阶层的人们中竟有如此不同的诠释和解读。再举一个人们熟悉的医疗例子。当感冒发烧去医院治疗时，有的医生叫你“打吊针”，有的叫你“打点滴”，也有的医生叫你“输液”，患者也是如此。这些不同表述在医院里通行无误，而西方也有叫“吊瓶”的。用香港凤凰卫视主持人刘芳的新闻导语来说，“尽管人们有许多观点不同，但事实只有一个。”马克思经济学可以说是立场科学。在理论经济学中，因各持的立场角度不同而得出极不相同结论的几乎比比皆是。以《资本论》中的商品为例，一个普通商品是由c+v+m三部分价值构成的，资本家是追逐利润最大化即m，剩余价值和利润的来源和实质是同一的，然而对于这个m同一客体对象，因工人和资本家各自所持的立场不同而得出极不相同的c+v两部分劳动即物化劳动和活劳动共同创造出来的结论。可见同一m来源即因各持立场不同得出极不相同的经济观点。“经济学家们很清楚，同是一件东西对甲说来是成品，对乙说来只是从事另一种生产的原料。”西方理论经济学也是如此。萨缪尔森在他的《经济学》上册说道：当你采用一套新的经济原理时，你就以新的和不同的方式去理解现实。这一重要的见识将使我们理解，为什么居住在同一个星球上的人们会产生基本观点的分歧，例如，凯恩斯主义和古典宏观经济学之间的分歧，西方经济学和共产主义经济学之间的分歧。同时他还用一副素描说明因人所持的左右观察角度不同，会得出一头羚羊或一只大鸟的不同结论。附图说明如下：

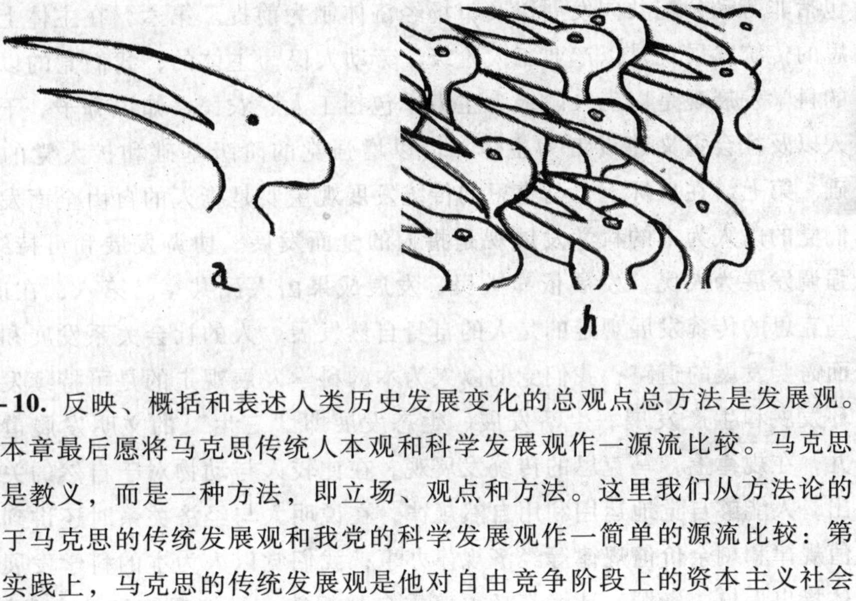

5-10. 反映、概括和表述人类历史发展变化的总观点总方法是发展观。因此，本章最后愿将马克思传统人本观和科学发展观作一源流比较。马克思主义不是教义，而是一种方法，即立场、观点和方法。这里我们从方法论的角度对于马克思的传统发展观和我党的科学发展观作一简单的源流比较：第一，在实践上，马克思的传统发展观是他对自由竞争阶段上的资本主义社会实践的科学概括，并在科学概括的基础上提出对于未来的社会主义自由人联合体的推论和假设；我们党的以人为本的科学发展观是全面而深入地总结了社会主义实践发展的基础上，特别是近30余年的改革开放和现代化建设实践的基础上的科学总结，是来自于人民实践的普遍真理。第二，在历史上，马克思的传统发展观，是设想人类要依次经历人对人的依赖、人对物的依赖和人的自由全面发展的漫长历史过程；我们党的以人为本的科学发展观，从国情实际出发，设想要从现在起经历从贫困到温饱、从温饱到建设小康社会、从建设全面小康社会再到建成有中国特色社会主义的历史过程。第三，在文明上，马克思的传统发展观，始终将物质文明视为精神文明的前提和基础，并据此规定了人的物质文明和人的精神文明两大文明发展；我们党的以人为本的科学发展观，规定了人的物质文明、政治文明和精神文明三大文明的全面发展。第四，在范围上，马克思的传统发展观，规定了人与自然、人与社会之间的宏观发展；我们党的以人为本的科学发展观，是把宏观、中观和微观统一起来，从人与自然发展到东中西区域发展，再到各行各业工作发展。第五，在前提上，马克思的传统发展观，是以消灭阶级、消灭私有制、消灭商品市场经济为前提；我们党的以人为本的科学发展观，以中国特色为主要内容，多种所有制包括个人所有制、民企私有制并存，和按劳分配为主包括非劳动分配共同发展以及市场经济体制为前提。第六，在主体上，马克思的传统发展观是以产业工人阶级、劳动人民为主体的；我们党的以人为本的科学发展观是以工人阶级为主力军包括工人、农民、知识分子、干部、军人以及社会主义建设者为主体，借以增强党的阶级基础和扩大党的群众基础。第七，在目标上，马克思的传统发展观主要是指人的自由全面发展；我们党的以人为本的科学发展观是指人的全面发展、协调发展和可持续发展，强调发展为人民，发展依靠人民，发展成果由人民共享。第八，在道路上，马克思的传统发展观走的是人的自身自然发展、人的社会关系发展和人的全面需要发展的道路；我们党的以人为本的科学发展观走的是可持续发展、循环发展和生产发展、生活发展、生态发展即“三生”的文明发展道路。第九，在规律上，马克思的传统发展观，在比较人与动物对于自然的关系时指出，人能够自觉地运用利用自然规律，在说明人与经济关系时还讲到按照价值规律和剩余价值规律等经济规律办事；我们党以人为本的科学发展观，具体指出人口、资源、环境都必须尊重自然规律、经济规律和社会发展规律，并强调我们在确定工作重点、工作方向和措施上只有符合客观规律才能实现科学发展。第十，在利益上，马克思的传统发展观，曾针对蒲鲁东等人只讲公平而不讲利益时指出，一个社会的经济关系首先是作为利益表现出来，而且人们奋斗所争取的一切，都同他们的利益有关；我们党以人为本的科学发展观，是从体制、人口、自然、资本、技术等资源以及国外资源的有利条件和有利因素出发，强调人口资源等因素都涉及人的切身利益的科学发展。

5－11. 人、经济人的一切活动过程及其活动结果都是历史的、发展的、具体的。一个人的发展和历史社会的发展是一致的，社会是人通过自己的劳动创造的，社会的历史就是各个时代的人们的劳动实践活动，是获取生存发展物质资料的劳动实践活动的过程和结果。因此，作为历史经济人认识、把握社会历史发展时："必须时刻把下面两者区别开来：一种是生产的经济条件方面所发生的物质的，可以用自然科学的精神指明的变革，一种是人们借以意识到这个冲突、并力求把它克服的那些法律的、政治的、宗教的、艺术的或哲学的，简言之，意识形态的形式。我们判断一个人不能以他自己的看法为根据；同样我们判断这样一个变革时代也不能以它的意识为根据；相反，这个意识必须从物质生活的矛盾中，从社会生产力和生产关系之间的现存冲突中解释。""人们之间是有物质联系的。这种联系是由需要和生产方式决定的，它和人本身有同样长久的历史，这种联系不断采取新的形式，因而就表现为'历史'，后来的每一代人都得到前一代人已经取得的生产力并当作原料来为自己新的生产服务，由于这一简单的事实，就形成人类的历史中的联系，就形成人类的历史，这个历史随着人们的生产力以及人们的社会关系的日益发展而日益成为人类的历史。由此就必然得出一个结论：人们的社会历史始终只是他们的个体发展的历史，而不管他们是否认识到这一点。"历史社会的劳动实践等活动是亿万个人的代代相传的发展过程，是向着人的自由全面发展的理想目标前进的活动过程。所以，从上述意义讲，人就是历史，历史就是人。经济人自然是一定的历史经济人。

参考文献

① 马克思：《资本论》第 1 卷，人民出版社 1975 年版，第 12、103 页。

② （奥）彼德·辛格 ：《黑格尔》，中国社会科学出版社 1992 年版，第 29 页。

③ （法）埃德加·莫兰：《迷失的范式：人性研究》，北京大学出版社 1999 年版。

④ 赵敦华主编：《西方人学观念史卷》，北京出版社 2004 年版，第 4 页。

⑤ 周谷城：《史学与美学》，上海人民出版社 1980 年版，第 67、68、72 页。

⑥ 南怀瑾：《南怀瑾选集》，第 6 卷，复旦大学出版社 2003 年版，第 5 页。

⑦ 马克思:《资本论》第 1 卷,人民出版社 1975 年版,第 409—410 页。

⑧《马克思恩格斯选集》第 1 卷,人民出版社 1972 年版,第 21 页。

⑨《马克思恩格斯选集》第 2 卷,人民出版社 1972 年版,第 122 页。

⑩ 马克思:《资本论》第 1 卷,人民出版社 1975 年版,第 409—410 页。

⑪ 休·昂纳、约翰·弗莱明:《世界美术史》,国际文化出版公司 1989 年版,第 180 页。

⑫ 斯威布著:《希腊的神话和传说》(上册),人民文学出版社 1978 年版,第 35 页。

⑬《马克思恩格斯全集》第 46 卷(上),人民出版社 1979 年版,第 104 页。

⑭(美)摩尔根:《古代社会》,三联书店 1957 年版,第 8 页。

⑮ 马克思:《资本论》第 1 卷,人民出版社 1975 年版,第 204 页。

⑯ 陈荣富:《历史唯物主义与社会主义改革》,江西人民出版社 1990 年版,第 7—9 页。

⑰《马克思恩格斯选集》第 1 卷,人民出版社 1972 年版,第 32、33、34 页。

⑱《参考消息》2007 年 5 月 9 日。

⑲ 马克思:《资本论》第 1 卷,人民出版社 1975 年版,第 199 页。

⑳ 中国新闻网 2007 年 4 月 2 日。

㉑ 马克思:《资本论》第 1 卷,人民出版社 1975 年版,第 96—97 页。

㉒ 马克思:《资本论》第 1 卷,人民出版社 1975 年版,第 91 页。

㉓《马克思恩格斯全集》46 卷(上),人民出版社 1979 年版,第 197 页。

㉔《莎士比亚全集》第 9 卷,人民文学出版社 1988 年版,第 49 页。

㉕《马克思恩格斯〈资本论〉书信集》,人民出版社 1976 年版,第 249 页。

㉖《马克思恩格斯选集》第 2 卷,人民出版社 1972 年版,第 86、87、109 页。

㉗《马克思恩格斯选集》第 1 卷,人民出版社 1972 年版,第 1 页。

㉘《马克思恩格斯选集》第 1 卷,人民出版社 1972 年版,第 24、25、26、29、31、34、84 页。

㉙ 马克思:《资本论》第 1 卷,人民出版社 1975 年版,第 832 页。

㉚《马克思恩格斯选集》第 2 卷,人民出版社 1972 年版,第 86—87 页。

第二章

自然经济人

人类与自然之间关系大致经过崇拜自然、掠夺自然和协调自然三个历史演变时期。孔子《论语》雍也篇中的“知者乐水，仁者乐山。知者动，仁者静。知者乐，仁者寿”和古典经济学家配第的“劳动是财富之父，土地是财富之母”等醒世名言一样都将自然人性化了。在西方，尽管他们在语汇中不乏提到自然，并在三种不同意义上讲到了自然物质、自然而然和自然法则，甚至还在法学、经济学上讲到了法人和自然人，然而由于他们深受上帝造人的宗教文化和文艺复兴以及启蒙思潮呼唤人应主宰一切而产生的高傲人文观念影响，根深蒂固的私有观念以及西学所坚持的稀缺性经济观点驱使人们肆意支配自然界的动物、植物和自然物质，形成了传统的天人对立观。自私、贪婪和疯狂招致了两次世界大战和两次金融风暴。格林斯潘直言抨击美国发动伊拉克战争是为了石油资源。但在历史实践的经验与教训中，人们从切身的幸福与痛苦比较中逐渐地学会了应该善待自然，在与大自然和谐相处和协调发展中形成了可持续发展的循环经济，并相继形成从“人类中心”到“生命中心”再到“生态中心”的伦理价值发展[①]。“人”是自然界的一部分，人应逐渐树立自然人化和人化自然的自然经济哲理观。我国名人曾国藩将“养鱼、喂猪、种菜、种竹”作为家政四要，也是一种人生自然生活观。后来著名学者林语堂在《中国人》一书中刻画国人心态时指出“接近自然就意味着身体与精神上的康健”，并总结华人十五条民族性中的第三条为“酷爱自然”。

一、人类起源并始终生存活动于大自然境域之中

人们不可能只对生命赞叹而对生命的创造母体——大自然却不屑一顾，大自然是生命源泉，这整个源泉都是有价值的，大自然是万物的真正创造者。人与自然之间的和谐发展应形成为自然人化和人化自然的有机整体

1－1. 我们按照宇宙——地球——生命——人类的自然发展来考察人，无疑对经济人自觉地与自然和谐发展有着重要意义。人类是自然界长期发展的产物，一旦人从自然界演化出来，便以更高级的自然人与自然物相并立。人有时也许会追问自己“我是谁，我从哪里来”等问题。并在漫长的历史长河中不断地憧憬和联想，开天辟地的宇宙是怎样产生的呢？根据英国史蒂芬·霍金的《时间简史——从大爆炸到黑洞》中研究认为，整个宇宙源于大爆炸[②]。空间上的大小在天文系中就意味着时间上的大小，空间和时间是互变的。所以，宇宙的时间因此可以定为200亿年。人就是典型例证。一个人的年龄是时间的载体，一个人的体态则是空间的载体，在这里，时间空间统一于个人。有意思的是，中国科学史学家吴国盛与英国著名物理学家霍金在论述同一个对象时还有点不同。例如，吴国盛将大爆炸的时间定为200亿年，而霍金则将时间定为100亿年。不仅如此，在论述大爆炸的瞬间上，前者认为是3分钟，而后者则认为是100秒，换算出来不到2分钟的工夫。此外他们对地球的球龄计算也是各持已见的，吴氏将地球的球龄时间定为45亿年，霍金则定为50亿年。大爆炸理论表明，在最初三分钟内（霍金认为是100

秒）宇宙在爆炸中诞生，温度由无穷高温降到了10亿度，基本粒子已经形成，并开始成为原子核。至此又经过了40万年使其温度降到4000度，这时宇宙由辐射状态演变为物质状态。再经过两亿年，星系开始形成。人在认识自己时往往总好寻找一个外界的参照物，即主体通过客体来认识自己；同样地看，人也往往把人看做是万物的尺度。在自然界，所有物体像人体一样都有生老病死，宇宙中的星系也是如此，它们先后经过主序星阶段、红巨星阶段、晚期阶段和临终阶段。已经比较确切知道的是，太阳系约在50亿年前形成的，地球差不多是与太阳同时形成的。当代有的科学家给地球算命只能活到225亿年。由于重力的作用，碰撞、放射性衰变放热，致使原始地球物质逐步收缩，重物质沉入核心，轻物质浮上表面，最后形成如今模样的地壳、地幔和地核的同心圆式的分层结构的大球体，即简称为地球。

1-2. 地球形象是一个多层次的类似于洋葱头似的圆球体，即一个大气圈、水圈、岩石圈到生物圈的球体。地球的大气圈有三代，第一代大气为原始大气，已在地球深化早期跑掉了；第二代大气由于地球内部的物理化学反应挤压出来的，是对生物有毒的氢气和氦气。后来由于植物的光合作用被还原大气则变成了以氧和氮为主体的现代大气即氧化大气。据科学家推测，这个第三代氧化大气至少有了25亿年的历史。人都有一个求生欲望。在著名笑星赵本山、高秀敏和范伟合演的小品《心病》中，当赵本山以庸医身份卖弄说人是怎么来的又是怎么没的时，高秀敏和范伟以一对患者夫妇的急切心情说我们不管人是怎么来的，只问人是怎么没了的!？其实个人是来去匆匆，生命苦短，不过百年，然而人类却经历了几十亿年的自然演化过程。大约在40亿年以前，地球只有岩石和水，寸草不生，毫无生气，一片死寂。这时只有太阳的阳光直射到地表并形成了很高的温度，由于那时大气缺氧致使太阳的紫外线畅通无阻地照射到地球表面，而太阳的紫外线具有化学活性。结果使大气和地表中发生了各种各样的化学反应，出现了大量的氨基酸、核苷酸、单糖等有机物，而且这些有机物又不断地发生化学反应，这样就由简单的有机物聚合成复杂的有机物，出现了生物大分子蛋白和核酸。这些蛋白质和核酸在海水中慢慢储存聚集，经过数亿年的漫长发展，终于出现了具有自我复制功能的生命单体，比如海藻、软体动物等有机体。早期的生命都是首先在海水中成长的，后来海中植物率先登陆，使地球表面上披上了一层毛绒绒绿毯。植物一旦覆盖大地，地球的大气物质开始发生了新变化，极大地改善了生命成长的外部环境。

1-3. 地质学家根据古生物化石地层上沉积物的次序划分了地质年代，并依据同位素放射性中蜕变物的测定而确定了地质的代。在寒武纪（以英国威尔士地区一个地名命名，最早在这里挖到这一年代的地层）之前，很难找到化石记录，因为那时生物没有较硬的躯体；有时又因地表高温岩石流将一些原始的生命熔化掉，不留任何生物痕迹：直到寒武纪之后才看到丰富的生物化石。这时可以肯定，海水中出现了脊椎动物，如软体动物、棘皮动物、腕足动物等。后来奥陶纪（威尔士地区的一个地名）脊椎动物出现，到了志留纪（威尔士地区的另一个地方的地名）到尼盆纪（英国的一个地名）鱼类出现并成为海洋中主要生命；到了石炭纪（形成煤炭的植物活跃期），陆地出现森林、昆虫类、腕足类两栖动物随之产生。整个中生代，可以说陆上的爬行动物横行，哺乳动物也开始出现，这时恐龙统治着地球，在白垩纪恐龙又神秘地消失或蜕变了。很可能恐龙蜕变为鸟类（辽宁省盘锦发现了中华鸟化石），主要是猛禽飞雕控制了地球动物。到了新生代的第三纪，哺乳动物走上了地球舞台；到了第四纪，人类祖先出现了。据不完全统计，现在已确知有150万种动物，30万种植物和十几万种微生物。由此可见，地球是一个多么丰富多么精彩的生命世界啊！我们若是把地球历史浓缩成为一天24小时，1秒大约相当于5万年。如果地球在午夜零点诞生，那么，生命大约起源于凌晨5点，脊椎动物起源于晚上9点，哺乳动物起源于夜间10点，灵长类动物起源深夜11点37分，而人类的祖先差不多到深夜11点56分才诞生于世③。

现代人和现代猿有着共同的祖先

1-4. 现代猿也叫现代类人猿，包括生活在赤道非洲的大猩猩和黑猩猩以及生活在东南亚一带的猩猩和长臂猿，它们与人类都是古猿进化过来的，所以，古猿是现代人和现代猿的共同祖先。在考古学家和古生物学家的共同努力下，关于人类进化的时间表已有了一个大致轮廓。在埃及发现了原上猿和埃及猿，并从中分化出两支其中有一支是猿科，通过森林古猿进化成现代的猿类，另一支则是人科。就是说，同是古猿的后代，一支不知去了何方，吃了什么，干了什么，至今仍是古猿；另一支猩猩、狒狒朝向另一方向，自食其力，逐渐地蜕变成人。人科进化的谱系据考古发现为西瓦古猿，距今

1400万年至800万年；南方古猿，距今400万年至100万年。人类面临大自然的各种植物和动物，从哪里开始从哪儿入手研究人呢？亚里士多德这位人类百科全书式的人文科学家告诉我们应从人的构造开始，并从人和货币的比较说明分析。他说，首先让我们研究人的构成，正像人们检验货币的总是采用他们最熟悉的标准一样，在其他情况下亦是如此。人毫无疑问是我们最熟悉的动物，人的各部分感官可以非常清楚地观察到，尽管如此，为了不致于破坏各部分之间的合适的排列次序，为了依赖感觉也仰仗理性，我们必须描绘人的各部分——首先是器官部分，然后是非复合的单纯部分。亚里士多德把整个身体划分成这样一些主要部分：头、颈、躯干、两只手、两条腿。后来英国著名科学家达尔文经过25年的漫长的观察和研究后，终于在1859年出版了《物种起源》，此书一问世便立刻引起了学术界和政坛的震惊。马克思把它称之为"一本囊括我们理论的自然基础的书"。马克思说，达尔文在书中不仅给人类和动物作出了科学界定，甚至指出了二者之间的必然联系，以及人与自然和谐的寻祖根据。后来马克思在经济学说中引入了进化论，并在《资本论》中写道："我的观点是：社会经济形态的发展是一种自然历史过程。"马克思认为，只有那些具有强壮特征表现的个体才有机会在生存竞争中存活与发展。"假如人类的脑力与其他动物相比较没有质的区别的话，那么他与其他的动物就没有什么两样。"恩格斯在《劳动在从猿到人转变过程中的作用》中指出，猿类的直立行走是完成了从猿到人的具有决定意义的一步。直立人，距今200万年到30万年；智人30万年至1万年，其中直立人又可分为早期直立人和晚期直立人。早期直立人也称能人，是石器工具制造者。随着人类为了获取生活物质资料的生产劳动的积累，可将他们划分为早期石器时代和晚期石器时代的工具制造者：早期直立人直接利用山地运动脱落下来的片石或棱角石料作为打猎工具；晚期直立人则根据使用过自然石片工具的样子而自己加工磨制片石或打击石块作为工具。这些石器都是用砾石打制而成，有砍砸器、刮削器和手斧等石器工具。石器遍布于地球大陆就是典型的证据。

1-5. 传说中，从我国女娲补天使用过三万六千五百块石头，到《西游记》中孙悟空起源于一只石猴，及其使用的石房和各种石头用具，再到《红楼梦》最早版本定名为《石头记》，再到中国的玉石文化，都是一部经典的自然人文史卷。1965年在我国云南省元谋县发现的元谋人就属于早期直立人，同时在发现他们无齿化石的地区中还发现了很多炭屑，表明他们已经知道使用火，这大概是人类使用火的一个最早证据。此外，我国境内发现的北京人、蓝田人和安徽的龙潭洞人都属于晚期的直立人。而且在北京人的故居周口店山洞中发现有厚达 6 米的灰烬，充分表明北京人已经有持续用火的历史。火使人可以熟食、可以御寒，还可以用来保护自己驱逐凶猛的野兽，正因为火在人类进化史上具有如此重要的意义，火成为许多民族不断演绎的神话传说。最著名的希腊神话中就有普罗米修斯为人类盗取天火的故事。我国传说中的燧人氏钻木取火，就折射出人与火的关系。人从非洲出生地出发，到了晚期的智人已遍布全球，今天的世界各色人种在那时开始分化。他们发明了弓箭，学会了有组织的狩猎本领；并制造了比较复杂精致的骨器和石器，而且他们还在居住的山洞中绘画、雕刻等。但必须看到，不是上帝神仙，而是劳动在从类人猿转变为人时起了决定性的作用，“劳动创造了人本身”。劳动促进使类人猿的前后肢体分工，创造了人的双手，而且劳动创造了人脑，促进了语言和意识的产生和发展。恩格斯指出：“首先是劳动，然后是语言和劳动一起，成了两个最主要的推动力，在它们的影响下，猿的脑髓就逐渐地变成人的脑髓；”[④]接着通过劳动、语言以及人与自然、人与人的实践合作产生了人类社会。真正现代意义上的人开始出现了——人类社会出现了。

社会是人同自然界的本质统一

1-6. 马克思对“社会”下了一个经典定义。他强调说：“社会是人同自然界的完成了的本质的统一，是自然界的真正复活，是人的实现了的自然主义和自然界的实现了的人道主义。”所谓“人的实现了的自然主义”，显然是说人来源于自然，即自然人化；同时又必须通过创造性劳动的实践活动利用和内化自然的力量以超越自然，即人化自然；所谓“自然界的实现了的人道主义”，这一双向过程只有在社会中并通过社会才得以实现，于是“社会”使“人的自然本质”和“自然的人的本质”都得到了充分的体现，因此马克思说，“社会是人同自然界的完成了的本质的统一”。由此可见，社会内涵首先包括了人与自然之间的交往关系，是实现二者本质统一的中介和纽带。只有通过这一中介和纽带，也就是说，“只有在社会中，自然界对人说来才是人与人联系的纽带，才是他为别人的存在和别人为他的存在，才是人的现实的生活的要素；只有在社会中，自然界才是人自己的人的存在的基础。只有在社会中，人的自然的存在对他说来才是他的人的存在，而自然界对他说来才成为人。”[5]马克思习惯于运用德意志思辨式的语言将人、自然和社会三者做了抽象的概括，在这里，社会只不过是人类为了解决自身问题而创造的一种神奇的组织形式，是一种纯粹的人文结构体系，它不仅包含人与自然的关系，还包含人与人的关系，同时也包含人与自然、人与人之间的合作方式和互动方式。

1-7. 在论述了人对自然界依赖性时马克思写道：“人（和动物一样）靠无机界生活，而人比动物越有普遍性，人赖以生活的无机界的范围就越广阔。从理论领域说来，植物、动物、石头、空气、光等等，一方面作为自然科学的对象，一方面作为艺术的对象，都是人的意识的一部分，是人的精神的无机界，是人必须事先进行加工以便享用和消化的精神食粮；同样，从实践领域说来，这些东西也是人的生活和人的活动的一部份。人在肉体上只有依靠这些自然产品才能生活，不管这些产品是以食物、燃料、衣着的形式还是以住房等形式表现出来。在实践上，人的普遍性正表现在把整个自然界首先作为人的直接的生活资料，其次作为人的生命活动的材料、对象和工具变成人的无机的身体。自然界，就它本身不是人的身体而言，是人的无机身体。人靠自然界生活，这就是说，自然界是人为了不致死亡而必须与之不断交往的人的身体。所谓人的肉体生活和精神生活同自然界相联系，也就等于说自然界同自身相联系，因为人是自然界的一部分。”马克思接着将人与动物的活动特点作了生动类比，他写道：“通过实践创造对象世界，即改造无机界，证明了人是有意识的类存在物，也就是这样一种存在物，它把类看做自己的本质，或者说把自身看做类似动物。诚然，动物也生产，它也为自己营造巢穴或住所，如蜜蜂、海狸、蚂蚁等。但是动物只生产它自己或它的幼仔所直接需要的东西；动物的生产是单面的，而人的生产是全面的；动物只是在直接的肉体需要的支配下生产，而人甚至不受肉体需要的支配时才进行真正的生产；动物只生产自身，而人再生产整个自然界；动物的产品连接同它的肉体相联系，而人则自由地对待自己的产品。动物只是按照它所有的那个种的尺度和需要来建造。”[6]后来马克思在《资本论》中进一步分析了人和自然之间的物质变换关系，并从社会进而从社会中的人说道：“劳动首先是人和自然之间的过程，是人以自身的活动来引起、调整和控制人和自然之间的物质变换的过程。人自身作为一种自然力与自然物质相对立。”[7]因此，人的生产劳动过程必须正确处理好人与自然之间的社会关系。

二、经济人以动物为神、为役、为友、为饰、为敌的多面性

实践告诉我们人必须学会与动物和谐共处。人是从动物进化发展而来的，这就决定了人永远不能脱离动物所有的特性；经济人的理性和非理性可能源于人性和兽性，区别只是人性或兽性的程度不同

2-1. 斯密在《国民财富的性质和原因的研究》中塑造了人们似曾相识的两个经济人——渔夫和猎人，并且借此说明在海上捕鱼成本高风险大，捕鱼劳动要比打猎劳动付出得多。因此，鱼的价格要比鹿的价格贵。斯密还在《国富论》中转述了历史学家普林尼的记载说，塞伊阿斯以6000塞斯特斯（合英币50镑）购买一只白夜莺，献给女王阿格利皮纳；阿西尼阿斯·赛纳以8000赛斯特纳（合英币66镑13先令4便士）购买一尾红鱼[8]。在当代，美国著名经济学家斯蒂格利茨在《经济学》中分析产权时也道出了经济人对动物的心声，他说："一个美国人平均每年消费牛肉113磅，猪肉59磅，鸡肉63磅，但是谁也没有听说这种消费可导致对牛、猪或鸡的灭绝的担忧"。但是人类对其祖先或近亲的动物的总体态度却是，以动物为神、动物为役、动物为伴、动物为饰、动物为敌和动物为友[9]。在人刚刚脱胎于动物时，人还能感觉到自己不如某些动物强壮，也不如另一些动物敏捷，甚至常常提心吊胆地害怕被狼虫虎豹等食肉动物吃掉，于是万物之灵的人对于动物有一种祈求、敬畏的心情，甚至把动物刻画在洞穴或岩体上，以动物为神加以膜拜，祈求它们保护自己的生存和发展。

2-2. 人逐渐学会了以动物为伴。狗、骆驼和大象成了人类忠实的奴仆、朋友和战士。有趣的是，东西方文化都有用神与兽、鬼与兽、人与兽创作出的脍炙人口的文学精品。13世纪末到14世纪初，意大利文艺复兴的文学泰斗但丁通过其《神曲》的文学想象构筑了地狱、炼狱和天堂三种境界描述了人类心灵和意志上的种种弱点、弊端和罪恶，并谆谆告诫人们通往崇高、完

善境界是一条艰难之旅。但丁在“地狱篇”中介绍他和他的向导面对着三只令人惊恐的猛兽：豹子象征着淫欲，狮子象征傲慢，而母狼象征贪婪。人作为能思维的动物，同样要借助于动物作为思考对象。亚里士多德的著作甚丰，有的学者认为他给后人留下的《动物志》比逻辑学更为出名。而一向反对演绎思维方式的英国唯物主义者培根，在《新工具》中也未能摆脱用动物思考，他在评述从事科学研究者时指出，历来研究科学的人，不是只是重视实验的，就是只是重视教条的。前者如蚂蚁，只是采集供它实用；后者如蜘蛛，只凭自己的材料织成网的，而蜜蜂不同，它不但能从花朵中采集物质，还以自己的力量来消化它们，哲学职务的意义正在于此。在我国，17 世纪著名文学家吴承恩创作了家喻户晓的以“人性”为主体的《西游记》，将神和魔的“灵异性”和禽兽的拟人性有机地结合在一起。他生动而深刻地描述了人性化的孙猴子、猪八戒和白龙马与唐僧、沙和尚成为人兽相依相伴、共同战胜妖魔鬼怪的中华独特的人兽同体文化。有趣的是，说到以动物为伴不能不提到我们中国汉人的十二生肖，这种生肖文化表明汉人（维族也有类似生肖观念）与动物是与生俱来，如影相随，终身为伴的。我国这种生肖文化将个人与动物的渊源及其和谐关系展示得多么自然完美啊！人不仅以动物为役、为伴，还常常以动物为饰即装饰。美人鱼、人面狮身像已成为尽人皆知的人兽同体的故事。东西方文化有共性也有个性。同是人兽同体，然而北京圆明园的铜制十二生肖却是兽首人身。在中国香港，在第 29 届奥林匹克运动会的 28 个大项目中，马术比赛是唯一的人与马的合作竞赛项目。

2-3. 同时动物对象化为个人、家庭、民族、国家的象征和标志，借以展示人类的智慧和力量。中国清朝皇帝身穿龙袍，正面绣成五爪龙袍，而千岁爷身穿的官服正面绣四爪蟒袍，一爪之差主奴界限分明。文武大臣的官服也以织绣不同的动物作为一种区别标志，官制规定文官袍子前胸绣飞禽，武官袍子前胸绣走兽。从拿破仑将中国视为“睡狮”到今日外国人将中国看做“醒狮”都是一种比喻和象征。据讲中国清朝皇帝胸前挂件是牡蛎中的珍珠，而重臣多尔衮和和坤两人因私藏珍珠而被治罪。美国著名学者摩尔根在《古代社会》中考察发现印第安人部落往往用熊、蛇、野牛、鹿、鸟、狼等动物作为家族标志。我们还会看到，一些国家使用鸽、象、虎、狮、斑马、鹿、牛、豹、孔雀、袋鼠和鸵鸟作为国徽的图案。俄罗斯以双头鹰为国徽。美国以白头鹰为国徽标志。不仅如此，美国的民主、共和两大政党还分别以驴子和大象作为各自政党的标志，代表他们各自政党的智慧、勇敢和力量。最近新加坡联合早报网在编辑小语上也用“越战伤驴，伊战倒象”来评述美国两党面对中期选举的败势；有意思的是，该报还从“龙象之争”到“龙象共舞”报道了中国和印度两个最大的发展中国家的历史性变化。前不久，中俄两国相继于2006—2007年互办俄国年和中国年，俄方将开闭幕式的舞台背景用熊猫和棕熊作为两国人民世代友好的象征和标志[⑩]。有趣的是，前不久法国电视台分作两集播出了有关法国前总统希拉克的传记片，上集题为《年轻的狼》，下集题为《老迈的雄狮》[⑪]。

人必须看到人自己对动物的两面性

2-4. 人不仅以动物为神、为役、为饰，还常常以动物为敌。大象的牙齿、北貂和银狐的皮毛、犀牛的角、老虎的骨头和熊的胆囊的经济价值与日俱增，市场需求量日益扩大，已成为人们禁而不止地捕杀的首选对象。众所周知，藏羚羊是我国独有的珍稀动物。用藏羚羊毛织成的毛披肩或围巾的软滑程度，可从妇女手上戴的指环中自动滑溜而下，具有惊人的柔软性和保暖性，国际市场上一条藏羚羊的毛披肩的价值炒到几万元甚至十几万元人民币，藏羚羊因此遭到了掠夺性的偷猎捕杀。我国古代王公贵族狩猎活动同样是惨烈的。“襄王欲悦隗后之意，出令曰：日中为期，得三十禽者，尝軘车三乘，得二十禽者，尝辎车二乘，得十禽者，尝轈车一乘，不逾十禽者，无尝。一时王子、王孙及大小将士，击狐伐兔，无不各逞其能，以邀厚尝。”襄王竟然以如此重尝王孙贵族们猎杀禽兽的目的仅仅为了取悦于隗后一人[⑫]。恐龙灭绝后，鲸是如今地球上最大的动物。自15世纪以来，斯堪的那维亚人、不列颠人、荷兰人都在挪威近海捕杀鲸。在当代，日本人常常以科学研究为幌子大肆捕杀鲸，仅2006年上半年就计划捕杀860头鲸。早在1647年在法国波尔多出版的《海洋的用途与习性》一书中克莱拉克对此作出了经济解释，他说：“鲸鱼的价值巨大却又轻而易取，鱼油和鱼骨是相当有价值的产品，用途最为广泛而且可以直接出售。”差不多在同期，野牛从欧洲到美洲几乎绝迹。印第安人的食物、住所、燃料、衣服都取自于野牛。惨不忍睹是，美国在兴修铁路和护路时大量捕杀野牛。1869年太平洋铁路联盟成立，两年后，5000余名职业猎手从堪萨斯城出发，开始大规模地捕杀野牛。据说他们捕杀野牛仅仅是为了取出野牛的舌头以饱口福。中国广东人的食文化观念是出名的，几乎是“天上飞的不吃风筝，地上带腿的不吃板凳”。穿山甲、猴子、娃娃鱼、熊掌、猓子狸等都成为有的广东人的美味佳肴。姚明、成龙、郭晶晶等一批明星在中央电视台公益广告上提醒我们，请注意，没有买卖，就没有杀害！前不久中央电视台（以下简称“央视”）披露说仅2006年我国有关部门就从餐桌上抢回来1189000只野生动物（2006年11月15日）。我国天津人聪慧，他们不用杀狗杀驴，却制作了蜚声全国的“狗不理包子”和“驴打滚炸羔”。有趣的是，第29届北京奥运会跳水皇后吴敏霞说她为防止成为“大胃王”，总结出一套食物哲学：两条腿的比四条腿的好，一条腿（蘑菇）的比两条腿的好，天上飞的比地上跑的好，海里游的比天上飞的好[13]。此言可能代表了一部分国人美食家的美食经。

2－5. 每年5月22日是国际生物多样性日，联合国借此告诫世人，人类的活动每天导致150个物种灭绝，这可以视为恐龙灭亡后最大一次物种灭绝浪潮。因而联合国《保护生物多样性国际公约》执行秘书艾哈迈德·朱格拉夫指出，2009年的国际生物多样性日的主题是“生物多样性和气候变化”。他指出，毫无疑问气候变化和生物多样性的丧失是“一个硬币的两面”，都是由于人类非理性活动造成的。在此意义上，据政府间气候变化问题研究小组公布的报告，目前大气层积聚的有害的二氧化碳的含量已达到人类65万年来的最高水平。埃菲社联合国2009年5月21日电称由95个国家的1300多名科学家共同撰写的《千年生态系统评估》显示，2/3生态系统的逐步不断恶化可能给未来50年内人类的生存带来灾难性后果。朱格拉夫指出：“我们正在经历自恐龙消失以来的最大一次物种灭绝，每天超过150个物种彻底消失，每年则1.8万到5.5万个物种变为濒危物种。”他强调，气候变化是造成目前这次生物多样性消失的最主要推动力之一。因此至本世纪末，各个物种和整个生态系统都要为适应气候变化和酸雨的增多而做出改变。朱格拉夫说：“这一现象在一直被认为是全球气候晴雨表的北极地区表现得尤为明显。冰川的消失在威胁北极熊和其他特有物种的生存。”他同时指出，气候变化将给一些贫穷国家带来更大的影响，尽管这些国家并非是造成全求变暖的主要“元凶”。在庆祝国际生物多样性日之际，新任联合国秘书长潘基文也强调指出生物多样性与可持续发展之间的关系。他警告说：“如果不对生物多样性加以保护，那么我们将无法实现千年发展目标。”并呼吁说：“全世界都要应对生物多样性消失这一挑战，全球各国和地区范围内都必须加快阻止气候变暖的行动，而且要更加坚决果断。”

2－6. 我国古时河北鹿县普遍流行孩提兽鞋。孩提兽鞋千姿百态，有虎、豹、龙、狮、牛、鱼、羊、猪、狗等样式。但兽鞋一般地不取鼠、兔、蛇一类动物形象，反映了劳动人民的好恶爱憎分明。江南水乡苏州小孩穿虎头鞋，父母希望儿子有阳刚之气，威武如虎。苏南太湖地区小孩子爱穿猫头鞋，并流传一个童话故事：以前猫是万兽之王，本领高强，又大公无私，虎曾拜猫为师。可是老虎在学到了猫的本领后，便想把猫吃掉，自己做百兽之王。有一天，它趁猫不注意，突然向猫扑去，猫见状赶紧爬到树上逃命。后来众兽都到森林去了，唯有猫留了下来，帮人捕捉老鼠，为人民做好事，人们赞赏它，就让孩子穿上猫头鞋，希望孩子长大有猫一样的好品质[14]。人与动物在漫长的互动甚至是惨烈的彼此厮杀之中逐渐认识到了，动物没有人类仍然能生存和发展下去，然而人类没有动物却很难活下去的道理。这应当说是人类有意义的一次人文觉醒。如前所述，在人类对动物的文化观念上中国文化是博大精深的，她将十二种动物分别铭刻在每一个人身上，如影随行地陪伴终生。十二生肖中除了龙，有十一种生肖是存活至今的有形有体的动物，那么成千上万其他动物呢？中国人却奇思妙想出一条“龙”来，龙既是所有动物又是一种动物，是抽象的又是具象的；龙是由鹿的角、骆驼的头、虾的眼睛、蛇的身体、青蛙的肚皮、鲤鱼的鳞、鹰的爪子、老虎的手掌、牛的耳朵组成的图腾，是许多动物特性集于一体的中国“人造物”，是人们想像中的吉祥物，也是中华民族的象征。流行于世的“龙的传人”一词表明，只要是中国人无论你走到哪里或在异国他乡，一提到龙的传人，你都会找到知心朋友和真诚帮助。附中国十二生肖甲骨文图式（见下页）。

“中国龙”并非西方龙

2－7. 从外形上看：“中国龙”是由九种图腾组成的新图腾，龙嘴上还有胡须。而西方龙虽然同“中国龙”有些相似，但它更像恐龙或蜥蜴，身上有翅膀，嘴长没有胡须。中国东汉科学家张衡于公元132年发明的候风地动仪，是世界上最早的地震仪。地动仪的周围有一圈用龙头装饰的瓶状物。每一头龙头的口中含有一粒珠子，当地震发生时，珠子便会从龙口中震掉下来，被下方的蟾蜍状器皿接住，蟾蜍的位置可指出发生地震区的方位[15]。古人将龙头与蟾蜍对应起来制作出科学的地动仪是一种科学与人学、人与兽协

图式表

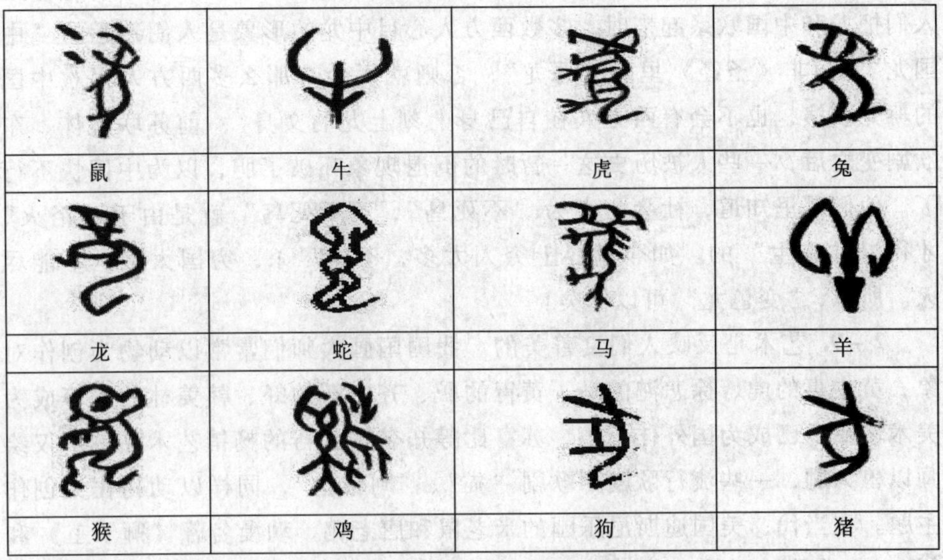

资料来源：谢海东编：《十二属相起名宝典》，新世界出版社 2006 年版，第 8 页。

调互动的结果。中国现代著名战斗机也是以动物来命名的，“枭龙”、“飞豹”已成为我国著名战斗机、轰炸机的品牌名称。中国样式“龙”被欧美艺术家和工匠频繁模仿。例如，在 S. 马尔蒂尼（1317 年）所作的画中，图卢兹的圣路易斯头戴的教冠上就绣制着中国龙⑯。

2-8. 值得一提的是，中国古典传统文化经历了“白话文运动”、“文字改革运动”的筛选和过滤是有得有失的，留下了历史遗憾，尤其是“文化大革命”中的所谓破“四旧”运动毁掉了一些国粹珍宝。今逢市场经济和与国际接轨时有人又打起了修理“龙”文化的主意，说中国龙是一种凶霸动物，容易刺激甚至激怒西方，于是主张将中国龙来一番改头换面的“整容”。但此言一出便立即遭到了大多数网民的反对和抨击，认为这是一种“软骨症”，有一点“贾桂”思想作祟。美国旧金山《硅谷时报》副社长诺曼对龙却作了很好评述，他说：“中国龙”和西方龙完全是两码事，“此‘中国龙’非西方龙”。从象征意义上说，“中国龙”是吉祥的象征，是风调雨顺的保证，是民族和谐的标志。而西方的龙在《圣经》里是“魔鬼”和“撒旦”，“迷惑普天下”，是邪恶和暴力的象征。如果因为西方龙而舍弃“中国龙”那好比削足适履。诺曼说，或者是因为“中国龙”和西方龙都没有真正存在过，是人们想像中的产物，这两种龙在英文字词里都被称为 DRAGON。这种张冠李戴是历史造成的，也是东西方文化差异的产物。然而不管怎么说，当今天人们把龙和中国联系起来时，多数西方人心目中龙的形象是人们熟悉的“中国龙”，而非《圣经》里的“恶龙”，否则就不会有那么多西方人喜欢中国的舞龙表演，也不会有西方人在自己身上刻上龙的文身[17]。前苏联解体、东欧剧变之后，一些人被历史这一暂时的倒退现象吓破了胆，以为中国快不行了。他们哪里知道，社会主义为“不死鸟”，“不死鸟”就是由于“浴火”才得以“重生”的。如今世界上穷人太多，不能尽杀；穷国太多，不能尽灭。所以，“变色龙”可以休矣！

2-9. 艺术是反映人们真善美的。我国国画大师们常常以动物为创作对象，黄中惠的虎、徐悲鸿的马、黄胄的驴、齐白石的虾、韩美林的猴等成为美术珍品，已成为国外佳士德、苏富比等知名拍卖行的畅销艺术品。不仅绘画以兽为题，一些流行歌剧如歌剧“猫”、“阿依达”，同样以动物作为创作主题。在当代，美国迪斯尼乐园的米老鼠和唐老鸭、动漫名著《狮子王》和《海底总动员》即香港译名为《水底奇兵》中的小鱼玛咪已征服了成千上万的儿童和大人。俄罗斯的戏剧迷们经常说，俄罗斯的舞台上栖息着两只“不死鸟”，柴可夫斯基的《天鹅湖》和契诃夫的《海鸥》，是俄罗斯献给世界芭蕾和话剧艺术的瑰宝。当然还有高尔基著名的暴风雨中的“海燕”作品。前不久美国著名的环球唱片公司专门为著名钢琴家郎朗灌制了一张名为《龙之歌：郎朗在中国》的钢琴专职光盘。我国以动物拟人化的通俗歌曲如20世纪中叶的《打败美国野心狼》等红色歌曲，以及流行于今世的《老鼠爱大米》、《蝉之歌》等传唱大江南北，家喻户晓。如今热播的《喜洋洋与灰太狼》已为动漫制造商赚得钵满盆满。

经济人应学会与狼共舞

2-10. 有意思的是，马克思在评述斯密关于人们之间天赋上的差别并不太大时指出：“从根本上说，搬运夫和哲学家之间的差别要比家犬和猎犬之间的差别小得多，他们之间的鸿沟是分工掘成的。”[18]马克思小女儿爱琳娜称其父亲是一匹“出色的黑马”，而马克思的侄孙回忆说马克思看到他贪食的样子戏称他为“大狼”。马克思推崇的亚当·斯密在《国富论》中生动地评述了穷人圈养动物的经济原因，他说：“一个最贫穷的家庭，往往不用何等费用即能养活一头猫或一只犬。一个最贫穷的农家，也同样能以极少的费用养活几只家禽或一头母猪数头小猪。他们把食桌上些许残物、乳浆、乳渣，作为此等动物食料的一部分，而其余的食料，则任其在附近田野间自行寻求，而不会明显地损害他人。像这样无所费而生产的动物的数量，势必因小农人数减少而大大减少，同时，其价格势必比小农人数尚未减少时更快地提高。”[19]斯密在这里推荐介绍的养殖业在我国早已成为家喻户晓的副业。在一些自命不凡的英国人眼里，只有两种生物是文明的——英国人和他们的动物。据讲赛马的骑术师驯马不是一门科学而是一门永无止境的艺术。因此，骑师必须用外交官、运动员、将军、杂技师、数学家、医生和心理学家所具备的素质和方法去驯赛马。如此看来马术实际是一种人与兽的和谐艺术。千里马与伯乐就是兽与人相互追寻的范例。我国著名文学家贾平凹有一部散文著作的书名将人称《走虫》。描述山东人历史的《闯关东》电视剧的主人公朱开山的老伴将她又爱又恨的二儿子传武叫“活兽”，她有时将传武、传杰骂称“两个免崽仔”。而同朱开山商场上竞争得死去活来的潘五爷嘱咐他儿子切不可对朱开山掉以轻心时说，要记着，朱开山的眉宇之间透出一股“狮虎之气”。有点柏杨《丑陋的中国人》文风的胡星斗教授在《传统中国的偏头痛》中评述说：“中国人复杂，有时奴性十足，有时凶恶万分；每个人都具有鹰犬双重人格，对下属百姓是鹰，对上司官家是犬。”[20]

2-11. 中国入世后“狼来了”之声不绝于耳，可是转眼功夫，我们就能从书市和荧屏上看到有人用狼教训经济人的文化著作。如今已从毛骨悚然“狼来了”发展到“与狼共舞”皆大欢喜的地步了。一本《狼性法则》著作以“狼性法则，强者的职场生存之道”为主题，在该书的封面上引述了英国动物学家绍·艾利斯的话说：在所有哺乳动物中，最有感情者，莫过于狼；最有韧性者，莫过于狼；最有成就者，还是莫过于狼。狼还懂得储藏，它将吃不完的猎物用前爪刨坑埋起来以备后食。在漫长的进化过程中，狼族要面对千万种动物的挑战和人类残酷的追杀，但它从未放弃从优秀走向优秀的砥砺之旅，成为地球上生命力最强的动物之一，它作为生物链中的一种最高的终结者，使得其他动物不敢稍有安逸和懈怠。自然界因无时不在竞争而保持着一种适度的平衡。狼是一种善于团队合作，极善于协同作战的动物，是所有群居动物之中最有秩序、最有纪律的种群。常言道：“恶虎难敌群狼”、“群狼能败凶狮”。在笔者看来，作者显然是把狼捧上天了，几乎竟以神狼来崇拜。竞争，永远是一种王者的“残酷游戏”，尊重竞争的游戏规则，胜利便是永远的天条。前不久，著名民营企业家张瑞敏直言：“要想与狼共舞，你自己就得首先要变成狼。”[21]

2－12. 目前北京、上海、天津三地相争中国金融中心城市地位。前不久中央“一行三会”于上海市以“世界格局中的中国金融”为题举办陆家嘴论坛，上海市著名的《新民晚报》用“巨鳄”一词报道评说国内外金融“巨鳄”大亨。记不清是哪年11月哪天，上海东方电视台著名主持人曹启泰同名人叶茂中对话，他们俩在谈到人如何学会成功之道问题时，叶介绍说有一本杂志叫《大狗》，说人只有保存狗性才能成功。海关通检通常要运用人检、机检和犬检。发挥检犬的高度灵敏嗅觉准确地嗅出通检人所携带海洛因等毒品。中国轻工业出版社出版的《爱犬》一书中说：“狗对人很有用，人对狗有用，是伟大的伙伴关系。”解剖学认为，狗与狼相比，只有两处显著不同。狗的牙齿要小一些，排列也较为紧密，而且，狗颅骨中的脑容量要比狼少了三分之一。狗是人类最持久、最可靠的朋友，是“伟大的伙伴”。美国爱犬俱乐部将犬种分为七大类“职业”，即狩猎犬、工作犬、打更犬、玩赏犬、伴侣犬、牧羊犬等。不仅西方，我国古代松狮犬等几种狗就是专供人养来吃的，更悲惨的事是，古时在世界上有些地方，从食用狗肉作为充饥行为逐渐地演变为烹饪和美食上的一种文化，甚至被作为提高人的性能力的一种壮阳补品[22]。很显然，这种狼狗的经济文化折射出人还必须向动物学习经济的道理。前不久中国台湾著名文化名人陈文茜女士对国学新秀于丹赞不绝口，她说于丹聪明过人，能把“论语做成具有心理按摩功效的‘心灵鸡汤’”[23]。聪明商人以兽作为品牌的可谓比比皆是。例如，“七匹狼”夹克、“虎都”男装、“北天鹅”羽绒服、“南天鹅”羽绒服、“七只羊”服装、“霸王鼠”羽绒服和“兽霸”皮鞋等商品广告也许就是这种学用一致的结果。众所周知，十二生肖是以鼠当头。如今在美国媒体和多媒体上，最风光最走红的莫过于两只老鼠即动漫中的“米老鼠”和电脑上的“鼠标器”了，它们已成为最普遍最生动的以动物为饰的明星。

用动物行刑折射出有时人不如兽

2－13. 中国人的斗曲曲、波多黎各人的斗鸡、美国人的斗狗、西班牙人的斗牛是世界出名的，折射出人还有一种兽性，有点像猫捉到老鼠时先要戏弄一番一样，然而赞颂人性美的文学泰斗莎士比亚也揭示了人性恶的一面。

他在《雅典的泰门》第四幕剧中人的泰门同艾帕曼特斯两人的一段精彩的对白，是最集中也最生动地揭示了人与兽、人性与兽性的对话和交流[24]。

泰门：艾帕曼特斯，要是全世界俯伏在你的脚下，你预备把它怎样处置？

艾帕曼特斯：把它送给野兽，吃尽了所有的人类。

泰门：你愿意置身于人类的混乱之中，而与众兽为伍，做一头畜生吗？

艾帕曼特斯：是的，泰门。

泰门：愿天神保佑你达到这一个畜生的愿望。要是你做了狮子，狐狸会来欺骗你；要是你做了羔羊，狐狸会来吃了你；要是你做了狐狸，万一驴子把你告发，狮子会对你起疑心；要是你做了驴子，你的愚蠢将使你受苦，而且你也不免做豺狼的一顿早餐；要是你做了狼，你的贪馋将使你烦恼，而且常常要为着求食而冒生命的危险；要是你做了犀牛，你的骄傲和凶暴将使你受罪，让你自己被你的盛怒所克服；要是你做了熊，你要死在马蹄的践踏之下；要是你做了马，你要被豹子所攫噬；要是你做了豹，你是狮子的近亲，你身上的斑纹将使你送命。你没有安全，没有保障。你要做一头什么野兽，才可以不受别的野兽的侵害呢？你不知道你现在已经是一头什么野兽，你在变形以后将要遭到怎样的不幸。

艾帕曼特斯：你这番话讲得倒很有理；雅典已经变成一个众兽群居的林薮了。

2-14. 这可不是莎翁有意的夸张和宣泄，而是血淋淋的历史故事。古埃及人也做过同样的事情，只不过他们更喜欢用鳄鱼罢了。所有类型的猛兽都被用于行刑：狮子、豹子、老虎、黑熊，但较为普遍的是用狗和狼。在执刑之前先将动物着实饿了一阵子，或被囚禁得接近狂怒。让它们一看见犯人就扑上去，一点一点地将犯人吞噬掉。通常猛兽吃一半就饱了，扔下奄奄一息的犯人，于是还得叫刽子手给犯人再来上一刀。还有凶残的鸟类。宙斯处死普罗米修斯就是极好的例子。这位从天上盗取火种，堪称人类造物主的天神却被绑在高加索的一块岩石上，这样恶鹰就可以固定目标随时噬食他的心肝，好让他永不复生。在人间，如在雅尼纳的奥布瓦耶在《十三世纪以前印度日常生活》一书中所形容的那样，“这类最为凶悍的猛禽啄食他们的脑袋和眼睛，禽嘴尖为匕首”。在法国、荷兰和英国都非常流行一种刑罚，就是扒了犯人的衣服，在他肚子上扣上一口锅或一只笼子，里面放上老鼠或睡鼠。接着再把锅点燃加热，或是在笼子底部用小火烫得那些动物惊慌乱窜。为了逃命，它们就会咬开犯人的肚子深入他的内脏。最可怕的刑罚之一就是将犯人置于膜翅昆虫动物之中或蚂蚁中，蚂蚁往往百万只地成群移动，它们一路上能把一切都吃得干干净净，一头马也不过需要48小时便能被啃噬一空，只剩下一副骨架[25]。人们看到有人怎样用大象行刑：大象用鼻子将犯人卷起，抛向空中，犯人落在大象的獠牙上，穿透身体而亡或先把人踩扁，然后将他抛向空中。最具凌辱性的莫过于用狗来行刑。然而在全世界广为流传的是，在中东、非洲、日本甚至在欧洲，因为狗与人为伴，只有狼才吃人。在很长一段历史时期里，吉尔吉斯人、匈奴人、蒙古人把他们的囚犯拴在马尾上拖死。据讲，在中国古代有所谓"五牛分尸"和"五马分尸"的行刑制度，行刑时将犯人的头颅和四肢用五匹马向五个不同的方向拉扯，结果将犯人活活撕裂致死。令人毛骨悚然的是，据讲古罗马曾经盛行一种被称为"勒索死"的刑罚，这是一种溺刑，但在溺死之前，罗马人将犯人连同一只猴子、一只公鸡、一只狗、一只猫以及一条蛇一道放入皮袋之中，再将袋口缝好，要这些动物在犯人身上留下深深的伤痕。德国法西斯和日本军国主义分子，就曾利用狼狗嗜杀所谓犯人。日本侵略我国东北时就用军犬咬死抗日战士或作逼刑的恐怖手段。"军犬"是多么文雅的词语，我家乡富锦市人统称其为"狼狗"是有哲理的。

三、胡杨、三文鱼的生命力与拼搏精神令人深思和惊叹

新疆胡杨生命表现为：一千年不死，死了，一千年不倒，倒了，一千年不朽，人称胡杨精神。三文鱼一生不顾艰难险阻地成长，从平静的湖水游向波涛汹涌的大海，生死不顾地返回出生地完成繁衍后代的使命，其经历是值得人们赞叹和深思的

从荷兰郁金香狂热到中国长春的君子兰疯狂

3-1. 前面我们提到了人从动物某种特异功能启发了灵感，人的衣、食、

住、行、用等生活资料产品都得到了动物的启发，所以，人应谦逊地向动植物学习生存发展之道，学会听懂草木的叹息和反应。我国著名刊物《读者》转载了2006年7月12日北京一份报纸登载的一条短讯说："天安门地区更新163株油松"，原因是"近年来，由于广场行道树油松生长之地条件不良，造成油松逐渐衰弱并死亡现象。为此，有关部门决定从本月11日晚开始采取更新改造措施，包括去除铺在松树之间的花岗岩、更换土壤、拓宽树池以增大透气面积等"。文章作者说在韩国被赞誉为"盆栽艺术家"和"盆栽哲学家"的成范永在此之前说，他一到北京就发现天安门广场周围的油松"气色很不好"断定得了"重病"。"因为树木和人一样，是有生命的，健康的树木是会'笑'的。而在这里听到松树在'叹息'，在'呼号'，在'哭泣'，必须马上抢救，否则就会死亡"。并指出其病因是"缠绕在它们身上的那么多彩灯，是致病的一个重要原因"。"松树像人一样，是要睡觉的。人睡觉需要熄灯，需要安宁，如果整夜都被灯光照着，非得失眠症不可。松树也是这样，白天累了，晚上又长期被灯光照着无法安眠，怎能不造成代谢功能紊乱?""灯泡是发热的，哪怕是低瓦数的灯泡也散发一定的热量，如果一年四季几十个灯泡烤着你，你能受得了吗?""再说，松树也是需要自由的，有自由才能健康成长。现在那么多的电线缠着它的躯干，那么重的灯泡压着它的枝丫，好像人被戴上了镣铐，绑住了手脚，能活得好吗?"他最后的结论是："你们是好心，不过只考虑了美观，没有考虑给树木一个合适的生存环境卫生！你们需要学会听懂草木的叹息、呼号和哭泣！"

3-2. 在我国新疆生长着一种胡杨。据讲胡杨的生命力极强，它一千年不死，死了，一千年不倒，倒了，一千年不朽！这种生得伟大、死得光荣的胡杨精神多么值得人们学习和颂扬啊！商道即人道。作为自然经济人首先应是人道的自然经济人。马克思谆谆告诉我们："共产主义，作为完成了的自然主义，等于人道主义，而作为完成了的人道主义，等于自然主义，它是人和自然界之间、人和人之间的矛盾的真正解决，是存在和本质、对象化和自我确证、自由和必然、个体和类之间的斗争的真正解决。"我们坚持落实以人为本的科学发展观就是为我们提供解决人与自然、人与人的矛盾的一把钥匙。笔者老家东北黑龙江省富锦市坐落在松花江下游的南岸。在我童年时代，老人常讲江里有一种"大麻哈鱼"即三文鱼。这种鱼产卵于江边的草丛之中，成鱼后便顺流而下经过松花江进入到中俄界江黑龙江，并沿江顺流而下进入鞑靼海峡最后进入大海，在海中游荡育肥后，再逆流返回出生地松花江产卵孕育后代而亡。它们一生东躲西藏，为了生存发展和生儿育女终生拼搏不止。这种鱼的生命不息、搏拼不止的顽强精神不值得人们学习吗！现在让我们将视角从中国的松花江转移到加拿大的佛雷瑟河，再深入地听一听三文鱼的生命故事。

3－3. “每过四年的十月份，加拿大佛雷瑟河上游的亚当斯河段，平静的河水面就变得沸腾起来，成千上万条三文鱼从太平洋逆流而上，来到这里繁殖后代。银白色鱼身的三文鱼在逆流而上的过程中变成猩红色，整个水面因为有太多的鱼而变成一片红色。三文鱼的一生令人惊叹！从鱼卵开始——每条雌鱼能够产下大约四千个左右的鱼卵，并想方设法将其藏在卵石底下，但大量的鱼卵还是被其他鱼类和鸟类当做美味吃掉——幸存下来的鱼卵在石头下熬过冬天，发育长成幼鱼。春天来临时，幼鱼便顺流而下，进入淡水湖中，它们将在湖中度过大约一年的时光，然后再顺流而下进入大海。在湖中它们尽管东躲西藏，但大多数幼鱼依然逃不过被捕食的命运，每四条进入湖中的鱼就有三条被吃掉，只有一条能够进入大海。危险并没有停止，进入广袤的大海，也就进入了更加危险的区域。在无边无际的北太平洋中，它们一边努力地长大，一边面对鲸、海豹和其他鱼类的进攻；同时还有更加具有危险性的大量的捕鱼船威胁着它们的生命。整整四年，它们经历无数艰险，才能长成大约三公斤左右的成熟的三文鱼。”

3－4. “成熟之后，一种内在的召唤使得它们开始了回家的旅程。十月初，所有成熟的三文鱼在佛雷瑟河口集结，浩浩荡荡游向它们的出生地。自进入河口开始，它们就不再吃任何东西，全力赶路，逆流而上将会消耗掉它们几乎所有的能量和体力。它们要不断从水面上跃起以闯过一个个急流和险滩，有些鱼跃到了岸上，变成了其他动物的美食；有些鱼在快要到达目的地前力竭而亡，和它们一起死去的还有它们肚子里的几千个鱼卵。最后被雌鱼产下的每四千个鱼卵中，只有两只能够活下来长大并最终回到产卵地。到达产卵地后，它们不顾休息开始成双成对挖坑产卵受精。在产卵受精完毕后，三文鱼精疲力竭双双死去，结束了只为了繁殖下一代而进行的死亡之旅。冬天来临，白雪覆盖了大地，整个世界一片静谧，在寂静的河水下面，新的生命开始成长。三文鱼的一生，充满了危险和悲壮，它们克服种种困难，躲避无数危险，在生命的最后时刻，逆水搏击，回游产卵，为自己的生命画上句号。也许这样做是遗传和基因使然，并不是一种知觉的精神意识。但这一现象在人类看来，依然令人感动，让我们思索和振奋。三文鱼的一生，贯穿着明确的生命主线：成长，不顾各种艰难险阻地成长；经历，不管大海多么不可预测，也要从平静的湖水游向大海去的经历，去完成生命各个阶段的历程；使命，不管遭遇多少险阻都要完成一生的使命，返回出生地来繁衍后代，哪怕以生命为代价。这一生命的主线使得三文鱼的一生变得悲壮。”[26]但是，因人们身份不同和目的不同对鱼持有不同态度。有一则笑话说，生物学家讲究鱼的种属和进化；资本家则讲究如何将鱼推向消费市场来获取利益最大化；而美食家则讲究鱼的烹饪方式以品尝其味道。

3-5. 人在物质利益面前往往缺乏理性，经济人更是如此。我国著名小品艺术家赵本山同范伟、高秀敏合演的一出《心病》就生动地刻画了人在钱上面的非理性，他们在情与钱的两难选择上最终还是在钱上重犯了“心病”。历史是一面镜子。失去了理性控制的商人大战，一度在东西方商品市场热炒过两种花卉植物——郁金香和君子兰。在荷兰，历史上曾经爆发了“郁金香狂热”，这是人类历史上第一次有记载的金融泡沫。16 世纪中期，郁金香从土耳其被引入西欧，不久人们开始对这种植物产生了狂热。到了 17 世纪初期，一些珍品卖到不同寻常的高价，而富人们也竞相在他们的花园中展示最新和最稀有的品种。到了 17 世纪 30 年代初，这一时尚导致了一场经典的投机狂热。人们购买郁金香已不再是为了其内在的价值或作观赏之用，而是期望其价格能无限上涨并由此获得巨额利润，这种总是期望有人会愿意出价更高的想法，长期以来被称为投资的博弈理论。1635 年，一种叫 childer 的郁金香品种单株卖到了 1615 弗罗林（florins，荷兰货币单位）。如果你想搞清楚这样一笔钱在 17 世纪早期荷兰的经济中是什么价值，你只需要知道 4 头牛（与一辆拖车等价值）只要花 480 弗罗林，而 1000 磅（约 454 公斤）奶酪也只需 120 弗罗林。可是，郁金香的价格还是继续上涨，第二年，一株稀有品种的郁金香（当时的荷兰全境只有两株）以 4600 弗罗林的价格售出，除此以外，购买者还需要额外支付一辆崭新的马车、两匹灰马和一套完整的马具。郁金香的暴涨暴跌的价格给经济学家留下了难以忘却的印象，以至今日斯蒂格利茨在他的《经济学》（上册）仍然念念不忘说：“现今的花匠会对 17 世纪荷兰郁金香的价格感到惊讶。每一种郁金香的价格上升到相当于今天的 16000 美元。然而，郁金香的黄金时代没有持续很久，到 1637 年，郁金香的价格下降了90%以上。这样急剧的价格波动决不意味着是一次历史的怪僻之事。”人们会看到，今日世界花市仍属于荷兰。荷兰的奥斯米尔（Aalsmer）镇是当今世上最大的鲜花市场，在那里，五颜六色的鲜花覆盖了整整125个足球场的面积。这里的鲜花交易是相当惊人的：在一个普通上午，将有700万株郁金香、200万枝菊花以及800万枝其他鲜花和盆栽植物易手，涉及大约2000位买家，总成交额达500万美元[27]。现在让我们从西欧荷兰再到中国长春市的君子兰花市看看。

3-6. 改革开放之初，我国东北长春市爆发了一场使国人为之震惊的“疯狂的君子兰”的商海大战。现实主义的知名女作家张辛欣在《人民文学》以纪实文学的形式深入地描述了有人竟然为了几盆君子兰而搏杀的故事。她说，君子兰原产于南非，身价如同荒草的野花，从赤道那边移植到北纬中部来，不过几十年。先是传入日本，被那列岛上深受中国传统文化熏陶的文人给它起了个士大夫味儿的名字：君子兰。其实它并不属于兰科，在不同版本的植物志中，归在石蒜科或百合科下面。也许是它那副难得开出一个莲蓬鲜艳的花来，一年年，以生长缓慢的对称，长形而厚实的叶片亭亭自立的模样，使名人雅士们找到了孤影自怜的寄托。这一改名，颇像民女入宫，突然受封而身价飙升。后来，那个被辛亥革命赶下台的末代皇帝，得到人家不怀好意地扶植成为了正统史书不予承认的“王朝”即日本军国主义一手扶持起来的伪满洲帝国的傀儡皇帝。海那边的天皇给了些君了兰，养在宫中，人为地造了几分皇家气氛。从此，海这边大陆上，便有了一种稀有的高级观赏植物。二战风云变幻，帝王气数竭尽，深藏宫中的君子兰从此流入了民间，犹如嫔妃四散。如今那先前赠花的那个国家，有了令人瞠目的丰田汽车以及一大堆世界一流的现代工业产品，君子兰反而不如这边盛了。也许是坐腻了飞机又眼馋骑毛驴的。据说，人家怀念它。于是，这边的君子兰，像在被寻找中的皇族后裔似的，突然显贵起来。有的养它的人财迷心窍，见到它长出一片新叶就说，值100块啦，又长出一片新叶，又说值150块啦。而且叶子讲究又短又厚又齐的对称生长，如果卖家持有如此对称的叶片其价格自然攀高。当然除了叶片之外要算花型花色，一般都是淡黄色和粉红色的，但因生物的遗传和变异而嬗变出来的杂种，则另有别论。据说有一家的君子兰开了一束淡灰色的，家人便说：“赶快拔了！这怪花肯定不吉利，咱老大正谈恋爱，老二考高中，你评职务，我们那儿精减，谁知这花儿应在谁的身上!? 拔了! 拔了!”一个待业青年推着小车沿街叫卖君子兰，独出心裁地起出种种别名：“和尚头”、“鬼花脸”、“韩大娘儿们”，像捡来的孩子，谁养活名字就跟谁。花价50元、100元、1000元到2000元不等。观行情看货色，高级品种自然不会在他那儿出售。有的花种子更值钱，从50元一粒卖到上万元，……这就看卖方的想像力了。

3-7. 政府与企业都成了市场主体。市里成立了君子兰协会，下属各区还有分会，时常发通知开会，出版不定期的刊物，品花会、经验会不断，并报道国外养花动态，吸收新会员等。公安部门开始重视养花者的人身安全问题，有高级品种者自然成为重点保护对象，保险公司接受缴纳保险费。政府向卖花者征收百分之十至五十的税率，税收均纳入地方财政收入。这时君子兰被养在室里，藏在内室中，并用养狗、拉电网加以防盗，有的还雇用保安看管，但防不胜防。有一老人外出倒垃圾的功夫，门上还上了撞锁和挂锁，贼趁这个空儿，撬门进去，抢起来就走。不料老人这时回来了，于是两人争夺起来，老人一喊，另一个贼照老人的脖子就是一刀，贼跑掉了。不久在市场墙上新贴出一张醒目的白纸布告。首犯×××，因抢劫杀人罪，判处死刑，立即执行。主犯×××判处有期徒刑二十年。同案犯×××因主动检举，认罪态度好，给予宽大处理，判处有期徒刑三年，缓刑三年。下面是市中级人民法院的落款，×年×月×日以及一枚鲜红清晰的大印。

3-8. 生物界成员是互动一体的。一提到植物大树，中国传统文化往往讲究树“根”文化，把目光紧紧地盯在树根上或颂扬根深叶茂或期盼“叶落归根”。著名电视剧《闯关东》朱开山的二儿子在评述他爹爹为人处事有张有弛时说道：“我爹办事有根!”根是某些植物长期适应陆上生活过程中，发展起来的一种向下生长的器官，它具有吸收、输送、贮藏、固着的功能，少数植物的根有繁殖的作用。根通常向下生长，是隐藏在地面以下的，但也有些植物的根不长在地下，而是长在空气中，甚至向上生长。此外，要注意并非所有植物都有根。世界上所拥有的50万种植物中，只有20多万种高等植物才具有真正的根，其余近30万种低等植物都是没有根的。然而只盯着“根”的人却忽视了“树叶对根的情谊”。人们哪里知道，现代科学家研究表明，全世界四分之三的昆虫种类生活在树冠层，那里拥有的品种极为丰富，并蕴藏着大量医药、化学、香料制造原料，热带森林树冠是一个极为珍贵丰富的宝库，是大自然又给人类一份取之不尽的巨大财富，必将成为商家蜂拥的淘金之地。勒尔夫·A. 奥尔多说，热带森林树冠是下一个高科技领域，其中隐含着不少的实业投资的利润源泉，同时也是生态保护薄弱的环节[28]。奥立佛·拉克说，森林是一部天书。森林如同地球最美丽的发丝，毁坏它们是对我们这个星球女性特征的一种蔑视。国人对动植物一向是爱护有加的，"岁寒三友"——松、竹、梅已成为优秀人品的化身。革命家陶铸的"松树"的风格一文，毛泽东的"咏梅"等文品已成为人品写照，家喻户晓。国人是以食为天的，当然也不仅仅只为填饱肚子。毛泽东说不吃辣椒就不会干革命，这自然是谈笑风生。然而君子渴而不饮盗泉，就是一种认真的生活态度了。古人有不食周粟而逃上首阳山的伯夷和叔齐，今人有宁可饿死也不吃美国救济粮的朱自清，在他们心目中，"食"的价值意义就是人的生命价值意义——人与人的真正经济价值的人文关系。

3-9. 西方经济文化一向主张天人对立，鼓吹并强调人如何掠取、占有和支配大自然。尽管西方一度的物质文明确实给人类带来了很大的福祉，提高了人类的物质生活水平。但是，这种西方物质文明也确实给人类带来了无穷无尽的灾难。20世纪既是科技进步、经济发展的世纪，也是全球规模自然环境屡遭破坏的世纪。人们都会亲身感受到温室效应引起的臭氧层破坏、酸雨所带来的酸性化以及植被破坏、海洋污染、土地沙漠化、物种急剧减少和自然资源枯竭等等，全球化的人与自然环境问题日趋严重。值得指出的是，西方发达国家利用经济全球化大量向发展中国家转移高污染、高能耗的工业项目，同时它们还千方百计地向发展中国家输出洋垃圾。最近媒体揭露了西方某国用轮船将具有剧毒的化学垃圾偷偷地运到非洲某国，就是一桩损人最终也不利己的勾当。美国是当今世界最大的排放国家而小布什总统却拒不签署《京都议定书》的环保义务。

四、西方经济人的贪婪"两手"：对外用大炮和黄油，对内用大棒和胡萝卜

斯密用"看不见的手"以指引人们追求利益最大化。当代美国经济学家萨缪尔森、斯蒂格利茨、曼昆等人还用两只"看得见的手"

即对外用大炮和黄油、对内用大棒和胡萝卜作为经济学的两难选择目的，是同样追求利益最大化

4-1. 作为一种研究方法，提一下亚里士多德写过的那部《动物的历史》是很有意义的。这位举世公认的博学多才的先哲曾经写出一部脍炙人口的《动物的历史》。“历史”一词用希腊语拼写是“historia”，意为“探索”或“研究”，我们把他那个题目翻译为《动物学研究》比较恰当。那么，从哪里开始研究动物呢？他明确写道：“人毫无疑问是我们最熟悉的动物。”亚里士多德之所以从人开始研究，在他看来人是我们最熟悉的动物，可以用来作为研究其他动物的参照物。后来马克思在《1857—1858 年经济学手稿》的总导言中同样用研究动物的方法来研究人类社会。马克思说，人体的解剖对于猴体解剖是一把锁匙。我们从低等动物身上表露出来的高等动物的征兆，反而只有在高等动物本身已被认识之后才能理解。同样道理，探索人与动物、人与自然只有研究人、研究人与人之间关系后才能更深入地理解人与动物、人与自然之间的关系问题。在探索人与动物、人与自然的和谐相处时，同样必须探索如何处理好人与人之间关系。无数历史实践说明，人际关系不仅是保障正确处理人与动物、人与自然之间和谐的前提条件，也是人类自身和平相处、和谐发展的人文基础。历史实践一再证明，人类贪婪的物质追求、权力角逐、血腥掠夺几乎已将地球表面之物扒掉了几层，致使人类文明蒙上了羞辱和伤痕。

4-2. 对于人类这种自杀式的盲动现象，历史学、哲学、政治学、文学诸种领域学者都作了血淋淋的揭露、控诉和鞭笞，然而仿佛只有一门学问即西方主流经济学家们却在其经济学著作中无动于衷，反而用玫瑰色调描述市场经济人。斯密在《国富论》中分析国防费用时曾经指出：“君主的义务，首在保护本国社会之安全，使之不受其他独立社会暴行与侵略，而此种义务的完成又只有借助于兵力。”因此，他提出建议说：“兵士的数目就不能超过这些劳动者除了维持他们自身及国家官吏外所能维持的限度。”可是，他的后辈西方经济学家们可能受到旧历史观鼓吹的暴力、战争、掠夺和抢劫是历史发展动力的影响，他们也用玫瑰颜色描述经济人在“大炮和黄油”之间进行“死亡与生存”的选择问题。萨缪尔森认为经济学是一门选择科学，并在他《经济学》中用大炮和黄油作为选择无疑会使人们心目中潜入一层战争与和平、死与生的阴影。例如，美国萨缪尔森在《经济学》（上册）中论述经济学选择时说道，让我们用大炮和黄油作例子。他说："假使全部资源投放在民用物品（黄油）的生产上……假设在现有的技术和资源的条件下，黄油的最大生产数量为500万磅。在另一个极端，设想一下社会的百分之百的资源都用于生产大炮，这样，只有某一最大数量的大炮能被生产出来；如果我们愿意不生产任何黄油的话，也许能生产出1.5万门各种类型的大炮。这是两种处于极端的可能性，这期间，存在着其他的可能性。"他接着举例补充说在战争与和平问题上，"1984年，总统竞选辩论的中心评论的中心问题之一就是围绕着国防预算的大小进行的。里根总统赞成迅速增加在枪炮和导弹上的开支——他的民主党竞争对手沃尔特·蒙代尔却要放慢国防费用的增长速度，并且砍掉许多大规模的发展武器的计划。"[29]于是他在经济学上告诉读者他游走于大炮和黄油之间选择并说同样可用于任何经济学物品的选择。

美国从石油战争到粮食"战争"

4-3. 在人的一生中，童年和老年都有一点率真和无畏，天不怕、地不怕，死也不怕。为美国出谋献策一辈子的前国务卿基辛格坦言说道，你控制了石油，就控制了所有国家，控制了粮食，就控制了人类[30]。现年82岁的著名的美联储前主席格林斯潘就是这样，他快人快语地在回忆录中直言美国小布什政府为石油发动伊拉克战争。英国《星期日泰晤士报》网站2007年9月16日报道，美国联邦储备委员会前主席艾伦·格林斯潘在明天将要出版的回忆录中说，布什政府发动伊拉克战争的主要目的是石油。此说无疑对美国白宫是一大打击。在谈到2003年美国攻打伊拉克的动机时，格林斯潘说："我对此感到悲哀，（政府）在政治上不便承认一个大家都知道的事实：伊拉克战争在很大程度上与石油有关。"格林斯潘认为，伊拉克前总统萨达姆对美国确保中东石油供应构成威胁。英国和美国政府一直坚称，它们发动伊拉克战争与石油无关。布什甚至发誓说，发动伊拉克战争是为了解除伊拉克战争威胁，是为了解除伊拉克大规模杀伤性武器，并结束萨达姆对恐怖主义的支持。我们往下还会看到，对中美货币政策持有比较公正态度的前美国总统克林顿顾问委员会主席斯蒂格利茨在《经济学》上也同样用大炮和黄油说明可能性选择，折射出西方资本主义经济文化，反映了世界资本的贪婪本性和危险使命。这位诚实的经济学家同萨缪尔森一样，他设想一个社会的全部经济生产分为两类：军用品和民用品，当然，这两种生产中的每一方中都包含着许多因素，但目前我们只讨论在这两大类别中进行选择。为简便起见，他把军用品简化为“大炮”，用纵轴表示；把民用品简化为“黄油”，用横轴表示。这时，大炮和黄油——军用品和民用品两者的可能组合就是机会集合。一些可能的组合：9000 门大炮和 4000 万吨黄油，或者用 4000 万吨黄油生产的最大量的大炮，以及在生产同样数量的大炮时可以生产的最大量的黄油，这就是生产可能性曲线。他接着说：“社会所面临的替换可能性并不是固定的。如果一个社会只生产少量的大炮，它会使用最适合于大炮生产的那部分资源——人和机器。但是如果社会试图生产越来越多的大炮，它就要越来越多地依靠越来越不善于生产大炮的人。这样它要从其他物品的生产中取得资源，比如黄油。这就意味着，社会在增产每一门大炮的同时，就要相应地减少黄油生产。”[31] 2009 年 8 月 30 日《参考消息》转载阿根廷新闻社布宣诺斯艾利斯 8 月 26 日电题：《装甲地球：资本主义的战争贸易如何运作》（作者曼努埃尔·弗雷塔斯）评论说道：“2008 年全球军费开支高达 1.46 万亿美元，创下历史新高，其中美国的军费开支在数量与增速上均占大头，与此同时，欧美军工企业的利润呈几何数增长，这成为资本主义体系与武装冲突和军事占领紧密相连的最好证据。同时两者之间的互动也说明，长期战争已经成为资本主义体系不能放弃的生存方式，资本主义靠战争而且不是和平生存，战争是资本主义全球统治政策和战略的第一环节。”

4-4. 美国小布什政府在自由市场经济理念下，却不断地实行技术壁垒。目前农产品出口占美国农业总销售的比例高达 25%。各国农业深受美国廉价农产品冲击，很多已经崩溃。1995 年以前，中国一直是大豆出口国，在笔者的家乡东北就是这样。此后美国靠巨额财政补贴农业生产的大豆进入中国市场。2000 年中国大豆年进口量首次突破 1000 万吨，成为世界上最大的大豆进口国。此后几年，中国的大豆进口额连续攀升，而中国大豆生产却没有补贴，结果本土的大豆生产逐步萎缩，2006 年黑龙江省大豆种植面积已经比 2005 年减少了 25%，而 2007 年大豆种植面积估计比 2005 年减少 40% 左右。中国大豆产量也由原来的世界第一位，退居为继美国、巴西和阿根廷之后的世界第四位。每多进口 100 万吨粮食，就可能造成 130 万农民“失业”。失业农民离开土地进入廉价工业品生产线，开始为美国制鞋，几千万只鞋才能换回一架波音飞机，美国低价买入这些包含了大量资源、能源和劳动力的工业品，却把污染和通货膨胀留给了中国。2007 年 11 月，中国居民消费价格总水平比上年同期上涨 6.9%。其中，城市上涨 6.6%，农村上涨 7.6%；食品价格上涨 18.2% 每，连续 4 个月物价上涨幅超过 6%。亚洲各国也存在着类似的问题。由于工业化占地导致耕地的消失，日本谷物的生产水平从顶峰下降了 33%，韩国下降了 31%。在过去的 37 年间，日本粮食年生产量由 1589 万吨下降到 985 万吨，包括饲料在内的粮食自给率由 77% 下降了近 4 个百分点。世界粮食进口的头号大国并不是拥有 13 亿人口的中国，而是只有 1 亿多人口的日本，排在第二位的是不及中国人口 4% 的韩国。

美国发展生物燃料导致第三世界农产品价格暴涨

4-5. 美国现在开始减少农作物出口，但生产的粮食不能浪费，最近能源价格上涨给了美国一个机会，美国计划把粮食转化为乙醇燃料。2007 年 12 月美国计划推动美国乙醇燃料年使用量到 2022 年时达到 360 亿加仑。目前，美国已经建成 114 家乙醇燃料厂，还有 80 家工厂正在建设中。2006 年乙醇产量超过 50 亿加仑，比 2005 年增加了 1/4，预计未来两年里可望新增 60 亿加仑的产能。然而这将导致世界范围内缺粮。2006 年，美国投入 4200 万吨玉米生产乙醇。按照新能源法案，2022 年，美国生产 1500 亿加仑乙醇需 1.8 亿吨玉米，足够 5.8 亿人口吃一年。美国能源署官员称，今后相当时间内，玉米仍将是美国乙醇生产的主要原料。由于美国乙醇战略，美国玉米价格翻倍上扬，创下了 10 年新高。美国众议院在 2007 年 12 月通过新能源法案后玉米价格更有加速上扬的趋势。据预测，未来几年美国玉米价格有望再创新高，势必影响消费者的利益。而玉米在食品中应用广泛，也是重要的饲料，包括玉米在内的粮食价格的上涨势必引发食品价格的连锁反应。国际粮食政策研究所所长范布伦说，粮食的价格正在上涨，可能还会继续上涨很多。他强调说，用于生产面包的粮食价格可能上涨 30%—50%，豆类和植物油种子可能上涨 60%—80%。目前，全世界大约有 15 亿人每天只能花费 1 美元，其中一半以上是用来购买食物的。如果食物价格上涨 50%—80%，很多人将会陷入饥饿之中。

乙醇战略有助于美国维持超级经济强国地位

4-6. 虽然美国政府给每加仑乙醇提供 51 美分的补贴，但是现在美国的乙醇生产厂商仍处于赔本经营状态。美国声称要通过生产乙醇来实现能源独立，但目前利用粮食提炼乙醇仅能满足3%的汽车动力需要。即使美国出产的全部粮食都用来制造乙醇，提供的燃料也仅能满足美国18%的需要。尽管乙醇生产是赔本生产，实际上根本无法满足其能源自给的目标，但美国政府仍然全力推动乙醇生产，这是因为乙醇战略对美国维持超级强国地位有利。美国是世界第一农业大国，有大量土地可以用来生产农产品。把多余的粮食转化为燃料有利于减少美国对中东石油的依赖，该战略对美国总体有利，却伤害到缺粮的国家。提高农产品价格虽也造成美国通货膨胀，却可降低美国的农业补贴，从而降低美国政府的高额财政赤字。粮食涨价对粮食进口国伤害更大，因此美国的乙醇战略虽不能真正实现能源独立的目标，却可相对提高美国的重要性。美国的策略是先大量购入低端工业产品，诱使亚洲忙于生产衣服、鞋子、电视，用低价农产品挤垮亚洲农业，然后在能源自给的借口下把粮食转化为燃料，减少出口，导致农产品价格暴涨，从而打击亚洲经济。

4－7. 每个研究领域都有自己语言和自己的思考方式，而且这种思考方法又程度不同地受到了历史时代或历史时期的影响。比如，萨缪尔森、斯蒂格利茨习惯于用大炮和黄油作例子，但是到了20世纪末一批经济学家又用电脑和汽车作为例证。正如已故美国前总统里根曾经开玩笑说过的，如果追击游戏是由经济学家设计的，那么，100个问题会有3000个答案。经济学对于同一事物往往用不同的语言来表述。人们不知为了语义学耗费了多少心血和智力！如今看来，理论语言最有意义的可能不是它的内涵和处延，最终则是看人们如何使用。例如，空想社会主义者傅立叶把社会历史划分为蒙昧、宗法、野蛮和文明四个发展阶段，后来人类学家摩尔根又把社会历史划分为野蛮、蒙昧和文明三个阶段，但两者内涵外延又不一样。所以，我们会看到，萨缪尔森、斯蒂格利茨热衷于用“选择”一词，而被我国一批海归派推崇的美国著名经济学家曼昆却在《经济学原理》中使用“决策”一词。他在著作开篇介绍“经济学十大原理”的第一个原理中也讲到大炮和黄油，可谓立场相同，一脉相承。但是他还没有忘记西方经济学上的老故事。他说：当人们组成社会时，他们面临各种不同的交替关系。典型的交替关系是“大炮和黄油”之间的交替。我们把更多的钱用于国防以保卫我们的海岸免受外国入侵（大炮）时，我们能用于提高国内生活水平的个人物品的消费（黄油）就少了[32]。美国这个当今世界唯一超级大国每年差不多以5000亿美元之巨作为国防开支，20世纪末到21世纪初，美国每一位总统上台后都要发动一两场战争来掠夺其他国家的物质资源，而他们的经济学家却喋喋不休地谈论资源稀缺性，奢谈如何对大炮与黄油作科学选择是多么大的讽刺啊！

4-8. 自工业革命以来，西方一些战争狂人利用科技资源制造了坚船利炮企图征服世界，他们用铁和火贩卖奴隶，鲸吞各种物质自然资源。他们先后发动了两次世界大战，曾一度将人类推到第三次世界大战的边缘，名曰冷战。据有文字记载，全世界已发生过14513次大小战争（马骏，2006）。最近央视播出十二集《大国崛起》纪录片时，引起了人们的广泛兴趣和热烈反响。昔日大国崛起充满了压迫和剥削，甚至是充满侵略和掠夺，普遍实行殖民强权。从15世纪到今天，这些国家轮番演绎出的大国历史实际上就是一部强权掠夺史，为财富而战的历史。西方列强大国崛起的第一桶金往往离不开对外的疯狂掠夺，根本谈不上和平崛起。被马克思评述为"诚实"的斯密从经济学上分析了他们瓜分殖民地的动机和目的。他在《国富论》中介绍冒险家哥伦布和马可·波罗时说："哥伦布第一次航海回国时，被按凯旋仪式，引见克斯栉及亚拉冈国王，当时所发现的各国主要生产物，都由隆重的仪仗队带在他前面。但有价值的部分只是金小发带、金腕环及其他各种金饰品和几捆棉花。其余都是俗人惊异的珍奇物品，譬如，八株极大的芦苇，几只羽毛极美的鸟、几只大鳄鱼、大海牛的剥皮。"斯密接着指出，最初冒险家本人输入欧洲的黄金，全部或大部分是由极容易的方法的取得即"向无敌抗的土人劫掠而得"。他还指出："冒险家的报导唤起了他们本国人的贪欲。每一次航行到美洲的西班牙人，都希望发现一个黄金国。"[33]使西方资本主义生产关系及其社会发展的重要因素是："羊吃人"的圈地运动、大肆掠夺侵占殖民地、不平等的海外贸易、黑人奴隶贸易、鸦片贸易、第一次世界大战、第二次世界大战和挥之不去的冷战思维，以及所谓两种文明冲突式的海湾战争。2007年美国的军事开支预算仍然高达4680亿美元之巨，核武库有上万枚核弹，还有850余枚洲际核导弹，可说是武装到了牙齿。如果说斯密用一只"看不见的手"指引人们追逐利益最大化，那么，反映当代资本主义霸权心声的西方主流经济学主要就是对外用大炮和黄油、对内用大棒和胡萝卜"看得见的两手"。附法国大文豪雨果给巴特勒上尉的一封信：

就英法联军远征中国致巴特勒上尉的信

先生：

你征求我对远征中国的意见。你认为这次远征是体面的，出色的，多谢你对我的想法予以重视；打着维多利亚女王和拿破仑皇帝双重旗号对中国的远征，是一次由法国和英国分享光荣，而你很想知道，我对这次英法的胜利又想给予多少赞赏。

既然你想了解的我的意见，以下就是：

在世界的某个角落，又一个世界奇迹；这个奇迹叫圆明园。艺术有两种起源，一是理想，理想产生欧洲艺术，一是幻想，幻想产生东方艺术。圆明园在幻想艺术中的地位，和帕台农神庙在理想艺术中的地位相同。一个几乎是超人民族的想像力所能产生的成就尽在于此。这是一件稀奇的、独一无二的作品，如同帕台农神庙那样；如果幻想能有典范的话，这是幻想的某种规模巨大的典范。请想像一下，有言语无法形容的建筑物，有某种月宫般的建筑物，这就是圆明园。请建造一个梦境，材料用大理石，用美玉，用青铜，用雪松做这个梦境的房梁，上上下下铺满宝石，披上绫罗绸缎，这儿建庙宇，那儿造后宫，盖城楼，里面放上神像，放上异兽，饰以琉璃，饰以珐琅，饰以黄金，施以脂粉，请又是诗人的建筑师建造一千零一夜的一千零一个梦，再添上一座座花园，一片片水池，一眼眼喷泉，加上成群的天鹅，朱鹭和孔雀，总而言之，请假设有某种人类异想天开产生的令人眼花缭乱的洞府，而其外观是神庙，是宫殿，这就是这座园林。为了创建圆明园，曾经耗费了两代人的长期劳动。这座大得犹如城市的建筑物，是由世世代代建造而成的，为谁建筑的？为各国人民。因为，岁月完成的事物是属于人类的。艺术家、诗人、哲学家，过去都知道圆明园；伏尔泰谈到过圆明园。我们常说：希腊有帕台农神庙，埃及有金字塔，罗马有斗兽场，巴黎有圣母院，东方有圆明园。如果说，大家没有看见过它，大家也梦见过它。这曾是某种令人惊骇的不知名的杰作，在不可名状的晨曦中依稀可见，如同在欧洲文明的地平线上显出亚洲文明的剪影。

这个奇迹已经消失了。

有一天，两个强盗进入了圆明园。一个强盗洗劫，另一个强盗放火。看来，胜利女神可能是个窃贼。对圆明园进行了大规模的破坏，由两个战胜者分担。我们看到，这整个事件中还与额尔金的名字有关，这注定又会使人想起帕台农神庙。从前对帕台农神庙怎么干，现在对圆明园也怎么干，干得更彻底，更漂亮，以致荡然无存。如果把我们所有大教堂的所有财宝加在一起，也抵不上东方这座了不起的富丽堂皇的博物馆。园中不仅有艺术珍品，还有成堆的金银制品。丰功伟绩，收获巨大。两个胜利者，一个塞满了口袋，这是看得见的，另一个装满了箱箧；他们手挽手，笑嘻嘻地回到了欧洲。这就是两个强盗的故事。

我们欧洲人，我们是文明人，中国对我们是野蛮人。这就是文明对野蛮干的事情。在历史面前，这两个强盗，一个将会叫法国，另一个将会叫英国。我先要提出抗议，感谢你给了我抗议的机会：治人者的罪行不是治于人者的过错；政府有时会是强盗，而人民永远不会。

法兰西帝国吞下了一半的胜利果实，今天，帝国竟然带着某种物主的天真，把圆明园富丽堂皇的破烂陈列出来。我希望有朝一日，解放了的干干净净的法兰西会将这份赃物归还给被掠夺的中国。

现在，我证实，发生一次偷窃行为，有两名窃贼。

先生，以上就是我对远征中国给予的全部赞赏。

一八六一年十一月二十五日于高城居

五、“劳动是财富之父，土地是财富之母”仍然是当代经济人的醒世名言

人自身作为一种自然力和自然物质相对立，为了在对自身生活有用的形式上占有自然物质，人就使人身上的自然力“劳动起来，只有自然界和人的劳动一起才是一切财富的源泉”

5-1. 人与动物、人与自然是正确处理人与人之间关系中的两个前提条件。人除了学会与动物和谐共处之外，同时还必须善待自然，正确处理人与

自然之间关系。以土地为人生之本，以耕地为万事之本，成为农耕文明的普遍经济现象和农民普遍的价值心态。在经济学上，就是如何学会将自然再生产与经济再生产结合起来，努力做到自然资源的永续利用，使社会经济可持续发展和建设环境友好型社会。西方古典经济学，对于人与自然关系讲得最好的要算配第的人性化的自然经济观点，即“土地是财富之母”，“劳动是财富之父”。尽管后来斯密、李嘉图等人继续关心土地自然，并提出了土地报酬递减规律，然而他们这种观点显然同他们的同胞疯狂的“羊吃人”的圈地运动一样，并非是出自于保护土地资源的自然生产力，而是关心土地自然如何给资本家带来源源不断的经济利益。同时近现代西方利用炮舰政策开拓殖民地经济。在历史上，西班牙殖民统治下的古巴，为了获取高产咖啡，烧光了树木，认为木灰肥料可以足够一个世纪用，不料热带雨林冲刷使沃土变成了寸草不生的岩石。新老殖民主义争夺人力物力资源势力范围，连绵不断地对橡胶、石油、稀有金属、战略资源血腥掠夺，极大地破坏了人类的自然资源和生态环境。

5-2. 马克思深刻揭露了资本主义条件下物质变换过程中对土地的滥用和对森林自然资源的破坏。他尖锐指出：“资本主义生产使它汇集在各大中心的城市人口越来越占优势，这样一来，它一方面聚集着社会的历史动力，另一方面又使人和土地之间的物质变换，也就是使人以衣食形式消费掉的土地的组织成分不能回到土地，从而破坏土地持久肥力的永恒的自然条件。……资本和农业的任何进步，都不仅是掠夺劳动者的技巧的进步，而且是掠夺土地的技巧的进步，在一定时期内提高土地肥力的任何进步，同时也是破坏土地肥力持久源泉的进步。一个国家，例如北美合众国，越是以大工业作为自己发展 的起点，这个破坏过程就越迅速。”他还说：“文明和产业的整个发展，对森林的破坏本来就起很大的作用，对比之下，对森林的护养和生产，简直不起作用。”马克思在给恩格斯的信中痛心地写道：“耕作的最初影响是有益的，但是，由于砍伐树木等等，最后会使土地荒芜。”恩格斯从价值观上同样指出：“我们不要过分陶醉于我们对自然界的胜利。对于每一次这样的胜利，自然界都报复了我们。每一次胜利，在第一步都确实取得了我们预期的结果，但是在第二步和第三步却有了完全不同的、出乎预料的影响，常常把第一个结果又取消了。美索不达米亚、希腊、小亚细亚以及其他各地的居民，为了想得到耕地，把森林都砍完了，但是他们梦想不到，这些地方今天竟因此成为荒芜不毛之地，因为他们使这些地方失去了森林，也失去了积聚和贮存水分的中心。”[34] 附图是上海市浦南幼儿园郭芷祺小朋友（5岁）无样自画的一副人与自然的和谐素描，征得其父母同意，转载如下：

从人与自然之间和谐关系中反思资源稀缺性的经济实质

5－3. 在当代，萨缪尔森等一批经济学家也许由于深受马尔萨斯《人口论》即人与自然关系中的土地稀缺性的影响缘故，以“资源稀缺规律”作为口实，叙说自然资源有限与人类需要无限之间的矛盾，意欲表明经济人效益最大化、利益最大化与自然资源的稀缺性密切相关。斯密在《国富论》（上册）中讲到许许多多畜群，随着放牧森林，森林中老树虽然不受损害，但不少幼苗却受到摧残。结果在一两个世纪后，整个森林归于毁灭。在这里，他们和前辈一样在经济学上见钱不见人、见物不见人只讲究资源配置（分配）而不太讲资源保护和永续利用。

5－4. 中国是石文化的故乡。讲究天人合一文化的中国也是玉石的故乡。中国古文化认为万物出于玉。“君子比德如玉”、“冰肌玉骨”、“有女如玉”、“亭亭玉立”、“琼楼玉宇”、“玉液琼浆”、“温其如玉”、“宁为玉碎，不为瓦全”、“玉是精神难比洁”，玉在中国是多么纯洁美好的语汇。在我国，著名文学名著《红楼梦》最早的书名为《石头记》，而且开篇讲女娲炼石补天积累了36501块石头补天，结果女娲只用去了36500块，丢弃了1块顽石则自怨自愧地来到人间，并被记述了一个家庭琐事而成为《红楼梦》的故事梗概。书中代表人物贾宝玉和林黛玉均以玉命名。与《红楼梦》齐名的《西游记》从一定意义上讲它也是一部《石头记》。开篇以“一只石猴”自述其如何演变为人性化孙悟空的，说因灵通内育了仙胞，一日迸裂，产生了一个似圆球大小的石卵，由于经过若干世纪的风化的缘故形成了一只石猴，五官具备，四肢皆全，具有人的灵气。这可能就是中国版类人猿化身的生动描述。而且《西游记》介绍说群猴生活在花果山水帘洞，它们有石房，房内有石锅、石灶、石碗、石盆、石床、石凳等生活用具一应俱全。仿佛就是一幅人类石器时代的生活画卷。现实社会中的文房四宝之一的砚台的种类较多，从其质地可分为玉砚、陶砚、瓷砚、石砚、铜砚、银砚、漆砚、瓦砚等，其中石砚根据其石质的分类，种类达43种之多。自古以来久负盛名的“四大名砚”指的是广东肇庆（古称端州）的端砚，河南、山西的澄泥砚，江西婺源（古时由安徽歙州治）的歙砚和甘肃洮河的洮河砚。其中端砚因经久耐用，发墨不损毫而成为四大名砚之首。名贵砚材，自古就价高，苏易简《文房四谱——砚谱》中载：“圆石青紫色者，琢而为砚，可值千金。”要提高欣赏和鉴别水平，可以参考《砚史》、《砚谱》、《端溪砚谱》、《歙州砚谱》、《西谱砚谱》等各工名人的专著，这些作品对砚史的发展、砚材的品种及材料的纹理、装饰等性均做了详尽的介绍[35]。

5-5. 从5000年前的具有神权象征的中国红山文化的龙环形玦到南阳、岫岩、和田三大玉雕产地，从戴在俊男靓女胸前的玉石挂坠，到妇女手腕上的玉镯，再从纪念2008中国奥运成功申办的和田玉印到名人名画上的印章，都折射出对玉石自然物的人文关怀。凡是到山东泰山的游人为了辟邪镇妖往往好拣上一块石头，表明国人与自然石头之间的深厚渊源与崇石情怀。央视前不久以《疯狂的石头》为主题报道了南北两地的商人对于石头的发现、采掘、贩卖和展览。北方山东的费县发现了经过亿万年海水冲刷造成的各种奇形怪状的石头及其色调纹理作为艺术商品，奇石难求；而在南方广西的红河水底发现了各式各样花纹的石头，石商竟将其炒到几万元、几十万元、甚至上百万元，用货币把石头价值标示出来，使物质美与艺术美合二为一。国粹京戏即中国台湾叫做国戏的《将相和》中讲述了秦王想用15座城池与赵国国君的和氏璧相交换的故事，折射出人与自然物质之间的最大的商品交换关系。无独有偶，在历史上美国曾用区区几万美元买下了原本属于俄罗斯的阿拉斯加的一大片土地，尽管交换似乎是自由的，但绝非是平等贸易之举。正像历史上列强曾用所谓“租借”占用中国城区，也不是真正商业意义上的租赁关系一样。当代资本主义社会是靠着“两票”来维持的，即一是钞票，二是选票。“两票”互相联动，有钞票的可买选票，有选票的可换回钞票。用我国流行的一句话说，权钱交易者也。在这一点上，具有经济学良知的萨缪尔森却直言说道："从原则上讲，民主是一人一票。事实上却是美元赢得选举。……有人说，我们有一个钱能买到最好的政府。"[36]前不久央视转播了英国一条政治丑闻说：英国前首相布莱尔也被斥责为"用金钱换爵位"。中国有一则故事说，百里溪是春秋时秦穆公的贤相，原为虞国大夫，虞国被灭后流亡于楚国，秦穆公闻知其贤，用五头羊将他从楚国赎买过来，被称为"五羖（羖，黑色的公羊）大夫"[37]。试问，为了金钱还有什么东西不能买卖的呢？人类对自然的有限行为决定着他们相互之间的有限行为。最终人们选择了财富和权力的代表——钞票。马克思说，"资本是资产阶级社会中一切权力的中心"，是千真万确的真理。

5-6. 中国古代商品和货币是畜产品和海贝。中国货币的"货"字的结构下面有个"贝"字。最早货币是用天然海贝，后来用骨头雕琢成海贝的样子叫"骨贝"，最后又用贵金属铜加锡铸造成海贝的样子，叫做"铜贝"。看来古印第安人好像比我们古代中国人聪明，他们不用贝壳而用贝壳里面的珍珠作为货币，可是一迂上精明的荷兰商人他们就不行了。据说，"那时印第安人生产的皮毛是当地殖民地经济中最赚钱的商品，但他们不愿意皮毛的购买者付给他们金币和银币。这些金币或银币，尽管被欧洲人视为至宝，但由于印第安人对它们一无所知，因此认为一钱不值。相反，印第安人却要求欧洲人用'真正的钱'——贝壳中的串珠来支付。贝壳串珠通常是用复杂的方式从蚌壳中生育出的小珠串起来，北美东部的河流与湖珠盛产这种蚌。"1650年，6颗白色珠子或者3颗黑色珠子值1个斯图弗（stuiver，荷兰货币单位，相当于现代荷兰盾的1/20，也和荷兰5分镍币相当）。对荷兰商人来说，不幸的是，通货膨胀开始了。到1659年，16颗白色珠子才值1个斯图弗。这给当地的经济带来了严重的破坏，不仅皮毛的价格因为通货膨胀而一路飙升，而且，因为贝壳串珠被当地的殖民者和印第安人用来进行日常交易，所以，日常交易也变得一片混乱。彼得·斯特文森试图用政府通常采用的方法——价格控制来解决这个问题，而他也到了用这种方法通常得到的结果：价格控制被市场忽略不计。这时候菲利普斯开始买进贝壳串珠，并囤积起来。实际上，他把贝壳串珠装在桶里埋在地下。几周之内，他就控制了串珠市场，成功地抬高了价格。到1666年3颗白串珠就相当于1个斯图弗，从古代"货币战争"到当代"金融战争"其根源都在于追逐利益最大化。

大气　污染物种类很多，按污染物形态，可分为气体污染物、气溶胶污染物和放射性污染物。气体污染物主要有二氧化硫、硫化氢、氮氧物化、一氧化碳、碳氢化合物、氨气、二氧化碳、氟氯烃等，主要来源于工业、交通、能源等部门的燃料燃烧和化学处理等过程。气溶胶污染物的形态和组成非常复杂，包括粉尘、烟尘、煤尘、酸雨、霜等。主要来源于工业、城市建设和资源开采等过程。其中颗粒径小于10微米的固体微粒，能在大气中漂浮，称为漂尘；粒径大于30微米的固体颗粒，在重力的作用下会向地面沉降，称为降尘。有放射性溶胶、氡气、氟气物等。大气污染物按照来源可分为原生污染物和次生污染物，一氧化碳、粉尘颗粒物等。次生污染物是指原生污染物进入大气后，相互之间通过复杂的物理、化学和生物作用产生的有害物质，如酸雨、光化学烟雾等。大气污染及其危害：大气污染物中的二氧化硫、臭氧化物、烟尘可直接伤害人体和动植物，并可在大气中转化成酸雨。排放的二氧化碳、甲烷等可使地面气温上升，扰乱传统农业生产布局，甚至使地球两极冰层融化而造成海面上升。农业中喷洒农药和城市中氟氯烃等的排放会破坏大气臭氧层中的重金属颗粒，化石燃料燃烧排放的烟尘中的多环芳烃更具有毒成分和致癌物质。氮氧化物和氮氧化合物形成的高浓度臭氧可使农业减产。大气污染物会随风漂移到远方、沉落地表面污染土壤和水体。

土地　是位于地球陆地表层的自然综合体，它由气候、地质、地形、水文、植被、土壤等多种要素相互影响构成，是自然界与人类活动综合作用的产物。土地资源指可供人类开发利用的土地，通常包括耕地、林地、草地、沼泽、滩涂、湖泊等。它是人类生产和生活的物质基础场所。长期不能开发利用的土地，如大沙漠、极地等不在土地资源之列，因此，土地资源不等于全部土地。中国土地资源具有四个基本特点：第一个特点是，山地多、平地少是中国土地构成的显著特点。中国是多山国家，其中山地、高原、丘陵的面积约占土地面积的66%，平地约占34%。山地一般高差大，坡度陡，土层薄，土地的适宜性单一，宜耕性差，农业发展受到较大限制，生态系统较为脆弱，利用不当极易引起水土流失和资源破坏。第二个特点是农业用地绝对数量多，人均占有量少。中国现有耕地约9572万公顷，为世界耕地面积的7.7%，占世界第4位。但中国人均耕地只有约0.1公顷，仅为世界平均值的1/3。第三个特点是土地中宜林地较多，宜农地较少，后备的土地资源不足。中国可供进一步发展生产的后备土地资源只有约 1.225 亿公顷。同时中国土地资源分布很不平衡，而且土地生产力地区间差异显著。第四个特点是中国东南部季风区土地生产力较高，集中了全国耕地与林地的 92% 左右，是中国最重要的农业区和林业区。西北内陆区光照充足，热量也较丰富，但干旱少雨水源少，沙漠、戈壁、盐碱地的面积大，土地自然力低[8]。这恐怕是中国资源的最大特征。人均耕地只有 1.43 亩，不到世界平均水平的 40%。最近国家硬性规定 18 亿亩农业粮食用地是一条不能逾越的红线。

森林 据联合国估计，全球每年有近 1300 万公顷（约合 3200 万英亩）的森林被砍伐，相当于希腊或尼加拉瓜的国土面积。滥伐森林对环境造成影响如下：（1）气候变化：树木贮存碳，它通过光合作用吸收二氧化碳，将碳留在枝干和根部；燃烧、砍伐树木以及树木腐烂后，所贮存的碳被释放到空气中；全球 20% 的碳排放量是由于滥伐热带森林而产生的。专家认为，减缓砍伐森林的速度是应对气候变化的最经济途径。（2）山崩和洪水：砍伐大树会加快水土流失的速度，从而增加山崩泥石流的可能性。因为大树的根组织将土壤固定在基岩上；树冠将雨水分散到大范围的区域，雨水同时被植被吸收，因此密林遭毁坏后，洪水的风险增大。（3）土壤营养流失和沙漠化：砍伐森林加剧土壤风蚀和水蚀，使氮、磷等重要的矿物营养成分流失，土壤因此变得贫瘠，支持农业生产的能力变弱，同时加速沙漠化进程。（4）氧气制造：世界上最大的巴西亚马孙热带雨林通过光合作用吸收二氧化碳、释放氧气，制造了全世界约 20% 的氧气。不同的植物所释放的氧气量是不同的，因此有科学家认为，将森林称为“地球之肺”有误导性，原因是有些植物不制造氧气，浮游生物和海藻植物才是更重要的氧气制造者。（5）生物多样性/栖息地：在全世界的 500 万至 3000 万动植物种中，约有三分之二生活在森林中。据全球森林观测组织的统计，全球约有 600 万人居住在森林中并且靠森林为生。世界自然基金会认为，因森林消失而受到威胁的物种包括类人猿（猩猩、大猩猩、黑猩猩、倭黑猩猩）、老虎、亚洲犀牛以及大象。重新造林有用吗？重建林和次生林不可能完全取代原始雨林的多层树群以及数百万种生物，其中有些生物现在才被发现。

水源 我国水资源总量大，人均占有量少。水资源总量 26868 亿立方米，居世界第 6 位，人均资源量仅 2300 立方米，为世界平均水平的 1/4，世界排名第 121 位，被列入为世界最贫水国家之一。西北有的地区群众为获得饮用水不得不远行100余里外去担水或运水。有的缺水地区逢年过节送礼之物竟是“两瓶矿泉”，有的一家六口人早晨洗脸用水只是一大碗水。目前我国有三条河水资源利用率超过60%，即辽河65%，黄河62%，海河高达90%，远远超过国际公认的30%—40%的水资源利用率警戒线。水资源开用强度大，利用率低；资源性缺水与水质性缺水和工程性缺水并存；江河断流、地石沉降不仅发生在缺水的北方地区，也发生在水资源相对丰富的南方地区，人们把未经处理的工业废水、生活污水、农业回流水和其他废物直接或间接地排入江河湖海，使地表水和地下水的水质发生恶化，称为水污染。水污染包括海洋、湖泊、江河及饮用水的污染。我国的江河污染也是相当严重的。淮河由于其上游地区企业特别是小造纸厂、小化工厂等的发展，大量未经处理的污水排入河中，致使河流严重污染。1994年高温干旱，上游污水大量下泻，形成长达70公里的污水带，所到之处河水无法饮用，工厂停产，水中生物大量死亡，造成直接经济损失2亿多元。我国是海洋大国，漫长的海岸线长达18000多公里，加上岛屿岸线则达32000多公里。大陆沿岸的海域面积辽阔，海区面积470多万平方公里，海洋渔场面积280万平方公里，海水可养殖面积260万公顷，适合发展盐业的滩涂几百万公顷。自然条件优越，海洋资源十分丰富，鱼类5000多种，虾、蟹、贝、藻类千余种，我国海域已有记载的生物可达万余种。我国海洋资源中不仅生物资源繁多，还有大量的矿产资源、动力资源和海水资源。我国近海石油储量据估计可达50亿—150亿吨，其他海洋资源的总蕴藏量约有9亿千瓦，沿岸砂矿中含有锆英石等多种价值极高的原料。海水中还含有盐、溴、钾、钠、镁等多种化学资源。但海洋污染主要来自陆源性污染物排入、海上活动和直接向海洋倾倒废物。海洋污染物主要包括生物性污染物，如传染性质病菌和病毒、有毒污染物、放射性污染物、塑料以及其他固体废物。海洋污染的严重后果之一是赤潮，这主要是人类活动造成海水富营养化的结果。

植被破坏一度使“兴国要亡国，宁都要迁都”

5-7. 人口剧增、资源短缺、环境恶化，公认为是当代社会最严重的三大基本问题。作为发展中国家我国是世界上人口、资源、环境等问题比较严重的国家之一。

人口基数大和人口素质较低 我国是一个有近13亿人口的大国，虽然计划生育政策已使我国人口生育率降至国际平均水平，但由于人口基数过大，这几年年均净增人口仍在1300万左右，未来十几年每年新增人口仍然在1000万左右。人口增长过快，必然给社会经济发展和人民生活改善带来很大压力。每年新增加的国民收入约有1/4要用于供养新增加人口。同时，人口过快增长给自然资源和生态环境带来沉重压力，中国人口占世界人口的22%，而耕地仅占世界耕地的7%，人口过快增长，使中国人均耕地面积持续减少。再加上人们毁林开荒，围湖造田，乱采滥挖，破坏植被，这种众多违背自然生态规律的活动，超出了大自然的支付能力、输出能力和承载能力。新中国成立以来，随着文教卫生事业的发展，中国人口质量有了一定的提高，但若用实现可持续发展的要求来衡量，还有很大差距。这主要表现在中国人口仍然存在着6.7%的文盲和半文盲（2000年），人们科学文化水平低（每万人只有0.36个大学文化程度的人）。人口质量低不仅影响了科学技术和经济的发展，而且大量低素质的劳动力带来了就业的巨大压力，成为可持续发展的重大负担。

人均资源量低和资源的过度消耗 “地大物博”与“人多物薄”是中国自然资源的突出特点。13亿人口的人均致使中国名列世界前茅的各项资源的绝对量也变成了人均占有量的较低。例如，中国的耕地面积、草原面积和淡水资源的人均占有量都不及世界人均占有量的1/3，矿产资源占有量只有世界人均的1/2，森林资源仅为世界的1/6。据世界银行1996年统计，1980—1990年中国森林面积年均消失8800平方公里，占总面积的0.7%。1990年中国森林面积仅相当于澳大利亚的85%、美国的42%和加拿大的27%。土地资源是人类最基本的生产与生活条件，中国人口与土地资源的关系比大多数国家要更尖锐。人口规模的不断增长，土地可利用量的下降和可开垦的后备耕地不多，耕地与人口的反方向发展使人均占有耕地面积趋于减少，成为可持续发展的重要限制条件。有关文献报道说，根据不同时期的生产方式，每平方公里陆地可承载人数，在渔猎时期为0.02—0.03人/平方公里，畜牧时期为0.5—2.7人/平方公里，农业时期为40人/平方公里，工业化时期为160人/平方公里。按此计划，世界人口最大容量为220亿人口，中国为16亿人口，已经接近极限。

我国的环境质量总体上仍处于恶化 在过去的30多年里，中国国民经济快速发展，在相当长的时间内，没有摆脱高投入、高消耗、重污染、低产出的传统增长模式，造成了严重的环境污染和生态破坏。1997 年全国废水排放量 416 亿吨，其中工业废水 227 亿吨，城市生活污水 189 亿吨。空气污染以煤烟为主，主要污染物是二氧化碳和烟尘。二氧化硫排放量为主要污染物之一，部分大中城市出现了煤烟—机动车尾气混合型污染。污染性缺水的城市增多，城市噪声污染范围扩大，垃圾围城现象严重。中国作为发展中国家积极承诺支持《京都议定书》，千方百计地减少气体排放，显著地改善了自然生态环境，但是必须冷静地看到，中国面临的环境压力依然严重。在我们江西省，过去有的学者曾指出，由于植被破坏，乱挖滥采，水土流失已经到了“兴国要亡国，宁都要迁都”的地步。中国空气污染的主要污染物是二氧化碳（CO_2）。空气污染不仅严重威胁国民健康，而且引起的酸雨问题每年会给国民经济带来巨大的经济损失。由于工业和生活污水任意排放，已引起沿海一带赤潮生成。近年太湖、巢湖的赤湖现象比较严重，堵塞了鱼类、贝类的呼吸器官，造成大量的鱼类、贝类死亡。当人们食用了含赤潮毒素的海产品会造成食物中毒，严重的会死亡。由于砍伐森林过度，破坏植被，沙逼人退的现象也令人们十分担忧。曾几何时，遍地开花的小煤窑、小铁厂、小砖瓦厂、小水泥厂、小炼焦厂等“小、土、群”式的工业浪费了多少宝贵的自然资源！从另一个视角去看，当前中国走的是一条“黑色发展道路”，以追求高增长速度为优先目标，是以资本高投入、资源高消耗、污染高排放为代价的。而且以相当美国的 3 倍污水排量和用水量也只创造了美国产值的 1/8。

5－8. 值得一提的是，法国著名学者埃德加·莫兰在《迷失的范式：人性研究》中也坦称，从笛卡尔开始，西方便站在自然对立面思考，并确信我们的使命是统治、控制、征服自然。到了 20 世纪下叶，西方一些有识之士如少数经济学者开始倡导从全球的角度考虑世界综合发展问题。1980 年在加拿大的多伦多召开的首届全球未来大会提出了“从全球着眼，从局部着手”的口号。后来在这一全球化问题上形成了两个针锋相对的经济学派。一派是以 D. 贝尔、H. 卡恩、A. 托夫勒为代表的所谓技术乐观派；另一派是以意大利经济学家 A. 佩切伊、布尔加雷斯、J. 福来斯特、D. 米都斯（美国）为代表的所谓生态悲观派，而且这一派提出了经济“增长的极限”，应该是以“零的增长”为战略对策。这种基本由发达国家主导的全球化，力图将他们那套生产方式逐步地扩张到全世界。人与自然之间的矛盾不可避免地会带来人与人之间的社会矛盾和斗争。

六、人类从崇拜自然、掠夺自然开始向协调自然的方向发展

与此相应出现了原始的、奴隶的、封建的、资本主义和社会主义的自然社会形式。同时，经济发展模式相继采取了自然适应发展模式，掠夺后治理发展模式到自觉的循环经济发展模式㊴

6－1. 与西方经济学不同，马克思早在《1844年经济学哲学手稿》中就提出了人类的基本概念，为他们解决经济学与经济人的关系问题提供了理论对象。他说："自然是关于人的科学的直接对象"，"人的第一个对象，即人，是自然"。并由此出发提出了治学原则，即"自然科学往后将掌握人类科学，正像人类科学包括自然科学一样，那时将只有一门科学"。马克思和恩格斯在阐释经济范畴的人格化即马克思的经济人时，坚持认为人是大自然中的有机组成部分，"人以一种自然力的资格同大自然物质相对立"。这时，人这个自然力以其自身的生存发展需要去同自然物质相交换，以满足自身的生存和发展的需要，因而在改变自然活动的同时，推动了人身的自然力，推动了人的臂膀和腿、头和手的活动和发展。人当用人自身的自然力改变外界物质时，人自己的自然力也发生了变化。就是说，个人在改变客体自然的同时也改变了主体个人。按照大自然的宇宙——地球——生命——人类的发展来看，人是自然的。再说简单一点，人是由碳、氢、氧和氮等元素的化合物组成的自然人。生命自诞生以来不断地进化，发展和壮大，现在已遍布于地球的各个角落。不仅高山、海底、空中、土壤、荒原、深谷、沸泉、冰洋、森林、沙漠、湖泊、江河、岛屿、环礁，甚至在11000米的海洋深处仍然有生命存在，在远离地球的另一星球——月球，人已带回月球上的物质。生理学家和营养学家一再嘱咐我们，人要维持人的自身发展，必须在饮食中摄取蛋白质、脂肪、维生素及微量元素。人们服用的多维元素片（21）（药名）就折射出人对各种物质元素的一种主要需求。所以，人不仅源于自然而且生活

在自然界之中，这是一条永恒的自然定律。

6-2. 马克思和恩格斯创造性地提出了正确处理和解决社会和自然关系的理论和途径。马克思指出："共产主义，作为完成了的自然主义，等于人道主义，而作为完成了的人道主义，等于自然主义，它是人和自然界之间、人和人之间的矛盾的真正解决，是存在和本质、对象化和自我确证、自由和必然、个体和类之间的斗争的真正解决。"[40]后来在《资本论》中马克思继续写道："社会化的人，联合起来的生产者，将合理地调节他们和自然之间的物质变换，把它置于他们的共同控制之下，而不让它作为盲目的力量来统治自己；靠消耗最小的力量，在最无愧于和最适合于他们的人类本性的条件下来进行这种物质变换。"[41]他谆谆地告诉我们说："从一个较高级的社会经济形态的角度来看，个别人对土地的私有权，和一个人对另一个人的私有权一样，是十分荒谬的。甚至整个社会，一个民族，以至一切同时存在的社会加在一起，都不是土地的所有者。他们只是土地的占有者，土地的利用者，并且他们必须像好家长那样，把土地改良后传给后代。"[41]马克思还告诉我们说："像野蛮人为了满足自己的需要，为了维持和再生产自己的生命，必须与自然进行斗争一样，文明人也必须这样做；而且在一切社会形态中，在一切可能的生产方式中，他都必须这样做。这个自然必然性的王国会随着人的发展而扩大，因为需要会扩大；但是，满足这种需要的生产力同时也会扩大。"[41]

6-3. 现实一切的生产都表明，社会生产这两个方面是不可分割的。它们互相联系反映了两种不同的相互关系，即人与自然的关系（社会生产力）和人与人在生产过程中结成的相互关系即社会生产关系、经济关系。恩格斯语重情长地举出了东西欧为了取得土地而砍光了森林的惨痛例子。为此他说："我们必须时时记住：我们统治自然界，决不像征服者统治异民族一样，决不像站在自然界以外的人一样，——相反地，我们连同我们的肉、血和头脑都是属于自然界，存在于自然界的；我们对自然界的整个统治，是在于我们比其他一切动物强，能够认识和正确运用自然规律。"[42]由此可见，早在一百四十余年前，马克思和恩格斯就自觉地将人视为自然人。并要求人按照自然规律、经济规律和社会规律三条重要规律办事。在当代，经济学用语更新是比较快的，包括那些忽悠、调侃或经济学快餐文化，几乎可和广告用语变化相媲美。20世纪叫做"自然"的，如今人们通称为"资源"。并将个人、家庭、企业和国家选择生产什么、如何生产、为谁生产也叫做"资源配置"。

要知道，资源配置必然包括相辅相成两个方面：一是生产资料和社会劳动在不同领域之间的分配或配置；二是生产资料在不同的人们之间的分配或配置。现实一切的生产都表明，社会生产这两个方面是不可分割的。不管在什么样的社会制度下只有具备生产的这两个方面，才能有健康的持久的和谐的社会生产。

6－4. 我国改革开放以来，从“发展是硬道理”到“发展是第一要务”再到“全面、协调和可持续的科学发展”，标志着我们对发展观的内涵有了更加深刻、更加全面的认识，形成了可持续的科学发展观。响应联合国走“循环经济”之路的呼唤，从经验教训中人们逐渐地认识到，若再按照“资源——生产——消费——排放废弃物”的线性经济模式发展是行不通了。例如，2000年我国生产了实心土砖5400亿块，破坏和用掉耕地100万亩。著名学者冯之浚研究认为，人与自然关系有三个阶段和三种经济发展模式。在处理与自然界的关系上，人类经历了三个阶段：崇拜自然阶段、征服自然阶段和协调自然阶段。同时，生态伦理观则由“人类中心主义”转向“生命中心伦理”和追求“生态中心伦理”的探索和研究。人类中心主义伦理观认为，人类是世界存在最高目标，其他物种的价值只有在人类使用它们的时候才表现出来。生命中心主义生态伦理观认为，所有生命特别是动物，都有价值，差别善恶是非均以是否伤害人的生命为取舍标准。生态中心主义伦理观认为，天下万物都是有价值的，生态系统是一个整体，对局部或个体的破坏就是对整体的伤害和破坏。维护和管理好自然是人类的神圣使命，人类首先必须在道德规范、政府管理、社会生活等方面转变原有的观念、做法和组织方式，倡导人类福利的代内公平和代际公正，实施减量化、再利用和资源化生产，开展无害环境管理和环境友好消费。基于对人与自然关系的理解和认识，近代以来的世界经济发展经历了三种模式，代表了三个不同的发展阶段理念。第一种是传统模式。它不考虑环境因素，是一种“资源——产品——污染排放”的单向线性开放式经济发展过程。第二种是“过程末端治理”模式。它开始注意环境问题，但其具体做法是“先污染，后治理”，强调在生产过程的末端采取措施治理污染。结果，治理的技术难度很大，治理成本畸高，经济效益、社会效益和环境效益都很难达到预期目的。第三种是循环经济模式。它要求遵循生态学规律，合理利用自然资源和环境容量，在物质不断循环利用的基础上发展经济，使经济系统和谐地纳入到自然生态系统的物质循环过程之中，实现经济活动的生态化。它本质上是一种生态经济，倡导的是一种与环境和谐的经济发展模式，是一个“资源——产品——再生资源”的闭环反馈式循环过程，最终实现“最佳生产，最适消费，最少废弃”。发展循环经济是人类实现可持续发展的一种全新的经济运行模式[43]。

市场经济还是一种循环经济

6－5. 这种循环经济不仅反映了人与自然的关系、人与人的关系，还反映了自然再生产和经济再生产等诸种关系，即生产力的再生产和生产关系的再生产等社会经济关系。马克思的《资本论》第二卷为我们从理论思维上认识和把握循环经济理念提供了方法论。马克思运用黑格尔那个著名的“圆圈的圆圈”逻辑范畴展开方式，全面深入地考察了资本流通运动的循环、周转和再生产等资本各种循环形式问题。在考察中，马克思运用了个别、特殊和一般的方式方法，把资本定义为是一种运动，是一种包括生产和流通在内的大流通运动。在《资本论》第二卷的三篇文体结构中，一篇是资本形态变化及其循环，是讲资本从一种形态出发，经过一系列的形态变化，又回复到原来出发点的形态运动过程。例如，资本家从货币形态出手，用货币从市场上购买生产资料和劳动力，使货币形态转化为生产形态，并将生产资料和劳动力两个基本生产要素结合起来进行生产，并生产出带有剩余价值的商品（c＋v＋m），然后再把商品推向市场卖出去，使资本从商品资本形态转向为货币资本形态，即从出发点，经过中介点，再回归出发点的一次性的运行过程或循环过程，即一次圆圈式运行过程。二篇是资本周转，马克思解释说道：“资本的循环，不是当作孤立的行为，而是当作周期性的过程时，叫做资本的周转。”就是说，资本运动是一个周而复始、连续不断地循环运动过程，就叫资本周转。

6－7. 三篇是社会总资本的再生产和流通。社会总资本或叫社会资本，是指资本主义社会中相互联系的所有单个资本的总和或总体流通。马克思指出，“社会资本＝单个资本……之和，社会资本的总运动＝单个资本的运动的代数和”，就是说，马克思在分析单个资本的循环和周转时采取的是微观分析，是从社会总体循环周转上考察个别资本生产与流通或社会总资本生产和流通。这里是采取宏观分析。从内容上，资本是“自行增殖的价值”，它是通过剥削剩余价值来增殖自己价值的资本流通运动；从形式上，资本流通采取了循环、周转和再生产等各种形式；因此，在马克思看来，单个资本流通运动的循环形式和周转形式，也是资本再生产形式；社会总资本再生产形式，也是循环形式。在这里，循环和再生产是一而二、二而一的。作为资本循环或再生产，社会资本生产不仅生产商品、生产剩余价值，“而且还生产和再生产资本关系本身：一方面是资本家，另一方面是雇佣工人”。所以，资本主义社会总资本是生产物质、生产价值和生产关系的三重再生产，是自然再生产和经济再生产相结合的社会经济循环。所以，马克思总结指出：“各个单个资本综合而成的社会资本的循环，也就是说，就社会资本的总体考察的循环。”这就是说，从纯粹的流通运动形式上讲，《资本论》第二卷的资本循环、资本周转和社会总资本再生产和流通，实质上都是资本经济循环问题。从纯粹形式的思维看，这些资本循环运动形式表现为黑格尔式的“圆圈的圆圈”的概念形式，即螺旋式的“圆圈的圆圈”的概念运行过程。所以，从这种意义上，我们说《资本论》论述的资本运动和市场经济运行都是一种循环经济。

6-8. 人与自然关系包括两个有机方面：一方面是人的自然化；另一方面是自然的人化。“人直接地是自然的存在物”，“一方面具有自然力、生命力，是能动的自然存在物；这些力量作为天赋和才能，作为欲望存在于人身上；另一方面，人作为自然的、肉体的、感性的、对象性的存在物，和动植物一样，是受动的、爱制约的和受限制的存在物，也就是说，他的欲望的对象是作为不依赖于他的对象而存在于他之外的；但这些对象是他的需要的对象；是表现和确证他的本质力量所不可缺少的、重要的对象。”就是说，人与自然的关系有能动的一面，又有受动的一面。凡是两个在一起的东西可能都是这样。我们先说受动（leidend sein）一面。人是大自然的一部分，人的肉体是从自然界产生出来的，因而人本身也是对象性的存在物，人是“现实的、有形体的、站在稳固的地球上呼吸着一切自然力的人”。人以自然力为依托，以不依赖于人的对象为对象，受着自然规律所制约。人所进行的劳动实践乃是自然的人和人所作用的外部自然界进行物质交换的过程。坚持人是自然界的一部分，将人如实地还原为自然，这就是人的自然化的基本含义。现在我们再说能动的一面。马克思在强调“人本身直接是自然存在物”之后，接着强调指出，“人不仅是自然存在物，而且是人的自然存在物”。实践是人的改造对象世界的活动，在实践中人是主体，自然是被改造的客体，人是能动的，对象是被动的，然而人在劳动实践过程中创造出符合于人类生存和发展的物质产品，这样使自然人化了。后来马克思在《1857—1858 年经济学手稿》导言中分析生产和消费的辩证关系时明确指出，为了生产产品就要消费人的劳动和物质资料，而消费目的直接就是生产自己的身体。物质产品的生产和消费是合二为一的，但消费同生产合二为一不同，“在第一种生产中，生产者物化，在第二种生产中，生产者所创造的物人化。”恩格斯留给我们一部《自然辩证法》并嘱咐：“我们必须时时记住：我们统治自然界，决不像征服者统治异民族一样，决不像站在自然界以外的人一样，——相反地，我们连同我们的肉、血和头脑都是属于自然界，存在于自然界的；我们对自然界的整个统治，是在于我们比其他一切动物强，能够认识和正确运用自然规律。”[44]2009 年 4 月 2 日 G20 会议发表的领导人声明的最后一句话是“迈向绿色经济”。而 2009 年 4 月 7 日，参加博鳌亚洲论坛的理事长拉莫斯在参加高尔夫球邀请赛时生动地讲到：“打高尔夫球是打两个球，一个是白色小球，一个是绿色草皮的大球（地球），我们在打白色小球的同时，不要打坏了绿色的大球。要注意保护环境。”继美国总统奥巴马宣布出席 2009 年 12 月初丹麦哥本哈根气候会议后，中国总理温家宝也宣布要出席此次会议。在以往的国际气候谈判会上，中方从来没有派出过部长以上级别的领导人参加。这次温家宝总理亲自参加表明中国在气候问题上的严肃性。中国庄严宣布，到 2020 年中国单位国内生产总值二氧化碳排放比 2005 年下降 40%—45%，并作为约束性指标纳入国民经济和社会发展中长期规划。中国的表态已经引起了国际社会的高度关注，国际环保组织为中国叫好。2009 年 12 月 2 日《参考消息》转载了著名学者郑永年的“海外视角”观点：中国的体制至少在两个方面存在着优势。一是强大的国有企业。正如这次金融危机之后所显示的，中国强大的国有部门能够成为政府推行政策的强有力的工具。二是国家对经济强大的干预能力。

参考文献

① 中关村经济中心编：《循环经济》，人民出版社 2005 年版。

② （英）霍金：《时间简史——从大爆炸到黑洞》，湖南科技出版社 2006 年版，第 144 页。

③ 吴国盛：《科学的历程》，北京大学出版社 2002 年版，第 31 页。

④《马克思恩格斯选集》第3卷，人民出版社1972年版，第512页。
⑤《马克思恩格斯全集》第42卷，人民出版社1979年版，第122页。
⑥ 马克思：《1844年经济学哲学手稿》，人民出版社1985年版，第53—54页。
⑦ 马克思：《资本论》第1卷，人民出版社1975年版，第201—202页。
⑧（英）亚当·斯密：《国民财富的性质和原因的研究》，商务印书馆1972年版，第210页。
⑨（法）加科·布德：《〈人与兽〉一部视觉的历史》，山东画报出版社2001年版。
⑩《参考消息》2006年9月20日，第16版。
⑪ 新华网2006年9月20日。
⑫《东周列国志》（上册），人民文学出版社1978年版，第321页。
⑬ 樱桃：《TOM》，2008年8月15日。
⑭ 万健中著：《中国民俗通志》（生养志），山东教育出版社2005年版，第303页。
⑮ 张存浩、陈竺：《彩图科技百科全书——地球》上海科学技术出版社2005年版，第31页。
⑯ 昂纳、弗莱明：《世界美术史》，国际文化出版公司1989年版，第414页。
⑰《参考消息》2006年12月14日。
⑱《马克思恩格斯选集》第1卷，人民出版社1995年版，第157—158页。
⑲（英）亚当·斯密：《国民财富的性质和原因的研究》（上册），商务印书馆1972年版，第217页。
⑳ 胡星斗：《传统中国的偏头痛》，浙江人民出版社2008年版，第15页。
㉑ 庄恩岳主编：《人生每日忠告》，华文出版社2004年版，第553页。
㉒ 布鲁斯·佛洛著：《爱犬》，中国轻工业出版社2001年版。
㉓ 中国新闻网2007年5月1日。
㉔《萨士比亚全集》第11卷，人民文学出版社1978年版。
㉕ 引自《铁血社区》http：/bbs. tiexue. net/，2006年12月14日。
㉖《读者》杂志，2008年第11期，第12页。
㉗《参考消息》2007年9月17日。
㉘（法）带朗西斯·阿莱芋著：《树顶世界》，云南教育出版社2003年版，第27页。
㉙（美）萨缪尔森：《经济学》（上册），中国发展出版社1992年版，第43、49页。
㉚ 曾佐涛：《粮食战争》，《读者》杂志2008年第11期。
㉛（美）斯蒂格利茨：《经济学》（上册），中国发展出版社1997年版，第34—35页。
㉜（美）曼昆：《经济学原理》（上册），北京大学出版社1999年版，第5页。
㉝（英）亚当·斯密：《国民财富的性质和原因的研究》（下册），商务印书馆1972年版，第135页。

㉞《马克思恩格斯选集》第3卷，人民出版社1972年版，第517页。
㉟《砚台收藏家徐军文》，《第一财经日报》2008年5月1日。
㊱（美）萨缪尔森：《经济学》（下册），中国人民大学出版社1997年版，第1189页。
㊲余金华释：《颜氏家训》，华夏出版社2002年版，第227页。
㊳《彩图科技百科全书——地球》，上海科学技术出版社2005年版，第172、168页。
㊴中关村经济中心编：《循环经济》，人民出版社2005年版。
㊵《马克思恩格斯全集》第42卷，人民出版社1979年版，第120页。
㊶《马克思恩格斯全集》第25卷，人民出版社1974年版，第926—927、875页。
㊷《马克思恩格斯全集》第20卷，人民出版社1971年版，第519页。
㊸孟赤兵、荀在坪主编：《循环经济要览》，航空工业出版社2005年版，第59页。
㊹《马克思恩格斯选集》第3卷，人民出版社1972年版，第518页。

第三章

劳动经济人

在历史经济人和自然经济人之后接着介绍劳动、劳动经济人，是最符合政治经济学与人的逻辑思路发展的。在生物进化中，当人猿相揖之后，人为了生存发展而运用人的手脑，借助制造的木棒、石斧之类的物质工具从事采集、打猎活动便使人成为劳动经济人。这是经济人的历史起点。人类社会历史本质上是一部劳动、劳动者的历史。人类劳动史是自原始社会的家庭劳动到奴隶社会的奴隶劳动、封建社会的农民劳动、资本主义社会的雇佣劳动和社会主义社会的联合劳动的社会发展历史。一旦劳动从雇佣劳动向联合劳动发展，进而从谋生手段向乐生手段发展，并在该社会实现了一种劳动再也不能轻视甚至占有、支配他种劳动便从联合劳动向和谐劳动发展，这时，人本的思想才真正得以全面地确立和发展，所以，马克思在国际工人大会讲话时设想将他的经济学定名为“劳动的政治经济学”[①]。马克思将西方经济学之所以划分为古典的和庸俗的两部分，就是以劳动、劳动价值及劳动所有权的劳动经济人为主体标志的。同时马克思批判继承了斯密的劳动价值经济人，并创立了以劳动二重性为核心的科学劳动价值理论和劳动“经济范畴的人格化”而确立了马克思的劳动经济人。

一、人类历史是一部劳动和劳动者的发展历史

恩格斯指出在劳动发展史中找到了理解全部社会史的钥匙。这部劳动发展史经历了原始社会的家庭劳动、奴隶社会的奴隶劳动、封建社会的农民劳动、资本主义社会的雇佣劳动和社会主义社会的联合劳动等社会劳动主体形式

1-1. 人猿相揖后便出现了劳动，劳动经济人是经济人的历史起点。历史从哪里开始，思维就应从哪里开始。这是马克思和恩格斯的治学名言。人类的产生是从劳动开始的，劳动是人类区别于一切动物的主要标志，也是人类社会存在和发展的共同基础，因此，马克思主义政治经济学是从劳动这个范畴出发来开始自己逻辑进程的。那么，什么是劳动？人的劳动与其他动物比如大猩猩的活动有什么区别？为什么说劳动是人类社会产生和发展的基础？回答这些问题需要从人类的起源说起。关于人类的起源，尽管目前还没有一种公认理论，但大多数人类学家都认为，人类是从一种古猿发展而来。几百万年以前，由于气候的急剧变化，热带森林消退了，出现了林木稀少的热带草原。或许人类要攀登山涯眺望，要爬树摘取果实，或许是由于在高高的草丛中采取直立的姿势更有利于瞭望和谋生，类似猿类的动物逐步转变成了用两腿直立行走的动物。两足行走使类人猿的前肢解放出来，变得自由了，不断获得新的技能。这些直立行走的动物逐渐具有了将木棍、石块或动物肢骨等作为工具来使用的能力，从猿到人的转变由此迈出了决定性的一步。尽管如此，这些直立行走的古猿仍然是动物，而不是人。因为，使用天然工具的能力并不能算做劳动的标志，也不能作为人与动物相互区别的主要特点。其他灵长类动物，例如，现代黑猩猩和大猩猩也能做到这一点。真正意义上的人的劳动是从制造工具开始的，或者说，是从脑力劳动和体力劳动相统一的劳动开始的。

1-2. 石器是人类最初的劳动工具。两块石头互相撞击制造出边缘锋利的工具，拉开了人类历史的序幕。已经发现的最早的石器距今约250万年，基本上是打出什么样子就是什么样子，无规律可循。后来，经过上百万年的无数次的反复实践，人类制造石器的能力逐步提高，种类和样式逐步增多。更为重要的是，人们逐步学会了按照某种事先设想的样式制造和使用工具，石器的制造日益成为一种有事先设计的生产活动。为了制造工具，原始人必须认识石头的属性，在观念上预先形成关于石器的具体模型，制定有效的加工方案。在加工过程中，他要运用和控制自己的情感、意志、思维和身体，并根据情感的变化随时对自己的活动进行选择和调整。通过这种活动，他使自身在自然中沉睡着的潜力发挥出来，并且使这种劳力的活动受他自己控制，生产出适合于他们生存发展需要的产品。这是真正意义上的人类的劳动，人猿相揖可能就是从这里开始的。马克思对此曾作出了深入浅出的比较说明，马克思说："蜘蛛的活动与织工的活动相似，蜜蜂建筑蜂房的本领使人间的许多建筑师感到惭愧。但是，最蹩脚的建筑师从一开始就比最灵巧的蜜蜂高明的地方，是他在用蜂蜡建筑蜂房以前，已经在自己的头脑中把它建成了。劳动过程结束时得到的结果，在这个过程开始时就已经在劳动者的表象中存在着，即已经观念地存在着。他不仅使自然物发生形式变化，同时他还在自然物中实现自己的目的，这个目的是他所知道的，是作为规律决定着他的活动的方式和方法的，他必须使他的意志服从这个目的。但是这种服从不是孤立的行为。除了从事劳动的那些器官紧张之外，在整个劳动时间内还需要有作为注意力表现出来的有目的的意志，而且，劳动的内容及其方式和方法越是不能吸引劳动者，劳动者越是不能把劳动当作他自己体力和智力的活动来享受，就越需要这种意志。"[②]

1-3. 工具的制造和劳动的发生为人类社会的发展开辟了广阔的道路。工具运用使人类获得了以前所无法获得的食物及其他物品，结果有力地促进了脑力和体力的发育。随着劳动而开始的人对自然的改造，不断扩大人们的眼界，提高人们的生产经验和技能；劳动的发展促使社会成员更紧密地互相结合起来，并且使语言的产生成为可能；在劳动和语言的推动下，越来越清楚的意识以及抽象能力也得到了不断发展；在劳动中形成的人与人之间相互关系的基础上，又派生了各种各样的社会关系、社会组织和社会制度。人类的能力随着劳动实践的发展而不断提高和扩展，人类的需要在劳动中得到日益丰富和满足。总之，劳动是人类所具有的一种特殊的能力，这种能力把人类与动物区别开来，推动着人类社会不断向前发展，使人类社会与动物界的距离越来越远，人类文明的程度、水平越来越高。因此，恩格斯说“劳动创造了人本身”。马克思也说过，“整个所谓世界历史不外是人通过人的劳动而诞生的过程”。过程结果是“雇佣劳动，也像奴隶劳动和农奴劳动一样，只是一种暂时的和低级的形式，它注定要让位于带着兴奋愉快心情自愿进行的联合劳动”[③]。我们从梳理人类劳动社会历史发展的主体来看，就是原始社会的家庭劳动、奴隶社会的奴隶劳动、封建社会的农民劳动、资本主义社会的雇佣劳动和社会主义社会的联合劳动的社会发展历史。以劳动作为“工人阶级的圣经”——《资本论》主体的逻辑结构同样如此：一卷讲劳动生产，二卷讲劳动交换，三卷讲劳动分配，是一部经典的劳动政治经济学。

西方经济学三种主要价值思路的经济人

1-4. 在西方，可能因强势与高傲而形成了一种思维定势，即一切知识来自于希腊，一切信仰来自于上帝。从经济学说史上人们会看到，学说萌芽通常从古希腊开始。有的著作从古希腊的两部史诗——《伊利亚特》和《奥德赛》中的经济思想开始引述。这两部名著描绘了氏族社会至奴隶社会中的手工业、建筑业和航海业。氏族解体之后出现了私有制、家务奴隶、交换实物等经济活动现象。史诗记载说，一个女奴隶等于十条公牛，一个铜制的三角鼎等于20条公牛。有的著作又从古希腊色诺芬（约公元前430—前355）的《经济论》中的农业生产开始引述，并指出农业是“其他技艺的母亲和保姆”等经济关系思想。只要你愿意，几乎翻开任何一部人文著作都会看到描述人的衣、食、住、行、用等经济生活现象。马克思和恩格斯就讲过，文学家的文学著作所揭露的资本主义经济现象问题要比经济学家深刻得多。当然，有的学说史著作是从柏拉图《理想国》中的反对私有制、共产共妻和亚里士多德的家庭管理以及“5张床=1间屋或5张床=若干货币”等经济思想开始论述的。甚至人们会看到同一部柏拉图的《理想国》却成为哲学、经济学和社会主义学说的三个思想来源，柏拉图若在天有知的话，肯定会笑出声来！可见学说史著作上的历史起点和逻辑起点并不是完全一致的。古典经济学产生于17世纪，完成于19世纪初期。正如马克思在《政治经济学批判》一书所概括的，古典经济学在英国从配第开始，经过斯密到李嘉图；在法国从布阿吉尔贝尔开始，经过重农学派魁奈到西斯蒙第结束。后来马克思流亡定居于英国伦敦时敏锐发现，英国是最复杂、最发达的资本主义的典型国家，而伦敦则是考察英国资本主义国家的方便地点。任何生物只有发展到成熟形态才便于人们认识和分析。经济学更是如此。所以，这个“典型国家”和“方便地点”便成为马克思创作《资本论》经济学的平台和土壤。17 世纪下半叶至 18 世纪中叶是英国古典政治经济学产生的时期。英国在这一时期即在 1760—1830 年间，占欧洲工业总产量增长的 2/3。18 世纪 50 年代至 19 世纪 30 年代期间，英国完成了纺织业的机械化，劳动生产率因此提高了几百倍，到了 1860 年前后，也就是马克思写作《资本论》第一卷的年代，英国人口仅占全世界人口的 2%，欧洲人口的 10%，却拥有相当于全球 45%、欧洲 60% 的现代生产能力。工业制造业的产成品占全球 2/5，生产了全球纺织品的 71%，铁的 53%，当时英国是名副其实的“世界工厂”。

1-5. 17 世纪下半叶，工商业的发展引起了对粮食和原料需求的不断增长，促使英国农业也迅速发展。随着农业生产的发展，农村的资本主义关系得到很快发展，出现了富裕的自耕农，产生了许多租地经营的资本主义农场，“羊吃人”的圈地运动就产生在这一时期。工农业的发展又推动了外贸的发展。英国的商人同西欧、亚洲、美洲等地进行着广泛的贸易。不少的特许公司拥有巨额的资本。因此，它们在外贸领域起着决定性的作用。伴随着外贸的发展，英国不断向世界各地进行殖民扩张，并利用坚船利炮贪婪地、残酷地掠夺殖民地人民的财富，英国资本曾把大而不强的中国视为猎物。同时英国工农业中资本主义关系的发展和封建贵族制度发生了尖锐的矛盾，终于在 1640 年爆发了推翻封建统治的资产阶级革命，经过 8 年的残酷斗争，推翻了封建君主专制的政权，建立了资产阶级的共和国。但是不久后又出现了封建王期复辟，以后又经过多次激烈的复辟与反复辟斗争，最后，以资产阶级议会制度取得胜利，国王的权力受到议会的限制，资产阶级和地主阶级之间的斗争以妥协而告结束，英国成为君主立宪国。随着资本主义的发展，资产阶级为了自身的阶级利益，要求把社会生产力从封建制度的束缚下解放出来，并要求认识自然和社会的发展规律。17 世纪英国在经济、政治、思想等领域所发生的这些变化为古典经济学的产生准备了条件。随着资本主义的发展，重商主义学说已不再能适应资本主义经济发展的需要了。既然产业资本取代了商业资本的优势地位，社会财富的增长不再表现为单纯的货币积累，而主要表现为生产过程中创造出来的物质财富的增加。随着资产阶级经济利益的重心逐步从流通领域转向生产领域，经济学家也就必然地把理论研究从流通过程转移到生产过程。在以培根、配第等为代表的新世纪观的推动下，配第、斯密和李嘉图等资产阶级思想家、经济学家开始探寻社会经济生活的内在联系，试图从理论上说明在资本主义私有制下，财富如何才能得到迅速增长以及财富的生产和分配的合理性，并且科学诠释资本主义经济制度比封建主义经济制度更为优越，以确立和巩固资产阶级经济地位，由此便产生了资产阶级古典政治经济学。

1-6. 西方经济学先后出现过劳动价值、效用价值和稀缺价值三种基本价值思路。一种是劳动价值思路：受16世纪文艺复兴和《圣经》初期一度重视的贫民说教影响，斯密和李嘉图等古典经济学家在资本主义上升时期尚能用“诚实”的态度树立以劳动价值为主体的经济人，借以扩大反对封建地主经济的联盟和势力。他们在自己的学说中主张一切商品价值的源泉都来自于劳动，商品价值多少、贵贱取决于劳动者的劳动总量多少和劳动生产率高低。斯密生平先后发表了两部代表性的著作——《道德情操论》（1759年）和《国富论》（1776年），在他的生命的最后几年，全身心投入于《道德情操论》的修订和补充，其中包括加入新的一章《关于我们的道德情操被崇拜富贵和鄙视贫困所占据》。看起来颇有些“为穷人说话”的意味。值得称赞的是，斯密强调说：“只有劳动，能在一切时代、一切地方，比较各种商品的价值”；亚当·斯密的名字“亚当”见《圣经》中第一个人的名字，意为“出于众多”，而他的姓“斯密”则表示“劳动者”。可能由于姓名的缘故，他作为资产阶级利益的代言人尚能严肃地提出：“劳动所有权是一切其他所有权的主要基础，所以，这种所有权是最神圣不可侵犯的。”[④]遗憾的是，斯密这一有利于劳动经济人的精辟论述在我国出版的学说史或西方经济学尤其是制度经济学中并没有得到应有的重视和反映。同时他还敏锐地发现有些资本家在空想社会主义者、工人阶级的批判和反对声浪中辩解说：“资本的利润只是特种劳动工资的别名，换言之，不外是监督指挥这种劳动的工资。”然而，斯密郑重指出：“利润与工资截然不同，它们受着两个完全不同的原则的支配，而且资本的利润同所谓监督指挥这种劳动的数量、强度与技巧不成比例。利润完全受所投资本的价值的支配，利润的多少与资本的大小恰成比例。”[⑤]也许因此之故马克思把斯密等人称为“诚实”的经济学家。他的劳动价值思想成为科学的劳动价值思想的重要来源。

1－7. 另一种是效用价值思路：古典经济学发展后期出现的庸俗经济学是由马克思界定下来的。其标准主要是两条：一条是凡是否定坚持劳动价值思想的；另一条是在经济利益上是否调和阶级矛盾斗争的。那时庸俗经济学主要是指萨伊、马尔萨斯等一批庸俗资产阶级经济学家的学说。在资产阶级与工人阶级斗争尖锐时期，他们抛弃了劳动价值思想，歪曲劳动价值的“劳动”形式中的物化劳动也创造了价值，并竭力鼓吹劳动——工资、资本——利润、土地——地租“三位一体”的经济人。在他们之后有些经济学家又盘算用几袋粮食才能填饱人的肚子与否作为衡量效用价值的尺度，持这种观点的人常常拿吃饭作例子，说第一碗饭、第二碗饭对于一个饿着的人有效用，第三碗饭就吃饱了再也吃不下去了。因而他就根本不想再吃第四碗饭了。于是数量就出来了，有了数量便容易比较、计算和交换。所以，一碗饭的价值是由吃的第三碗饭的主观使用价值或效用价值所决定的。这种“饭碗”价值语言最容易忽悠饿怕了的中国人。这就是所谓效用价值论或边际效用价值论的实质。其中以杰文斯、门格尔和瓦尔拉斯的边际效用价值论使这种主观效用价值论的思想发展至顶峰。以后德国经济学家亨利·戈森（1810—1858）在《人文交换规律及人类行为的准则》（1854）中提出了有关人类享乐的规律即戈森规律，并以此阐述了产品的价值、生产和价格等问题。戈森同时还提出了两条派生规律：一条是享乐递减规律，另一条是边际效用相等规律。这一学派经济学家以消费经济人如何获得最大效用或最大满足为研究任务。

1－8. 还有一种就是稀缺价值思路：首次把价值归结为资源“稀缺”的应当是意大利的费迪南多·加利阿尼（1728—1787）的《货币论》。这位学者认为，“效用”是指物品能满足由情欲引起的欲望，“稀缺”是指物品的数量相对于消费和占有的需求显得不足，并认为“效用”和“稀缺”两者有一定的匹配关系。古典经济学代表斯密、李嘉图也曾谈到经济学上的“稀缺”问题，不过李嘉图是从商品交换价值两个源泉上来谈的，一个是指商品稀少性，另一个是指人们获取商品时所必须付出的劳动量。李嘉图在仔细地评估了这两个源泉之后认为，市场上日常交换的商品总额中“稀少”的商品占极少一部分，人类需要的商品绝大部分来自于劳动，并认为这才是经济学上极端重要的劳动学说问题。20世纪中下叶的西方经济学，如萨缪尔森、斯蒂格利茨和曼昆一帮子经济学家把“稀缺”当做宝贝，并异口同声地说经济学是以资源“稀缺”作为经济学的理论基础的。萨氏经济学甚至还用一页的篇幅专门解释经济学上的“稀缺规律”问题。在当代，资源稀缺性已成为西方经济学的时尚，几乎无书不谈稀缺性，意欲告诉人们经济学的一切矛盾皆由自然稀缺造成的。人们在这样的自然稀缺匮乏面前只能进行被动选择，并借此转嫁经济人之间的利益矛盾和斗争问题。

1－9. 当人们追问“生产什么、如何生产和为谁生产”三大基本经济组织任务的动因是什么，或者人们为什么选择配置资源呢？当代的西方经济学几乎异口同声地认为是“资源稀缺”或“资源有限”。那么，造成资源稀缺或资源有限的最终原因究竟是什么？翻开西方经济学著作我们会看到种种说法：一曰自然说。持这种说法的意大利佩切伊等人认为，造物主创造地球资源时就是水多地少，无机物多有机物少，而且粮食、能源等资源始终是稀缺的、有限的。二曰人口说。英国马尔萨斯认为，人口生产和物品生产主要是食品生产的增长比例不同，人口生产超过了食品生产，因而食品资源同人口资源相比是稀缺的。由于人口中主要是穷人太多应想办法消灭穷人以解决食品不足问题。三曰生产说。美国萨缪尔森等认为，土地、劳动、设备等生产资源是稀缺的，始终满足不了生产商品的需要，因此，人类只有对资源稀缺进行选择才能生产商品。但别人不能选择，因为你能力低会浪费资源，他们能力强能节约资源，等等。四曰功能说。这种说法认为，人以自我为中心贪婪地追求个人生存需要尤其是追求利润、效益最大化需要。所以，在追求利润与实现利益上他们说利润资源是稀缺的。五曰供求说。持这种说法的意大利加利阿尼认为，稀缺是由于供求关系造成的，由供给主体与需求主体双方的消费需求与物品供给不足造成的，并且认为只要供求双方达不到均衡就是资源稀缺了。六曰心理说。这是西方经济学中带有普遍性的一种说法。这种说法认为资源是有限的而欲望是无限的，因而资源始终是稀缺有限的⑥。有意思的是，20世纪末，北京有一个财迷心窍的人创办了一家号称“月球”开发有限公司，一天他乐滋滋地去北京市工商管理局申领执照，效仿一个美国人的样子出售月球上的土地、山水等资源敛财致富，结果他碰了一鼻子灰。不难看出，这种经济人实际上是贪婪经济人。正像有人给秦始皇画像一样，“始皇私心大无边，当了皇帝还想当神仙。”

1－10. 在三种主要价值思路中，马克思和恩格斯主要用“诚实”和“劳动”作为标志将其划分为古典经济学和庸俗经济学，而且把古典经济学作为他们商品价值思想的重要来源。古典政治经济学在其产生、发展和完成的时代是具有进步意义的资产阶级政治经济学，批判性是它的一个重要特点。因此，马克思有时又称古典政治经济学是“批判的政治经济学”，称古典经济学家是“批判的经济学家”或“批判的政治经济学家”。马克思赞赏古典经济学家的批判精神，高度评价古典政治经济学的严格的批判态度。有时盛赞古典政治经济学是“科学的经济学”，是“科学的资产阶级经济学”。作为历史唯物主义者，马克思非常重视科学上的诚实问题。马克思指出，在科学上诚实与否，是古典经济学家和庸俗经济学家的“本质的区别”。古典经济学家在自己所处的时代，在科学上毫无顾忌，他们追求的是原理的正确；勇于进行不偏不倚的研究，敢于进行公正无私的探索。他们无须看人眼色，无须考虑是否违背警章。可以说，他们是真正的不唯上、不唯官的自由经济学家。社会存在决定社会意思。古典政治经济学只能存在于资本主义社会的特定的社会历史时期。只是在无产阶级和资产阶级之间的阶级斗争尚未发展尖锐的历史时期，就是说，在阶级斗争还处于潜伏状态或只在个别现象上表现出来的时候，资产阶级政治经济学才是科学的。当资产阶级战胜封建地主阶级并取得政治上的统治地位之后，当无产阶级和资产阶级之间的阶级斗争采取了鲜明的、带有推翻其政府等威胁性的形式以后，这时，科学的资产阶级政治经济学就必然为伪科学的庸俗经济学所取代。当然，金无足赤，古典政治经济学有科学因素也有庸俗因素，它的庸俗因素被庸俗经济学家继承下来，当做“基因”宝贝，发展成同古典理论相对立的庸俗理论。古典政治经济学的科学因素则是人类文明史上的精神财富，是马克思主义经济思想的主要来源之一。马克思公开宣称：“我的价值、货币和资本的理论就其要点来说是斯密—李嘉图学说的必然的发展。”⑦

二、劳动是马克思主义三个组成部分的灵魂和核心

劳动是马克思主义的灵魂和核心

劳动是马克思主义三个组成部分的基础和枢纽。哲学劳动讲究

人起源于劳动，人与自然、社会之间的一般劳动形式。政治经济学劳动讲究人与自然物质交换的比例分配的社会劳动形式。而科学社会主义劳动则讲究如何将雇佣劳动转变为联合劳动，使谋生劳动演化为乐生劳动的战略策略思维问题

2-1. 在经典著作中，作为哲学劳动、政治经济学劳动和科学社会主义劳动还是有区别的，像色谱中的三原色一样，它们显示出各具特色的表现形式。作为哲学劳动，马克思和恩格斯在唯物主义、辩证法方面都有所建树，但是他们的全部哲学可以说是历史唯物主义即历史哲学。正如前面讲到的，历史哲学劳动是讲究人类起源于劳动、人类与自然联结于劳动和人与社会联系于劳动，以及人类的物质生产劳动和精神生产劳动的一般劳动或一般抽象劳动的历史形式。总而言之，人类历史是一部劳动、劳动者的历史，这是马克思和恩格斯的真正的人类历史社会的考古学。作为政治经济学劳动，是这样一种劳动，在人与自然关系基础上，通过物即产品或商品而发生的人与人的劳动的社会生产关系、经济关系。这时生产关系和劳动关系总体采取按照一定比例来分配劳动的社会形式，或配置劳动资源所采取的社会形式。列宁就明确指出："作为政治经济学的特定范畴不是劳动，而是劳动的社会形式，劳动的社会结构，换句话说，人们在参加社会劳动方面彼此的关系。"就是说，劳动的社会形式或劳动的社会结构，说到底，劳动是社会各种物质资料产品的基本比例关系或按比例分配劳动的社会形式问题。劳动是创造物质财富和价值财富的主要源泉。作为科学社会主义劳动，又是这样一种劳动，这种劳动从雇佣劳动演变为联合劳动，同时从劳动演化为社会上层建筑中的政治、法律、道德等意识形态。用马克思话说，它们是社会生产劳动所表现的"一种特殊的生产形式"，借此来维护、服务于劳动的生产、分配、交换、消费等劳动关系的和谐发展，并从契约形式上规定人与自然、人与社会、人与人的劳动权利与劳动义务的规制形式。这样一来，哲学劳动、政治经济学劳动和科学社会主义劳动三者形成一个严密的科学体系，有如日心说一样而旋转于世，光照人间。

哲学劳动

2-2. 马克思和恩格斯在批判古典哲学的唯物论和辩证法方面都有所建

树，但是，他们的哲学中最具创新、最有活力的要算他们的历史唯物主义或唯物史观。马克思主义哲学同样是以自然、社会和思维的一般发展规律作为研究对象的，这时我们会看到，研究对象中的劳动成为自然、社会和思维三大领域的基础和枢纽。

2-3. 在自然领域：马克思和恩格斯首先从一般的历史科学上划分出自然史和人类史，即自然科学和人文科学或社会科学。两位导师在《德意志意识形态》中将两种历史之间的关系作了明确诠释："历史可从两方面考察，可以把它划分为自然史和人类史。但这两方面是密切相关的：只要有人存在，自然史和人类史就彼此相互制约。"就是说，只要有人了就有了历史，也就有了自然史和人类史。后来两位导师将自然史细化为"自在自然"和"人化自然"。志同道合的恩格斯还将自然与历史结合在一起辩证地提出"自然的历史"和"历史的自然"。所谓自在自然，就是外在自然、客体自然或物质自然。这种自然既包括了地球的自然历史也包括了人的生命的自然历史。法国著名学者埃德加·莫兰在《迷失的范式：人性研究》一书开篇的扉页上为我们排列了一张年表时指出，地球的历史50亿年，生命的历史25亿年，脊椎动物的历史6亿年，爬行动物的历史3亿年，哺乳动物的历史2亿年，类人猿的历史1000万年，原人（Hominiens）的历史400万年，智人（HomoSapiens）的历史5万—10万年。这种时间简史告诉我们，地球历史远远早于智人历史。他的这张年表还告诉我们人是地球自然演化的产物，是自然的最高产物或称"自然人化"。

2-4. 在《1844年经济学哲学手稿》这部充满智慧闪光的著作中，马克思指出："自然界是关于人的科学的直接对象"，"人的第一个对象——人——就是自然界、感性"，并由此实践了他们提出的，"只要有人存在，自然史和人类史就彼此相互制约"的基本理念；"自然科学往后将包括关于人的科学，正像关于人的科学包括自然科学一样：这将是一门科学。"这就是自在自然。所谓人化自然是这样一种自然，人在自然史和人类史相互制约中而形成一个有机整体，在有机整体内部的人为了生存发展作为一种生命自然力与外界客体的自然物质力之间进行物质交换，并在物质交换中人的劳动起到了决定性作用。即人以自身的能动劳动，运用劳动资料主要是劳动生产工具，作用于劳动对象（人为的对象和自然存在对象）产生出自然的物质资料产品，以满足人类的生存发展需要。换句话说，劳动使类人猿利用天然的石块、树枝等粗糙的简单工具进行劳动并逐渐地演变到人类有目的地创造和使用工具进行物质生产劳动。这时“劳动首先是人和自然之间的过程，是人以自身的活动来引起、调整和控制人和自然的物质交换过程。人自身作为一种自然力与物质相对立。为了在自身生活用品的形式上占有自然物质，人就使他身上的自然力——臂和腿、头和手运动起来”。就是说，人的劳动成为自然和人类、自然史和人类史之间“相互制约”的主体和枢纽。这就是人化自然的形成过程。后来恩格斯总结劳动在从猿到人转变过程中的作用时明确指出人化自然特点，劳动和自然界一起才是财富的源泉，自然界为劳动提供材料，劳动把材料变成财富，在《哥达纲领批判》一文中还将这种观点作为共产党人的一条纲领理念。

2－5. 在社会领域：劳动不仅贯串于自然和人类、自然史和人类史之中，还是人类社会组成和活动的共同基础。猿人动物世界演化的亲缘关系，以及他们与自然关系在劳动中逐渐上升为人类关系和社会关系。动物世界类型不仅根据猴子的种类，而且还根据他们所处的环境而定。因此形成了黑猩猩的森林社会和狒狒的草原社会。最接近人的是黑猩猩，它能打猎和制造工具，有时能用双足走路，而且他们的社会呈现出等级、特权集团。生物进化表明，人类祖先不结合成群体便不能进行生产劳动，除了依靠人自身的劳动力和人创造的简单劳动工具而形成的物质生产力以外，人类还要依靠人与人在生产劳动结合中而形成的人类社会生产力主要是分工和协作所形成的合作生产力。所以，人本质上还是一种社会生物，人的生产总是在社会中，并是通过社会而进行物质资料生产的灵感性动物。马克思唯物历史观与政治经济学的基础原理告诉我们：“为了进行生产，人们便发生一定的联系和关系，只有在这些社会联系和社会关系的范围内，才会有他们对自然界的关系，才会有生产”，“生产关系总和起来就构成为所谓社会关系，构成为所谓社会，并且是构成为一个处于一定历史发展阶段上的社会；具有独特的特征的社会。”“生命的生产——无论是自己生命的生产（通过劳动）或他人生命的生产（通过生育）——立即表现为双重关系：一方面是自然关系，另一方面是社会关系；社会关系的含义是指许多个人的合作，至于这种合作是在什么条件下、用什么方式和为了什么目的进行的，则是无关紧要的。”[8]在这里，马克思形成了一个三段论式，即人与人的社会关系——人与自然的自然关系——人与人自己的生产关系。

2-6. 在马克思看来，人类的生产劳动是社会生产劳动。其中生产劳动依次形成为四个层次；第一层次是人的有目的劳动、劳动对象和劳动资料，这是劳动的三个简单的基本要素，否则便不可能进行物质资料生产。其中劳动或劳动者主体运用劳动资料作用于劳动对象是一个动态过程。劳动第二个层次，是将上述三种要素结合起来的劳动主体状态则表现为潜在劳动、流动劳动和物化劳动或凝结劳动，其劳动结果表现为生产劳动，有一个劳动结果即物化的、结晶的劳动形式。劳动第三个层次，人的劳动目的是为了满足人的衣、食、住、行、用等各种需要，然而由于个人的生产劳动是单项的，而个人的需要则是多项的，因此，每一个人都需要与他人进行分工与协作，而分工与协作正是人类社会劳动的永恒实体形式。同时，应看到资本主义经济的雇佣劳动和市场经济的价值劳动是有联系有区别的。这种分工与协作和合作就是社会劳动的交换劳动形式。最后劳动进入第四个层次。这时劳动在人类社会中经历三种社会发展形态，即原始劳动、异化劳动和自主劳动或称人对人的依赖、人对物的依赖和人的自由全面发展。原始劳动，是指原始人群运用粗陋的简单工具，并依赖于血缘、性别和老幼分工的自给经济的原始社会劳动。异化劳动是指在资本主义私有制条件下的"劳动力商品"劳动，这时劳动、劳动产品、人与人关系以及人的本质都物化和异化了，形成了以物的依赖为特征的按资分配的工业经济社会。自主劳动，是指劳动从雇佣劳动转化为联合劳动，即由劳动人民当家作主的联合劳动。这时人把社会劳动从谋生手段逐步提升为乐生手段，并逐渐地实行全面自动化生产，最终实现以人为本的全面发展和社会的合作和谐——各尽所能、按需分配的共产主义社会。

2-7. 在思维领域：劳动不仅在人与自然、人与社会中发挥了基础作用，还在人的思维形成与发展中发挥了巨大作用。从发生学上讲，思维同样是劳动的历史产物，是一门关于人的思维产生、形成和发展的历史科学。达尔文在生长相关律中说明，语言是从劳动中并和劳动一起产生出来的。恩格斯在《劳动在从猿到人转变过程中的作用》中同样指出，首先是劳动，然后是语言和劳动一起，成了人类发展的两个最主要的推动力。在它们的作用下，猿的脑髓就逐渐地变成人的脑髓，在脑髓进一步发展的同时，它的感觉器官也进一步发展起来。脑髓和为它服务的感官愈来愈清楚的意识以及抽象能力和推理能力的发展，又反过来对劳动和语言起反作用，为二者的进一步发展提供了愈来愈新的推动力。最后恩格斯指出，人类社会区别于猿群的特征又是什么呢？是劳动。

正是由于人的手、发音器官和脑髓促进了人的逐渐的全面发展，手是脑的执行者，脑是手的指挥者即脑指挥手劳动，从此有了体力劳动与脑力劳动的分工。这时脑不仅指挥自己的手去劳动，还能经过思考去协调、指挥和别人的合作劳动。从这时起人们开始习惯地以他们的脑力思维而不是他们的需要来解释他们的行为。于是人们思维便成为一种认识力、创造力、想像力和经济力——知识经济。在人们讨论劳动价值理论时有一些人认为，《资本论》只讲体力劳动而不讲脑力劳动，这是无知和偏见。事实是《资本论》分析劳动过程时就明确指出："为了在对自身生活有用的形式上占有自然物质，人就使他身上的自然力——臂和腿、头和手运动起来。"在比较动物活动和人的劳动时进一步指出："最蹩脚的建筑师从一开始就比最灵巧的蜜蜂高明的地方，是他在用蜂蜡建筑蜂房以前，已经在自己的头脑中把它建成了。"最后他总结指出："劳动过程的简单要素是：有目的的活动或劳动本身，劳动对象和劳动资料。"

2-8. 恩格斯在《自然辩证法》中用母体胚胎的过程说明人类从猿到人的生成缩影，这说明儿童的精神发展是人类祖先的智力发展的一个缩影。人类思维发展的表现记载在语言之中，研究儿童的语言是揭示人类思维形式的一条重要途径。瑞士著名心理学家皮亚杰（1896—1980）经过长期仔细的观察说明了儿童的心理如何发展到成人心理的过程，并描述了一张人类心理发展过程的阶段路线图。人类整体思维发展大致地由动作思维（主客体不分，手比脑的作用更大，以活动或动作为主）——表象思维（主客体分开，把对外动作先在内化预演。这时人先脑力劳动，后体力劳动）——抽象思维（主体经过劳动实践产生语言，并用语言符号表述客体对象）的发展过程构成。人类的生产劳动无论是体力劳动还是脑力劳动，物质生产或精神生产，其结果都有一个有形有体的劳动结果。除了哲学这种人类思维精华，概括和总结了人类思维发展以外，还可从经济学的劳动资料上发现人类思维发展的历史过程。马克思在《资本论》中明确地指出："各种经济时代的区别，不在于生产什么，而在于怎样生产，用什么劳动资料生产。劳动资料不仅是人类劳动力发展的测量器，而且是劳动借以进行的社会关系的指示器。"（《资本论》第1卷第204页）并在该段引文后的小注中马克思指出，按照制造工具和武器的材料，人们划分了石器时代、青铜时代和铁器时代。他还用"手推磨产生的是封建主为首的社会，蒸汽磨产生的是工业资本家为首的社会"作为劳动思维发展的外在物质标志。在这里，石器、青铜、铁器、手推磨和蒸汽磨等用词便是人类从劳动实践中总结概括出来的理论思维形式。

2-9. 写到此处，笔者从电脑上看到人民网2005年8月30日有一篇文章以《马克思回来了》为主题介绍马克思哲学思想及其影响。网上说前不久，英国广播公司（BBC）进行了“谁是英国人心目中最伟大的哲学家”的调查。结果显示，共产主义奠基人卡尔·马克思以27.93%的得票率荣登榜首，居于第二位的苏格兰哲学家大卫·休谟得票率为12.6%，远远落在其后，柏拉图、康德、苏格拉底、亚里士多德更是望尘莫及，黑格尔甚至没有进前20名……有良心的英国网民不仅还记得马克思的英名，记得他的哲学思想，还能从古往今来的哲学大家中比较选优，使马克思一举胜出，成为他们心目中的崇拜偶像！可见马克思在他的第二故乡英国所创立的伟大学说多么深入英国人心啊！不仅在21世纪的2005年，早在20世纪末马克思就被英国BBC海选为千年最伟大的思想家。最近《参考消息》转载德国学者话说，在金融危机前，2008年售出马克思《资本论》百余部，然而金融危机后已售出《资本论》上万部，说明马克思在他的第一故乡同样是深入人心的！人们迎来了马克思《资本论》的第二次“文艺复兴”！

政治经济学劳动

2-10. 恩格斯明确指出，马克思主义“全部理论内容是从研究政治经济学产生的”。用列宁话说，政治经济学是马克思理论最深刻、最全面、最详细的证明和运用。作为理论经济学，恩格斯、凯恩斯和萨缪尔森曾经分别将经济学著作赞誉为“圣经”、“皇后”和“社会科学之王”。同任何一门社会科学都是从已知存在的思想资料开始一样，即从继承先辈或汲取同辈人著作的思想资料开始一样，马克思主义经济学说史同样有一个继承和发展的源流关系，并且在其经济学中汲取了西方经济学有益有用的东西。如列宁在《共青团的任务》一书中所说的，马克思对“凡是人类社会所创造的一切，他都用批判的态度加以审查，任何一点也没有忽略过去。凡是人类思想所建树的一切，他都重新探讨，批判过，在工人运动中检验过”。马克思在经济学领域就是这样。马克思曾对柏拉图的《理想国》、亚里士多德的《政治学》、托伦斯的《论财富的生产》、配第的《赋税论》、布阿吉尔贝尔的《论财富、货币和赋税的性质》、魁奈的《经济表》、斯图亚特的《政治经济学原理研究》、斯密的《国富论》、李嘉图的《政治经济学和赋税原理》、萨伊的《论政治经济学》、巴斯夏的《经济和谐论》、马尔萨斯的《人口原理》、穆勒的《政治经济学原理》、西尼耳的《政治经济学科学大纲》、李斯特的《政治经济学的国民体系》、罗雪尔的《国民经济体系》、凯里的《社会科学原理》、西斯蒙第的《政治经济学新原理》等一批经济学家及其著作，都给予了客观评述和批判继承。但马克思却偏好或偏爱于英法两国的古典经济学。他在《政治经济学批判》一书中明确写道："古典经济学在英国从威廉·配第开始，到李嘉图结束，在法国从布阿吉尔贝尔开始，到西斯蒙第结束。"尽管马克思推崇英法两国古典经济学，然而他却始终以最发达、最复杂的英国资本主义作为"典型"，并以伦敦作为考察英国资本主义经济的"方便地点"，坚持以一定社会历史经济实际作为基本出发点，并在《资本论》中几乎到处都以英国的人物、事件和纪年作为文体实例。

马克思经济科学著作成果的三条劳动理论标志

2-11. 与创作《资本论》的历史阶段或历史过程相联系，马克思在批判继承英法古典经济学劳动价值思想的基础上，以英国的实际国情为例解，以其资本与劳动的生产关系为论述对象，全面、深入、系统地诠释了资本主义社会的劳动生命史，即劳动经济人的前途和命运问题。马克思的历史经济思路发展大致经历了劳动异化思想、劳动价值思想和剩余（劳动）价值思想，即特殊的社会剩余劳动形式的剩余价值思想的三个劳动理论发展阶段。在研究过程中，马克思以劳动与实践的关系为中心，并从劳动实践的历史中认识了人类社会历史发展规律，发现了唯物史观；接着在唯物史观指导下，又以劳动与资本的关系为中心，从剩余劳动实践中认识了资本主义的社会历史发展规律，发现了剩余价值学说。由于马克思这两个伟大发现才使社会主义从空想变成科学，成为科学社会主义。恩格斯曾经反复指出，"资本和劳动的关系，是我们现代全部社会体系所依以旋转的轴心"；马克思以资本和劳动形成的生产关系这个旋转轴心作为研究政治经济学的"经济关系的人格化"主体对象：在19世纪40年代曾借用劳动异化思想研究了资本和劳动的生产关系，在50年代沿用劳动价值思想研究了资本和劳动的生产关系，在60年代后在劳动价值思想的基础上使用剩余价值思想研究了资本和劳动的生产关系。而且，在马克思看来，只有剩余价值思想才能全面而深刻地解剖资本和劳动的生产关系，全面系统地揭示资本主义生产实质及其产生、发展、变化和灭亡的历史规律。马克思自称劳动价值为其理论基础，列宁将马克思的剩余价值视为马克思主义基石。因此，我们愿将它们看做是马克思经济科学大厦的“双基”理论。

19 世纪在 40 年代，马克思借用劳动异化思想考察资本和劳动的生产关系

2－12. 在马克思的经济思想形成和发展的历史过程中，马克思在 19 世纪 40 年代初期，曾借用资产阶级古典哲学主要是康德、费希特、谢林、黑格尔和费尔巴哈等人特别是黑格尔哲学上的异化思想来批判资产阶级国民经济学即西方古典经济学，并把异化同劳动联系起来考察资本和劳动的关系，初步地揭示了资本主义私有制的实质和特征，为创立无产阶级政治经济学作了有益的探索和准备。在这一时期马克思的许多著作和手稿中，最大量最集中地使用异化概念的，要算马克思的《1844 年经济学哲学手稿》（中文版全书 115 页，其中大约有 90 余页讲经济学，20 余页讲哲学而且是经济哲学）。马克思在《1844 年经济学哲学手稿》中从资本主义私有制的劳动主体实践出发，并在商品市场经济领域中分析了劳动产品异化、劳动异化、人和人的异化以及人的本质异化等问题。为了便于理解我们可将异化一词视为转化或变化。但这时马克思的创作思想尚未完全摆脱抽象概念或从公式出发的方法，因此，借用劳动异化思想既很难解释清楚资本主义的生产特征，也很难说明资本和劳动关系的实质。这是因为：既然劳动与劳动产品、劳动关系在私有制条件下处在一种分离的、强制的、剥削的状态，那么，劳动异化就不只是资本主义社会的特有经济现象，它在前资本主义私有制社会是同样存在的，因为在奴隶主私有制下的奴隶劳动，在封建地主私有制下的农民劳动，都程度不同地存在劳动异化现象问题。还应看到，劳动异化不仅不能区分人类不同社会时期的生产劳动的实质与特征，甚至也很难说明资本主义社会内部的商业劳动、农业劳动或工业劳动等具体劳动形式。因此，究竟哪一种劳动是资本主义社会中生产物质财富和生产价值财富的劳动主体，并不清楚，因此，在理论思维上，只用劳动异化思想想深入地认识、说明资本主义社会的资本和劳动的生产关系是似易实难的。

19 世纪在 50 年代中，马克思沿用劳动价值思想考察资本和劳动的生产关系

2－13. 马克思花了将近十五年的时间，于 1859 年出版了他的第一部经济学代表著作《政治经济学批判》。这时他开始从劳动异化思想转变为劳动价值思想。在《政治经济学批判》中，他在汲取了古典政治经济学劳动价值思想初步基础上，从商品二重性出发，创立了以劳动二重性学说为中心的科学劳动价值理论。在他看来，价值是劳动的一种外在的商品形式或物质形式。在资本主义条件下的雇佣劳动实体采取了价值形式，价值又采取了商品和货币形式。所以，在劳动采取的这种特殊社会形式的条件下，这时"商品"成为一种普照的光，劳动产品普遍转化为商品形式，劳动力转化为劳动力商品形式，人和人的关系转化为物和物的商品形式，人的本质也随之转化为商品形式，而且在资本主义社会连人的名誉、良心等都成为买卖的商品形式，这种转化或变化完全是在商品市场时空中进行的，结果人与物（商品）的关系全部颠倒了。因此，资本主义生产便成为商品生产，资本主义社会便成为商品社会，资本主义社会工人劳动便成为雇佣劳动即劳动力商品形式。正因为这样，马克思在考察资本主义条件下的资本和劳动的关系时，便从商品细胞形式分析开始，逐步地解剖到资本主义的商品社会。从思维方法上讲，这是从个别上升到一般，像从干细胞克隆出生物整体一样。资本主义社会商品在市场经济运行时，实行一条通行的基本规律——商品生产的价值规律。这条价值规律的基本内涵是商品的价值量决定于生产该商品所耗费的社会必要劳动时间量。简单来说，是一个量对量的规律。就是说，生产商品所耗费的社会平均、简单、必要的劳动量决定商品的价值量，等量劳动决定等量价值，因此，这一规律集中地体现出一个等价要求或平等要求的经济思想文化。可是这样一来，价值规律又说不清楚这样一种经济事实，就是资本同劳动、资本家同雇佣工人相交换是不是平等的或等价的呢？如果说它们彼此交换是平等的或等价的，是等量劳动同等量劳动相交换，那么，交换后资本家的利润又是从哪里来的呢？古典经济学代表李嘉图等人说不清楚这个问题，结果给他留下了终生遗憾。换句话说，如果资本家付给雇佣工人的价值小于劳动的价值(即劳动力价值或工资价值)，那么资本家同雇佣工人之间的交换即资本同劳动相交换就是不平等或不等价的。可是这样一来，又破坏了体现劳动价值思想的价值规律的基本要求，即等量劳动同等量劳动相交换的基本均衡要求。所以，用劳动价值思想及价值规律，根本不能说明资本和劳动之间的经济关系，不能说明资本主义生产的实质和特征，所以，马克思经过潜心研究，深刻地总结出资本和劳动（实质是劳动力）之间的关系，并在劳动价值理论基础上发现了剩余价值思想，即一种特殊的剩余劳动的社会形式即资本主义社会劳动形式，或特殊的社会剩余劳动形式，并据此深入地解剖了资本和劳动之间经济关系的秘密和实质。

19世纪60年代后，马克思使用剩余价值考察资本和劳动的生产关系

2-14. 众所周知，马克思在1867年出版的《资本论》是从商品同简单商品的区别，指出资本主义商品的价值是c+v+m，即不变资本加上可变资本和剩余价值，是包括资本价值和剩余价值的商品。这种包含剩余价值的商品是从哪里来的呢？所以，他在逻辑行程上又从商品分析到货币，从货币分析到资本，就是说他分析资本商品是怎样为资本家带来剩余价值的。马克思告诉我们，考察剩余价值在分析说明方法上还必须坚持从商品开始。必须首先解决货币怎样变成为或转化为资本的。从历史和逻辑上的分析表明，货币所买到的商品，是这样一种商品即劳动力商品。劳动者既无生产资料又无生活资料的，只有劳动能力作为商品。而且，这个劳动力商品同其他商品一样具有使用价值和价值。在流通领域中，资本家在劳动市场上用货币商品购买到劳动力商品所付出的货币资本价值或工资价值，同资本家购买到劳动力商品后在生产领域中使用劳动力商品时所创造出来的价值是不一样的，是两个不同的价值量。就是说，劳动力使用时所创造出来的价值要大于劳动力本身的工资价值，这个大于劳动力本身价值的价值，无偿地被资本家占有了。马克思管这个价值叫做剩余价值，其转化形式即利润。这样，马克思在著作中第一次深刻地揭示了资本主义的剥削秘密和剥削实质。恩格斯曾经指出，“剩余价值学说是马克思经济理论的基石”。所以，概括来讲，马克思的《资本论》第一卷体现“两大发现、一大变革”，即唯物史观和剩余价值学说这两大发现和社会主义从空想变成为科学的一大变革集中体现在此。由此可见，马克思经济理论发展三个阶级的理论成果的基本标志是以经济人为本的劳动异化思想、劳动价值思想和剩余劳动价值思想即特殊的社会剩余劳动形式。很显然，上述三条劳动理论标志是马克思经济学著作发展的里程碑，也是马克思科学社会主义得以确立完成的理论路线图。

三、劳动二重性是理解马克思经济学的基础和枢纽

马克思创立了以劳动二重性为核心的劳动价值理论。据此论述了劳动与商品价值之间的辩证关系，系统地回答了什么劳动是价值的劳动，什么劳动形成商品价值，劳动如何形成为价值以及劳动为什么形成为价值

3－1. 马克思是按照商品一般作为论述对象前提的，并以劳动价值理论为中心线索，论证了劳动与商品价值之间的辩证关系，并且系统分析和回答了什么劳动是价值的劳动，什么劳动形成为价值，劳动如何形成为价值以及劳动为什么形成为价值这样四个理论思路问题；同时马克思还根据这四个理论思路作为四节分篇的目录，第一节“商品的两个因素：使用价值和价值（价值实体，价值量）”，回答了什么劳动是价值的劳动问题；第二节“体现在商品中的劳动的二重性”，回答了什么劳动形成商品价值问题；第三节“价值形式或交换价值”，回答了劳动如何形成为价值问题；第四节“商品的拜物教性质及其秘密”，回答了劳动为什么形成为价值问题，即回答了价值的本质问题。所以，从本质上讲，《资本论》第一章的中心是劳动价值理论，是以劳动的二重性为核心的劳动价值理论，其余篇章只不过是对劳动价值理论的说明和运用。

商品的两个因素，主要是回答什么劳动是价值的劳动问题

3－2.《资本论》第一卷商品这一章的第一节有五个具体的理论概念问题。对此马克思像剥笋似地进行了系统分析：开始马克思指出，研究资本主义社会要从商品开始，以商品这种资本主义社会的财富形式作为理论出发点；但商品本身是一个复杂的具体或总体，为了认识把握这一总体，他接着把商品分解开，首先分析商品中的使用价值，然后再分析商品中的交换价

值；交换价值只是价值的表现形式，价值是交换价值的主要内容。接着再从商品交换价值中分析到商品的价值，而价值是有质、有量、有律（度）即价值规律的，于是他对价值的质、量、度（即规律）逐一进行分析。最后马克思在分析了上述各种因素、规定后再把它们综合起来，总结指出商品是使用价值和价值的统一体。马克思这种分析过程，充分体现了他所运用的从感性到理性、从现实中的具体到抽象，再从头脑思维中的抽象到思维中的具体的科学方法。简单来讲，就是运用从具体——抽象——具体的方法，即科学的抽象法。马克思首先从分析商品开始，就是从商品的两个因素的使用价值的“有用性”开始，而且这个“有用性”不仅对生产者生产出来的产品应是“有用性”产品；重要的是，作为商品的使用价值它必须对别人或他人是“有用性”的产品。这可说是商品使用价值的“二重性”。于是在概念上马克思首先把使用价值规定为“物的有用性使物成为使用价值”（《资本论》第1卷第48页）。既然商品的使用价值是为别人生产的使用价值，那么，只有将它送入市场交换才能使它成为他人的“有用性”使用价值，于是商品在市场上是“使用价值同时又是交换价值的物质承担者”，即交换价值的物质载体，价值的物质外壳。马克思接着从交换本质上指出：“交换价值首先表现为一种使用价值同另一种使用价值相交换的量的关系或比例”（《资本论》第1卷第49页），对于交换价值概念内涵我们应该关注两个问题：一个是“首先”是什么，另一个是“量的关系”问题。马克思已经交代了交换价值“首先”是什么，但他并没有告诉我们它其次是什么，再其次是什么，结果给人们留下了一个伏笔和联想，他此时还是存而不论的。既然两种商品的使用价值在质量上不同（上衣和麻布），两种商品在使用价值的数量上也不同（1件上衣和20码麻布），那么彼此怎能进行计算、比较和交换呢？分析表明，两种交换商品之间有一位第三者，有一个共同的东西，这个共同的东西就是价值。因而价值是交换价值的实体和内容，而交换价值只是价值的表现形式或现象状态。这时马克思才从“首先”是什么讲到“其次”是什么问题，即讲到“价值”问题。那么这个再其次“价值”又是什么呢？接着透过价值的背后追踪到“劳动”问题。人们知道有种种劳动，那么价值是什么劳动呢？

3-3. 马克思准确地指出，价值是**“无差别的人类劳动的单纯凝结”**（《资本论》第1卷第51页第1章第1节第12自然段）那么，怎见得价值概念在这个自然段呢？我们从第一章第一节第13自然段上的一句话中可以得到佐证，他说，“如果真正把劳动产品的使用价值抽去，就得到刚才已经规定的它们的价值。”这里“规定”一词用黑格尔《哲学史讲演录》上的话诠释，“思想更进一步加以规定就成为概念”、“规定或概念”，马克思是非常熟悉黑格尔哲学的，所以，作为价值概念或价值规定在这里显然是同义语。如果我们再从1957年出版的《资本论》同一段的翻译中仍可得到印证，马克思告诉我们“实际把劳动生产物的使用价值抽去，我们就得到了它们的像上面一样定义的价值了”。在这里，前段讲的“规定”和后段讲的“定义”我们可将它们视为等价概念，是同一个意思。说明马克思不仅表述了价值概念，还担心读者误读他的价值概念，所以，他借用逻辑学上的“规定”和“定义”来提醒读者把握住价值概念的真正内涵。重要的是，我们可将这个“无差别的人类劳动的单纯凝结”的价值概念分解为三层意思：（1）第一层意思是，作为价值的劳动应该是“无差别的”劳动，因为木匠劳动和铁匠劳动这些具体劳动是有差别的，上衣劳动和麻布劳动也是这样，有差别的劳动是无法直接比较和计算的，只有抽象掉它们的具体劳动形态，使它们成为无差别的相同劳动或抽象劳动才好比较计算，所以，作为价值的劳动首先应该是无差别的劳动，也就是抽象劳动。（2）第二层意思是，作为价值的劳动不仅应该是“无差别的”还应该是“人类劳动”，是人类劳动或人类的社会劳动就不是张三私人劳动或者李四私人劳动，因为各种私人劳动也是有差别的，也是不好比较计算的，因此这种私人劳动是不能作为价值的劳动的。作为价值的劳动应该是同一的人类劳动或相同的人类的社会劳动。（3）第三层意思是，作为价值的劳动不仅应是无差别的人类劳动，还应该是“单纯凝结”劳动或结晶劳动或物化劳动。因为价值决定的劳动具有三种劳动形态即潜在的、流动的、结晶或物化的三种形态。其中潜在劳动能力和正在进行中的流动劳动同样是无法比较计算的，只有劳动结晶为一种外在的物体、凝结为一种劳动结果才好比较、计算和交换，所以，马克思在这个价值概念术语最后指出，作为价值的劳动，应该有一个劳动的结果或结晶，应该是“单纯凝结”的物化劳动。在这里，我们应该界定清楚两个既有联系又有区别的概念，就是作为价值实体和价值商品是有区别的。作为价值源泉、实体的只能是人类活劳动，“没有任何物质原子”。然而，作为价值商品的则是人类劳动的“单纯凝结”或人类劳动实体的结晶。所以，我们只有认识到价值概念的上述三重内容之后，为了表述简便起见，我们再说价值是物化的社会劳动或社会劳动结晶是可以的。

体现在商品中的劳动的二重性，主要回答什么劳动形成商品价值问题

3－4. 前面我们介绍了商品的价值，并从价值讲到了劳动，即从商品——价值——劳动上深入地回答了什么劳动是创造价值的劳动问题。《资本论》第一卷第一章第二节是在第一节的基础上接着讲商品中的劳动，是从商品的两个因素上讲劳动的二重性，说明劳动的二重性是商品经济的劳动的二重性。目的是回答什么劳动形成商品价值问题。从方法上讲，第一节从商品讲劳动，第二节从劳动讲商品。两节互为补充和互为作用。马克思上述的“无差别的人类劳动的单纯凝结”商品价值“定义”或“规定”之后所要回答的问题是什么？马克思行文逻辑告诉我们他的标题也是主题。他在第二节标题明确点明“体现在商品中的劳动的二重性”，并从词源上告诉我们，“商品中包含的劳动的这种二重性，是首先由我批判地证明了的。这一点是理解政治经济学的枢纽，因此，在这里要较详细地加以说明。”那么，马克思批判谁来证明劳动的二重性呢？学说史告诉我们，他主要是批判斯密、李嘉图等古典经济学的劳动价值思想。因为，在斯密、李嘉图那里，尽管他们坚持“劳动是衡量一切商品交换价值的真实尺度”，甚至强调“只有用劳动作标准，才能在一切时代和一切地方比较商品的价值”，但是在论述中他们始终未能有意识地提出劳动价值论的前提条件——商品及其二重性问题。因而他们始终说不清楚是什么劳动生产商品的使用价值，什么劳动形成商品的价值问题。针对古典经济学这一理论缺陷，马克思在《资本论》商品这一章第二节的标题指明：“体现在商品中的劳动的二重性”，并在叙述中告诉我们：“商品是一种二重的东西，即使用价值和交换价值”，并“一分为二”地将商品整体打开逐一地进行深入分析。首先分析生产商品使用价值的具体劳动，说明具体劳动或有用劳动是由生产目的、操作方式、对象、手段和结果五种具体的因素决定的。并进一步将这五种活动因素归纳为人与自然、人与物之间的物质变换活动，是人类创造物质财富的两个源泉，正像威廉·配第所说，“劳动是财富之父，土地是财富之母。”在分析了物质财富后开始分析价值财富，即重点分析形成商品价值的抽象劳动。

3－5. 理解劳动的二重性的主要困难不在于具体劳动或有用劳动，这种有用劳动是具体劳动，是人们从感性、经验上一目了然的，是看得清摸得着的，然而“抽象劳动”不同，这是要人们通过具体劳动实践中运用思维力量概括认识到的。这种抽象劳动和具体劳动是人类同一劳动表现的两种方式，因此，马克思在《资本论》商品这一章第二节最后总结指出：“作为相同的或抽象的人类劳动，它形成商品价值。”就是说，在马克思那里，相同劳动和抽象劳动两者是同义语，是一个意思。也许人们会问，客观世界有没有一个相同的抽象劳动？相同的抽象劳动是不是马克思为了理论上的需要而设想出来的？其实这是一种误解。现在让我们看看马克思怎样解释的：在《资本论》第一卷第一章第二节中的第 57—58 页，马克思先后用了三个例子说明抽象劳动是客观存在着的一种劳动形式。例如，开始他用一个人时而做织布劳动时而又做纺织劳动来说明抽象劳动，表明这两种具体劳动中哪一种具体劳动对于他都是无所谓的，事实上他在观念上已将上述两种劳动已视为抽象劳动；接着他用两个人中一个人做纺织劳动而另一个人做织布劳动，说明两种具体劳动对于他们俩都是抽象劳动；最后他用社会上尽管存在着复杂劳动和简单劳动，但最终都以简单的平均劳动进行比较和交换来说明抽象劳动是客观存在的。再例如，在商品市场经济社会中，雇佣工人是到张三资本家劳动还是到李四资本家劳动是无所谓的，或是在肯德基打工劳动还是在全聚德打工劳动这些具体劳动部门对他们都一样了，只要老板给他们工资他们到哪儿劳动都行。这就是一种极为简单、朴素的抽象劳动认识。同时从资本家方面来说，一个台湾资本家是生产汽车赚钱（如东南汽车）还是生产方便面赚钱（如统一企业“来一桶”）也是无所谓的。这时的具体生产经营部门或具体劳动种类在他们的视野中已经消失不见了。就是说，由于市场上形成了平均利润，这时每一个厂商企业对于资本家追逐利润并没有差别了。所以从这种意义讲，抽象劳动确实是社会现实经济生活中的抽象反映和抽象概括。充分说明，抽象劳动是客观存在着的一种社会劳动形式。那么，在逻辑思维上，具体劳动是如何演化为抽象劳动的呢？现在让我们仍以上衣与麻布两种商品为例。第一步抽象掉两种商品的使用价值上的差别，还剩下生产两种使用价值的具体劳动差别，第二步再抽象掉生产两种使用价值的具体劳动上的差别，还剩下两种具体劳动上的简单劳动和复杂劳动上的差别，第三步再抽象掉简单劳动和复杂劳动上的差别，还剩下人类劳动——脑、神经、手、臂等劳动形式差别。就是说，作为价值劳动是相同的或抽象的劳动。最后马克思总结指出："一切劳动，从一方面看，是人类劳动力在生理学意义上的耗费；作为相同的或抽象的人类劳动，它形成商品价值。一切劳动，从另一方面看，是人类劳动力在特殊的有一定目的的形式上的耗费；作为具体的有用劳动，它生产使用价值。"（《资本论》第1卷第60页）

价值形式或交换价值，主要回答劳动如何形成价值问题

3-6. 劳动价值论、价值形式和剩余价值是马克思三个创新的经济理论。商品价值不仅有价值质、价值量、价值律（规律），还有价值形（式）。马克思经常用"形式"方法认识、概括和表述其经济理论。他运用"形式"方法将价值的质、量、度三者统一起来作综合分析。所以，研究价值形式的主要意义在于：第一，通过价值形式，能将商品的使用价值、交换价值和价值三者之间关系梳理清楚；第二，通过价值形式，能使商品价值的内容和形式、原因和结果之间关系表述清楚；第三，通过价值形式，能把商品生产历史和交换历史从逻辑历史上说明清楚。其中价值形式是"古典政治经济学的根本缺点之一，就是它始终不能从商品的分析，而特别是商品价值的分析中，发现那种正是使用价值成为交换价值的价值形式"。所以，马克思将《资本论》第一卷第一章第三节的标题规定为"价值形式或交换价值"。研究对象规定了研究方法，为此马克思运用了逻辑方法和历史方法相一致的方法。他指出："商品只有作为同一的社会单位即人类劳动的表现才具有价值对象性，因而它们的价值对象纯粹是社会的，那么不用说，价值只能在商品同商品的社会关系中表现出来"，在这里，"关系"一词十分重要，因为它涉及研究对象的社会生产关系，同时也体现其只能用科学的抽象研究方法。于是他先从交换关系中的交换价值出发，探索隐藏在背后的价值，把价值从交换价值中抽象出来；然后又从价值回复到交换价值，并把它作为价值的表现形式进行研究，从而展开了对劳动价值的深入研究。因为，科学的任务不仅在于从现象到本质，更重要的是，从本质到现象即本质因何、如何地表现为现象。

3-7. 商品交换是一个历史发展过程，所以，无论是从顺时上还是从共时上，商品交换的简单形式是两种商品一个卖一个买的交换关系。从反映交换价值形式上看，"商品A和B，如我们例子中的麻布和上衣，在这里显然起着两种不同的作用。麻布通过上衣表现自己的价值，上衣则成为这种价值表现的材料。前一个商品起主动作用，后一个商品起被动作用。前一个商品的价值表现为相对价值，或者说，处于相对价值形式。后一个商品起等价物的作用，或者说，处于等价形式。相对价值形式和等价形式是同一价值表现的互相依赖、互为条件不可分离的两个要素，同时又是同一价值表现为互相排斥互相对立的两端即两极；这两种形式总是分配在通过价值表现互相发生关系的不同商品”。马克思嘱咐我们：“同一个商品在同一价值表现中，不能同时具有两种形式”两个商品交换关系所反映的两种交换价值形式，甲商品所有者的商品有无价值不能自我地独立地表现价值，而是要相对地通过另外一种商品的使用价值来表现，即等价价值形式。上衣有无价值，要通过麻布的使用价值来表现，像一个人长得漂亮不漂亮要用一面镜子来表现自己面貌一样。所以，“价值对象性纯粹是社会的”，“是在商品同商品的社会关系中来表现价值对象性”。马克思在这里要回答了两个问题，即价值形式怎样表现出来和表现出来的结果是什么样子。他具体地告诉我们，价值形式三个转化结果的样子，即使用价值转化为价值的表现形式，具体劳动转化为抽象劳动的表现形式，私人劳动转化为社会劳动的表现形式。这里价值形式是其余三种价值形式即扩大价值形式、一般价值形式和货币价值形式的共同理论基础。

3－8. 同时马克思还告诉我们，“只要理解了货币的根源在于商品本身，货币分析上的主要困难就克服了”，马克思指出，货币不是一般的商品，而是固定地充当一般等价物的特殊商品。货币的本质就是商品生产者之间的社会关系。资产阶级古典政治经济学曾经把货币看成是商品是很不简单的。但是，他们只是把货币看成是执行流通手段职能的一般商品，不了解作为货币的商品同一般商品之间的联系和区别，因而也就不能了解货币的本质所在。所以，马克思在《资本论》中从方法论上指出：“困难不在于了解货币是商品，而在于了解商品怎样、为什么、通过什么成为货币。”（《资本论》第1卷第110页）对这些问题从前面价值形式发展过程来分析，可以简单这样回答：（1）商品如何变成货币的呢？它是在商品交换的长期过程中，为了适应交换客观需要，从普通商品中自发演变形成的。（2）商品因何变成货币的呢？商品变成货币，是商品经济的内在矛盾，就是私人劳动与社会劳动之间矛盾发展的必然产物，是价值形式历史发展的必然结果。（3）商品从何变成货币的呢？商品变成货币，是商品经过从低到高的一种发展过程，最后由黄金商品的特殊性质垄断了一般等价物商品的地位，从这时起商品才变成了货币。我们说货币是商品，这个论点还包含着这样三层意思：第一货币的前身是商品，也是由社会必要劳动时间决定的。因为它是在商品交换中逐渐蜕变为货币的。第二商品蜕变为货币以后，这时它仍然具有使用价值和价值的一般商品属性。第三货币是特殊商品，这个特殊商品就特殊在“材料”和“能力”方面，只有它才是表现一切商品价值的材料，也只有它才具有能够直接地同一切商品相交换的能力。顺便指出，当今世界金融危机原因之一，就是那些金融家们不了解货币根源在于商品，贪婪地追逐货币价值，不择手段不计后果地发行了一系列的货币衍生产品，企图用货币赚货币造成的。

商品的拜物教性质及其秘密，主要回答劳动为什么成为商品价值问题

3-9. 这一节是马克思对劳动价值论的总结，是他运用了形象抽象两种思维方式深入地分析说明了商品价值的社会劳动问题。众所周知，是人用脑用手劳动将木料、沙泥、颜料等物质资料塑造成大肚弥勒佛或观音老母的；它们是人的劳动产物，可是制作出来后人们反而要向它们膜拜和祈求，这就是拜物教的性质。产品成为商品也是这样。本来是商品生产者运用劳动资料或生产工具，作用于劳动对象而生产出来劳动产品，毫无神秘之处，可是一旦将产品推向市场之后，这时商品生产者发现，商品有无价值、有多少价值、能否卖出去这时他心里也是七上八下没有底，并在内心里急切地祈求上帝神仙保佑他的商品卖出去，以实现商品价值及其利润价值。如今商家将顾客视为“上帝”或在其厅堂供奉关公就是拜物教性质的一种生动体现。在这一节马克思集中分析了商品拜物教的发生、性质、根源和秘密这样四个问题。马克思在《资本论》第一卷第一篇第一章第四节（共有 23 个自然段）的第 4 自然段讲商品拜物教发生在哪里？马克思说发生在商品形式上面。商品拜物教性质是什么？性质是“劳动所特有的社会性质”——特殊的社会劳动即资本主义社会劳动问题。商品拜物教根源是什么？根源是私人劳动和社会劳动之间的矛盾。那么，商品拜物教秘密是什么？秘密就在于人与人之间的生产关系被物与物、商品与商品掩饰起来了。然后马克思在历史叙述中首先从四种社会历史的生产方式说明非商品社会并不存在商品拜物教，即对鲁滨逊式奴隶社会、中世纪封建社会、农村家长式社会和自由人联合体的社会主义社会进行比较分析和说明。马克思说在上述四种社会形式中的人与物、劳动与产品之间关系是明明白白的，并没有什么拜物教的神秘性质。最后马克思还从学说史上批判了资产阶级经济学者迷信商品拜物教和维护商品拜物教的种种后果。

3–10. 马克思在具体分析商品这种神秘性质发生在什么地方时，明确指出不是由商品的使用价值发生的，也不是由形成商品价值的抽象劳动性质发生的，是由商品形式本身发生的。因为这种商品形式：第一，生产各种商品的各种具体劳动虽然不同，但生产商品所支出的抽象劳动又都是一样的。可是这种无差别的抽象劳动，却不能由它本身直接表现出来，而是要物化在商品中，并通过商品之间的交换价值表现出来。这种曲折表现，就使商品本身神秘化了。第二，生产商品的劳动量是以劳动时间来计算的，但产品一旦变成商品后，劳动量就不能用劳动时间来直接计算，只能作为价值量来计算，而价值量又只能通过商品交换表现出来。这样曲折表现，又使商品本身神秘了。第三，虽然任何社会里劳动者之间都要发生互相交换劳动的社会关系，但在商品生产的社会里，这种交换劳动的社会关系却要通过物和物的关系来表现，这种曲折表现，使商品这个物体本身更神秘化了。由此可见，商品拜物教所以发生在商品形式上就是指上述三种商品形式问题。正是由于上述商品形式使商品本身产生了神秘化，这种神秘化和任何宗教产生一样产生了商品拜物教。马克思在揭示了商品拜物教的发生、性质、根源和秘密后，总结指出“商品世界的这种拜物教性质”，“是来源于生产商品的劳动所特有的社会性质。”（《资本论》第1卷第89页）就是说，资本主义劳动社会性质，即私人劳动和社会劳动之间的矛盾性质，因而私人劳动不能直接表现出来，只有在市场经济交换条件下迂回曲折地表现为社会劳动。拜物教秘密的实质是人被物化了。劳动为什么要表现为价值，价值为什么要表现为交换价值，劳动时间为什么要表现为价值量，人和人的劳动关系为什么要表现为物和物的商品关系，这一切神秘怪诞问题都是由资本主义社会中的私人劳动和市场经济中的社会劳动之间矛盾互动造成的；就是说，私人劳动必须经过市场经济运作换算成为社会劳动这种矛盾性质造成的。

3–11. 马克思指出：“使用物品成为商品，只是因为它们是彼此独立进行的私人劳动的产品。这种私人劳动的总和形成社会总劳动。由于生产者只有通过交换他们的劳动产品才发生社会接触，因此，他们的私人劳动的特殊的社会性质也只有在这种交换中才表现出来。换句话说，私人劳动在事实上证实为社会总劳动的一部分，只是由于交换使劳动产品之间、从而使生产者之间发生了关系。因此，在生产者面前，他们的私人劳动的社会关系就表现为现在这个样子，就是说，不是表现为人们在自己劳动中的直接的社会关系，而是表现为人们之间的物的关系和物之间的关系。”（《资本论》第1卷第89—90页）这种在商品交换中发生的人与物、物与物之间关系，马克思用劳动二重性学说给出了说明，他指出：“劳动产品分裂为有用物和价值物，实际上只是发生在交换已经十分广泛和十分重要的时候，那时有用物是为了交换而生产的，因而物的价值性质还在生产时就被注意到了。从那时起，生产者的私人劳动真正取得了二重的社会性质。一方面，生产者的私人劳动必须作为一定的有用劳动来满足一定的社会需要，从而证明它们是总劳动的一部分，是自然形成的社会分工体系的一部分。另一方面，只有在每一个特殊的有用的私人劳动可以同任何另一种有用的私人劳动相交换从而相等时，生产者的私人劳动才能满足生产者本人的多种需要。完全不同的劳动所以能够相等，只是因为它们的实际差别已被抽去，它们已被化成它们作为人类劳动力的耗费、作为抽象的人类劳动所具有的共同性质。私人生产者的头脑把他们的私人劳动的这种二重的社会性质，只是反映在从实际交易，产品交换中表现出来的那些形式中，也就是把他们的私人劳动的社会有用性，反映在劳动产品必须有用，而且是对别人有用的形式中；把不同种劳动的相等这种社会性质，反映在这些在物质上不同的物即劳动产品具有共同的价值性质的形式中。”（《资本论》第1卷第90页）马克思在这里一口气连续使用了三个“反映”，充分说明由于这种反映，“价值还把每个劳动产品变成社会的象形文字。后来，人们竭力要猜出这种象形文字的涵义，要了解他们自己的社会产品的秘密，因为使用物品当作价值，正像语言一样，是人们的社会产物。后来科学发现，劳动产品作为价值，只是生产它们时所耗费的人类劳动的物的表现，这一发现在人类发展史上划了一个时代，但它决没有消除劳动的社会性质的物的外观。”（《资本论》第1卷第91页）就是说，尽管人类智慧终究解析了价值密码，但是只要人类将劳动产品当做商品，人们之间的见物不见人的现象就始终难以消除。由此可见，马克思以劳动二重性为核心的劳动价值论，以商品二重性为前提条件，由劳动与价值之间辩证关系系统地说明了什么劳动是商品价值的劳动，什么劳动形成商品价值，劳动如何形成为商品价值以及劳动为什么成为商品价值问题。这四个问题就是马克思劳动价值论的“理论硬核”[⑨]。附图说明如下：

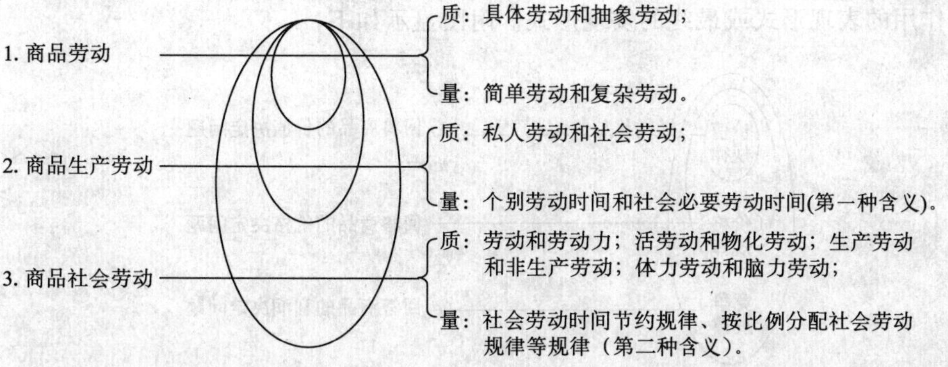

3－12. 上述三种商品劳动在价值规律、供求规律和竞争规律中的作用并不完全一样，它们要转型或转化。价值规律是商品生产领域中的规律，它在流通领域供求作用中转型为价格规律，由于市场经济是生产领域和流通领域相统一的总体过程，在这个总体过程中价值规律和价格规律转化为竞争规律。因此，这三大经济规律主要关系是：价值规律、供求规律和竞争规律的基本内涵是同一的或统一的，即它们共同回答劳动与价值之间的关系。就像海、陆、空三军共同在战场上作战一样。三大经济规律在市场经济运行中对协同资源运行或配置资源发挥调节作用。同时必须看到，这三条经济规律存在着明显的差别：价值规律主要回答劳动因何如何形成价值，说明在生产领域内生产一种商品的价值量应该付出多少劳动量，这种量对量的价值规律作用在于解决商品价值如何决定问题。但商品的价值有一个特点，就是它不能在市场上自我地独立地表现自己，它必须通过另外一种货币商品来表现。那么，怎样才能找到另外一种货币商品来相对地表现呢，只能在商品交换价值中来表现，即在商品供求中来表现。像一个人用一面镜子才能看到自己面貌一样。所以，这时供求规律便主要回答商品进入流通领域内，商品价值如何表现为商品价格，说明商品本身的价值如何通过供求关系穿上价格外衣表现出来。但在同一市场同一商品中有众多厂商主体，究竟以哪个厂商的价格来实现其价值，即个别劳动时间转变为或等同于社会必要劳动时间，这时它既是个别的又是一般的呢？市场实践作用表明，只有通过部门内厂商竞争和部门间厂商竞争，并主要围绕着价格中的成本价值和利润竞争才能最后形成。为此各个厂商主体之间展开殊死搏斗，逐渐地形成平均利用率，以达到等量资本取得等量利润之目的。所以，竞争规律是价值规律和供求规律两条规律作用的表现形式或最终的实现形式。附图显示如下：

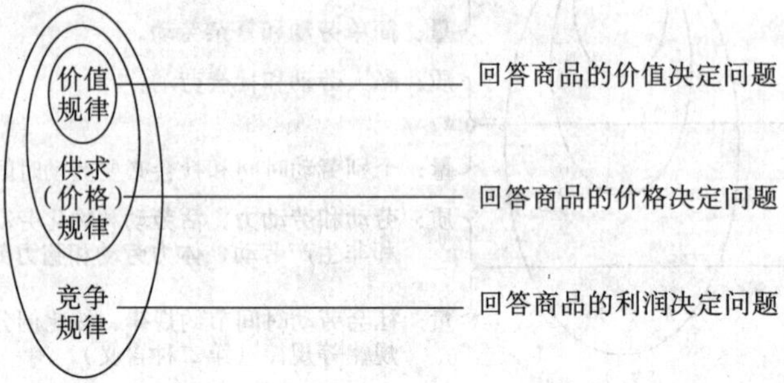

四、劳动价值论在争鸣中坚持、创新和发展

自全国深化对劳动价值理论认识和研究以来，经济学界竞相讨论和诠释，与众不同的是有位“懂逻辑、善心计”的学者却认为，马克思劳动价值论存在着“原罪”，并用所谓“有限论”、“偏颇论”和“缺陷论”予以否定和批判

4-1. 自党中央号召在新的历史条件下，要深化对劳动和劳动价值理论的认识和研究以来，全国经济学界积极影响，竞相讨论和诠释。中国社会科学院先后出版了两部著作试图对全国讨论给以回答和总结，首先是中国社会科学院前院长李铁映以《关于劳动价值论的读书笔记》为题的著作，接着是经济研究所副所长王慎中研究员和一批学者诠释的《永远的劳动者的圣经——劳动价值论的继承与发展》为主题的课题著作。他们意欲以此总结这场旷日持久而争论不休的课题。李铁映全面回顾后说，新中国成立至今，我国理论界对马克思劳动价值论的讨论大约有五次：第一次是20世纪50年代中后期关于社会主义制度下商品生产和价值规律问题的讨论。在生产资料所有制的社会主义改造基本完成后，以孙冶方为代表的经济学家，开始关注社会主义制度下的商品生产和价值规律的地位、作用问题。1958年开始，毛泽

东同志和党内部分高级干部、理论家研读了《苏联社会主义经济问题》和《政治经济学教科书》，明确提出“价值法则（即价值规律）是一个伟大的学校”，（斯大林先说价值规律是一个很好学校，毛泽东后说价值规律是一个伟大学校——笔者注）推动了对劳动价值理论的研究和社会主义经济规律的探讨。第二次是20世纪70年代末关于价值问题的讨论。这场讨论涉及价值规律在社会主义经济中的地位和作用、社会主义商品经济、市场经济、计划与市场的关系等问题。第三次是20世纪80年代初关于“生产劳动”的讨论。在60年代初关于生产劳动问题讨论的基础上，于光远又提出：只要是参与物质产品生产的，包括教育、科研、文艺、服务等行业的劳力，都属于创造价值的生产劳动。孙冶方不同意于光远的观点，指出：创造价值的生产劳动，只能是物质生产劳动。由此引发了理论界的讨论和争鸣，并逐步形成了“宽派”、“中派”、“窄派”三种不同观点。第四次是20世纪90年代初关于“价值创造源泉”的讨论。苏星针对南开大学谷书堂教授关于非劳动生产要素也创造价值的观点，在《中国社会科学》杂志发表《劳动价值一元化》一文，提出：只有物质生产领域的活劳动，才是价值的唯一源泉。于是“谷、苏之争”，引发了“一元论与多元论”的讨论。第五次是党中央提出“在新的历史条件下要深化对劳动和劳动价值理论的认识和研究”后，全国上下展开新一轮关于劳动价值理论的学习和讨论。这次讨论有个鲜明特点：从深化对当代劳动的认识入手，探讨了多种不同观点和见解。李铁映还介绍说这次讨论有两个鲜明特点：一是从深化对当代劳动的认识入手，探讨了社会主义劳动的新特点；二是结合新的实际，围绕社会主义市场经济条件下价值形成的源泉问题，提出了多种不同观点和见解。同时李铁映说这次讨论背景是在新的历史条件下，主要是在三大历史变化条件下，即“科学技术的进步，资本主义的新发展，社会主义制度与社会主义市场经济的出现”。李铁映这里所归纳的三大历史条件变化，可进一步归纳为理论与实际两大历史变化。在理论上李铁映回答了什么是马克思的劳动价值论，在实际上回答了什么是我国社会主义市场经济的劳动价值论。中国社会科学院及其经济研究所的学者们在他们的著作开篇都有一个千字文描述我国学界关于劳动价值论的理论简史。他们几乎大都以李铁映的描述作为蓝本，如出一辙。

4-2. 值得指出的是，第五次关于劳动价值理论讨论中有两位经济学家非常出众，即南方的厦门大学钱伯海教授，北方的北京大学晏智杰教授。钱教授坚持认为“物化劳动”同活劳动一样创造了价值，主张二元劳动价值论。而晏教授于2001年以来先后出版了《劳动价值学说新探》、《灯火集——劳动价值学说研究论文集》和《经济价值理论再研究》（北京大学出版社出版），他坚持认为马克思劳动价值论存在局限和缺陷，并全盘否定劳动价值论核心的二重性学说。总体来讲，我国学者之争大都是探究如何运用马克思劳动价值理论指导经济建设问题，所以，他们几乎都以如何正确理解和表述马克思劳动价值理论内涵作为争论对象。然而“懂逻辑、善心计”的晏教授不同，他认为马克思劳动价值论本身就好像存在“原罪”，于是他采取“砍头、挖心、断脚”之术，否定马克思的劳动价值论的前提条件、否定劳动的二重性和否定劳动价值论的分析逻辑。为了便于商榷兹将晏智杰教授《经济价值理论再研究》一文（以下简称“晏文”）中的三种代表观点全文转录如下：

“劳动价值论”为什么会同经济发展现实之间出现这么大的抵触和矛盾呢？在我看来这是劳动价值论本身的局限和缺陷所致。研究表明，劳动价值论所揭示的商品价值惟一的由劳动决定的规律是一种特殊规律，而不是普遍规律，是一种相对的、有条件的真理，而不是绝对的、普遍的、放之四海而皆准的真理，这主要是由以下几个方面的原因决定的。

第一，马克思得出劳动价值论的前提条件是有限的，因而从中得出的劳动决定商品价值的结论的适用范围也必然有限，然而长久以来，它的适用范围却被不适当地普遍化了。劳动价值论的前提条件是：原始实物交换；劳动以外的要素无偿获得；简单劳动。这就决定了它的适用范围：实物交换和简单商品生产，按照恩格斯的说法，这个范围在历史上存在过五千到七千年之久。如果我们完整准确地理解马克思的劳动价值论，以及这种劳动价值论在其整个学说中的地位，就应当承认马克思的其他某种似乎不同含义的提法，例如关于“整体工人”或“生产性劳动”的提法，并没有也不可能改变上述的分析前提条件。

第二，劳动价值论的理论内核，即两个“二重性学说”存在偏颇。商品二重性学说将财富或商品的两种不同的然而又是“等价”的“形式”或“要素”，即实物形式和价值形式，不适当地认定为商品的两种不同“属性”，即使用价值和交换价值，并将它们截然加以区隔，这就为断定它们的创造源泉各有不同提供了分析前提，结果是：在不能否认“使用价值”源泉多元化的同时，却排除了“价值”源泉多元化的可能性。劳动二重性学说的偏颇在于，对“抽象劳动”这个原本属于思维范畴的概念不适当地赋予了实体范畴的意义，并将其视为劳动的独立属性。我们知道，实际存在的是各种不同形式和内容的劳动，不存在没有具体形式和内容的劳动，也就是说劳动总是具体的，不是抽象的。当然，这不妨碍对这些具体劳动的共同点加以概括，得出一种与“非劳动”相区别和相对应的“劳动”或“抽象劳动”概念，不过，应当明白这个概念只是人的思维对实际存在的劳动的一种把握和认识，并不意味着它是一种以脱离具体劳动而独立存在的实体，更不意味着它居然还能作为一种独立实体同“具体劳动”共同构成“劳动”。劳动的存在及其性质，同人们是否有此种认识的把握是不相干的，它不以人的认识为转移，然而劳动二重性学说却将“抽象劳动”视为商品的另一个实际属性，并惟一地赋予它创造价值的功能。

第三，劳动价值论的分析逻辑是有缺陷的。断定两种不同的商品能够交换即表明在两者之中必有某种共同物，这是对的；指出这种共同物必须是性质相同而数量各异的东西，这也是对的；但断定这种共同物只能是抽象劳动而不能是其他，这就有问题了。各种商品的共同点不止是抽象劳动，一般的抽象的效用也是其中之一，如果可以将商品交换的基础归结为抽象劳动（且不说将抽象劳动视为商品实际属性是否合理），那么为什么不可以归结为一般的抽象的效用呢（同样，且不说将抽象效用这个概念视为商品实际属性是否合理）？前人已经指出过，这是犯了混淆类概念和这种类概念的具体形式的错误，以为商品交换的基础同各种具体效用无关，也就是和一般的效用无关。

4-3. 所谓有限论，即晏文认为“第一，马克思得出劳动价值论的前提条件是有限的”。晏文只用了千字文便想否定马克思博大精深的科学劳动价值论，是很难说服人的！他认为，马克思劳动价值论前提条件是：原始实物交换；劳动以外的要素无偿获得；简单劳动。然而，只要看过马克思的两部代表性经济学著作《政治经济学批判》（1859）和《资本论》（1867）的开篇，都会看到“资本主义生产方式占统治地位的社会的财富，表现为‘庞大的商品堆积’，单个的商品表现为这种财富的元素形式。因此，我们的研究就从分析商品开始”。同样，两部代表性经济学著作在论述劳动价值论时还明确写道“体现在商品中的劳动的二重性”。由此可见，无论从宏观上还是从微观上马克思都是从商品、商品二重性开始，这个商品、商品二重性就是以劳动二重性为核心的劳动价值的前提条件。众所周知，任何科学对象都有一个从哪里入手或从哪里开始的逻辑起点问题。这个逻辑起点直接关系到整个逻辑的走势、方向和目标问题。逻辑起点包含以后的中点和终点。而且起点永远是起点。马克思不仅在《资本论》第一卷第一篇第一章的第一节开篇说："我们的研究就从分析商品开始"，而且他在往后每一节都从商品开始。例如，他在第二节开篇第一句话说"起初我们看到，商品是一种二重的东西，即使用价值和交换价值"（《资本论》第1卷第54页）。接着他在第三节开篇第一句话也说："商品是以铁、麻布、小麦等等使用价值或商品体的形式出现的"（《资本论》第1卷第61页）。最后马克思在第四节开篇的第一句话还是从商品开始。他说"最初一看，商品好像是一种很简单很平凡的东西。对商品的分析表明，它却是一种很古怪的东西，充满形而向上学的微妙和神学的怪诞"（《资本论》第1卷第87页）。就是说，马克思《资本论》开篇就从商品细胞或商品元素分析开始，接着从商品的二重性开始，然后从商品的使用价值或商品体开始，最后从市场上的商品变化过程中"微妙"和"怪诞"上开始，充分说明他是坚持研究对象与研究方法的一致性、系统性和严密性的。这无疑是马克思经济科学体系得以确立和成熟的一个基本标志，也是马克思经济科学比西方经济学高明的一个显著标志。不仅东方的马克思经济学如此，连西方的美国著名经济学家斯蒂格利茨在其《经济学》中也主张经济学应从商品开始，并说一辆小轿车可回答经济学家的全部经济学的问题。作为理论经济学家，尽管他是了解马克思《资本论》是从"分析商品开始"的，但却不了解马克思为什么从一般商品开始，而他只是从具体商品开始即从一辆汽车开始，从生产一辆汽车的生产过程、生产成本和汽车供求关系上开始的。马克思高明之处在于，马克思是从什么是资产阶级社会财富形式上讲的，当然也是针对斯密等经济学家的财富观点讲的。因为那时他们中有的认为金银财宝是财富，有的认为土地房屋是财富，有的认为厂商的物资资源是财富等等，马克思说不对，资产阶级社会财富是商品（货币商品、资本商品等商品），所以，马克思说要从分析商品开始，并逐渐地从商品分析到资本主义商品社会。

4-4. 那么，马克思劳动价值论前提条件究竟是"物物交换"的简单商品经济还是发达的商品经济？平心而论，是发达的商品经济。马克思流亡定居于英国伦敦后发现，英国是资本主义的典型国家，而伦敦则是他观察资本主义的方便地点，这个“典型国家”和“方便地点”就成为他观察、研究当时世界上最发达、最复杂的资本主义社会商品经济的土壤和平台。在研究过程中，正如恩格斯指出的，马克思“这个经济研究全部出自于英国经济史和经济状况”。从学说史上讲，马克思以斯密、李嘉图等人学说为主体，批判地继承、发展了他们的劳动价值思想，马克思在《资本论》第二版跋中说道：“我的价值、货币和资本的理论就其要点来说是斯密—李嘉图学说的必然的发展。”而斯密等人古典经济学恰恰是19世纪发达的资本主义商品经济及其劳动价值思想的优秀代表。从经济史讲，英国是19世纪的世界工厂，并有以蒸汽机为生产力标志的机器大工业商品生产。所以，马克思在《资本论》中到处以英国的人物、事件和纪年作为论述对象。有意思的是，晏文为了达到他证伪目的需要，指出劳动价值论的“适用范围：实物交换和简单商品生产，按照恩格斯的说法，这个范围在历史上存在过五千到七千年之久”。他这里引证恩格斯的“说法”给人一种错觉，以为恩格斯和他一样指出了劳动价值的有限“适用范围”。我们知道，作为历史唯物主义创始者和实践者，马克思和恩格斯一致认为，所有科学都是历史科学，“经济学本质上是一门历史的科学”，他们观察、研究任何一个问题都将问题放在一定的社会历史环境之中。不错，在从历史上考察商品经济发展时，恩格斯曾用历史发展和逻辑发展相一致的方法时顺便讲到商品及其价值已存在五千至七千年历史，然而这并不是也决不是恩格斯只是研究五千至七千年前的简单商品经济，复制商品经济“古董”。恩格斯和志同道合的马克思在分析劳动价值中的劳动如何形成为价值时，从简单的价值形式、扩大的价值形式、一般价值形式到货币形式逐步分析了四种价值形式，这种价值形式的逻辑发展体现了历史发展，其中简单的价值形式反映的是简单商品生产交换关系或简单商品经济，但马克思考察价值形式的目的在于揭示货币的根源，即分析商品因何、如何、为何变成为货币价值形式。这时从商品变成为货币的商品不是简单商品经济或物物交换的，而是商品生产十分发达、交换十分广泛的商品经济的。所以，晏文以偏概全地硬说马克思劳动价值的局限是不客观的，是似易实难的。

4-5. 所谓偏颇论，即晏文认为“第二，劳动价值论的理论内核，即两个‘二重性学说’存在偏颇”。这是首先关系到对马克思经济学方法的理解和把握的问题。马克思在《资本论》序言中转述了俄国学者考夫曼对他方法的理解和评价，然后马克思指出，这位学者如此好地描述了我的方法，这个方法不是辩证法又是什么呢？马克思的辩证法是唯物辩证法，并通过辩证法的范畴及其三条基本规律——对立统一规律、量变质变规律和否定之否定规律，说明事物本质及其发展的动力、过程和形式的。三条发展规律中对立统一规律是核心，用列宁关于辩证法的十六条原则的话讲，统一物分为二及其对各方面的分析是根本方法。善于讲究马克思列宁主义中国化的毛泽东将这个对立统一规律简述为“矛盾论”，这是自然、社会和思维的一条普遍规律。毛泽东曾形象地说道：“一切事物都是对立的统一。五个指头，四个指头向一边，大拇指向另一边，这才捏得拢。”所以，所谓“二重性学说”无非就是对立统一规律学说的另一种说法和表述。每一门学科都以其特有的研究对象和研究方法作为该学科得以确立和成熟的标志。研究什么是一个对象问题，在大千世界何以依此作为研究对象，可见对象规定了方法。而怎样研究则是一个方法问题，在千方百计之中何以据此作为研究方法，可见方法也是内在地对应着对象的，所以，对象与方法是一而二、二而一的有机整体。马克思的“劳动二重性”实际上是将研究对象与研究方法统一于一体的两个有机方面。晏文认为，人们将商品二重性区分为使用价值和交换价值是偏颇的，既然使用价值是财富的物质形式，是由人的活劳动、劳动资料和劳动对象等多源泉创造的，那么，同一商品作为交换价值的财富的价值形式，怎么就只能由人的活劳动这个唯一的源泉创造呢，就是说为什么没有物质劳动或物化劳动呢？他所以有如此偏颇认识，显然是混同了商品和产品的本质区别，商品具有使用价值和交换价值（即价值）二重性矛盾，即商品内在的两种矛盾必然要通过外在的商品与货币来解决，通过两种商品之间的交换关系来解决。在等价交换和平等要求下，必须找到两种商品交换的同一的可比性，找到可以比较、计算的统一尺度单位，这个尺度单位就是形成交换价值即价值的抽象劳动，这个抽象劳动用马克思话说就是“相同的劳动”，在本质相同的抽象劳动之后剩下来的只是劳动多少，劳动时间多长的问题。人们用这种抽象的、相同的人类劳动，在交换中才可以比较、计算和交换。所以，作为商品财富的物质形式和价值形式的劳动源泉是有区别的。至于为什么形成的交换价值——价值的源泉是一元的活劳动，我这里只想借用经济学家白暴力教授讲过的故事作一类比说明，白教授说：“我们可以用百米短跑的竞赛来作个比喻。这一运动需要人的活动、跑鞋和场地；这些相当于生产要素，运动成绩相当于产品。从这种运动的物理过程来看，人的活动、跑鞋和场地都是必不可少的要素，在这个意义上都是成绩的源泉；但是，运动竞赛考察的是人与人之间的关系，从人类社会中人与人之间的关系看，只有运动员（人）的活动仅仅被看做是成绩的尺度和源泉，光荣与成绩只属于运动员，而不属于跑鞋和场地。”[⑩]至于晏文说：“劳动二重性学说的偏颇在于，对‘抽象劳动’这个源本属于思维范畴的概念不适当地赋予了实体范畴的意义，并将其视为劳动的独立属性。”换句话说，在晏文看来，“劳动总是具体的，不是抽象的”劳动的问题，对此笔者愿在第三个问题一并来回答。

4－6. 所谓缺陷论，即晏文认为“劳动价值论的分析逻辑是有缺陷的”。他直言“劳动价值论的分析逻辑是有缺陷的”。就是说，他认为马克思经济学分析逻辑方法是有缺陷的。是否如此，笔者愿在这里首先介绍一点马克思经济学方法。商品的两个因素中的劳动二重性，首先是也主要是劳动二重性中的具体劳动和抽象劳动。这一对劳动范畴中的“具体”和“抽象”两个词语都源自于黑格尔老人的《哲学史讲演录》。在《哲学史讲演录》中黑格尔曾用过一束玫瑰花的例子，说人们为了研究上的需要，从这束具体或总体的一束玫瑰花中专门抽象出玫瑰花的花瓣、花叶、花枝逐一进行研究，研究清楚了后，再用头脑思维的综合力量把它们综合或合成起来，这时人们对这束具体的玫瑰花，比开始认识的玫瑰花才算有了完整准确的认识和把握。黑格尔借助于具体和抽象说明逻辑认识事物过程的两种方法。所以，黑格尔有时又把自己的哲学看做是具体的发展科学。后来马克思将黑格尔这对“具体”和“抽象”范畴演化为经济学的两条道路或两种方法，即从具体到抽象和从抽象到具体的两条道路或两种方法；并由破而立地介绍和评述了资产阶级古典经济学所走过的两条道路。马克思指出，在第一条道路上他们从具体的实在东西开始，走上从具体到抽象这条道路或这种方法，乍一看好像是抓住了具体实在的客观东西，但他们并未抓住实在客观东西的内在本质，所以，他们运用这种方法并不能建立起经济学的理论体系。马克思接着指出，他们在第二条道路上从抽象开始，好像是用抽象法从实在抽出来的东西开始，但由于他们搞不清楚理论抽象必须以一定的社会生产关系作为基础或平台，因此他们往往不是抽不到位就是抽过了头，结果抽出来一些任何社会都适用的一些概念范畴，而用这种抽象法抽象出来的东西同样不可能建立经济学的理论体系。马克思在作了这样介绍和评述之后指出，作为建立政治经济学的理论体系，只有“从抽象上升到具体的方法”才是唯一的正确方法。并说这种方法实际上是唯物辩证法在经济学上的具体应用，而且同黑格尔的唯心辩证法不同。因为在黑格尔那里，他“把实在理解为自我综合、自我深化和自我运动的思维的结果”。所以，马克思同黑格尔那样“从无到有”不一样，他强调他的方法实质是“只是思维用来掌握具体的并把它当作一个精神上的具体再现出来的方式。但决不是具体本身的产生过程”。

4-7. 为了避免陷入黑格尔的唯心幻觉，于是马克思强调指出：“在理论方法上，主体，即社会，也一定要经常作为前提浮现在表象面前。”而作为建立政治经济学的指导思想。马克思不仅制定了抽象法而且正确地把握住从抽象上升到具体的方法的基本内涵，在“上升”时他把人类认识客观事物从低到高、从简单到复杂的认识事物过程，同经济学上从低到高、从简单到复杂的范畴排列结构或组成范畴体系对应起来。为此他在《政治经济学批判》导言的方法中曾运用占有、所有权、货币和资本四个经济范畴作为逻辑发展进程，同时还使用了原始的、奴隶的、封建的和资本主义的四种社会形式作为历史进程相对应，于是就使逻辑进程同历史过程结合起来，进一步说明了“从简单上升到复杂这个抽象思维的进程符合现实的历史过程”。后来恩格斯就把马克思这一表述解说为：“政治经济学研究”可以采用两种方法，即按照历史或者按照逻辑的方法，或历史方法和逻辑方法相一致的方法。为了把握住历史方法和逻辑方法之间的关系，我们应注意其中的“起点”、“进程”和“终点”三个逻辑的关节点是重要的。起点，在起点上两种方法是站在一起的，是并肩前行的，“历史从哪里开始，思维进程也应从哪里开始。”进程，两种方法在前行中只能说基本上或大体上是一致的，有时它们一致有时它们并不一致。这是因为，历史进程往往会有些偶然因素、意外事件干扰它正常发展，这时如果人们的思维时时处处跟随着历史进程必然会产生一些盲从和错觉，因此，恩格斯比较后指出，两种方法中的唯一的正确方法仍然是逻辑方法，即从抽象上升到具体的方法。从结果上看，这种方法实际上还是历史方法，只不过是将历史方法中容易产生的偶然意外的东西予以“修改”或“改正”罢了。终点，两种方法都从同一起点开始，然后两种方法有快有慢地前行，最后共同达到目的的终点。那么，终点是什么呢？马克思告诉我们，“抽象的规定在思维过程中导致具体的再现”，即从头脑中再现了人们思维的、精神上的具体或整体。这个具体或整体比起开始那个客观存在的具体或整体具有两个优点，这时，它既优越于思维中的那个“抽象”，比起头脑思维中的具体来讲，它是片面的、局部的、简单的；又优越于客观现实中的具体或整体，因为现实整体给人的是表面的、直观的、朦胧的复杂印象。这时人们对整体中的各种因素、规定还不清楚，对各种因素、规定之间的必然联系也不清楚；然而思维中的具体不同，它是经过人们抽象、理解了并已深入认识到它的内在本质及其必然联系即规律性的认识。

4-8. 不难看出，凡是正确把握了马克思的上述科学的抽象法的，对于具体和抽象，进而对具体劳动和抽象劳动这对劳动二重性，乃至于从具体到抽象和从抽象到具体的认识方法，并不会产生所谓“有限”、“偏颇”和“缺陷”等问题。晏文在所谓偏颇论中断言，“劳动总是具体的，不是抽象的”，即便说抽象劳动“这个概念只是人的思维对实际存在劳动的一种把握和认识，并不意味着它是一种可以脱离具体劳动而独立存在的实体”。他这里的前半段话无非是讲具体劳动是实际存在的，抽象劳动不是实际存在的；后半段话强调，即便有抽象劳动也是人脑的思维产物，也不能离开具体劳动而独立存在。唯物认识论告诉人们客观不存在的，主观上也不会反映它存在。正如人们凭直觉便会预知商品除了具有使用价值以外还有交换价值一样，人们可凭直觉感知体验到商品二因素中的劳动二重性，如二重性的主要方面——抽象劳动。值得指出的是，如何理解“抽象劳动”这一术语，马克思在《资本论》总结抽象劳动时明确指出：“作为相同的或抽象的人类劳动，它形成商品价值。”（《资本论》第1卷第60页）在这里，他把“相同的”和“抽象的”视为同义语，在分析时他还把“相同的”劳动和“抽象的”劳动视为等价概念，作为同义语来使用。但也应看到两者在使用上的区别；第一，“相同的”劳动是指人们可凭借直觉经验就能观察到的劳动形式，即感性的相同劳动形式。例如，一个人时而在耕田劳动时而在放牛劳动，对于他反正都付出了脑力体力劳动，从这种意义讲，他的具体劳动对于他自然是相同的劳动。我们再从甲乙二个人分工合作生产一件商品来看，一个人从事纺织劳动，另一个人从事缝纫劳动，尽管他们各自劳动是具体劳动，但他们却清楚地知道他们是为了同一商品而耗费了相同的脑力体力劳动。马克思指出：“形成价值实体的劳动是相同的人类劳动，是同一的人类劳动力的耗费。体现在商品世界全部价值中的社会的全部劳动力，在这里是当作一个同一的人类劳动，虽然它是由无数单个劳动力构成的。每一个这种个人劳动力，同别一个劳动力一样，都是同一的人类劳动力，只要它具有社会平均劳动力的性质，起着这种社会平均劳动力的作用，从而在商品的生产上只使用平均必要劳动时间或社会必要劳动时间。”就是说，人们劳动有同一的、相同的、因而是抽象的劳动。第二，“抽象的”劳动是指在上述感性经验的基础上，按照一定的具体劳动对象，运用思维的力量认知的劳动形式，即理性的抽象劳动形式。这种抽象劳动形式，不仅仅是具体的劳动总体的精神结果，而且是社会经济发达条件下的精神结果。在这个发达社会的各种劳动中，劳动者本人的劳动职业市场化，劳动保障社会化，劳动转岗自由化了。如马克思所说的人们“对任何种类劳动的同样看待，适合于这样一种社会形式，在这种社会形式中，个人很容易从一种劳动转到另一种劳动，一定种类的劳动对他们说来是偶然的，因而是无差别的”抽象人类劳动[11]了。我们仍然按照前面的劳动例子来讲，就是从各种具体劳动中的相同的脑、神经、手、臂等人类劳动耗费的抽象劳动形式。所以，像一个人要从感性到理性，从具体到抽象的认识过程一样，对于形成价值的劳动也要经过相同劳动到抽象劳动的认识过程。马克思最后总结指出：“一切劳动，从一方面看，是人类劳动力在生理学意义上的耗费，作为相同的或抽象的人类劳动，它形成商品价值。一切劳动，从另一个方面看，是人类劳动力在特殊的有一定目的的形式上的耗费；作为具体的有用劳动，它生产使用价值。”

4-9. 至于晏文一口咬定说马克思“劳动价值论的分析逻辑是有缺陷的”。现在看来恰恰相反，不是马克思而是晏文自己在分析逻辑上存在“缺陷”。晏文在分析中认为，既然人们从两种商品交换中可抽象出的“共同物”“只能是抽象劳动而不能是其他，这就有问题了”。什么是问题呢？他认为，人们从商品交换中还可抽象出许多“共同物”。本来马克思已经明确讲到的“体现在商品中的劳动的二重性”，其前提条件或分析逻辑的“共同物”的商品中抽象出来的只能是劳动，正像从人的本质共同物中只能抽象出人是能思维能劳动这个“共同物”，而不能随心所欲地从人这个共同物中抽出其他“共同物”。比如，我们就不能再从人抽象出喜怒哀乐、生老病死、食欲偏好等等“共同物”作为其本质规定。而且晏文有时又在所谓缺陷论中质问说道：“如果可以将商品交换的基础归结为抽象劳动（且不说将抽象劳动视为商品实际属性是否合理），那么为什么不可以归结为一般的抽象的效用呢？”就是说，他要抛开“劳动”只想从商品中抽出一般效用——如从商品粮食中抽象充饥效用，从商品衣服中抽象出保暖效用，等等。如果用这种商品的自然属性作为人们的共同物的一般效用，那么，两种商品所有者怎样比较、计算和交换他们的商品呢！所以，商品二因素是劳动二重性的前提条件。抛开商品二因素奢谈劳动二重性才是分析逻辑上的真正缺陷。2007 年初，晏教授曾为青年学者勒毅民新著《劳动价值论的新认识》作序时写道：“本书作者勒毅民在 2003 年问世的《经济学新原理》中已对劳动价值论提出了若干反思和再认识，他的这本新著《劳动价值论的新认识》则将这些反思和再认识向前推进了一大步，得出了一系列值得重视的富于启发性的新成果。作者从重新认识劳动价值的‘价值’概念的内涵入手，通过逐一解读《资本论》中关于劳动价值论的论述，不无根据地指出，‘马克思劳动价值论中的价值’，而且这种消耗或代价‘完全等同于平均劳动消耗，即消耗或代价’，而且这种消耗或代价‘完全等同于平均劳动消耗，即（换句话说，劳动价值论所说的）价值就是平均劳动消耗本身。除此之外不会有任何其他的东西’。既然如此，如作者所说，平均劳动消耗规律也就是劳动价值规律本身，因而在平均劳动消耗之外再提出一个价值概念，就是完全不必要的迂回了。何况，作者进一步指出，劳动价值论所说的那种与平均劳动消耗相对应（而不是相等同）的‘价值’无法被感知，也无法证明其存在，因而不应将劳动价值论所说的‘价值’理解为一个独立存在的概念。这些富于启发性的看法为作者进一步的研究和阐述打下了一个坚实的基础。”⑫我们预祝晏教授和他的得意第子如愿以偿，心想事成！

五、马克思诠释经济人的三重理论思维形式

在研究资本主义生产方式及其相适的生产关系上，马克思以人为本经济思想为主体，制定了“物的人格化和人格的物化”、“经济关系的人格化”和“经济范畴的人格化”三重人格化，并由此形成了马克思经济人的独特的科学方法论

5-1. 马克思将经济人从理论思维上定格为“物的人格化和人格的物

化”、“经济关系的人格化”和“经济范畴的人格化”三重思维方式。三者体现了马克思惯用的一般、特殊和个别的三段论式。第一种人格化，马克思把它视为科学的劳动价值的人格化，他的经济学姊妹著作——《政治经济学批判》(1859) 和《资本论》(1867) 都同样认为商品经济有四对内在矛盾的运动形式：“商品内在的使用价值和价值的对立，私人劳动同时必须表现为直接社会劳动的对立，特殊的具体的劳动同时只是当作抽象的一般的劳动的对立，物的人格化和人格的物化的对立”(《资本论》第1卷第133页)。商品内在的人格化，就是商品的使用价值和价值的内在矛盾表现为商品和货币外在矛盾，“商品不能自己到市场去，不能自己去交换。因此，我们必须找到它的监护人，商品所有者”。就是说“在这个产品中结合着两个人”，即供给——卖方经济人和需求——买方经济人之间的对立的两个经济人。这就是“物的人格化”，是指商品这个物实际上体现了人与人的交换劳动的社会关系。“人格的物化”是指人与人的劳动关系通过商品与商品、物与物的关系表现出来。交换领域仅仅是生产再生产过程中一个重要环节，还有生产、分配和消费三个环节，而且生产环节是基础，是再生产过程的出发点。马克思辩证地认为，生产是消费，消费也是生产；因为生产本身就要消费生产资料和劳动者的脑力和体力，他将这种生产叫做生产的消费。同时消费也是生产，是生产的目的和动力，劳动者消费了衣、食、住、行、用等物质产品恢复了脑力和体力才能得以继续生产，因此，马克思辩证地指出：“在第一种生产中，生产者物化，在第二种生产中，生产者所创造的物人化。”在资本主义再生产过程中的“物的人格化和人格的物化”是贯穿于整个再生产始终的一条红线。这充分体现了人与自然、人与人的制约关系。第二种人格化，即生产关系“经济关系的人格化”主要是指人和人、阶级和阶级之间的人格化问题。第三种人格化，主要指单独一个人或某一阶级主体。对于上述“两化”本书将结合陈征教授诠释的人格化问题一并予以说明。

5-2. 马克思指出，经济关系的承担者——经济人之间是彼此对立着的。“商品不能自己到市场去，不能自己去交换。因此，我们必须找寻它的监护人，商品所有者。商品是物，所以不能反抗人。如果它不乐意，人可以使用强力，换句话说，把它拿走。为了使这些物作为商品彼此发生关系，商品监护人必须作为有自己的意志体现在这些物中的人彼此发生关系，因此，一方只有符合另一方的意志，就是说每一方只有通过双方共同一致的意志行为，才能让渡自己的商品，占有别人的商品。可见，他们必须彼此承认对方是私有者。这种具有契约形式的（不管这种契约是不是用法律固定下来的）法权关系，是一种反映着经济关系的意志关系。这种法权关系或意志关系的内容是由这种经济关系本身决定的。在这里，人们彼此只是作为商品的代表即商品所有者而存在。”（《资本论》第1卷第102—103页）就是说，这种“经济关系的人格化”包含着商品所有者人格化、商品交换者人格化、商品意志者人格化、商品契约者人格化等诸种人格化形式。值得提及的是，经济学家王慎中、刘永佶和陈征三位教授的著作，都从理论经济学上提到了经济人问题，这是他们著作中的一大亮点。王慎中著作以《永远的劳动者的圣经——劳动价值论的继承和发展》为主题，其中劳动者自然指的是劳动经济人，但美中不足的是其著作行文并没有“经济范畴的人格化”和“经济关系的人格化”，只是体现劳动者的“劳动价值理论”。刘永佶教授的《现代劳动价值论》，只是他在跋文后记中才明确提出：对价值的抽象论证并不是先验的“客观规律”做出的，而是从千万个老赵的对比，以及对众多劳动者，包括对某些大学教授的劳动的观察逐步形成的。就是说他是把经济实际生活的“现实中的个人”即经济人作为研究出发点的，是从具体到抽象来论述“现代劳动价值论”的。但他这种说明同样未能有意识地从劳动价值论述到“经济范畴的人格化”和“经济关系的人格化”问题。而陈征教授在《〈资本论〉解说》中尽管提到了“两化”问题，但是，他又说马克思的“经济范畴的人格化”和“经济关系的人格化”基本上是一个意思，是同义语问题。并在他的著作的注释中告诉我们，人格化是童话、寓言等文化作品中常用的一种艺术描述手法，把动物、非生物、自然现象或抽象概念，当做人一样看待。他这种诠释我不敢苟同，他很可能是以偏概全了。除了文艺作品有一个人格化以外，科学作品如社会科学包括经济科学作品同样有一个人格化问题。因此，我们在方法上应对具体问题作具体分析。理论经济学本质上是一门人学，自然有一个人格化问题。而且“两化”也并非是“基本上是一个意思”，只要翻看《资本论》上的用法就知道它们是有明显区别的。往后本章将说明这种区别及其意义。现在笔者将刘永佶教授《现代劳动价值论》[13]一书的跋文全文转载如下：

“十年了，我常回忆和思想两个人，一件事。总想写出点什么，探究其中的哲理。当我把本书校样改过后，这个愿望又强烈地出现。

那是1995年深秋，我在河北大学分到了一套三室一厅的住房，不想装修，但总得添书架和其他家具。因为原来的住房已分给别的老师，人家急着搬，我也不愿意为此事多费时间，就请了两个木匠师傅，各带几人徒弟来做活。巧了，两个师傅都姓赵，一个比我大两三岁，一个比我小两三岁。我们都称他们“老赵”，为了区别，就按胖瘦分，比我大的是瘦老赵，比我小的是胖老赵。

开始时，我对木匠活儿并不懂，以为所有师傅干得都一样，只是时间长短有差别。这回两个师傅在一块干，有了比较，也慢慢看出门道来了。

先说胖老赵，当时四十出头，嗓门大，爱说，总是夸自己是八级工。每天早上九点左右和两三个徒弟骑着摩托车过来，他主要是指挥徒弟干，自己也做，干活动静挺大。他干活儿保准是再简易不过，绝不多费一锯一刨，跟他说哪儿做些改动或加工，总是不愿意，要么就说得加钱。到十二点，去学校实验餐厅吃饭——我给他们在那儿订餐，必要喝酒，回来躺在刨花堆里就睡，下午三点左右起来干活，看着他醉沉沉的样子，我真担心电锯碰了他，好在没出过事。六点左右收工回家。

再看瘦老赵，四十六七岁，瘦而不弱，精干、内向。每天也是早上九点左右来，骑自行车，也有两三个徒弟，有时他两个儿子中的一个也会跟来。干活稳当利落，给徒弟派完活儿，自己一块干，分工合作。中午和胖老赵他们一块吃饭，从不喝酒，饭菜也不讲究，吃完就回来干活，也是六点左右回家。

活计。胖老赵用料宽大，瘦老赵用料窄小，比如书柜框，前者两厘米半，后者一厘米半。我当时不懂，以为料大结实耐用，胖老赵还跟我夸口：我做的书架，从二楼扔下去，也不散架！后来当他的活儿干完，只剩瘦老赵时，跟他聊天，才知道用料的门道：料越大，不仅费钱，活还好干，但做出的家具粗陋难看。此时，成品出来了，一比，果然如此。而且，胖老赵做的几个书柜上下（为了多放书，在柜上又做了两层的小柜）竟差两厘米！但也不能改了。

工钱。胖老赵一来，就先讲价钱，每件多少钱，说定，干完就得给他钱，再就是稍有改动之处的“加钱”；瘦老赵是不提钱，问他，也是说，等干完一块算。最后结账，一块钱也不多要，只是我过意不去，总要多付些。

胖老赵走后，瘦老赵不仅继续做木活，还做漆工，又干了两个月，我跟他很熟了，不时帮他打沙纸干杂活儿，边干边说话，他叫东来，还是很健谈的。看他干活儿，都是先画图纸，长短是以毫米标的，想起胖老赵是用厘米，而且从不画图，口说心记，加上喝酒，才有上下差两厘米的效果。东来的活计，从来没有丝毫差别，至今十年了，又搬了一次家，他做的家具每件都完好如初，而且美观大方。东来除精木工，还擅漆工，用"钢琴漆"，每件都刷十几遍，每遍都打磨平整。刷底色也特别考究，总要调出几种，最后才确定。他对活计的要求相当严，稍有不满意，就重来一遍，有时我看着急，说行了，别干了，他也不听，继续干，直到满意为止。

东来在生产队时期就做木匠，几十年的手艺，他有一个心愿，就是做仿明式家具。我俩就此谈的很多，从他那里我学到了很多木工知识，也逐渐对仿明家具有了兴趣。后来，与他联系不断，先是用硬杂木做了几件，再买了点红木，做了些椅、床、案、凳，古色古香，比家具店卖的好多了。每做一件，我们都要按古家具图（引类书我们买了好几本，分放他家和我家，闲时看它们，成了我的一种休息和享受），选出中意的样子，再商量改动，有仿有创。东来和两个儿子，现在已是仿明家具的高手。从他们做的这些家具中，我能体会到东来兄的心思和价值追求。十年的交往，我们成了朋友，而他，也是我相当尊重的人。

至于胖老赵，后来也有一些来往，常送些农家土产，我也回赠一些东西。但不久他就不做木工活了，改卖装修材料，后因与合伙人发生纠纷，还让我托人帮他打过官司。他到家里来，看到自己做的家具和东来做的摆在一起，很是痛快地说："我的活儿不如老赵，你以后干活儿就找他吧。"除了干活儿，他也是一个很好交往的朋友，但因没有活计上的关系，逐渐来往少了。而我更担心他的胖身子加喝酒，怕出问题。

两个老赵，两个普通劳动者，干的活计一样，但差别却明显，这里有效用的差别，也有价值的差别。更重要的是价值观的差别。正是从对两个老赵的对比中，我领悟到劳动者素质技能的重要，特别是文化精神素质对技能素质的主导作用，劳动价值论的根据之一，就在这里。对价值的抽象论证，并不是按先验的"客观规律"做出的，而是从千万个老赵小赵、老李小李的劳动中概括出来的。本书对劳动价值论的一些新认识，就是两个老赵的对比，以及对众多劳动者，包括对我们这些大学教授的劳动的观察中逐步形成的。同样的技术，由于运用的人文化精神素质的差异，其程度也是不同的。记得在保定时，一个烙大饼的小姑娘，十六七岁，她的摊前总是排长队，供不应求。烙大饼，不是什么高新技术，但认真做，做得好，需求大，创造的价值也大。许多普通劳动者都是这样，所谓“三百六十五行，行行出状元”。

劳动者要提高自己的地位，必须提高自己的素质技能，以此为根据，争取权利，实现价值。这不仅是个体所要争取的，更需要总体的联合运动和制度变革才能真正实现。但个体素质技能是基本，高素质技能的劳动者个体可能会在社会上受到压制，甚至欺凌，但其在别人眼里的分量总要高些。劳动者素质技能的提高，特别是文化精神素质的提高，必然是其提高社会地位的基础。经济的发展，社会的进步，都是与劳动者素质技能的提高相对应的社会关系的变革，其要点，就是提高劳动者社会地位，增加和强化他们的权利。劳动者的自强、自尊，以提高了的素质技能所体现的劳动力，既创造着社会价值，也创造着其社会地位，他们的平等联合和按民主原则的组织与斗争，必将壮大进步势力，抑制和克服非劳动力但占有劳动价值的旧恶势力，建立一个适宜人本质发展和人性升华的民主劳动制度。人类的希望就在于此[13]。

5-3. 他前面这些活生生的劳动经济人在马克思《资本论》中只是资本主义生产方式初期的简单协作的一批个体的手工业工人。按照马克思的说法，这些工人既是私有者又是劳动者，他们这种双重身份，驱使他们在资本主义生产方式中往往想从小资产者爬上大资产者，而大多数沦落为资产者的附庸。资本主义生产方式经过简单协作、工场手工业和机器大工业三个历史发展阶段，马克思心目中的先进工人阶级是指机器大工业阶段上的产业工人，这些产业工人是既无生产资料也无生活资料的雇佣劳动经济人。而且这种经济人在生产劳动过程中，在资本和劳动的生产关系、阶级关系中养成了很高的组织性、纪律性和斗争性，是人类历史社会发展中的先进代表和共产党人的依靠力量。但是，这些经济人在“换了人间”的社会经济环境下，尤其是在市场经济背景下，他们是否仍然具有两面性无疑是值得我们冷静思考的。从马克思上述从具体到抽象和从抽象到具体的研究方法和叙述方法来看，《现代劳动价值论》的“中国特色”的劳动经济人，只是作者随机地偶然地对个体手工业的体力劳动和众多大学教授的脑力劳动作“对比”和“观察”所得出来的现代劳动价值经济人，实际上是作者意欲塑造我国社会主义市场经济人。尽管作者自叙是调查研究得出来的，然而这种随机而简单的调查所求解的“中国特色”经济人显然是似易实难的。况且作者只是运用了从感性到理性，从具体到抽象的研究方法，至于如何再将用此研究方法研究出来的结果——概念、范畴等理论思维形式组成现代劳动价值经济人，以体现“经济范畴的人格化”和“经济关系的人格化”，进而上升为阶级或阶层的“人格化”，似乎并没有开始。商品不仅有价值质、价值量、价值律（度）还有价值形式或交换价值。马克思将《资本论》第一卷第一篇第一章第3节的标题写成为“价值形式或交换价值”，马克思在这里所作的或然判断显然是把它们视为同义语的。商品是二重物，既是使用物又是价值物。因此，它们表现为商品或具有商品二重形式，即自然形式和价值形式。自然形式是商品的使用价值形式，是人们看得到、摸得着的自然物体；而价值形式只有在商品交换关系即交换价值中的表现形式。像从卵——虫——蛹——蝶的蜕变形式一样，马克思从交换关系发展的历史过程中抽象掉许许多多的偶然的、例外的、不确定的商品交换形式，从内在的、稳固的商品交换形式中抽象总结出简单的、个别的或偶然的价值形式，再抽象出总和的或扩大的价值形式，再到一般价值形式，最后到货币形式这样四种价值形式。在抽象论述中，马克思始终坚持以商品、价值、劳动（人）三种经济范畴的交换历史发展说明经济范畴人格化。

5-4. 值得指出的是，经济学家陈征教授的《〈资本论〉解说》这样认为，马克思的“经济关系的人格化”和“经济范畴的人格化”基本上是一个意思。并在注释中告诉我们，人格化是童话、寓言等文艺作品中常用的一种艺术描写手法，把动物、非生物、自然现象或抽象概念，当做人一样看待。我们从《陈征选集》续编中得知陈征教授自叙说：“我原是学中国文学的。”所以，他从文学角度上诠释经济学上的人格化是很自然的了，然而，除了文艺作品手法有一个人格化以外，在人文社会科学中也有一个人格化的问题。在笔者看来，经济学上的人格化主要还不是“描写手法”而是“叙述方法”。也不是把人“当做人一样看待”而就是活生生的人、经济人一样看待。所以，研究或解说《资本论》时看到人格化的主语前提是非常重要的。前提不同，内涵就不一样了。马克思不仅分析了“经济范畴的人格化”还深入地分析了“经济关系的人格化”。尽管经济范畴是历史的，是与物质生产一定发展阶段相适应的生产者的生产关系的理论表现，经济范畴的人格化和经济关系的人格化“两化”都是“生产关系的理论表现”。但是，仔细看来，两者仍然有一个第一人称的人格化和第二人称的人格化的区别。比较说来，“经济范畴的人格化”通常是指个别的一个经济人。例如，资本的人格化——资本家，土地的人格化——地主，劳动的人格化——工人等。马克思在《资本论》中多次提到，“人格化的资本即资本家”，作为资本家，他只是人格化的资本。他的灵魂就是资本的灵魂。资本的本性就是增殖自身的价值、榨取剩余价值，并在资本循环运动中贪求无休止的价值增殖。资本家对剩余价值像狼一样地贪欲和最大限度地追求，正是体现了资本增殖的本性。资本家不过是“作为人格化的、有意志和意识的资本执行职能”。然而“经济关系的人格化”，顾名思义是指两个经济人之间的经济关系的人格化——资本家与雇佣工人、地主与农民或供给与需求等人格化的问题。《资本论》第一卷第八章提到的“人格化的劳动时间”，指的是雇佣劳动经济人。工人的剩余劳动是资本家利润的源泉，因此，资本家想方设法延长工人的劳动时间。在资本家眼里，工人似乎就是劳动时间，就是能赚钱的活机器。例如，人们把那些全天劳动的工人叫做“全日工”，把13岁以下只准劳动6小时的童工叫做“半日工”，工人完全成了人格化的劳动时间了，劳动时间成了工人的代名词。马克思还把资本称为“人格化的生产条件”。在资本主义生产关系下，工人创造的劳动产品——生产资料和生活资料的大部分都被资本家无偿占有，继而转化为资本，反过来成为日益增大的压迫和剥削工人的力量，使工人遭受自己生产出来的物品的支配。对这种劳动异化现象，马克思作了深刻分析，并把资本称为“人格化的生产条件”。而且马克思在《资本论》中为我们界定得很清楚，他说：“资本家只是作为资本的人格化才受到尊重”。同样，资本家作为阶级利益承担者的阶级范畴，“资产阶级在历史上曾经起过非常革命的作用”，“资产阶级，由于开拓了世界市场，使一切国家的生产和消费都成为世界性的了。”“所创造的生产力，比过去一切世代创造的全部生产力还要多，还要大。”（马克思和恩格斯：《共产党宣言》，《马克思恩格斯选集》第1卷，人民出版社1972年版，第253、254、256页）就是就，资本家作为资本的“经济范畴的人格化”才受到尊重，具有一定的历史进步意义。

5-5. 然而作为“经济关系的人格化”，马克思指出资本家往往就是这样，“我死后哪怕洪水滔天！这就是每个资本家和每个资本家国家的口号”，“资本主义的整个体系是建立在工人把自己的劳动力当作商品出卖的基础上。”劳动力的买和卖是在流通领域中进行的，一旦离开这个领域，进入到生产领域，“原来的货币所有者成了资本家，昂首前行；劳动力所有者成了他的工人，尾随于后。一个笑容满面，雄心勃勃；一个战战兢兢，畏缩不前，像在市场上出卖了自己的皮一样，只有一个前途让人家来鞣。”在成交以后他发现在生产领域他并不是一个“自由的当事人”，他自由出卖自己劳动力的时间，是他被迫出卖劳动力的时间。实际上，他“只要还有一块肉、一根筋、一滴血可供榨取，吸血鬼就决不罢休”。就是说，作为“经济关系的人格化”资本家对雇佣工人则是“吸血鬼。”资本家的灵魂是资本，是带来剩余价值的价值。资本要不断带来剩余价值，就要不断地循环运动，资本的本性就是要在不断的运动中，不停地吮吸活的劳动，不停地剥削雇佣工人，强迫工人生产出更多的剩余价值。它所吸收的活劳动愈多，它的生命也就越活跃。马克思在《资本论》第一卷第二篇分析资本的总公式时，把资本流通公式 G—W—G 与商品流通公式 W—G—W 作了比较，指出，在 G—W—G 的运动形式中，货币已转化为资本，而且在流通中增殖了。这种运动使价值转化成为资本，资本也只有在这种运动中才能有价值增殖。从资本运动的内容看，资本本性——价值增殖是非常明显的，而且它的运动是没有限度的。马克思指出：“作为这一运动的有意识的承担者，货币所有者变成了资本家。他这个人，或不如说他的钱袋，是货币的出发点和复归点。这种流通的客观内容——价值增殖——是他的主观目的；只有在越来越多地占有抽象财富成为他的活动的惟一动机时，他才作为资本家或作为人格化的、有意志和意识的资本执行职能。因此，绝不能把使用价值看做资本家的直接目的。他的目的也不是取得一次利润，而只是谋取利润的无休止的运动。”这就是说，资本家的拼命追逐剩余价值的行为，只不过是体现了资本增殖自身的生活本能；资本家的主观意志，不过是体现了资本增殖的客观要求。因此，资本家不过是“人格化的资本”。显而易见，在马克思那里，“经济范畴的人格化”和“经济关系的人格化”并不是一个意思，因此，我们应对具体问题作具体分析。

参考文献

①《马克思恩格斯选集》第 2 卷，人民出版社 1972 年版，第 132 页。

② 马克思：《资本论》第 1 卷，人民出版社 1975 年版，第 202 页。

③《马克思恩格斯选集》第 2 卷，人民出版社 1972 年版，第 133 页。

④（英）亚当·斯密：《国民财富的性质和原因的研究》（上册），商务印书馆 1994 年版，第 115 页。

⑤（英）亚当·斯密：《国民财富的性质和原因的研究》（上册），商务印书馆 1994 年版，第 43 页。

⑥ 王泓远：《主流经济学的一种求索录》，经济管理出版社 2002 年版，第 306、307 页。

⑦《马克思恩格斯全集》第 23 卷，人民出版社 1977 年版，第 19 页。

⑧《马克思恩格斯选集》第 1 卷，人民出版社 1972 年版，第 34 页。

⑨ 王泓远：《艺术资本论》，中国经济出版社 2006 年版，第 13、14、15、16、17 页。

⑩ 白暴力：《劳动价值热点问题》，经济科学出版社 2002 年版，第 157 页。

⑪ 马克思：《资本论》第 1 卷，人民出版社 1975 年版，第 51 页。

⑫ 靳毅民：《劳动价值论的新认识》序言，经济科学出版社 2007 年版。

⑬ 刘永佶：《现代劳动价值论》，中国经济出版社 2006 年版，第 365 页。

第四章

阶级经济人

从劳动经济人到阶级经济人是顺理成章的。在阶级社会或有阶级的社会，经济人无一不打上阶级阶层的人文烙印。从阶级词源上讲，阶级首先是也主要是占有、支配物质财富和精神财富的标志和尺度。流行于世的资产阶级、中产阶级或无产阶级用语本身就是由“资产”与“阶级”合而为一的。当今金融经济危机正在重构美国的阶级版图，而“美国黑人中产阶层面临消亡”也说明阶级阶层与物质财富之间的因果关系。马克思主义经典作家认为，分工和所有制的实体是劳动，分工是活劳动而所有制主要是物化劳动。在阶级诠释上，马克思重视生产资料物化劳动，列宁则偏重于活劳动。列宁说，阶级是一个集团占有、支配另一集团的劳动问题。社会各种阶级阶层在千变万化的社会、政治、经济、文化等活动中产生、形成、分化、组合和消亡，每一阶级阶层与另一阶级阶层都存在着矛盾、斗争和蜕变。这是一条历史社会经济定律。阶级人在市场运行活动中具有不同的政治态度、价值取向、心理特征和生活方式，对社会经济基础和社会上层建筑发挥着双向作用。马克思《资本论》一版序言就明确讲到“这里涉及到的人，只是经济范畴的人格化，是一定的阶级关系和利益的承担者”。与马克思志同道合的恩格斯将博大精深的《资本论》比喻为“工人阶级的圣经”就是对阶级经济人的生动概括。在英文中 class 既可表示阶级也可译为阶层，而人所共知的原因引发国内外学者倾向于使用阶层描述经济人。

一、阶级主要是占有和支配劳动、土地、资本等经济资源的标志和尺度

西方古典经济学分析了阶级斗争的经济原因，马克思论证了阶级产生和阶级专政，列宁从俄国革命实践中概括了阶级和阶级斗争，而毛泽东从中国国情实际出发成功地总结了农民阶级及其土地革命等问题

1-1. 在令人炫目的经济学大千世界上，许多仁人志士沿着人类社会的历史长廊，高举劳动、土地、资本、资源等利益需要的选择大旗，沿着生产、分配、交换、消费的循环发展节拍，从原始社会、奴隶社会到封建社会一步一步前行着。在漫长的奴隶制和封建制的自然经济长夜中，农业、手工业和商业不断地发展变化着，先是地主老财和商业资本家争利于市，不久王公贵族和平民议员争利于朝，接着便是重农和重商的两种经济学人呐喊不休，在封建专制的残雪还没有消融之际，资本和劳动、资产阶级和无产阶级从封建社会的母体中应运而生。这一对孪生兄弟自英法意等国坠地之日起，便因物质财富资源而反目成仇，围绕着剥削与被剥削、统治与被统治进行着殊死搏斗，从此出现了封建势力、资产阶级和无产阶级之间的错综复杂的斗争格局，与此同时诱发了理论经济人之间为服务、维护和解释其根本利益，彼此口诛笔伐、相互指责、怒视和谩骂。一些心地善良的经世济民的人为了追求没有阶级、剥削、压迫的理想社会而著书立说——《理想国》、《乌托帮》和《大同书》等著作成为醒世名言。人类历史上每一个重要的时代，往往都以一个或若干个重要人物作为标志。每个历史应运而生的阶级都需要自己的思想武器、组织体系

和领袖人物，借以组织、领导和统率本阶级的广大优秀分子进行不屈不挠的斗争。正如一位哲人讲的，无产阶级革命通常是“制造舆论，夺取政权，改变生产关系，发展生产力”。他们首先在制造舆论中制造科学理论舆论，“用科学的理论武装人”，并在《共产党宣言》中把共产党人的全部理论归结为“消灭私有制”而进行理论传承和斗争。正像历史上的新生事物发展一样，无产阶级从小到大，从弱到强，从自在到自为的发展过程中，在精神世界上形成了哲学、政治经济学和科学社会主义的主流世界精神，并在这一精神世界中始终把政治经济学视为形成革命和建设理论的主要内容。同时历史活动最终造就了本阶级的思想家、革命家和领袖人物，而马克思和恩格斯便是应运而生的无产阶级的思想家、革命家和领袖人物。马克思毕生为工人阶级或无产阶级和广大劳动人民创造了博大精深的思想理论武器。他始终坚持以生产资料所有制（主要是物化劳动）作为划分阶级的基本经济依据，在《共产党宣言》中明确告诉我们可以把共产党人的理论归结为一句话，即“消灭私有制”。而划时代的《资本论》，被恩格斯比喻是为无产阶级醒世的“工人阶级的圣经”，即“全世界无产者，联合起来”的理论“圣经”。

1－2. 在西方流行一种思维定势，就是一切真知皆来自于希腊，一切信仰皆来自于《圣经》。在阶级思维上也是如此。英文“class”即可翻译为“阶级”也可翻译为“阶层”。西方学者往往是因人而用，并无定论。古希腊先哲亚里士多德在《政治学》中分析认为：“在一切城邦中，所有公民可以分为三个部分（阶级）——极富、极贫和两者之间的中产阶级。”历史表明，古希腊城邦的主人——公民（polites）原意为属于城邦的人。但他们不是指全体成年居民。奴隶、农奴不是公民，边区居民、外邦人也不是公民。而全称的公民是“凡称参加司法司务和统治机构的人们”（《政治学》第111页）。据记载，雅典全盛时代的自由公民的总数，连妇女儿童在内约为9万人，而男女奴隶竟达到36.5万人，被保护和被释放的奴隶为4.5万人。当时所谓全权公民仅指自由民中的成年男子，总数估计在3万—4万人，而出席公民大会的通常不超过3000人（《政治学》第16页）。由此可见，古希腊城邦的民主制实际上只不过是奴隶主阶级的专政。亚氏站在奴隶主的立场上认为，奴隶生来就比常人低劣，没有“理性”，只不过是会说话的工具；奴隶制度是自然的“或”“合乎理性”的制度，奴隶“也是一宗有生命的财产”、“家奴作为生活的工具，就仅仅是人生行为方面的从属”等。后来的

《圣经》以富人与穷人这对经济人来划分其阶级文化并警告富人说，“富人上天堂比骆驼穿过针眼还难”。借以反映了穷人对物质财富要求的贫民宗教性质，但好景不长，不久便被罗马帝国将基督教改变为国教，并将《圣经》导向有利于富人的精神工具形式。

西方经济学的阶级经济人的蜕变

1－3. 资产阶级的社会学家、历史学家或经济学家曾对阶级产生问题作出过种种的解释和说明。他们有一些人用暴力或等级来描述阶级产生的原因。另一些人提出了生物学的、种族的、分工的、神学的及其他一些非生产性的因素来解释阶级产生的原因。还有一些人例如资产阶级古典经济学家们在著作中虽然接触到阶级和阶级矛盾，试图以经济分配或收入方面来说明阶级产生的原因，但他们始终不敢深入到生产领域的生产资料所有制这个十分敏感问题。魁奈首次根据生产“纯产品”及其在社会再生产中的作用把社会成员划分为三大阶级，即生产阶级、土地所有者阶级和不生产阶级。后来马克思和恩格斯肯定并概括地转述了以魁奈为首的重农学派的阶级划分，指出：“重农学派把社会分成三个阶级：（一）生产阶级，即真正从事农业的阶级，租地农场主和农业工人；他们之所以被称为生产阶级，是因为他们的劳动提供了剩余——地租。（二）占有这种剩余的阶级，其中包括土地所有者和依附于他们的家仆，君主以及所有由国家付给薪俸的官吏，最后还包括以什一税占有者这一特殊身分出现的教会。为简便起见，我们以后把第一个阶级简称为‘租地农场主’，把第二个阶级简称为‘土地所有者’。（三）从事工商业的或不生产的（不结果实的）阶级，他们之所以被称为不生产的，是因为从重农学派的观点看来，他们在由生产阶级供给他们的原料中所加上的价值，只是等于他们所消费的由生产阶级供给他们的生活资料的价值。魁奈的《经济表》就是要通过图解来清楚地说明：一个国家（实际上就是法国）每年的总产品，怎样在这三个阶级之间流通，怎样为每年的再生产服务。”① 后来斯密只是在《国富论》的目录上点到了“各阶级人民”的财富分配顺序。而反对他所坚持的双重劳动价值观点的李嘉图同样在收入分配问题上做文章，并在序言上明确指出土地产品应该在土地所有者、资本所有者和劳动者“这三个社会阶级之间进行分配”。尽管他们承认经济关系也是阶级关系，但是，由于他们阶级的和历史的局限性，始终未能认识到阶级产生的根源、本质及其变化规律。相反，他们却一味鼓噪阶级的存在是一种永恒的、合理的社会现象。尽管斯密、李嘉图在著作中羞羞答答地承认了阶级利益矛盾，然而仅只承认资本家和工人一起同地主阶级在利益上有矛盾，并主张工人应和资本家联合起来同地主阶级进行斗争。也许受到李嘉图的三大阶级分配观点的影响，庸俗经济学家萨伊在财富分配上做足了经济舆论。满足于所谓"三位一体的公式"即资本——利润、劳动——工资、土地——地租而各得其所，这样一来，他就将收入分配决定阶级的观点推到了顶峰。在他的心目中，各个阶级已经各得其所，没有什么经济利益好斗争的了。并借助于这个"三位一体"公式掩盖阶级剥削和阶级奴役，以达到维护资产阶级的经济利益，巩固资本主义私有制社会制度之目的。

1-4. 近现代西方经济学家熊彼特、罗宾逊等人尽管在著作中讲到了"社会阶级"，也讲到了工人阶级被剥削，可是他们又认为，这与生产资料私有制无关，而是由于劳动市场的不完全竞争所造成的。其他一些经济学家几乎很少讲到阶级。他们往往用"富人与穷人"、"雇主与雇员"、"企业家"、"资本所有者"或"白领"、"蓝领"等用语替代阶级阶层一词，冲淡了阶级一词的真正含义。现代美国学者又认为如今人人可以炒股、人人成了股东，已经进入到了"人民资本主义"了，"大家致富"后，哪里还有什么阶级！产权经济学家科斯在《企业的性质》一文中只讲"企业家"不讲资本家，更不讲"阶级"分析。但也有例外，美国社会学者吉尔伯特和卡尔合著的《美国阶级结构》选择以职业、收入、财产、个人声望、交往、社会化、权力、阶级意识和流动九个变量，作为认识、分析美国阶级结构体系变化的因素。他们认为，一个阶级就是一群人，他们在经济上共享同一类型的生存机会；并强调，"阶级简单定义就是有关人员的类别等级的统计表"。同时他们在书中还从教育、职业和家庭收入三项标志上将当今美国阶级划分为六种，即资本家阶级、中上层阶级、中层阶级、工人阶级、劳动贫穷阶级和下层阶级。不难看出，该书作者试图从社会学的角度诠释阶级的。至于美国著名经济学家萨缪尔森和诺德豪斯在《经济学》上册讲到三大基本经济问题中"为谁生产"时，曾说到由于物品稀缺"如何在不同的个人和阶级之间分配消费品"问题上轻描淡写地点到了一下阶级。可是当他们谈到政府的效率、平等、稳定三个职能时却只字未提到"阶级"，相反他们在提到了美国的孩子们时用"一个富人的猫喝到的牛奶，也许正是一个孩子维持健康所必需的"

这种似是而非的用语掩盖了阶级利益矛盾。他们用个别替代一般，甚至不厌其烦地谈到资本家和工人，却始终不谈资产阶级和工人阶级，更闭口不谈两大对立阶级的经济根源。后来曾经当过美国克林顿总统顾问委员会主席的著名经济学家斯蒂格利茨在《经济学》中谈到失业、失业分析、劳动力市场、大萧条等问题时是最适合于运用“阶级”分析的却没阶级分析。而被我国一批中青年经济学者推崇的美国经济学家曼昆《经济学原理》下册在谈到“谁是穷人”时列出了一张定性定量的统计表，并在人文标志上依次罗列了白人、黑人、西班牙人、孩子、老人、丈夫时只是作了一点民族分析并未作阶级分析。在他看来，富人或穷人就视同于阶级分析。美国拉什·厄里在《组织化资本主义的终结》一书第六节相继讲到了英、瑞、法、德等国的第三产业上的服务阶级却未从生产领域说明阶级。由于这些资产阶级经济学家站在维护、服务于资产阶级利益的立场上，因而，他们始终未能认识到阶级产生的原因、本质及其发展变化规律。

1-5. 有意思的是，马克思做梦也不曾想到，他在19世纪英国伦敦写作的《资本论》即“工人阶级的圣经”中的一些英国工人阶级的后代，如今在21世纪居然喜欢自称“工人阶级”为荣。权威的美联社说，根据今天公布的一项民意测验结果，三分之二的英国成年人——包括三分之一的中产阶级——声称自己属于工人阶级并“为之自豪”。民意测验机构“市场和民意调查国际”说，在1999年的类似检测中，只有52%的人声称自己属于工人阶级。这个机构把这一比例的上升归因于首相托尼·布莱尔的工党政府的影响。“市场和民意调查国际”的评论专栏还写道：“看来，在现任政府执政期间，工人阶级的团结感获得了惊人的新生；而以常规定义衡量，这一时期英国工人阶级的人数正在减少。”这次调查者同1875名15岁以上的英国人进行了面对面的交谈，并发现67%的人同意以下说法：“归根结底，我属于工人阶级，并为之感到自豪。”大约55%按工作性质来看应属中产阶级的人也同意以上说法。马克思从英国社会经济中的劳动经济人论述到雇佣劳动经济人，进而论述到社会阶级经济人，其理论逻辑是严谨严密的，为后人从经济人观点上研究阶级阶层的历史地位、特点和作用提供了科学方法论。

马克思在阶级理论上的伟大贡献

1-6. 关于阶级，马克思主义创始人使用过“阶级”、“阶层”、“等级”、

"阶梯"等用语来认识、概括和表述经济人或经济群体的本质及其活动。马克思告诉我们："无论是发现现代社会中有阶级存在或发现各阶级间的斗争，都不是我的功劳。在我以前很久，资产阶级的历史学家就已叙述过阶级斗争的历史发展，资产阶级的经济学家也已对各个阶级作过经济上的分析。我的新贡献就是证明了下列几点：（1）阶级的存在仅仅同生产发展的一定历史阶段相联系；（2）阶级斗争必然要导致无产阶级专政；（3）这个专政不过是达到消灭一切阶级和进入无阶级社会的过渡……"[②]在这里，马克思当时所说的历史学家主要是指法国18世纪的历史学家梯也尔、基佑、米涅等人所叙述的阶级斗争历史；而资产阶级经济学家主要是指斯密、李嘉图等古典经济学家从经济利益分配上描述的阶级斗争。马克思和恩格斯同他们的前辈和同辈人不同，他们运用历史唯物主义基本原理，从研究人类社会生产力和生产关系的矛盾运动中科学地回答了阶级产生问题，并明确指出阶级的产生"仅仅同生产发展的一定历史的阶段相联系"。社会历史发展到原始社会末期充分表明，出现剩余劳动或剩余产品是阶级产生的物质前提，由这种剩余产品所转化的生产资料私有制，则是阶级产生的直接原因。而剩余产品和生产资料私有制都是生产力发展的产物，是生产力和生产关系的矛盾运动的结果。由此可见，生产力的发展和私有制的出现才是阶级产生的真正原因。马克思认为，自阶级产生以来，人类社会经历了奴隶社会、封建社会和资本主义社会，而资本主义社会则是三大私有制对抗阶级社会中最发达、最复杂的一个阶级社会。

1-7. 同时他们并不是一般地承认阶级同一定历史阶段上的生产相联系，而且将阶级同资本主义社会中占统治支配地位的生产相联系。用马克思话说："一切社会形式中都有一种一定的生产支配其他一切生产的地位和影响，因而它的关系也支配着其他一切关系地位和影响。这是一种普照的光，一切色彩都隐没其中，它使他们的特点变了样。这是一种特殊的以太，它决定着它里面显露出来的一切存在的比重。"资本主义社会形式中的这种"普照的光"和"特殊的以太"，不是别的，正是资本的生产和资本的生产关系。只有资本的生产和资本的生产关系，才决定资本主义发展全部过程，决定阶级结构和阶级关系，决定资本主义社会的性质和特征。在阶级分析方法上他们和近现代西方学者分析不同，始终紧紧地抓住社会上占有支配社会生产地位的阶级关系即资产阶级和工人阶级之间关系，而不是藐视全面的所谓社会上所有阶级阶层的“变量”分析，因为这种分析必将淡化社会上占有支配地位的阶级关系的主要矛盾和斗争。因此，马克思在《资本论》中分析阶级阶层时，始终紧紧地把握住研究对象——资产阶级生产方式及其相适应的生产关系和交换关系[③]。就是说，他将这一研究对象即将资产阶级生产方式“一分为二”地分为资产阶级私有制经济的生产关系和在自由竞争中市场运行经济的交换关系。在这里，研究对象中的生产关系和交换关系好比船和河、车和道既相联系又相区别一样。在生产关系中人和人，资本人和劳动人是赤裸裸的剥削和被剥削的阶级关系；然而在交换关系中资本和劳动、资本人和劳动人之间的关系，如马克思所说，表面上好似“自由、平等、博爱、边沁”式的一个愿卖一个愿买的自由、平等的交换关系。从上述这两种关系总结为经济概念、范畴之间关系，进而提出了马克思式的经济范畴的人格化，而且是一定的阶级关系和阶级利益的人格化。这时人格化即马克思的经济人是抽象的经济人和阶级人，这种阶级人既不是张三资本家或李四大老板，也不是鲁滨逊和礼拜五式的经济人物，而是具有各自经济利益、追求和偏好的经济人和阶级人。马克思《资本论》被推崇为“工人阶级的圣经”就是阶级经济人的最科学、最生动的经典表述。所以，从这个意义上讲，《资本论》也是一部经典的阶级论。

1－8. 后继者列宁主要依据丰富的革命实践活动概括总结了社会阶级问题。他在《伟大的创举》一文中对于什么是阶级从本质上作了科学诠释，他说：“所谓阶级，就是这样一些大的集团，这些集团在历史上一定社会生产体系中所处的地位不同，对生产资料的关系（这种关系大部分是在法律上明文规定了的）不同，在社会劳动组织中所起的作用不同，因而领得自己所支配的那份社会财富的方式和多寡也不同。所谓阶级，就是这样一些集团，由于它们在一定社会经济结构中所处的地位不同，其中一个集团能够占有另一个集团的劳动。”[④]列宁由于长期为工人阶级和劳动人民解放事业而呕心沥血，结果积劳成病，特别是被白匪女特务枪击后身体虚弱，于1924年与世长辞了。列宁逝世后斯大林继承、捍卫了列宁主义。实践表明，尽管苏联即苏维埃社会主义联盟共和国，其中“苏维埃”为工农兵一语，农民被列为国家政权主体之一，所以苏联对于农民、农业和农村问题给予了十分关注，但对农村阶级的划分与斗争的认识却因斗争跌宕起伏，有一定的主观随意性。农村中有地主、富农、富裕中农、中农、贫农、雇农等等称谓，除了以占有支配土地、耕牛、农具等生产资料作为划分阶级的经济依据以外，还将他们对于共产党及其政治政策的政治态度也作为划分阶级的政治依据，形成了阶级划分的双重或多重标准。当代俄罗斯学者罗伊·梅德韦杰夫在他的专著《让历史来审判——论斯大林和斯大林主义》（上册）回忆写道："十月革命后的头几个月里，富农便通过分配地主的土地巩固了自己的地位。当时的富农占农民总数的20%，拥有40%的耕地。早在1918年8月列宁写道：'富农是掠夺者反对劳动人民政权的暴动无情地镇压下去。这里不可能有中间路线。'后来1919年3月12日，列宁又说：'我们主张以暴力对付富农，但是不主张全部剥夺他们，因为他们自己经营土地，他们的一部分财产是靠自己的劳动积极起来的。要切实掌握这种区别。对地主和资本家实行全部剥夺；对富农则不能剥夺其全部财产。'在党的第八次代表大会上列宁解释说道：'对地主和资本家，我们的任务是全部剥夺。但是对于中农，我们不容许采取任何暴力手段，甚至对于富裕农民，我们也不能像对待资产阶级那样肯定地说：绝对剥夺富裕农民和富农……我们说，镇压富裕农民的反抗，镇压富裕农民。'政治局建议中指出将富农户分为三类。第一类是猖狂抵制组建集体农庄工作和进行反革命破坏活动的富农。建议将这些富农逮捕并流放到边远地区，计有150万人。第二类虽然活动不太猖狂，但毕竟还在抵制实行全盘集体化的有关的富农。建议将这些富农迁移到本州之外的地方。第三类是愿意服从集体化的措施并忠顺对待苏维埃政权的富农。而斯大林反对这些建议。中农被当作富农的，有各种原因，一个中农被剥夺财产是因为曾经向同村人出售十把镰刀。另一中农被剥夺财产是因为出售自己多余的粮食。第三个人是因为购买了一块宅地，第四个人是因为两年前卖了一头牛，第五个人是因为出售鞋掌，第六个人是因为把干草卖给合作社，等等。到1930年底，俄国农村中有大约80%的乡村教堂被关闭，相当一部分神职人员被归入'被剥夺了财产的富农分子'之列。"⑤可见苏联当时阶级划分政策往往是主观的、随意的多变的。

1－9. 毛泽东等老一辈无产阶级革命家从认识、把握中国国情实际出发，对中国农村阶级划分和阶级斗争思想是作出重大贡献的。毛泽东出身于农民家庭，深知农民、农业和农村实际情况，其领导的工农红军主体是农民红军，在漫长的血火游击战争中得出没有农民便没有革命的真理。他在武装斗争、土地革命运动中始终坚持以农民为阶级主体的依靠力量，曾提出"没有贫农便没有革命”的醒世名言。早在1925年12月1日《中国社会各阶级的分析》一文中从生产关系与生产力的矛盾和斗争中将中国社会各阶级划分为地主阶级、买办阶级、中产阶级、小资产阶级、半无产阶级和无产阶级。值得指出的是，《毛泽东选集》这篇首选文章具有五个理论逻辑亮点：第一，将阶级与革命相结合并用革命实践检验其阶级理念。他分析指出：“谁是我们的敌人？谁是我们的朋友？这个问题是革命的首要问题。中国过去一切革命斗争成功甚少，其基本原因就是因为不能团结真正的朋友，以攻击真正的敌人。革命党是群众的向导，在革命中未有革命党领错了路而革命不失败的。我们的革命要有不领错路和一定成功的把握，不可不注意团结我们的真正朋友，以攻击我们的真正的敌人。我们要分辩真正的敌友，不可不将中国社会各阶级的经济地位及其对于革命的态度，作一个大概的分析。”第二，将阶级与国情相结合。他从中国半封建半殖民地社会实际情况出发指出：“在经济落后的半殖民地的中国，地主阶级和买办资产阶级是国际资产阶级的附庸，其生存和发展，是附属于帝国主义的。这些阶级代表中国最落后的和最反动的生产关系，阻碍中国生产力的发展。他们和中国革命的目的完全不相容。特别是大地主阶级和大买办阶级，他们始终站在帝国主义一边，是极端的反革命派。其政治代表是国家主义派和国民党右派。”

1－10. 第三，毛泽东还将阶级与农民相结合。他深入地总结了党内两种错误倾向时严肃指出：“当时党内的第一种倾向，以陈独秀为代表，只注意同国民党合作，忘记了农民，这是‘右’倾机会主义。第二种倾向，以张国焘为代表，只注意工人运动，同样忘记了农民，这是‘左’倾机会主义。这两种机会主义都感觉自己力量不足，而不知道到何处去寻找力量，到何处去取得广大的同盟军。”毛泽东指出中国无产阶级的最大和最忠实的同盟军是农民，这样就解决了中国革命中的最主要的同盟军问题。后来于1933年10月毛泽东专门起草了一篇《怎样分析农村阶级》一文总结当时阶级政策问题。第四，将阶级与劳动相结合。他将生产资料与劳动相结合强调以劳动作为划分阶级标准，指出：地主“占有土地，自己不劳动，或只有附带的劳动，而靠剥削农民为生，叫做地主”。“富农一般占有土地。但也是有自己占有一部分土地，另租入一部分土地的。”“富农一般都占有比较优裕的生产工具和活动资本，自己参加劳动，但经常地依靠剥削为其生活来的一部或大部。富农的剥削方式，主要是剥削雇佣劳动（请长工）。”“中农许多都占有土地。有些中农只占有一部分土地，另租入一部分土地。中农的生活来源全靠自己劳动或主要靠自己劳动。”第五，将阶级与定量相结合。他明确地将定性与定量结合起来进行阶级分析。除了用大、中、小地主，大资产阶级、小资产阶级等经济语言量尺度外，还用绝对数和相对数进行定量分析和说明。“富农约占农村人口百分之五左右（连地主一起共约占农村人口百分之十左右），被称为农村的资产阶级。中国的富农大多有一部分土地出租，又放高利贷，对于雇农的剥削也是残酷，带有半封建性。”“中农在中国农村人口中约占百分之二十左右”。“中国的贫农，连同雇农在内，约占农村人口百分之七十。”“中国无产阶级中，现代产业工人约有二百五十万至三百万，城市小工业和手工业的雇佣劳动者和商店店员约有一千二百万，农村的无产阶级（即雇佣农）及其他城乡无产者，尚有一个广大的数目。”第六，还将阶级与转化相结合从实践表现过程中看待阶级。他指出经过一定时间劳动“表现良好”的可改革其成分。“地主富农在老解放区减租减息时期改变生活方式，地主转入劳动满五年以上，富农降为中贫农满三年以上者，如果表现良好，即可依其现在状况改变成分。”用一句湖南话来讲，当时的阶级政策可谓“草鞋无样，边打边像”。当然，哪一枚奖章都有背面。在剥削阶级制度已经消灭了的社会主义历史新时期，在整个社会经济发生巨变的新情况下，毛泽东本人一度突发奇想，领导和发动了“文化大革命”运动。在运动中将许多我党培养的并忠诚于党的干部、知识分子定为资产阶级知识分子，作为反革命学术权威，而且实行“残酷斗争，无情打击”。并强调要年年讲、月月讲、日日讲“以阶级斗争为纲”。历史实践表明，此时毛泽东本人已根本搞不清敌友我这个革命的首要问题了。

二、希腊、印度和中国的奴隶制、封建制用铁血统治剥削奴隶和农民

原始公有制社会解体后，因社会生产力发展，产生了以奴隶与奴隶主、农民与地主、雇佣工人与资本家为对立主体的三大私有制阶级社会。希腊、印度和中国三大文明古国的阶级产生、划分及其

斗争具有显著的民族性和历史性特征

2－1. 以往西方历史学家、思想家和经济学家关于阶级问题作过种种分析和说明，但都因为他们自身历史的、阶级的局限性，始终不能正确破解阶级存在和发展的根本原因。马克思和恩格斯不同，他们坚持从历史唯物主义出发深入分析指出："生产以及随生产而来的产品交换是一切社会制度的基础；在每个历史地出现的社会中，产品分配以及和它相伴随的社会之划分为阶级或等级，是由生产什么，怎样生产以及怎样交换产品来决定的。所以，一切社会变迁和政治改革的终极原因，不应在人们的头脑中，在人们永恒的真理和正义的日益增进的认识中去寻找，而应当在生产方式和交换方式的变更中去寻找；不应当在有关的时代的哲学中去寻找，而应当在有关的时代的经济中去寻找。"[⑥]众所周知，社会分工和交换极大地促进了生产、生产力的发展。人类在从野蛮时代向文明时代过渡过程中，部落家庭的内部产生了性别、老幼的分工及其内部劳动交换，提高了家庭劳动生产率，在满足了家庭生活生产需要后产品有了剩余，并且由于人的生产是单面的，而人的需要是多面的，人们开始同别的部落进行交换以调剂余缺改善生活。这时，从部落内部交换发展到部落外部交换，在部落之间产品交换中，起初各部落往往通过能说会道有权有势的酋长（或家长）作为代理人，采取部落对部落的公对公式的交换活动，酋长将交换回来的东西假公济私将部分财富据为已有，最后酋长干脆为自己交换，形成了个人对个人的交换即私对私的交换，从此逐渐地产生了私有财产，进而产生了不劳而获的剥削阶级。当游牧部落从野蛮人群中分离出来，标志着人类第一次社会大分工。在第一次社会分工中生产力有了很大提高，财富生产的地域得以扩大和发展，带来了奴隶私有制生产方式。恩格斯说："从第一次社会大分工中，也就产生了第一次社会大分裂，即分裂为两个阶级：主人和奴隶，剥削者和被剥削者。"随着分工扩大，交换频繁和生产发展，原来个别的、偶然的交换行为演变为稳固的经常性行为，尤其从农业生产中分离出来的手工业生产，成为专门为交换而生产商品，于是使生产和交换成为并行同步发展的两个独立产业部门，开始了交换促进并改变生产方式，继第二次社会大分工后，又出现了富人和穷人之间的阶级差别。以后社会产生了第三次社会大分工即一次具有决定意义的重要分工，是一个不生产而只从事商品交换的商人阶级产生了，所以，阶级的产生与分工等生产力发展有着直接的因果关系。恩格斯在《反杜林论》中强调指出："当人的劳动的生产率还非常低，除了必要的生活资料只能提供微少的剩余的时候，生产力的提高、交换的扩大、国家和法律的发展、艺术和科学的创立，都只有通过更大的分工才有可能，这种分工的基础是，从事单纯体力劳动的群众同管理劳动、经营商业和掌握国事以及后来的最简单的完全自发的形式，正是奴隶制。"

2-2. 希腊、印度和中国三大文明古国的阶级划分和阶级斗争具有显著民族性和历史性。在古希腊的氏族社会中平民能否行使权力参加所谓人民大会这种权利机关活动，主要依据他们能否服兵役而定，并由此规定其财产定额和阶级地位。恩格斯在《家庭、私有制和国家的起源》一文中介绍说："凡是应服兵役的男子，都按其财产分为六个阶级。前五个阶级中每个阶级的最低财产额为：一、十万阿司；二、七万五千阿司；三、五万阿司；四、二万五千阿司；五、一万一千阿司。据杜罗·德·拉·马尔计算，这些数目大约相当于一万四千、一万零五百、七千、三千六百和一千五百四十马克。第六阶级为无产者，是由那些没有什么财产、不服兵役和不纳税的人构成的。在新的百人团人民大会（comitia centuriata）上，公民以军防方式按连队来编组，每队一百人，称百人团，每个百人团有一票表决权。但是，第一阶级出八十个百人团，第二阶级出二十二个，第三阶级出二十个，第四阶级出二十二个，第五阶级出三十个，而第六阶级，为了体面起见，也准出一个。此外，还有从最富裕的公民中征集的骑士所组成的十八个百人团；一共有一百九十三个百人团；多数票为九十七票。但骑士和第一阶级合在一起就有九十八票，即占多数；只要他们意见一致，就可能不征询其余阶级的意见，决议也就有效了。"⑦在古希腊雅典全盛时代（公元前五世纪），自由民有九万人，而男女奴隶有三十六万五千人，无权居民、外地人和被释放的奴隶有四万五千人。因此雅典的所谓民主制的国民军，实质上就是奴隶主贵族压迫奴隶的武装力量工具。

2-3. 在古罗马时代依次分为主政时代、共和时代和帝国时代。在主政时代，奴隶主是在氏族中存在和发展，主要是一种家庭内部的奴隶制。当时罗马共和国是一个典型的奴隶制国家。由于连年的对外侵略扩张，大量战俘成了奴隶，大部分奴隶被迫从事农业生产，一部分从事开矿业，还有一些则充当奴隶主的角斗士而被驱使互相残杀或与野兽搏斗，直到角斗士全部丧生或剩下最后一人为止。因此，一旦当上了角斗士就意味着死亡。公元前73年，卡普西的马提西角斗训练所有两百多个角斗士因为他们不堪忍受死亡般的生活，集体逃到了维苏威山上，并推举斯巴达克为首组织进行起义。他们的起义得到了积极响应，起义队伍迅速扩大和发展，在全盛时曾达到20余万人。经过长达三年的起义战斗，几乎所向无敌。但终因历史条件限制，敌强我弱，寡不敌众，奴隶起义终于被镇压下去了。意大利拉·齐万尼奥里著有纪实性文学作品《斯巴达克斯》描述奴隶们的斗争史实，当代美国影视界据此拍摄了经典电影《斗牛士》，再现了当年奴隶们的斗争历史。罗马的奴隶主极为残酷对待在土地上的奴隶劳动。为了防止奴隶逃亡，奴隶身上被打上烙印，在监工的皮鞭下劳动，稍有怠慢或不服从就被关进牢笼里，放出来劳动的也要带上手铐脚链，毫无人身活动自由。奴隶主贵族还驱使一批角斗士到马戏场或剧场里去同狮虎角斗，或者驱使表演互相厮杀的把戏，以奴隶们的生死搏斗和流血牺牲来换取奴隶主们的欢乐。在罗马的提洛岛上有一个很大的奴隶市场，每天有成千上万的奴隶成交。凡是在市场上出卖的奴隶都有特别记号，脸上涂上白粉，头上戴上花冠或是顶帽，脖子上挂上一块小牌子，写上奴隶的年龄、出身和价格。后来古希腊荷马的叙事诗《奥德赛》中这样评述说："奴隶是怠慢的，如果主人不用严厉的命令强迫，奴隶自己不会起劲地做工。"

2-4. 印度的种姓阶级制度是与生俱来，世袭相传的。在原始社会后期，印度雅利安人入侵印度河上游地区。经过长期战争，土著居民族被征服、被奴役。雅利安人为了把自己（白肤色）同"黑皮肤"的土著居民区别开来，开始使用"瓦尔那"原意是"颜色"、"特征"或"种类"。并用这种制度规定一个人一生只能居于某一瓦尔那，终身不变。于是有了作为征服者的雅利安瓦尔那（Ara-xarna）和作为被征服、被奴役者的达萨瓦尔那（Dasa-xarna），随着雅利安人的社会变化，从事祭祀的僧侣和以部落首领为首武装侍从集团，逐渐地从雅利安一般人民大众中脱颖出来，而演化成为两个特权等级。这样，原来统一的雅利安瓦尔那便分裂为三个等级，加上被征服的土著居民，整个社会便出现了四个等级。《梨俱吠陀》最后一篇普罗莎赞歌是这样反映的，当请神分割一个原始巨人普罗莎时，由其肢体的不同部分转化成四种不同等级："他们嘴变成了婆罗门，他的双臂变成了罗惹尼亚，他们的双腿变成了吠舍，由其双脚出生首陀罗。"一个巨人的嘴、臂、腿和脚的生理结构竟成为四个阶级人的永生永世的自然基础。换句话说，只要人的四肢存在，四个阶级便永远存在。一般认为普罗莎赞歌是后来附加的，在公元前9—前8世纪四个等级已经出现了。第一阶级是僧侣等级的婆罗门列为第一位；第二阶级是罗惹尼亚（意为王族）被列为第二位；第三阶级，是吠舍，即雅利安人一般人民大众；第四阶级首陀罗是由脚出生的，即不洁净、卑下之意即只列第四位。于是在印度形成了世袭不变的阶级烙印：（1）种姓与职业，各种姓职业是世袭不变的。各种姓必须遵循自己的职业生活。（2）种姓与婚姻，种姓内婚制和上述的种性职业世袭化，是古代印度种姓制度的两个基本特征。（3）种姓与宗教，前三种与后一种有严格区别。文献还规定："在家教仪式上，首陀罗只能为首级种姓的人洗脚，因为他们是由神的脚创造出来。"

2-5. 中国的阶级文化显然与印度有些不同，夏、商、周三代奴隶社会有三种主要奴隶即农业奴隶、战俘奴隶和家务奴隶。从中国古代历史的记载和殷墟发掘所获的材料来看，远在公元前2000多年前，我国原始社会就逐步解体，阶级分化日益明显，从夏代便产生了奴隶制国家。从夏开始，出现了世袭的国王作为统治阶级的代表，设立了专门管理国家机关，还修建了城廓沟池，建立了军队，制定了刑法，修造了监狱，以保护奴隶主贵族经济利益和特权。夏以后的商代王国，在商族首领成汤驱逐了夏族以后，占有了黄河流域和渤海沿岸的肥沃地区，发展为奴隶制的大国（后来由于商王盘庚迁都于殷，所以商代又称殷代）。这是我国古代典型的奴隶制社会。国王是奴隶主贵族的总代表，直接控制着大量的土地和奴隶，掌握着这个国家的统治权。王侯、王族、"子族"、"邦伯、师长、百执事"和商王国内的其他异姓贵族，是商代奴隶主阶级称谓；"众"、"众人"、"畜民"、"臣"、"妾"等是奴隶阶级称谓。这时统治阶级和被统治阶级、剥削阶级和被剥削阶级的界线非常清楚。为了镇压奴隶和对外掠夺，商代奴隶主贵族建立了庞大军队，作为维护统治阶级的重要工具。在商王的墓葬中发现了无数用来进行屠杀的戈矛等等武器，就是典型例证。奴隶主国家还设置了监狱，制定了严酷的刑法。甲骨文中的"圉"（yu 语），就是那时拘禁犯人的监狱。详见后页附表。当时的刑法，有炮烙、割鼻、剖腹、桎梏、流放、活埋，直到把人剁成肉酱或放在臼中捣死。这一切证明了商王朝是建立在奴隶主对奴隶的残酷剥削和血腥镇压基础上的奴隶制国家。大量奴隶最早来源于战争中的俘虏。传说夏启征伐了有扈氏后，就罚他们做"牧竖"（奴隶）。商朝在灭夏前后的一系列战争中，掠夺了大批俘虏做奴隶。后来，随着生产力的进一步发展，奴隶主便使用大批奴隶到田野和工场中去做工，自己不再参加劳动，而且强迫奴隶劳动。奴隶的来源，除了战争中的俘虏以外，还有一种债务奴隶，富人剥削穷人并把负债的穷人变成自己的奴隶以人顶债。由于财产愈来愈不平均，贫富分化愈来愈大，贫者沦为奴隶，富者成为奴隶主。中国西周孝王时代的《曶（hu 忽）鼎》铭文中曾有奴隶的价格：五名奴隶等于一匹马加一束丝。在商代，奴隶主贵族把奴隶当成牲畜一样来赏赐、交换和屠杀。从商代奴隶主的大小墓葬中，发现了有活活被生殉或者杀殉的奴隶，少则十余人，多达几百人，其中有男有女，甚至还有儿童。甲骨文中，有用人作祭牲，和牛羊犬豕同用的记载，最多的一次达到上千人。

2-6. 自清代著名学者王国维提倡双重历史法后，在史学界便开始依据文献和文物的双重方法诠释历史人物和事件。我国著名史学家、思想家和文学家郭沫若在他的《奴隶制时代》[8]中评述说，郭宝钧先生所发表的《殷周殉人之史实》表明："侯家庄的殷陵，每一亚字形大墓的殉葬者应当在四百人左右。墓底正中小方坑中一人，亚字形八隅八小方坑中各一人，合共九人以上。南北墓道外，身首异地而殉者每排十人，可二十余排，在二百人以上。大墓周围的殉葬小墓多可二十，每墓五人至十人不等，平均以七人计，可有一百四十人。尚有随仪仗行列而殉者，被盗掘者混乱，数无定。这样算来，每一大墓总当有四百人左右的殉葬者。西区大墓六，一墓如此，（他五墓大体亦若是）。那么单是西区的殉葬者便可有二千四百人了。（东区亚字形大墓一，长方形大墓二，墓内葬法如西区），那么单这三座大墓的殉者又可能有一千人以上了。而在这之外还有（其西侧另有殉者多列），墓呈员字形，多至数十排，每排十墓，每墓十人，又可以有数千人了。这些还只是侯家庄的殉墓者，殷墟宫室作地下拱卫的人未算在内。两地合起来，无论怎样，应该有四五千吧。"郭老评述后断言，"如此大规模的殉葬确实可以惊人"。"公元前三千五百年的巴比伦王乌尔墓前年被发掘，殉葬者五十九人，已经震动了全世界，和殷陵比较起来，真可以说是小巫见大巫了。如此大规模的殉葬，毫无疑问为我们提供了殷代是奴隶社会的一份很可宝贵的地下材料。"（《奴隶制时代》第 69 页）后人使用木俑或陶俑来替代用活人殉葬当是极大的进步。由此可见，奴隶占有制生产方式的产生，原因同样是社会生产力的增长，剩余产品的出现，包括土地在内的生产资料私有制的产生，生产资料所有者对剩余产品的占有，直到奴隶主不仅占有土地生产资料，而且还占有劳动者人身。这样就产生了人类历史上第一个人剥削人的制度——奴隶主占有制。

2-7. 奴隶主占有制的基本特点：第一，也就是它同后来的封建社会和资本主义社会的生产体系不同的地方，就在于：奴隶主不仅残酷地剥削奴隶劳动，而且占有奴隶的人身；奴隶不但没有生产资料和充分的生活资料，而且被剥夺了一切权利，丝毫没有人身的自由。在奴隶主占有制下，生产关系的基础是奴隶主占有生产资料并占有奴隶本人，奴隶主可以把奴隶当做牲畜来买卖、打骂和屠杀。一方面是奴隶主占有奴隶劳动生产力、进行残酷剥削的奴隶主阶级，另一方面是受到残酷剥削、没有劳动兴趣的奴隶阶级，他们之间的阶级矛盾是不可调和的。因此，任何以奴隶制为基础的生产，以及建立在这个基础上的社会，都要由这一阶级矛盾和斗争而归于灭亡。第二，奴隶主占有制的集体劳动和分工虽然比原始社会有了较大的进步，但因奴隶只能使用最粗糙、最简单的生产劳动工具，以致很难提高劳动生产率。马克思在《资本论》中总结指出："这是以奴隶制为基础的生产所有昂贵的原因之一。按照古人恰当的说法，劳动者在这里只是会说话的工具，牲畜是会发声工具，无生命的劳动工具是无声的工具，它们之间的区别只在于此。但劳动者本人却要让牲畜和劳动工具感觉到，他们和它们不一样，他是人。他虐待它们，任性地毁坏它们，以表示自己与它们有所异同。因此，这种生产方式的经济原则，就是只使用最粗糙、最笨重、因而很难损坏的劳动工具。"第三，奴隶主占有制生产方式必须在奴隶主经常得到奴隶的条件下才能维持生产。但奴隶并不是可以源源不断得到补充的。因而必然引起社会生产严重缺乏劳动力，以致不能继续维护奴隶生产劳动。于是社会便由奴隶社会进入到封建社会。对中国古代社会历史，郭沫若在《奴隶制时代》的《中国古代史的分期问题》一文中将公元475年作为中国社会历史分水岭⑨。他认为在这个时点之前的是奴隶社会之后的是封建社会。在中国周代，井田制与采邑制、宗法制、分封制和礼制共同构成了周代社会不同于其他社会历史时代的基本特征。由奴隶制演变为封建制是以土地生产资料所有制主体改变形成的，是以井田制蜕变为初税亩作为基本特征的。后来《孟子》曾描述说："方里而井，共九百亩，其中为公亩，八家皆私百亩，同养公田。"就是说在实行井田制的地方以"方里而井，井九百亩"，地主取其中间为公田，其余周边八块土地为私田由农民自行耕种，并要随时无偿地助耕地主公田，或许算做一种劳役地租，这就是井田制度。这种公私兼营的土地制度自然形成了“公退私进”的蚕食局面。到了春秋宣十五年实行“初税亩”，从此井田制便解体了。从土地公有到土地私有，是从奴隶制到封建制的社会转型期。我国学者钱穆先生将这种转型归纳为六条：1. 推行郡县制，政府直辖下的郡县代替了贵族世袭的土地；2. 废除井田制；3. 农民军队兴起；4. 工商都市发展；5. 解放山泽禁地；6. 使用货币市场。封建制，按照郭沫若说法有旧新两种封建制度人文表述：“旧时的所谓（封建制）是封诸侯、建同姓的意思，那在实际上只是建立一些比较原始的殖民部落，有的是同姓的分支，有的是异姓的联盟，但在社会经济的本质上和我们现今所用的封建制这个术语是完全不同的。我们现今所了解的封建是从生产方式的某种形态着眼的”，而新的表述是指斯大林表述的“在封建制度下，生产关系底基础是封建主占有生产资料和不完全占有生产工作者，这生产工作者便是封建主虽然不能屠杀，但仍可买卖的农奴”（同上书，第2—3页）。附我国商代象形文字所见的刑罚：

象形文字表

 （幸）	幸就是古代的手拷、脚拷
 （执）	把双手用“幸”拷起来
	把人活埋在地穴内
 （圉）	圉就是关人的监狱
	把脚用“幸”拷起来
 （劓）	用刀把鼻子割掉
 （伐）	用戈把头砍掉

三、资产阶级运用硬实力和巧实力统治剥削广大劳动人民

资产阶级大致经历了两个时期，在封建社会中孕育为资产阶级，在资本社会生成为统治经济。并运用私有制经济和市场运行经济的双轨制，在流通领域采取了自由、平等等巧实力形式，而在生产领域则剥削相对剩余价值等硬实力形式

3－1. 在生产资料所有制这个“干细胞”的克隆之下，人类历史相继产生了三大私有制经济社会形式，有如一生为卵、二生为蛹、三生为蝶一样，资产阶级蜕变为一只令人炫目的资本主义社会主体。资产阶级挣得为统治剥削阶级地位大致经历了两个主要阶段：第一，在封建私有制母体孕育时期，《共产党宣言》鲜明指出欧洲“从中世纪的农奴中产生了初期城市的自由居民，从这个市民等级中发展最初的资产阶级分子”。还有一些贵族、骑士演变为资产阶级分子，而这些分子深知他们身单力薄，便利用无产阶级求解放争自由的要求，他们主动联合无产阶级向地主阶级进行斗争；在斗争过程中，资产阶级充分利用了文艺复兴和启蒙思想运动等人权精神力量，和反映商品经济内在要求的自由、平等等精神武器，诱使无产阶级和劳动人民群众和他们一起同地主贵族进行搏斗，使自己成为独立自主的资产阶级。第二，资产阶级一旦挣得社会的统治阶级地位后，他们一方面化敌为友，协助没落的地主阶级改头换面成为土地资本家，壮大私有制的经济力量和阶级基础；而另一方面又化友为敌，他们和土地资本家一道同往日的盟友雇佣工人阶级进行残酷的阶级剥削斗争。在整个阶级斗争过程中，资产阶级运用两种实力即“硬实力”和“巧实力”即大棒加胡萝卜。他们在流通领域运用“巧实力”雇佣工人的劳动力。正如马克思《资本论》所深刻描述的，这时资本需要劳动生产财富，而劳动者则需要资本维持生活，交换双方本着所谓自由、平等等商品文化精神愿买愿卖，然而流通领域这一买卖现象仅仅是转瞬即逝

的一种外观，当劳动经济人跟随资本经济人一起踏入资本家的“非请莫入”工厂大门后，人们“就会看到，我们的剧中人的面貌已经起了某些变化。原来的货币所有者成了资本家，昂首前行；劳动力所有者成了他的工人，尾随于后。一个笑容满面，雄心勃勃；一个战战兢兢，畏缩不前，像在市场上出卖了自己的皮一样，只有一个前途——让人家来鞣”[10]。于是资本家亮出了他们的硬实力。“资本是死劳动，它像吸血鬼一样，只有吮吸劳动才有生命，吮吸劳动越多，它的生命就旺盛”，冷酷无情的商品价值生产进而剩余价值生产便真正开始了。

3-2. 资本家从劳动市场上购买劳动力——雇佣工人，并不上是看好雇佣工人而是看好雇佣工人的劳动，他心里明白他所付给雇佣工人的工资价值和他在支配、驱使雇佣工人在劳动过程中所创造的价值是不一样的，它们之间有一个不小的价值差额，即雇佣劳动所创造的价值大于资本家所付的工资价值，这个大于的价值即剩余价值或简称为利润白白地被资本家阶级所占有。尽管三大私有制生产本质或占有社会劳动上是相同的，但资本主义生产方式同历史上的奴隶社会、封建社会的生产方式或表现形式还是有些不同，它并不是采取人身依附、赤裸裸的剥削方式。用马克思的形象比喻就是，古希腊罗马的奴隶是用铁链锁着的，而资本主义的雇佣工人是用隐蔽的、无形的线牵着的。资本主义在原始资本积累时期，是用血和火进行的，之后采取的剥削基本方法，无论是绝对剩余生产方法还是相对剩余价值方法，都是野蛮的残酷无情的硬实力。马克思和恩格斯形象指出，资本只要看到劳动者还有一块肉、一根筋、一滴血可供榨取绝不肯罢休的，像狼一样的贪欲。马克思总结指出，“资本主义生产——实质上就是剩余价值生产，就是剩余劳动的吸取——绝对地延长工作日，不仅使人的劳动力由于被夺去了道德上和身体上的正常发展和活动的条件而处于萎缩状态，而且劳动力本身未老先衰和死亡。它靠缩短工人的寿命，在一定期限内延长工人的生产时间。”现在让我们看看马克思《资本论》中引证的英国官方披露的调查报告资料，摘录介绍如下：

人是人，人不是鬼

3-3. 资料之一：“伦敦的面包工人通常在夜里11点开始干活。他先发面，这是一种极费力气的活。根据烤制面包的数量和精粗程度，需要半小时到三刻钟。然后他躺在那块兼作发面盆盖子的面板上，拿一个面袋枕在头下，再拿一个面袋盖在身上，睡几个钟头。然后他一连紧张上5个小时，把面揉好，分成一块一块，做成面包的样子，放到炉里去烤，再从炉里取出，等等。烤炉房的温度达75度到90度，小烤炉的温度还要高些。各种各样的面包做成后，分送成包的工作又开始了。短工中的一大部分人，刚刚结束上上述繁重的夜间劳动，又要在白天提着篮子或推着车子挨户送面包，有时，他们还要再在烤炉房里干些别的活。根据季节和营业范围的不同，劳动在下午1点到6点之间结束，而另一部分工人则在烤炉房里一直忙到晚上。在伦敦社会冬季季节，伦敦西区烤制‘全价’面包的工人通常是在夜里11点开始干活，一直忙到第二天早晨8点，中间只稍微休息一两次。然后就叫他们运送面包，或有时在烤炉房烤面包干，一直干到下午4点、5点、6点甚至7点。活全干完了才睡6个小时，有时只睡5个或4个小时。到了星期五，总是提前上工，大约从晚上10点开始，不停地烤制面包或发送面包，一直忙到星期六晚上8点，而在大多数情况下，要一直干到星期日4点或5点。就连出售‘全价’面包的第一流面包房，到了星期天，也要为第二天做4—5小时的准备工作……”

3－4. 资料之二：卫生局的里特比医生当时说：“成年的人寝室至少要有300立方尺空气，而住房至少要有500平方尺。”伦敦一家医院的主任医生理查逊说：“各种女缝纫工——女裁缝工——女时装工、女服饰工、普通女裁缝，都有三种灾难，这就是劳动过度，空气不足，营养不良或消化不良。一般来说，这种劳动对于妇女无论如何要比男子更为适宜。这种行业的不幸，特别在首都，是在于它被26个资本家所垄断，这些资本家利用资本所产生的权势，硬要从劳动里实现节约（他的意思是说：靠浪费劳动力来节约费用）。在整个女缝纫工阶级中都感受到了资本家的这种权力。如果一个女服装工揽到了一些顾客，那末由于竞争，她必须在家拼死命地干，才能把顾客维持住，而且她必然要让她的助手同样从事过度的劳动。如果她抢不到生意，或者不能再独立经营下去，她就到一家裁缝店去做工，在那里，活并不轻，但收入有保障。处于这样的地位，她就变成了纯粹的奴隶，随着社会的动荡而漂泊不定；她时而呆在家里的小房间里挨饿或近乎挨饿；时而又要在一昼夜劳动15、16甚至18小时，而她们劳动的场所空气闷得几乎令人喘不过气来，同时她们吃下的东西，哪怕吃得还不坏，由于缺乏新鲜空气，也消化不了。纯粹由于空气不良而造成的肺病，就是靠这些牺牲者而存在的。”

3-5. 资料之三："累死——这是目前普遍存在的现象，不仅在时装店是如此，在很多地方，在一切生意兴隆的地方都是如此……我们试以铁匠为例。如果可以相信诗人的话，那末世界上再没像铁匠那样强健、那样快活的人了。他大清早就起来，太阳还没有出来，就叮当叮当地打起铁来。他比谁都吃得多，喝得足，睡得好。单就身体条件来说，看看这些健壮的汉子所担负的劳动重担，看看他们在我国的死亡表平均死亡率高11/1000。打铁几乎是人天生的技能，本来是无可非议的，只是由于过度劳动才成为毁灭人的职业。他每天能打这么多锤，迈这么多步，呼吸这么多次，干这么多活，平均能活比方说50年。现在强迫他每天多打这么多锤，多迈这么多步，多呼吸这么多次，而这一切加在一起就使他的生命力每天多耗费1/4。他尽力做了，结果在一个有限的多干了1/4的活，但是他活不到50岁，他37岁就死了。"理查逊医生《劳动与过度劳动》的述评载于1863年7月18日《社会科学评论》。在资本主义世界里，"道德和自然、年龄和性别、昼和夜的界限都被摧毁了。"

3-6. 资料之四："当然，这些'劳动力'文化程度，必然会像他们和一位调查委员进行下述谈话时表现出来的那样！耶利米·海恩斯，12岁，他说：'4的4倍是8，而4个4是16……国王是有一切金钱和黄金的人。我们有个国王，据说他是女王，他们叫她亚历山得拉公主。据说她嫁给了女王的儿子。公主是男人。'威廉·特纳，12岁，他说：'我不是住在英国。我想，是有这么一个国家，但以前根本不知道。'约翰·莫利斯，14岁，他说：'听说上帝造了世界，又听说所有的人都淹死了，只有一个活着；听说，这个人是一只小鸟。'威廉·史密斯，15岁，他说：'上帝造了男人，男人造了女人。'受德化·泰勒，15岁，他说：'我根本不知道伦敦。'亨利·马特曼，17岁，他说：'我有时到教堂去……他讲道时提到一个名字，叫耶稣基督，其他的名字我都说不上来了，就连耶稣基督是怎么回事，我也说不上来。他是被杀死的，而是像平常人那样死去的。他和别人有些不同，因为他有些信教，别人不信。'"（《童工调查委员会。第4号报告》（1865年）第74号第VX页）"魔鬼是好人。我不知道他住哪儿。基督是坏蛋。""这个女孩（10岁）把God（上帝）念成Dog（狗），而且不知道女王的名字。"（《童工调查委员会。第5号报告》（1866年）第55页第278号）。如果说，英国儿童在吃人工厂遭受摧残折射了资本主义文学家要比经济学家更深刻地描绘了资本主义万象。法国著名文学家雨果凭着良知和胆识揭露了资本主义社会的黑暗和贪婪。他在《悲惨世界》中写道："流浪儿童遍布巴黎。据统计，警察巡逻队平均每年都要从没有围栏的空地上、楼房建筑工地和拱桥下收容约二百六十个流浪儿。在那些孩子们筑窝的地方中，有一处一直很有名，出产'阿尔科尔桥的飞燕'。社会病态，在那里可谓登峰造极，人间丑陋均源自儿童的流浪生涯。"马克思在《1844年经济学哲学手稿》中将雇佣劳动及其后果作了形象而深刻的比喻和说明，他说劳动创造了财富，而劳动者本人却一贫如洗。因此，在马克思看来，只有消灭生产资料私有制及其市场经济的社会形式，才能为实现社会主义公有制和计划经济奠定物质技术基础，这时人才有可能是人的世界，国家和社会，人真正回归于人的本来意义，人才不是鬼，而是真正的人。

人是人，人不是神

3－7. 如前所述，我们应该将资本主义社会经济一分为二，即划分为资本主义的私有制经济和市场运行经济，尽管两者之间有区别、有联系，但分析它们之间的区别是重要的，正像人们区别车与道路、船与河流的意义一样。资本主义生产方式的历史逻辑出发点是商品，而且它把一切都商品化、货币化和资本化，最终连人的良心、名誉都是可以买卖的商品对象，所以，资本主义生产是商品生产，资本主义社会是商品社会。马克思在《资本论》开篇中写道，他的研究将从商品分析开始。并在商品这一章的每一节的开篇都从商品分析开始，即从商品——价值——劳动——经济人作系统分析。第一节，从商品是资本主义社会生产方式的财富细胞形式开始，第二节从商品二重性的使用价值和交换价值分析开始，第三节从商品历史的交换价值形式分析开始，第四节从商品在市场上的神秘性分析开始。这时，商品的这种神秘性不仅仅深深地刻印在资本家的头脑里，也深深地影响着所有经济人的言行。

3－8. 在商品价值生产、价值决定中的企业或公司的内部，商品生产者本人生产什么、如何生产和为谁生产他是清清楚楚的，他也清清楚楚知道商品是为了交换而生产的劳动产品，可是，商品生产者却不知道他交换的买方在哪里。那么，商品的价值如何表现、如何实现呢？换句话说，这时他的商品的价值不能独立地自我实现，而是相对地通过另外一种商品来证明和实现，正如一个人只有通过一面镜子才能看到自己的面貌一样。商品从一方面看是物质，具有使用价值属性，其价值原本是雇佣工人运用劳动资料（主要是生产工具）作用于劳动对象而生产的物质产品——本质上是：劳动者＋劳

动资料 + 劳动对象 = 劳动产品。但人们在商品市场观念上，往往将他生产商品的劳动叫做价值，把生产耗费的劳动时间叫做价值量或叫做价格量，进而把人们之间交换劳动的关系，叫做商品与商品、物与物之间的关系。这时人们从直观出发一步一步地走进梦幻般的商品世界。马克思将《资本论》第一卷第一篇商品的论述即以劳动二重性为核心的劳动价值诠释得十分精辟和透彻，其他篇章只不过是对它的展开和补充。在商品这一章的基本思路是这样展开的：商品价值的劳动是什么劳动，劳动如何成为价值，劳动如何形成为价值以及劳动为什么成为价值。那么，劳动就是劳动，劳动因何如何就成为价值了呢？《资本论》第一卷第一章商品的第四节商品的拜物教性质及其秘密，是马克思对价值作了最生动的刻画和描述，是劳动价值理论的完成和总结。这说明在市场经济条件下，每一个经济人产生了浓重的、甚至虔诚的商品拜物教或拜金主义。人通过物来认识、确认自己，结果人在无意之中将自己当做半人半神了。像旧上海大世界的"哈哈镜"一样将人扭曲反映。

3－9. 马克思用历史社会生产方式作出比较分析时，揭示人类劳动为什么在资本主义社会变成了价值的原因。他首先依次分析了原始社会、奴隶社会、封建社会的生产方式说明这些社会生产并不存在神秘性，因为人们过着人身依附、半依附的自然经济的物质生活。一个村里的人家张三收割李四编筐，彼此都清楚对方劳动产品耗费了多少劳动时间，因而人们对于生产品并不存在宗教式的虚幻形式。马克思紧接着指出未来的社会主义生产方式，他说："设想有一个自由人联合体，他们用公共的生产资料进行劳动，并且自觉地把他们许多个人劳动力当作一个社会劳动力来使用。在那里，鲁滨逊的劳动的一切规定又重演了，不过不是在个人身上，而是在社会范围内重演。鲁滨逊的一切产品只是他个人的产品，因而直接是他的使用物品。这个联合体的总产品是社会的产品。这些产品的一部分重新用作生产资料。这一部分依旧是社会的。而另一部分则作为生活资料由联合体成员消费。因此，这一部分要在他们之间进行分配。这种分配的方式会随着社会生产机体本身的特殊方式和随着生产者的相应的历史发展程度而改变。仅仅为了同商品生产进行对比，我们假定，每个生产者在生活资料中得到的份额是由他的劳动时间决定的。这样，劳动时间就会起双重作用。劳动时间的社会的有计划的分配，调节着各种劳动职能同各种需要的适当的比例。另一方面，劳动时间又是计量生产者个人在共同劳动中所占份额的尺度，因而也是计量生产者个人在共同产品的个人消费部分中所占份额的尺度。在那里，人们同他们的劳动和劳动产品的社会关系，无论在生产上还是在分配上，都是简单明了的。”（《资本论》第1卷第95—96页）这个简单明了计量的劳动和劳动产品的社会关系实质不是生产资料公有制，不是计划经济又是什么呢！社会存在如此“简单明了”自然而然地将人的神性还原为人性了。

人是人，人不是物

3-10. 在资产阶级私有制经济和市场运行经济的双重活动中，人与人、阶级与阶级之间关系和联系，是经过商品（物）这个枢纽相结合、联合在一起的，而且人在商品经济世界中忽人忽物、忽物忽人地转换其人物角色。流行于世的“人物”一词兴许就是人们将人与物有机结合一起的习惯用语。我国理论经济学界自新中国成立以来环绕着马克思劳动价值论争论不休，其中一个主要的原因是商品价值究竟是由什么样劳动创造的，是活劳动还是物化劳动。坚持物化劳动也创造价值有一个重要的认识原因。比如，面包，人们首先映入眼帘的是商店橱柜中的面包（物），买面包的人此时不会去联想种小麦的农民劳动，面粉厂磨坊主的劳动，面包师的烤制劳动，也不会联想到营业员的销售劳动。一个人在他的视野中，如果去掉农民、磨坊主、面包师和营业员等人的劳动，还会有面包吗？人们除了吃的面包以外，穿、住、行、用等生活物质资料产品也是如此。卖房买房的双方碰面后，先在售房展厅看到平面图，再看到立体模型，然后再去样品房实地参观，试问这时有谁还会联想钢铁工人、水泥工人和各种建筑工人的劳动呢？经济现象就是这样存在着，而且由于各种劳动者的劳动形态有潜在的、流动的、物化的三种转换形态，因而就愈发助长了人们见物不见人，见结果不见过程。

3-11. 从劳动的潜在形态（即有劳动能力）、流动形态（劳动者正在运用劳动资料作用于劳动对象的过程）和物化形态（劳动过程终结生产出一个半成品或成品）看，由于市场经济以交换其劳动结果为实体，于是交换双方以各自的商品（物）作为交换的对象，这样才能便于比较、计算和交换。由此可见，交换的双方均以商品（物）和货币（物）作为出发点和着眼点，这时我们看到的只是人的劳动结果或物化的结晶劳动。如前所述，买房人只是到开发商的展销大厅看看图表、模型和样板房等物质表现形式，已看不到甚至根本不去联想建筑工人劳动，同样人们在商店里只看到琳琅满目的各式各样的物质商品，也看不到生产各种物质产品的工人劳动了。存在决定意识。人就是这样认识事物的。商品交换是转瞬即逝的过程，人不会去倒果为因，不会逆向思维，因此，人们都把劳动结果的品质如何看做是一种尺度。资本家在市场（劳动市场、原材料市场）上用其资本货币选购生产过程所需要的劳动者、劳动资料和劳动对象，他在意识流中把三者都视为生产资料，这时，在他的视野中人与物一体了，同样都是有形有价的统一物品。

3－12. 发财致富是资本主义生产方式的绝对规律。资本家是资本的人格化，所以，追逐剩余价值或利润成为资本家生产经营的绝对动机和目的。资本家在剩余价值生产过程中“不仅突破了工作的道德极限，而且突破了工作日的纯粹身体的极限。它侵占人体成长、发育和维持健康所谓需要的时间。它掠夺工人呼吸新鲜空气和接触阳光所需要的时间。它克扣吃饭时间，尽量把吃饭时间并入生产过程，因此对待工人像对待生产资料那样。给他吃饭，就如同给锅炉加煤、给机器上油一样……在这里，不是劳动力的正常状态的维持决定工作日的界限，相反的，是劳动力每天尽量的耗费（不论是多么强制和多么痛苦）决定工人休息时间和界限……它靠缩短劳动力的寿命来达到这一目的，正像贪婪得无厌的农场主掠夺土地肥力来提高收获一样”。在利润最大化的驱动下，用绝对的和相对的剩余价值生产方法将雇佣工人折磨得人不人、鬼不鬼。重要的是，资本和劳动各自把对方人物化了，你给钱，我给物，并以物（商品）面貌出现在商品交换市场上。因此，在马克思和恩格斯看来，资本主义私有经济及其载体的市场经济必须用社会主义生产资料公有制及其计划经济来取代，这样人才是人，不是鬼，不是神，也不是物。“因此，它是人向自身、社会的（即人的）人的复归”，“人终于成为自己的社会结合的主人，从而也就为自然界的主人，成为自身的主人——自由的人”。那么21世纪也是这样的吗？

3－13. 现在让我们把视角从19世纪转向21世纪。再看看发达资本主义国家有自动装配线的大公司中，工人们愤怒地抱怨：“速度总是太快！”“这简直不是人干的工作”，“经理们想得到的是超过工人能量所及的东西”，“每天干同一种活，白天黑夜都这样干”，“简直像在牢房一样”，“工头还老是催我们快快快！”前不久，《参考消息》转载了一则西方著名通讯社法新社的消息说，加拿大前总理克雷蒂安坦称西方世界“傲慢、自满、贪婪和无所顾忌”。他在这里所言带有一点忏悔或哀鸣式的提醒，实际上是资本人格化对雇佣阶级人创造的剩余价值（利润）贪婪的另一种自白。2008年法新社蒙特利尔9月12日电称，加拿大总理让·克雷蒂安在今天播出的一部电视纪录片中说西方的“傲慢”和“贪婪”是引发美国“9·11”袭击的一个因素。克雷蒂安说，西方世界“与穷世界相比过于富裕”，它看上去“傲慢、自满、贪婪和无所顾忌”。这位总理在加拿大广播公司公共电视台7月份录制的一部分纪录片中说：“9月11日是一个机遇，让我更加深刻地认识到这些。”克雷蒂安说，他在过去一年曾经要求华尔街巨头不要实施金融操纵，牺牲贫穷国家的利益。但要想华尔街世界改弦更张很难，正像一个人不可能抓住自己的头发把自己提升起来一样。席卷全球的金融危机使资本主义世界濒临灭顶之灾，然而小布什总统作为华尔街世界总代表，在全球G20会议上仍然有气无力地抓住西方自由市场、自由企业等制度不放；小布什的继任者奥巴马在竞选中一路上高喊着“改变”，然而当奥巴马登上了总统宝座后，依然念念不忘坚持西方的“自由市场制度”。可是也有例外。作为美国资产阶级喉舌的美国《时代》周刊在评选拯救金融危机有贡献人士时说：“这是谁的功劳？首先是大量的工人，他们背井离乡，在中国繁荣的沿海城市的工厂中打工。在（深圳）附近的一家工厂我们找到了这些引领世界实现经济复苏的人们：中国工人。”（引自香港《南华早报》2009年12月19日）

四、人类不断地追求消灭阶级及阶级差别的无阶级社会

中国古代孔子有大同世界观，近现代洪秀全、康有为和孙中山向往、憧憬大同之世、天下为公、无阶级的大同社会。在西方，从柏拉图的《理想国》到莫尔的《乌托邦》设想“人人平等，人人自由，人人皆兄弟”的无阶级社会

4-1. 在古代中国，人们曾把理想社会称为“大同世界”或“太平盛世”。西汉人戴圣编辑的《礼记·礼运篇》中曾转述了孔子（公元前551—前479）关于“大同社会”的描绘，阐述了儒家的大同世界观。他说：

“大道之行也，天下为公。选贤与能，讲信修睦。故人不独亲其亲，不独子其子，使老有所终，壮有所用，幼有所长，鳏寡、孤独、废疾者，皆有所养。男有分，女有归。货，恶其弃于地也，不必藏于己；力，恶其不出于身也，不必为己。故谋闭而不兴，盗窃乱贼而不作，故外户而不闭，是谓大同。”这种理想社会思想源远流长，影响深远。康有为的《大同书》和《毛泽东选集》都曾提到大同境域和大同世界。除了“大同”社会外在中国还有一种叫做“太平”世界的理想社会。这种理想社会，最早在公元2世纪由于吉所著《太平经》一书中阐述为，“太者大也，言其积大如天，无有大如天者。平者言治，太平均，凡事悉治，无复不平。”这里所谓太平就是天下大治，大家均等的意思。这些思想在一定程度上反映了被剥削被压迫者的心愿和要求。我国历次的农民起义斗争，都曾提出共享公平等主张，就是中国式的空想社会主义思潮的一种要求和反映。

4-2. 在近代中国，出现了著名的爱国先贤洪秀全（1814—1864）、康有为（1858—1927）和孙中山（1866—1925）。一个代表农民，一个是近代改良派首领，一个是中国伟大的资产阶级革命家。他们都希望在中国建立一个理想新社会来取代封建、殖民地的社会。太平天国的《天朝田亩制度》于1853年以解决土地问题为中心提出了“有田同耕，有饭同吃，有衣同穿，有钱同使，无处不均匀，无人不饱暖”等主张。康有为于1902年在他的《大同书》中主张破除“九界”，“凡全地之金行皆归于公，无有私产”，追求大同之世，天下为公，无阶级，一切平等的理想社会。在中国传统文化中，如果说孔子的大同社会是中国版空想社会主义导论的话，那么，康有为的《大同书》则是最全面、最彻底、最浪漫中国版的空想社会主义著作。他以人本思想为论述主体，倡导人去苦求乐，是一切生命体的最终追求。他自述说“吾救苦之道，即在破除九界而已”。所谓九界，分指国土、等级、肤色、性别、家庭、财产、政府、生物、生存的界限；并在书中分别将这九界称谓国界、级界、种界、形界、家界、业界、乱界、类界和苦界。同时他有破有立地提出大力破除九界：去国界，合在地也；去级界，平民族也；去种界，同人类也；去形界，保独立也；去家界，为天民也；去业界，公生业也；去乱界，治太平也；去类界，爱众生也；去苦界，至极乐也。中国民主革命先驱孙中山的“天下为公”题词集中地表明了他的理想和愿望。他早期提出了“民生主义”，并解释说，“民生主义就是社会主义，又名共产主义，即大同主义”，并把

“平均地权”和“节制资本”作为实现他的“社会主义”的两项基本措施。在他看来，解决人民生活必须发展现代化的大工业，但又不能搬照资本主义国家那一套办法，主张摈弃资本主义的剥削制度。他还认为“博爱、平均、自由，社会主义真髓”。可见孙公曾一度主张建立一个超阶级的、没有剥削没有压迫的理想之国。当然他这种理想之国实质上仍是民主的资产阶级之国。

4-3. 在西方历史上，西方文化习惯于用有色金属来标志人物和社会。古希腊人曾用黄金、白银、红铜、恶铁表述了人类社会的优劣和兴衰。因而他们曾把理想社会比喻为“黄金时代”或“理想国“。大约相当于我国春秋战国时期，希腊柏拉图写了《理想国》一书，设想与中国古代人关于大同世界学说相类似的理想社会。在这以后，社会主义理想追求有一个漫长的发展过程。从莫尔于1516年发表《乌托邦》到18世纪欧文等人的空想社会主义为止的有480余年的空想社会主义历史（约500年）。所谓空想社会主义一词，据讲是由法国激进革命者布朗基的兄弟——经济学家布朗基于1839年出版的《欧洲政治经济学从古代到现代的历史》一书中首次提出的。后来恩格斯为了从经济、思想等标志上把握他们这种空想社会主义历史发展的演变特征，曾把这一历史时期的空想社会主义划分为如下三个历史阶段。

4-4. 第一历史阶段：从16世纪至17世纪，即在资本主义生产力的简单协作时期。这一时期的主要代表人物是英国的托马斯·莫尔（1467—1535）和意大利的托马斯·康帕内拉（1568—1639），他们的代表著作是《乌托邦》（1516）和《太阳城》（1923）。据考证，莫尔的“乌托邦”一词是从他的书名《关于最完美的理想制度和乌托邦新岛的既有益又有趣的金书》（26个字）中概括出来的。乌托邦在古希腊文中是由两个字合成的，“乌”是没有的意思，“托邦”是地方的意思，合成起来就是没有那么个地方，就是不能实现的一个地方。这样，“乌托邦”一词就成为空想社会主义或空想者的代名词了。这一历史阶段的空想社会主义著作有一个显著特点，就是他们通常使用文学的游记形式来揭露资本主义的私有制和贫富对立等种种弊端。比如，“羊吃人”这一警语就是莫尔对英国资本主义原始积累时期圈地放牧的讽刺和控诉。书中说“绵羊本来是那么驯服，吃一点点就满足，现在据说变得很贪婪很凶蛮，甚至要把人吃掉了”；同时他们想像、猜测和描绘未来的理想社会是财产公有，人人劳动，德智体全面发展，实行按需分配果实等等。这些创新思想奠定了空想主义学说的基础。为了便于把握这一历史时期的空想社会主义思想的特点，后人把他们的社会主义称作乌托邦式的社会主义。

4-5. 第二历史阶段：18世纪的资本主义生产力发展到工场手工业时期。这一时期的空想社会主义的主要代表人物是法国的摩莱里（生卒年月不详)、马布利（1709—1758）和巴贝夫（1760—1797)，他们的代表著作主要有《自然法典》、《论公民的权力和义务》和《永久地籍册》等。他们学说的主要特点是，提出废除私有制，实现财产公有，消灭阶级差别，实现人类平等主张。他们曾明确提出："人人平等，人人自由，人人皆兄弟"的政治主张和提倡实行"人人住宅一样，人人服装一样"等平均主义的分配制度。为了便于把握这一历史时期的空想社会主义思想的特点，后人曾把它们的社会主义叫做平均的空想社会主义。这时，他们比早期的空想社会主义有了长足进步，开始摆脱纯粹虚幻和表面现象的描述，而是从社会制度上表述他们的社会思想。摩莱里制定了基本法、土地法、城市规则法和行政管理法等一系列共产主义法典，试图运用法律形式来规范理想社会。例如，他的基本法有三条：第一条规定，除了个人使用的日常工具和消费品以外，其余财产一律归公所有；第二条规定，每一个人在社会中都有工作，并依靠社会供养生活，这样他们就把劳动权和保障权结合起来了；第三条规定，要求公民各尽所能地为社会工作，并规定劳动者对社会的义务。这样三条基本法类似后来的各社会主义国家宪法中的有关基本内容。

4-6. 第三历史阶段：主要是19世纪初期的资本主义生产力发展到机器大工业时期。这一时期的空想社会主义代表是三位伟大的空想社会主义者：圣西门（1780—1825)、傅立叶（1772—1837）和欧文（1771—1858)。圣西门在他的代表著作《论实业制度》即社会经济制度中认为实业家是国家的第一阶级，而且是领导阶级，应由他们掌握国家制度并认为只有这种制度才能保证人人得到自由、安宁和幸福。他提出的"按照业务评定才能，按照才能评定报酬"的原则思想，成为后来社会主义国家实行"各尽所能，按劳分配"的思想基础。傅立叶在他的代表著作《四种运动论》中主张应建立一种和谐的自然的社会发展阶段：即社会要经过童年阶段、成年阶段、衰落阶段和凋谢阶段。他认为资本主义处在衰落、凋谢阶段了，也就是垂死阶段了。同时他对于商业资本家的剥削经营作风深恶痛绝，列数了他们36种剥削经营方法的罪状。最后一位空想社会主义者是英国人欧文。欧文本人是纺织厂资本家，但他却执着地为工人阶级说话办事。他在代表著作《论工业制度的影响》中论述了合作制度并猛烈地抨击了资本主义的私有制、宗教和婚姻三大社会祸根。值得指出的是，他还曾经尖锐地斥责私有制，说“私有制使人变成魔鬼，使全世界变成地狱”；同时他还在他的工厂内部身体力行地实行了合作制度。他还曾带着资金、工人远渡重洋去美国试验他的合作事业。由于“水土不服”等原因失败后重返英国坚持他的观点和事业，一度成为全英国工人工会主席。他是腰缠万贯的资本家，生活阔绰，但他却执着地坚持为工人阶级谋利。恩格斯是他父亲在曼彻斯特纺织厂股东的代理人，其物质生活水平远远超过一般工人水平，但能背叛剥削阶级，全心全意地为工人阶级著书立说。可见我们对于一个人的评价不在于他吃什么、穿什么，而在于他在想什么、干什么。对于上述三位空想社会主义者，马克思和恩格斯给予了很高评价，称赞他们为“第一批社会主义者”、“社会主义的鼻祖”、“社会主义创始人”，并把他们的学说叫做“批判的伟大的空想社会主义”。所谓空想社会主义主要空想在四个地方：（1）不认识人类社会发展的历史规律；（2）不了解资本主义的生产实质；（3）不清楚推翻旧社会建设新社会的基本力量；（4）不愿意使用革命暴力推翻资产阶级统治。因此，我们在这里把主要空想简称为“四空”。这些空想社会主义理所当然地被马克思和恩格斯的科学社会主义予以批判和继承。在马克思和恩格斯看来，虽然他们那些思想还比较幼稚，不切实际，不能实现，然而他们的一些想法和主张却为后人提供了丰富的文化思想养料，成为科学社会主义的一个重要的思想来源。

五、科学社会主义阶级阶层的规定问题

科学社会主义的历史发展，从空想到科学、从科学到实践的每一历史时期，都有着代表其互相联系又互相区别的时代精神和思想体系。在阶级社会或有阶级的社会，马克思主义经典作家始终运用阶级阶层的基本观点方法，反映、概括和表述工人阶级的利益、命运和前途

5－1. 社会主义从空想到科学，从科学到实践的每一历史阶段，都有着

代表其互相联系又互相区别的时代精神和思想体系。这种思想体系通常是以杰出的核心人物为标志，以其代表社会发展的历史方向和广大无产阶级人民的根本利益为思想体系。所以，社会主义除了空想阶段以外，自科学阶段即马克思主义阶段以来先后形成马克思主义、列宁主义、毛泽东思想、邓小平理论和江泽民“三个代表”重要思想和胡锦涛总书记科学发展观。这种从主义到思想，从思想到理论，从理论到“三个代表”再到科学发展观，是马克思主义思想体系发展的里程碑。马克思主义，马克思（1818.5.5—1883.3.14）是马克思主义的创始人，全世界工人阶级的伟大导师和领袖。(1) 生平简介（详见《辞海》中卷第 2588—2589 页）：梅林著《马克思传》。值得一提的是，我国著名学者金冲及、肖灼基也撰写出版了《马克思传》。(2) 主要著作：中国出版《马克思恩格斯全集》50 卷；据讲苏联解体，东欧剧变后，欧洲马克思主义者计划收集马克思恩格斯遗稿出版马恩全集 100 卷。(3) 伟大功绩：科学社会主义是马克思、恩格斯汲取了空想社会主义的有益有用思想，总结了人类社会历史特别是资本主义社会工人阶级和劳动人民革命运动的历史经验，并以 1848 年《共产党宣言》发表为理论历史标志，以唯物史观和剩余价值学说两个伟大发现作为学说思维特征的。当时马克思、恩格斯所阐述的科学社会主义的主要内容是：变资本主义生产资料私有制为社会主义生产资料公有制；变资本主义商品经济为社会主义计划经济；变资本主义按资分配为社会主义各尽所能、按劳分配；变资产阶级专政为无产阶级专政。简称为公有制、计划经济、按劳分配和无产阶级专政。⑷主要特点：从最终目标讲，马克思主义的主题思想是共产主义而不是社会主义。恩格斯于 1890 年给《共产党宣言》作序时明确指出，在 1847 年，社会主义意味着资产阶级的运动，共产主义则是无产阶级的运动。只是后来由于“社会主义”这个名称逐渐地在社会上流行起来，这时马克思和恩格斯才在他们的著作中把社会主义和共产主义作为同义语来使用。即使是这样，两位老人仍不放心，有时在社会主义的名称前面加上“科学”一词加以限制，有时又在社会主义的名称后面加上“革命”或“运动”一词加以区别（见恩格斯:《社会主义从空想到科学的发展》）。到了 1890 年，也就是在恩格斯逝世的前五年，老人家在回忆这一段历史时仍念念不忘共产主义这个名称。他说：“后来我们也根本没在想到把这个名称抛弃。”从两位无产阶级导师设想实现社会主义的前提条件上同样可看出他们思想体系的共产主义含义。他们认为，第一，社会主义应该是建立在资本生产力高度发达的资本主义社会的基础上；第二，而且是在所有发达资本主义国家的工人阶级同时起来革命，并同时取得成功的社会主义基础之上的社会主义。只有在这两个基础条件或前提条件上的社会主义革命才会取得彻底胜利。遗憾的是，后人很少讲到这两个基础条件，并抱怨马克思、恩格斯社会主义思想脱离“实际”。值得指出的是，他们晚年开始研究东方落后国家如何开辟一条直接通向社会主义的道路，即有可能跨越资本主义所谓“卡夫丁峡谷”的预想。达到“西方不亮东方亮”。他们这种“星星之火”后来果然形成“燎原之势”。

5－2. 列宁主义，列宁（1870.4.22—1924.1.21）是马克思恩格斯事业的继承者、第一个社会主义国家奠基人、无产阶级的伟大导师和领袖。（1）生平简介：列宁夫人娜·康·克鲁普斯卡娅著有《列宁回忆录》；（2）主要著作：中国出版《列宁全集》60卷；（3）伟大功绩：首次把科学社会主义从理想变成现实，创立了世界上第一个社会主义国家，实行严格的生产资料公有制、计划经济、按劳分配和无产阶级专政；（4）主要特点：列宁主义的主体思想同样是共产主义。列宁继承和发展了马克思主义，他有胆有识地提出了社会主义可以在少数国家甚至可以在一个国家内取得胜利。在这种创新思想的鼓动下，他领导俄国工人阶级和劳动人民取得了伟大的十月社会主义革命的胜利。列宁在《伟大的创举》、《共产主义运动和左派“幼稚病”》等著作中反复强调的是共产主义。他主张“青年团以及所有一般想走共产主义的青年，都应该学习共产主义”，而且在解释什么是共产主义时认为“共产主义者”导源于“公共”二字，所谓共产主义社会，就是说“土地和工厂一概是公共的，公共劳动；这就是共产主义”。同时列宁在为共产国际组织撰写的十九条纲领中的第一条，还明确提出了凡是加入共产国际的党派都必须记着“日常宣传和鼓动中必须具有真正的共产主义性质”。后来他在谈到社会主义时同马克思一样，把社会主义叫做共产主义的第一阶段，在社会主义后面加上一个脚注。他有时单独讲到社会主义时往往加上“无产阶级”一词予以限制，要么称为“无产阶级社会主义”，要么称为“社会主义无产阶级”。尽管列宁曾经一度实行了新经济政策即社会主义商品经济政策，也曾经探索过社会主义内涵并把她简化为一个数学符号公式，即社会主义应该是：“乐于吸取外国的好东西：苏维埃政权＋普鲁士的铁路秩序＋美国的技术和托拉斯组织＋美国的国民教育等等等等＋＋＝总和＝社会主义。”但是终因列宁践行社会主义时间较短，未能来得及全面深入地总结社会主义，所以，从思想主体上讲他实行的社会主义实际上是共产主义。人所共知，苏联成于20世纪败于20世纪。苏联被国内外阶级敌人“安乐死”了，但历史证明马克思主义和社会主义未亡！

5-3. 毛泽东思想，毛泽东（1893.12.26—1976.9.9）是伟大的马克思列宁主义者；中国共产党和中国各族人民的伟大导师和领袖。(1) 生平简介（详见《辞海》下卷第3329—3330页）：金冲及著《毛泽东传》，毛泽东的孙子毛新宇新著《爷爷毛泽东》，都是对他生平的权威性著作；(2) 主要著作：《毛泽东选集》5卷，后人从毛泽东遗稿中整理出版了《毛泽东文集》共8集；(3) 伟大功绩：中华人民共和国奠基人，形成了毛泽东思想体系。新中国成立60周年盛典游行方队高举“毛泽东思想万岁!”集中地代表了广大人民群众的共同心声；(4) 主要特点；20世纪上半叶，马克思列宁主义传播到中国，以毛泽东为代表的第一代无产阶级革命家，以马克思主义原理与中国革命实践相结合形成了毛泽东思想，首次使马克思主义中国化。如果从毛泽东思想的历史背景和历史地位上看，以1949年作为历史界限，以前毛泽东思想的主体是新民主主义，并在新民主主义思想指导下，形成了新民主主义革命路线，并对新民主主义革命的性质、对象、动力和形式作出科学阐述，领导并组织中国人民经过28年的浴血斗争，终于取得了新民主主义革命的彻底胜利，建立了中华人民共和国。1949年后，新中国成立后的头三年恢复国民经济是顺利的，自1953年实行的第一个五年经济计划是成功的，对农业、手工业、资本主义工商业的社会主义改造也是顺利的、成功的。邓小平同志评价我们新中国成立后经济建设时明确指出，我们最成功的是社会主义改造，即对农业、手工业和资本主义工商业的社会主义改造。但革命胜利以后，正如邓小平反复强调指出，“马克思去世以后一百多年，究竟发生了什么变化，在变化了的条件下，如何认识发展马克思主义，没有搞清楚。”马克思主义是关于实现共产主义的理论。正如邓小平所诠释的“马克思主义，另一个词叫做共产主义”，所以，那时我们党尽管试图走上一条中国自己的道路，或实践马克思主义中国化，但由于对“社会主义是什么，马克思主义是什么，过去我们并没有完全搞清楚”（《邓小平文选》第3卷，人民出版社1993年版，第137页，第116、223、227、291、309页均有类似阐述）。结果搞了一阵子“大跃进”、人民公社等共产主义的超越历史时代的

“左”倾东西。毛泽东自己也承认刮了一阵“共产风”。可是后来他又从这种共产主义理论转向无产阶级专政条件下的继续革命的理论，而且强调阶级斗争要年年讲、月月讲、日日讲，并领导和发动了所谓的无产阶级文化大革命，结果给党和国家给人民造成了巨大灾难。当然，正像太阳上的黑斑并未影响到太阳的光辉一样，毛泽东晚年的错误也绝不会影响他伟大光辉的一生。

5-4. 邓小平理论，邓小平（1904.8.22—1997.2.19）是当代中国的伟大马克思主义者，中国改革开放和现代化建设的总设计师。（1）生平简介：邓小平女儿毛毛著《我的父亲邓小平》；（2）主要著作：《邓小平文选》3卷；（3）伟大功绩：创立了有中国特色社会主义理论即邓小平理论，在改革开放创新理论指导下使中国逐步“富起来”“强起来”；（4）主要特点：马克思列宁主义、毛泽东思想发展到20世纪的70年代，这时邓小平同志以他的求实精神，丰富经验，远见卓识和理论勇气，总结指出“没有文化大革命的教训，就不可能制定十一届三中全会以来的思想、政治、组织路线和一系列政策”。同时明确提出了“马克思主义的普遍真理同我国的具体实际结合起来，走自己的道路，建设有中国特色的社会主义”的科学论断。在社会主义的思想体系上，他第一次最全面最系统最准确地诠释了建设有中国特色的社会主义理论，从而使世界社会主义理论史第二次从“空想”变为科学，使社会主义理论经历了一次伟大的“文艺复兴”。这种“文艺复兴”不仅使社会主义理论进入了一个崭新的发展阶段，也使世界社会主义进入了一个崛起时期。这一时期的社会主义理论，集中概括在《邓小平文选》第一、第二、第三卷中，特别是文选的第三卷集中体现了一个脉搏清晰的什么是社会主义和如何建设社会主义的主题。据笔者读书的统计，第三卷贯穿了26种社会主义词型的541个社会主义名词。从这种用词的频率上讲，这是在中国出版的《马克思恩格斯全集》50卷、《列宁全集》60卷、《毛泽东全集》5卷都没有像《邓小平文选》第三卷对社会主义阐述得如此集中、系统和准确。同时邓小平首次诠释了社会主义本质是“解放生产力，发展生产力，消灭剥削，消除两极分化，最终达到共同富裕”。同时邓小平同志反复强调“准确地说建设有中国特色社会主义”理论即邓小平理论。这个理论自党的十一届三中全会以来，经过党的十二大、十三大到十四大直至十七大被确认为中国共产党的基本理论；作为马克思列宁主义、毛泽东思想在当代中国的新阶段又被确立为全党、全国的指导思想。所以，这个理论，是马克思主义与当代中国实际，与当代全世界实际相结合的最新成果，是当代的伟大马克思主义，是马克思主义发展的新阶段。江泽民同志说，邓小平理论是马克思主义发展的新阶段，即在思想路线上开拓了新境界，在坚持科学社会主义上提高了新水平，在观察当今世界上作出了新判断，在观察中国世界经验上形成了理论的新体系。1978 年是中国社会主义历史发展的分水岭，也是阶级阶层理念发展的里程碑。胡锦涛总书记在党的十七大政治报告中总结指出："中国特色社会主义理论体系，就是包括邓小平理论、'三个代表'重要思想以及科学发展观等重大战略思想在内的科学理论体系。这个理论体系坚持和发展了马克思列宁主义、毛泽东思想，凝结了几代中国共产党人带领人民不懈探索实践的智慧和心血，是马克思主义中国化最新成果，是党最可宝贵的政治和精神财富，是全国各族人民团结奋斗的共同思想基础。"

六、中国特色社会主义阶级阶层理念的历史发展

阶级阶层在阶级社会或有阶级的社会里是有很大区别的，应给予具体分析。在当代，从西方至东方人们热议的中产阶级或中间阶层，并认为这一阶级是任何社会经济发展的助推器和稳定器，其观点是值得辩证思考和冷静对待的

6－1. 在社会主义历史上，只有中国实践过科学社会主义和特色社会主义。中国特色社会主义则是科学社会主义的继承、创新和发展。因此，在未细述中国特色社会主义阶级观之前，了解一下科学社会主义的阶级观无疑是一条重要的方法论。马克思主义创始人的阶级观有以下五个主要特点：

第一，生产性：他们始终从发达的资本生产力和资本生产关系出发，以生产资料所有制和生产性雇佣劳动为基本标志，并由此将资本和劳动、资产阶级和工人阶级（无产阶级）作为论述主体。他们在《共产党宣言》和《资本论》两部代表性著作中都是如此认识、概括和表述这一对阶级主体对象的特点、前途和命运的。在他们看来，发达的资本主义社会内尽管有多重

的生产、生产力和生产关系，但其中有一种生产、生产力和生产关系制约其他生产、生产力和生产关系，并决定该社会性质及其发展进程；与此同时，社会有多种阶级阶层并存发展，但其中有一种阶级阶层决定制约其他阶级阶层的存在和发展。所以，在论述任何社会阶级阶层群体时，如果意欲“面面俱到，不如重点抓到”。资本主义社会阶级结构体系中的统治阶级是资产阶级，被统治阶级则是工人阶级（亦称为无产阶级），介于他们中间的阶级阶层是过渡的、摇摆的，是该社会统治阶级的附庸。

第二，觉悟性：在两大对立阶级的斗争实践中，工人阶级要想取得胜利必须不断地增强工人阶级意识，锻炼成有觉悟、有理想、有信念的阶级经济人。在马克思恩格斯看来，要想使雇佣劳动者成为一个有理想、有作为的阶级意识人，他必须有确切知道自己属于某一生产关系、经济关系群体成员的觉悟，有明确的共同利益和共同命运理想，并具有为谋求本阶级利益和阶级解放而奋斗的信念，这觉悟、理想和信念是需要在漫长的阶级斗争实践中养成的。因此，马克思曾将同一工人阶级的历史成长划分为自在阶级和自为阶级两个既相区别又相联系的阶段。前者尽管他同另外一些人处于相同的社会经济地位，在同一企业岗位工作，不约而同地向企业主提出改善劳动工作条件，减少加班加点时间，增加工资福利待遇等眼前利益问题，但是，他对于他们群体的前途和命运却是朦胧恍惚的；而后者不同，他们能将个人利益和群体利益、眼前利益和长远利益正确结合起来，具有强烈的“全世界无产者，联合起来”的阶级意识，并具有一荣俱荣、一损俱损的大局的整体阶级意识。

第三，政治性：马克思主义两位创始人由此将工人阶级向资产阶级斗争划分为相辅相成的经济斗争和政治斗争两种形式。前者指个人或少数人自发地为改善自身的劳动条件、减少劳动时间，增加劳动工资，所采取的怠工罢工形式，或采取破坏机器设备等斗争行为，他们将这种斗争行为看做是经济斗争形式，但这种斗争形式往往会遭到雇主破坏或被雇主收买“工贼”破坏而流产，少数个别工人阶级斗争是不可能持久的。在反复斗争实践中工人逐步地意识到同厂外的工人联合起来，并共同提出一定的劳动时间或提高福利待遇，或要求成立行业工会、建立工人政治组织，而自觉的、有组织的斗争则属于政治斗争形式，例如，集会、示威、游行、撒传单、贴标语、办报纸、出刊物等斗争形式。工人阶级通过其政党组织进行斗争时，应善于教育工人阶级，提高工人阶级意识，坚信阶级斗争的前途和命运。并始终强调运用“无产阶级专政”

的暴力手段推翻旧社会建立新社会，使工人阶级形成为社会领导阶级。

第四，世界性： 工人阶级斗争的前途既是民族的、一国的，也是联合的、世界性的。而且工人阶级的斗争和解放只有牢固树立起“全世界无产者，联合起来！”斗争信念，才能取得彻底胜利。否则单独一个国家或民族想取得胜利是似易实难的。即使一国家民族胜利了要想巩固也是很难的。列宁十月革命除了依靠俄国工人农民阶级外，也积极争取欧美工人阶级的声援和支持。尽管取得了十月革命胜利，然而不甘心灭亡的白匪则在欧洲十几个资产阶级国家的怂恿策动下，向年经苏维埃发动了动乱和反扑，意欲将工人阶级胜利扼杀在摇篮之中。苏联成于20世纪败于20世纪。东欧剧变，苏联解体除了内因之外，以美国为首的西方国家策动的“和平演变”和“颜色革命”起了很大作用。所以，作为工人阶级及共产党人必须树立“国际主义”斗争思想，彼此相互支援，共同战胜国际资本主义世界，才能取得彻底胜利。后人曾将这一思想叫做“革命阶段论”和“不断革命论”相结合。马克思恩格斯领导的第一国际组织活动，就是实践这一信念的重要战略措施。

第五，彻底性： 在工人阶级联合起来同资产阶级进行斗争的同时，工人阶级的内部仍要同自己残存的各种非无产阶级思想作斗争。“打铁需要自身硬”，否则很难彻底战胜资产阶级。所以，马克思主义创始人在《共产党宣言》中强调工人阶级必须实行“两个彻底决裂”，就是必须同传统的所有制彻底决裂，必须同传统的习惯势力彻底决裂，不能有一丁点的私心杂念。就是说，工人阶级在改造旧世界的同时必须改造自己的旧思想、旧习惯和旧作风，使自己真正成为“一个高尚的人，一个纯粹的人，一个有道德的人，一个脱离了低级趣味的人，一个有益于人民的人”（毛泽东语录）。以上就是马克思的科学社会主义的主要阶级理念。

6-2. 众所周知，马克思的科学社会主义和邓小平的中国特色社会主义产生于不同的历史时期，具有不同的社会主义任务和使命。尽管马克思主义创始人构建了科学社会主义的理论蓝图，但他们对后人如何正确对待社会历史发展时提出了有益有用的忠告：“社会不是坚固的结晶体，而是一个能够变化的并且经常处于变化过程中的有机体。”恩格斯1890年8月21日在致奥托·伯尼克的一封信里还明确嘱咐我们：“所谓‘社会主义社会’不是一种一成不变的东西，而应当和任何其他社会制度一样，把它看成是经常变化和改革的社会。”[11]深知马克思恩格斯的邓小平结合国情世情的实际也指出：

"马克思去世以后一百多年，究竟发生了什么变化，在变化的条件下，如何认识和发展马克思主义，没有搞清楚。"[12]对"什么叫社会主义，什么叫马克思主义？我们过去对这个问题的认识不是完全清醒的"[13]。因而"从一九五七年下半年开始，我们就犯了'左'的错误。总的来说，就是对外封闭，对内以阶级斗争为纲，忽视发展生产力，制定的政策超越了社会主义的初级阶段"[14]。就是说，我们处于一个生产力不发达、生产关系不协调、上层建筑不完善的初级阶段的社会主义。为了从理论上搞清楚马克思主义或社会主义，邓小平同志对社会主义的社会性质和社会发展给予了重新的定性和定位，明确指出："社会主义的本质，是解放生产力，发展生产力，消灭剥削，消除两极分化，最终达到共同富裕。"[15]同时指出在初级阶段"建设有中国特色社会主义"，应确立以公有制为主体的多种所有制共同发展的社会基本经济制度和社会主义市场经济体制，这样，就正确地回答了什么是社会主义和如何建设社会主义的理论问题，即邓小平理论核心问题。

6-3. 在社会主义基本经济制度和社会主义市场经济体制的呼唤下，国内个体经济和私人经济如雨后春笋般地发展，国外的独资、合资和合作经营"三资"潮水般涌入，于是国内外两种不同私有制经济并存发展，促使国内的阶级阶层格局发生了重大变化。针对这种阶级阶层的发展变化，1987年南开大学社会系请美国学者讲授《美国阶级结构》，并组织翻译出版了美国著名学者吉尔伯特、卡尔的《美国阶级结构》，该书以职业、收入、财产等九个变量将美国当代社会阶级结构细分为资本家阶级、中上层阶级、中层阶级、工人阶级、劳动贫穷阶级和下层阶级等六个阶级。这部美国阶级著作对于国内学者颇有影响。值得一提的是，该书译者在介绍他们翻译"class"这个概念时颇费斟酌，直译为阶级，意译又接近"阶层"，鉴于英文中已有"strata"一词译为"阶层"，因此他们将"class"译为"阶级"。2004年清华大学出版社出版了一部《现阶段中国社会阶级阶层分析》，作者认为，关于现阶段的阶级阶层的分析和认识，"是当前社会客观实际的反映"，这是有胆有识之言。如果这样，我国江浙一带私营企业主何必去挂靠乡镇企业——**戴红帽子**、想方设法成为合资企业——**戴洋帽子**、不爱登记私营企业而自称为个体户——**戴小帽子**！沈瑞英教授在她的《矛盾与变量：西方中产阶级与社会稳定》一书中告诉我们，西方学者往往将阶级和阶层混合使用，更加注重阶层分析，有替代阶级的使用趋向。在中国语言里，阶层一般是阶级内部不同等级的群体或处于不同阶级之间的群体，如今中国学者更多地使用“阶层”这一概念，很大程度上是我们过去“以阶级斗争为纲”所造成的心有余悸的缘故。也可能因此，中国社会科学院社会学研究所陆学艺为首的一批学者以阶层为主题写出了《当代中国社会阶层研究报告》，他们把当代中国社会的群体的地位、特征和数量作了界定后指出，改革开放后原来的“两个阶级一个阶层”（工人阶级、农民阶级和知识分子阶层）的社会阶级机构已发生了变化，一些新的社会阶层逐渐显现和形成，以职业为基础的新社会阶层分化正在逐渐地取代过去的以政治身份、户口身份和行政身份为主的演化机制。他们由此将中国当今社会群体归纳为十大阶层，即：1. 国家与社会管理阶层；2. 经理阶层；3. 私营企业主阶层；4. 专业技术人员阶层；5. 办事人员阶层；6. 个体工商户阶层；7. 商业、服务人员阶层；8. 产业工人阶层；9. 农业劳动者阶层；10. 城乡失业和半失业人员阶层。像人们从正题、反题向合题诠释的三段论一样，21 世纪初，陈冠任、易扬两位学者于 2004 年出版了《中国中产者调查》，并在标题的缝隙中用不起眼的黑体字注明的“来自中国社会中产阶层的权威报告”作为副标题。据笔者阅读统计目录标题中有“中产”8 个、“中产者”53 个、“中产时代”2 个、“中产阶级”5 个、“中产阶层”15 个，从该书作者的用词频率说明，他们既不用阶级也不用阶层而是着重用“中产者”作为主题描述出一批批栩栩如生的中产阶层经济人。那么，在中国谁是中产者？作者依次排列了各种职业经纪人：1. 职业化的中产者；2. IT 人才：最活跃的中产者；3. 知识分子：市场化的受益者；4. 私营企业主：中产者最活跃部落；5. 白领：城市前沿的中产者；6. CEO：中产者收入最高的群体；7. 演艺影视界：来钱最多的时尚先锋；8. 传媒界：靠山吃山的中产者；9. 体育明星：用汗水造就的中产者。由此可见，在当代中国社会学者的行文中形成了阶级——阶层——人即中产者的思维发展定势。例如，《中国中产者调查》的作者在该书目录中概括写道：北京的中产者——是皇城根下的宠儿、天津的中产者——热衷品牌消费、南京的中产者——“富庶并倦怠”、厦门的中产者——有钱就长乐、长沙的中产者——幸福泡在酒吧里、昆明的中产者——拼命赚钱拼命享受、西安的中产者——小心、保守地“偷着乐”。中产者致富的领域：传统领域，长盛不衰；新兴的 Internet：致富的催生器；知识产业：智本 + 资本 + 权本 + 创意。而他们的日常经济生活，衣：武装到每个细节，食：吃的科学，住：别墅或高档楼盘

=精美的家，行：私家车+空中飞机。2009年，沈瑞英教授出版《矛盾与变量：西方中产阶级与社会稳定研究》一书，尽管题曰西方中产阶级研究，但她所运用的观点和方法达到了“他山之石，可以攻玉”之目的。

6-4. 说到阶层，从亚里士多德到马克思都谈到了中产阶级阶层。古希腊先哲亚里士多德惯用一分为三的方法观察诠释问题。他在《诗学》论述艺术品的完整性时指出：“说完整，我是说一件具有开头、中间、结尾的事情。”他在《政治学》中论述阶级结构时同样如此。他说：“在一切城邦中，所有公民可以分为三部分（阶级）——极富、极贫和两者之间的中产阶级。现在大家既然已公认节制和中庸常常是最好的品德，那么人生所应赋有的善德就完全应当以（勿过勿不及的）中间境界为最佳。处在这种境界的人们最能顺从理性。趋向这一端或那一端——过美、过强、过贵或太丑、太弱、太贱、太穷——的人民都是不能从顺理性的引导的。第一类人们常常逞强放肆，致使重罪，第二类则往往懒散无赖，易犯小罪；大多数的祸患就起源于放肆和无赖。中产阶级的人们还有一个长处，他们很少有野心，在军事和文治机构中，要是有了野心的人，对于城邦常会酿成大害。”“我们看来，就一个城邦各种成分的自然配合说，唯有以中产阶级为基础才能组成最好的政体。中产阶级比任何其他阶级都较为稳定。他们既不像穷人那样希图他人的财物，他们的资产也不像富人那样多得足以引起穷人的觊觎。既不对别人抱有任何阴谋，也不会自相残害，他们过着无所忧惧的平安生活。”[16]实际上亚里士多德在此所赞赏、推崇的中产阶级在城邦国家中实为一批中小工商奴隶主阶级，显然他担心中产阶级被这两大势力吞并掉，将城邦中太强太弱的两大对立阶级中的中产阶级民主化、理想化了。后来马克思恩格斯在诠释英国资本主义社会阶级如《英国工人阶级状况》等文献计八篇英文版中就有中产阶级232处之多。而在《马克思恩格斯全集》（中文版）中就有83处直接论及中产阶级。然而，我们会看到他们对中产阶级并没有首尾一贯地统一名称，而是交替地使用小资产阶级、中间等级、中等阶级、中间阶级、过渡阶层、半资产阶级等等。经典文献《共产党宣言》认为：“中间等级，即小工业家、小商人、手工业者、农民，他们同资产阶级作斗争，都是为了维护他这种中间等级的存在，以免于灭亡。所以，他们不是革命的，而是保守的。”“在现代文明已经发展的国家里，形成了一个新的小资产阶级，它摇摆于无产阶级和资产阶级之间，并且作为资产阶级社会的补充部分不断地重新组成……”[17]后来他在代表著作《资本论》第三卷最后一章专门以阶级为题评述说道：“在英国，现代社会的经济结构无疑已经有了最高度的、最典型的发展。但甚至在这里，这种阶级结构也还没有以纯粹的形式表现出来。在这里，也还有若干中间的和过渡的阶段到处使界限规定模糊起来。”[18]迄今为止，学界对这一阶级概念的界定和认识仍然存在不确定性，使中产阶层成为从内涵到外延都是难以准确认识、概括和表述的群体。在资本主义社会环境下，中产阶级阶层只能是“跟好学好，跟坏学坏”。他们的生活方式、心理特征、价值取向、行为选择大都是以我为中心的个人主义者。作为中间阶层他们的过渡性、摇摆性和投机性是明摆着的，他们天生不能成为该社会的领导阶级，只能跟在资产阶级的后面而成为附庸。当代美国金融危机充分地暴露了一些所谓资本代理人如CEO在编造假账、隐瞒债务、官商勾结、瞒上欺下、制造谎言等等方面的手段，他们是“经营者资本主义”与“企业主资本主义”彼此狼狈为奸，剥削人民。附新老中产阶级比较表如下：

阶级比较表

阶级 特征	中产阶级	新中产阶级
职　业	小企业主、商人、手工业者、农场主、医生、学者、牧师、律师、自由职业者等，有的雇少量雇工，有的参加部分体力劳动	公务员、专业技术人员、经营销售经理和管理人员、职员、服务人员、知识分子以及一般从事脑力劳动者
资本形式	拥有财富资本（对小额资本或财产的占有），是生产资料的小私有者	不在法律上拥有生产资料，主要是在教育基础上获得的人力资本、知识资本和文化资本
收入方式	主要是经营产业的利润或职业收入	主要靠雇佣薪金、其次是股票等
经济地位	中等收入阶层	中等收入阶层
社会地位	中间阶层，既是劳动者，又是私有者，具有脆弱性和不稳定性，有往上爬的欲望，也害怕被“无产阶级化”	中间阶层、平等与法治，政治方向上是复杂而分裂的，反映了后工业社会的意识
意识形态	较保守、温和表现为自由主义；激进表现为法西斯主义；也支持某些资本主义的核心观念，体现的是“前现代化意识”	追求民主、平等与法治，政治方向上是复杂而分裂的，反映了后工业社会的意识

续表

特征＼阶级	中产阶级	新中产阶级
消费态度与生活方式	较节俭、实在，注重家庭生活和宗教传统	前卫、注重品位，以消费作为寻找阶级自我认同的一种主要方法，仰慕精英和成功人士，不拘泥于传统
教育资力	受过中学教育，其中一部分受过大学教育	一般受高中教育，专业技术人员一般受过大学教育，有“受过教育的阶级”和“资历证书化”之称
社会态度	较保守，主张财产、自由、安全与独立、公正和秩序，对社会民主政党主张的公共和秩序，对社会民主政党主张的公共开支、福利国家、收入重新分配和平等，视为对个人和自由的威胁	政治后卫、矛盾的社会态度；作为工资劳动者，他们的利益与统治阶级不一致，可能会同工人阶级联合；作为对劳动力和生产过程的管理和控制者，他们同工人阶级无共同利益，这使他们可能同资本联合
道德准则、价值观	努力工作和建立个人成就、竞争的个人主义，注重传统价值观	较开放，但他们往往表现出矛盾和相互冲突的观点、愿望和行动。信奉个人奋斗、积极进取、崇尚科学知识
工作态度	认为工作是谋生手段，是发财致富的正当途径	在工作中体验成功和自身价值、追求权力和地位，被称为“无忧无虑的机器人”

资料来源：沈瑞英教授：《矛盾与变量：西方中产阶级和社会稳定研究》，第 124 页。

6－5. 上述著作所持观点大都是从社会学的角度来诠释阶级阶层人的，尽管描述的阶级经济人个性比较丰满、多样和富态，但远不如从经济学或经济人的角度诠释阶级阶层那么逼真和本质。马克思强调的阶级特色除了前述若干特色以外，他还将阶级与剥削相联系，从剥削的角度深入地分析了剥削阶级和被剥削阶级。马克思曾以雇工 8 人作为一条阶级经济界限，8 人以下者尽管有雇佣劳动，但仍不算做剥削阶级，因为他们不可能维持其不劳而获的物质生活水平。工人阶级在资本主义社会又可称为无产阶级，这是因为他们既无生产资料又无生活资料而只能出卖其劳动力以维持其生存，这时的工人阶级＝无产阶级，所以马克思有时将工人阶级和无产阶级视为同义语。可是在社会主义社会生产再生产活动条件下，我们还必须将所有制或所有权具体化。马克思坚持从生产、生产资料所有制来研究阶级阶层。其中生产资料所有制的“制”字既是所有制度，又是法律制度即产权。作为产权，它是一个权组集合，包括所有权、占有权、支配权、使用权和索取权等。由于实行社会主义制度后，雇佣劳动已转变为联合劳动，并成为生产资料的主人即生产资料所有者。为了运用生产资料生产并将生产资料委托给工人阶级的代表组织即国家（政府），这时的工人阶级和国家（政府）是第一级所有权和经营权相分离；接着国家（政府）将生产资料委托给厂商具体组织经营管理厂商企业，这时国家（政府）和厂商企业的关系，是第二级资产所有者与资产经营管理者之间关系，他们是分工合作的生产关系、经济关系，实质上是联合劳动关系，这种关系并不存在剥削阶级和被剥削阶级的关系，尽管人们仍然习惯于将他们叫做工人阶级，然而他们却不是无产阶级而是有产阶级的工人阶级。有点像股民手中有持股资产一样，尽管他不清楚其厂商实际经营财务情况，也不清楚厂商老板法人资格，但在法律层面上他确实是股东所有者。

6-6. 在社会主义基本经济制度下的多种经济成分或多种所有制经济——个体经济、私人经济和“三资”所有制经济内，雇主和雇佣工人之间是一种新型的雇佣劳动和联合劳动。作为雇佣劳动，雇佣工人和资本所有者存在着劳而少获和少劳多获的剩余劳动的占有支配问题；但在建设有中国特色社会主义中，要求资本所有者合法经营、遵守物权法、劳动法和合同法，照章纳税，保障工人合法权益。就像20世纪解放区实行的“劳资两利”政策和1957年“三大改造”实行的“公私合营”一样，他们此时同工人之间的关系可说是初级的联合劳动关系，企业主当称为“社会主义建设者”。如果资本所有者是共产党员，他们积极带头合法经营、照章纳税，倡导“计利当计天下利，求名应求万世名”（于佑任手书），并在企业内部建立共产党组织及工会组织，并像德国一些企业允许工人代表参与企业经营决策，倾听工人群众呼声和要求，甚至实行分红制或参与股份而使生产资料越来越接近工人，这样他们同工人之间关系可视为高级的联合劳动关系，即中国特色社会主义的联合劳动关系。但我们在理论信仰的意识上却不能含糊，企业主无疑是资本家。很可能有人认为，既然让人家又是出资、又是合法经营、又是扩大工人就业，你又说人家是资本家，可能会挫伤他们的经营积极性，使他们会放弃投资经营活动，但是，从历史到现实，无数事实证明，你叫不叫他是资本家在他们心目中是无足轻重的，只要有利可图他们是天不怕地不怕死不怕的。《资本论》引述资产阶级学者描述资本家的贪婪本性时写道：“资本逃避动乱和纷争，它的本性是胆怯的。这是真的，但还不是全部真理。资本害怕没有利润或利润太少，就像自然界害怕真空一样。一旦有适当的利润，资本就胆大起来。如果有10%的利润，它就保证到处被使用；有20%的利润，它就活跃起来；50%的利润，它就铤而走险；为了100%的利润，它就敢践踏一切人间法律；有300%的利润，它就敢犯任何罪行，甚至冒绞首的危险。如果动乱和纷争能带来利润，它就会鼓励动乱和纷争。走私和贩卖奴隶就是证明。”[19]历史上如此，当代也是如此。

6－7. 凤凰网于2009年11月26日在《揭密中国狱中十大富豪排行榜》一文中写道：“他们曾在商界呼风唤雨，对资本运作得心应手，商业运筹时气势如虹；他们腰缠数亿，是《福布斯》上的常客，被无数中国青少年当做奋斗路上的偶像。然而，由于体制漏洞，由于资本原罪，由于诚信缺失，由于个性使然，最终等待他们的却是锒铛入狱的无奈结局，与不可弥补的生命遗憾。№1：黄光裕，个人财富估值430亿元，黄光裕因涉嫌经济犯罪于2008年11月23日被北京警方拘查。据报道，黄光裕名下秘密往来的可疑资金约有700亿元，涉嫌股价操控、洗钱、行贿、空壳上市、偷税、漏税等七起犯罪行为。№2：郭新建，个人财富估值100亿元，郭建新1998年与澳洲诚信基金签订‘科尔沁草原，改造荒漠化建立生态城’的项目，澳方投资30亿美元，但因亚洲金融风暴，澳洲诚信基金轰然倒闭，空亏一篑，引发了郭建新集团的资金链断裂，致使郭建新与其合作伙伴合作关系破裂，已致被判入狱。№3：杨斌，个人财富估计75亿元，2003年7月杨斌因金融诈骗等六项罪名，被沈阳审判机关依法判处18年徒刑，距跻身于中国大陆十大富豪排行榜不过短短两年不到的时间，内定北韩新义州特首不满一年。№4：周正毅，个人财富估值30亿元，2003年5月，周正毅涉嫌操纵证券交易、虚报注册资本被判处有期徒刑3年，2007年1月21日周再次被捕。被上海市第二中级法院判处其16年徒刑，处罚金335万元。№5：顾维军，个人财富估值20亿元，2008年1月顾被指控虚假注册资本罪、虚假财会报告罪、挪用资金罪、职务侵占罪四项罪名。顾维军被判处有期徒刑10年。№6：仰融，个人财富估值70亿元，2002年10月23日，《上海证券报》披露了仰融被捕的消息。申华控股公告，公司于10月21日接辽宁省公安厅通知，仰融因涉嫌经济犯罪被辽宁省检察院批准逮捕。№7：唐万新，个人财富估值20亿元，2004年12月17日，作为近几年在中国商界翻云覆雨的核心人物，唐因公开涉嫌变相吸收公众存款和操纵证券交易价格非法获利被正式拘捕。№8：牟其中，个人财富估值20亿元，1996年3月，牟因被举报经济问题而被扣留护照，最终未能跨出国门。2000年，中国法院终审因犯信用证诈骗罪，牟其中被判处无期徒刑。№9：张海，个人财富20亿元，2005年3张海被捕。检方指控其利用职务之便，侵占健力宝集团1.21亿元，挪用健力宝集团资金9473万元。后获罪15年。№10：周益明，个人财富估值10亿元，2007年4月初，四川省高级法院作出了终审裁定，周益明成为中国资本市场上第一个以'合同诈骗罪'被判无期徒刑的上市公司老总。"他们虽然未被"绞首"但已经被牢牢地钉在历史的耻辱柱上了。

6-8. 中国特色社会主义基本经济制度可分为"主体和补充"两部分——公有制和私有制及其国有经济和私人经济或民营经济，进而可将他们分为雇佣劳动和联合劳动两类阶级经济人。用邓小平的辩证说法，两种所有制是主体和补充的关系。这种关系有点像历史上"井田制"的公田与私田既有合作又有斗争的对立统一整体一样。两种所有制经济在市场经济这一运行平台中竞争发展。改革开放之初，个体经济和私人经济处于嗷嗷待哺之际，经过代表公有制的国有经济"放权让利"的大力哺育和呵护，可谓是一种"民进国退"的经济态势。如今民营经济已占半壁江山，已占全国GDP的65%。但是我们必须冷静地看到，一些民营经济人在利益最大化的驱动下，有如凤凰网披露的"由于体制漏洞，由于资本原罪，由于诚信缺失，由于个性使然"，他们忘恩负义，损公肥私，祸国殃民，致使广大人民对于他们有点"错爱"伤感。曾几何时，山西煤炭黑老大们不顾矿工们的安危，制造了一起起的血染GDP；而重庆黑社会犯罪组织犯下了一桩桩的罪恶事实。特别是在百年不遇的金融风暴的冲击和破坏下，国家为了加强经济职能而严防市场经济放任自流、盲目无序发展时，竟然有经济学家又以"为富人说话，为穷人办事"的忽悠口吻将这种有利于国计民生之举指责为"国进民退"！一个"民进国退"，一个"国进民退"无疑反映了两种不同的阶级经济人的发展观。

马克思经济学十分讲究经济人的立场、观点和方法

6-9. 现实生活当中不乏生动事例。同样是一杯水，在悲观者看来，

“我们只剩下半杯水了！”相反在乐观者看来，“我还有半杯水呢！”悲观或乐观折射出人们对于同一个客体却持有截然不同的观察立场或角度。同样对于客体对象，大诗人苏东坡因云游庐山转换其观察立场却对庐山得出不同看法，“横看成岭侧成峰，远近高低各不同。”鲁迅在评述人们对《红楼梦》所持不同观点时也指出，一部《红楼梦》，“经学家看见易，道学家看见淫，才子看见缠绵，革命家看见排满，流言家看见宫闱秘事。”西方文人对莎士比亚名剧《哈姆雷特》也是如此，“有一千个人，就有一千个哈姆雷特！”一度在大学当过修辞学老师的斯密在《国富论》中告诉读者说，起因于阶级利益偏见，于是有人认为城市产业重要，有人则认为农村产业重要。学说史上的重商学派、重农学派和重工学派，同样是依其立场角度不同来划分的。生产再生产中的四个环节——生产、分配、交换、分配是一个辩证的有机整体，然而经济学家对此却持有不同的研究偏好。配第、魁奈等重视生产环节，李嘉图、萨伊等重视分配环节，斯密、马歇尔等重视交换环节，而马尔萨斯、西尼尔等则重视消费环节。他们在再生产过程上显然各有各的立场、角度，并因各持立场、角度不同而得出极不相同的结论。不仅如此，历史不同时期的经济学家，强调不同问题的重要性。配第强调了土地，斯密强调了劳动，李嘉图强调了阶级，熊彼特强调了技术，罗斯托强调了周期，泰罗强调了管理，托夫勒强调了信息，罗马俱乐部经济学家强调了资源，马克斯·韦伯强调了文化，而科斯、舒尔茨等经济学家则强调制度。经济学家之所以如此，正如马克思指出的：“在政治经济学领域内，自由的科学研究遇到的人，不只是它在一切其他领域内遇到的敌人。政治经济学所研究的材料的特殊性，把人们心中最激烈、最卑鄙、最恶劣的感情，把代表私人利益的复仇女神召唤到战场上来反对自由的科学研究。例如，英国宗教会宁愿饶恕对它的三十九个信条中的三十八个信条展开的攻击，而不能饶恕对它的现金收入的三十九分之一进行的攻击。”马克思还历史地指出：“法国和英国的资产阶级夺得了政权。从那时起，阶级斗争在实践方面和理论方面采取了日益鲜明带有威胁性的形式。现在问题不再是这个或那个原理是否正确，而是它对资本有利还有有害，方便还是不方便，违背警章还是不违背警章。不偏不倚的研究让位于豢养的文丐的争斗，公正无私的探讨让位于辩护士的坏心恶意。”马克思早先指出：“经济学家很清楚，同一件东西对甲说来是成品，对乙说来只是从事另一种生产的原料。”或用经济学一种通俗的解码说法叫做“斑马效应”。就是说对于同一匹斑马，在黑人看来，是一匹黑马长白斑；而在白人看来不同，是一匹白马长黑斑了。

6-10. 在阶级社会和有阶级的社会里都是如此。以《资本论》中的商品为例，一个普通商品是由 c+v+m 三部分价值构成的。其中 m 是资本家最贪婪追求的东西，剩余价值（m）和利润实际上来源和本质是一回事，然而资本家与雇佣工人因各持立场、角度的不同而得出不同结论，雇佣工人即觉悟了的劳动工人认为 m 完全是由工人无偿劳动创造出来的；资本家却说认为 m 是由 c+v 共同创造的，是他的预付资本创造的，因此 m 应完全归他所有。v 这个劳动商品同样如此，在觉悟了的工人看来，他出卖给资本家的是劳动力而不是劳动，资本家则坚持他买的是劳动而不是劳动力，因此整个工人劳动创造的东西理所当然应全部归资本家所有。因为劳动者出卖劳动力所得到的工资价格，和资本家购买到劳动力后的劳动所创造出来的商品价值不同，这时商品的价值大于劳动力商品的工资价值，这个大于的价值被资本家无偿剥夺去了。所以，在劳动与劳动力之间的一字之差，体现了两种根本对立的经济立场。恩格斯把《资本论》比喻是“工人阶级的圣经”，就是对马克思《资本论》经济学的立场的最生动最深刻的科学表述。《资本家》是 19 世纪的科学作品，阅读它有一个历史的、民族的、专业上的诸多困难，但平心而论，读者若不坚定地站在工人阶级和广大劳动者的立场想读懂“工人阶级的圣经”《资本论》是似易实难的。

6-11. 西方经济学同样讲究立场、观点和方法。美国前总统里根曾戏言说，若给经济学家开出 300 个课题，他们会给你 3000 个答案。诺贝尔经济学奖得主萨缪尔森就是这样，他在《经济学》（上册）文图并茂地介绍了这种理念，并附上了一幅素描画来说明站在不同视角的人，观察同样的事实具有不同的意义。你从左边去观察它是一群羚羊，可是当你从右边去观察它时，就是一群大鸟了。当然，经济科学同自然科学一样，都有一些具有“不确定性”的东西，而且经济现象是千变万化的，人们很难一下子在静态中认识和把握住它的真相或假象。有些东西在静态和动态中观察是不一样的。人们的仰视、平视或俯视的角度不同，结果也不一样。天鹅在水边站着觅食时，你会看到属部是黑色的，可是当它展开双翼飞翔在天空，再看时原来两翼下方呈现出一道黑边，原来它站在水边时是两翼收拢时的一种假象。经济上的静态分析和动态分析，其结果就不一样。所以，经济学的学问可以说是立场、观点和方法的学问。

参考文献

①《马克思恩格斯选集》第3卷，人民出版社1972年版，第287页。

②《马克思恩格斯选集》第4卷，人民出版社1972年版，第332—333页。

③ 马克思：《资本论》序言，人民出版社1972年版。

④《列宁选集》第4卷，人民出版社1995年版，第10页。

⑤（俄）罗伊·梅德韦杰夫：《让历史来审判》（上册），东方出版社2005年版，第163—164页。

⑥《马克斯恩格斯选集》第4卷，人民出版社1995年版，第617—618页。

⑦《马克斯恩格斯选集》第4卷，人民出版社1995年版，第127—128页。

⑧ 郭沫若：《奴隶制时代》，科学出版社1956年版，第68页。

⑨ 郭沫若：《奴隶制时代》，中国人民大学出版社2005年版，第2页。

⑩ 马克思：《资本论》第1卷，人民出版社1975年版，第200页。

⑪《马克斯恩格斯全集》第37卷，人民出版社1971年版，第443页。

⑫《邓小平文选》第3卷，人民出版社1993年版，第291页。

⑬《邓小平文选》第3卷，人民出版社1993年版，第63页。

⑭《邓小平文选》第3卷，人民出版社1993年版，第269页。

⑮《邓小平文选》第3卷，人民出版社1993年版，第373页。

⑯ 亚里士多德：《政治学》，商务印书馆1997年版，第205、207页。

⑰ 马克思和恩格斯：《共产党宣言》，人民出版社1963年版，第34—48页。

⑱ 马克思：《资本论》第3卷，人民出版社1975年版，第1000页。

⑲ 马克思：《资本论》第1卷，人民出版社1975年版，第829页。

第五章

民族经济人

人、经济人都有一种与生俱来的民族人文胎记。族，从词源引申的民族、民族问题和民族关系，是人类历史社会最悠久、最普遍、最复杂的人文精神现象问题之一。民族与种族、家族、社会和国家组成了共同体，并以民族形式成为社会、国家的一层硬壳，通常作为抗争另一民族社会、国家的铠甲。民族和国家是互相联系和互为作用的。国家是维护民族利益的重要工具，国家的统一和强盛是国内各民族和睦和振兴的前提条件，同时国家的统一和强盛需要各民族自觉的认同、忠诚和奉献，使民族成为"国族"。人类社会是一个民族社会，全球2000多个民族生存发展于190多个国家。民族一经产生，社会就成为民族社会，国家就成为民族国家，世界就成为民族世界，因此，认识经济人不能不认识他们民族的历史产生、内涵特征、和谐发展和生存需求等特点和方式。在世界民族之林中，犹太商人、阿拉伯商人、英美商人、日本商人和中国商人是举世公认的主要优秀民族商人。他们经商的思维方式和行为方式对于经济、贸易和金融等全球化和国际化发挥着重要作用。中国56个民族之间谁也离不开谁，各民族之间互相平等、团结、和谐、共同发展。

一、每个经济人都有其民族胎记和民族特性

民族的词源是族，族是词组的圆心，其圆周内的家族、胞族、氏族、民族等是一脉相传的，并在市场大潮中泛化为贵族、有车族、啃老族、有房族、上班族等族群称谓，已成为经济人的时尚话语

1-1. 小小环球集聚着2000多个民族。当今世界人口超过100万的民族有300多个，人口数量约占世界总人口的96%；人口超过1000万的民族有72个，人口数量约占世界总人口的80%以上。人口超过1亿的民族共有7个：汉族人、印度斯坦人、美利坚人、孟加拉人、俄罗斯人、巴西人和日本人。其中以汉族人数最多。人口在1亿以下1000万以上的民族，有65个。其中亚洲有32个，非洲有10个，欧洲有13个，美洲有9个，大洋洲只有1个，即英裔澳大利亚人。中华民族有56个民族，居住繁衍，拼搏奋斗，和谐共处于中华大陆960万平方公里土地之上。我国少数民族人口已超过1亿，2000年占全国总人口的8.4%，政府设置的"民族自治"地域占全国陆地领土面积的64%。除此之外，还有5000余万华侨客居于世界各国。这在世界民族之林之中是比较罕见的。

1-2. 东西方人文观念对于民族及其历史各有一套看法和说法。"民族"（nations）这一术语，因为拉丁语中natio一词就意味着出生或来源，它也暗示这一国家类型的民族基础。西方最早使用民族这一概念的是古希腊历史学家，也被西方称为历史之父的希罗多德，他在描述波斯战争的著作《历史》中明确提到了"民族"这一概念。他通过实地调查了解地域、语言、民族性格和习惯等方面民族特点，并从口耳相传中对民族与种族、国家、宗教事实加以记述和诠释。《牛津词典》（1976年第6版）解释是："居住在有固定边界约束的一块领地上，在一个政府之下形成一个社会，具有共同血统、语言、历史等主要特征的人口众多的人民（people）。"《麦克米伦当代辞典》

(1979 年纽约—伦敦版）的解释是："占有一块固定领土，在一种政治制度下团结起来的具有共同的族源（ethnic origin）和历史与文化的传统的人民（people)。"《插图本西班牙语大辞典 VOX》的解释是："领土、起源、历史、文化、习惯或语言同一的具有共同生活与共同命运意识的人们的自然社会。"斯大林的著名定义是："民族是人们在历史上形成的一个有共同语言、共同地域、共同经济生活以及表现在共同文化上的共同心理素质的稳定的共同体。"在中国，"民族"一词最早出现于梁启超 1899 年版的著作《东籍胆》中，在此以前，汉语是用"族"来泛指民族的。例如，《左传》记载：非我族类，其心必异，楚虽大，非吾族也。按照知名学者张凤莲在《民族论》中的介绍和归纳，中外学术界关于民族这一概念有三个主流学派，即主观派民族定义，以 19 世纪法国著名历史学家勒南、英国现代民族科学家科本、当代英国学者塞顿 - 沃森等人为代表，他们认为民族是人为构建的东西，并不是自然客观形成的。他们中的科本等人又认为没有任何科学学家能够从客观角度提供民族的定义。客观派民族定义，以当代英国学者安东尼·史密斯为代表，他们认为民族是历史演化的自然产物，民族是一个种族或若干血缘因素在社会成员中递嬗的结果。"民族基本上是个文化和社会的观念，指一种文化和政治的纽带。此纽带把享有共同神话、追忆、象征和传统的人们连结为一个有声望的共同体。"张凤莲认为第三派是马克思主义学派。马克思主义作为一种研究自然、社会和人类思维的科学，自诞生以来就对民族及其各种问题给予了高度的关注，并在其革命、建设和改革等实践过程中不断地作出新的认识和诠释。有资料显示，马克思和恩格斯有关民族问题的文论达 300 篇（部）以上，文字约为 200 万字，在他们的著作中，有 2% 到 3% 的篇幅谈论到民族问题。后来在列宁著作中，这一比例上升了 10 倍，而在列宁的继承人斯大林的著作中，这个比例达到 50%[①]。中国共产党人继承、丰富和发展了马克思列宁主义民族理论，始终把民族问题作为党和国家的重要课题，并在其实践中肯定了民族问题的普遍性、长期性和重要性。

1 -3. 人世间的一种永恒的组织制度形式要算是家族或家庭，而且民族的起因、形成和发展无疑源于家族，因此，无论从历史还是逻辑上考察民族，从家庭开始都是一个正确选择。马克思在《政治经济学批判》导言中，从人本出发一口气讲到了人是三种动物，即人是最名副其实的社会动物，人是一种合群的动物，人是只有在社会中才能独立的动物。从逻辑进程上看这种递进论述是正确的。从原始人的家庭演变历史可以充分说明，人是一种合群的动物，人类祖先曾以血缘和亲缘组织成了各种家庭组织形式。在美国著名人类学家摩尔根的《古代社会》和恩格斯据此所创作的《家庭、私有制和国家的起源》中都充分地描述了家庭及其与时俱进的演变历史。家庭在人类社会基础和社会上层建筑各领域实在太重要了，因此，笔者愿就家庭多介绍一点资料。家庭一词的词源，据摩尔根《古代社会》一书的诠释，家庭（fa-mily）意义是推测出来的。家庭一词系出自于familia，familia与famulus一样，都含有一个成分即有“仆人”之意；familia一词被认为系起源于阿斯堪（Oscan）语的famel，即等于servus，一个奴隶。

1-4. 从家族一词的本源意义来看，与成婚配的一对男女或其子女并无关系，而是指在家族的父亲（pater familias）权力之下从事劳役以维持家庭的奴隶及仆役的集团而言。familia一词在某些地方执行遗嘱处分时，用以与patyimonium一词相等，即将遗产转让与继承者。familia一词开始用于拉丁社会中，系指一种新的组织体，这种组织体的首领拥有其妻室儿女及在父权之下的集团。后来恩格斯以大量新鲜的思想资料重新诠释了摩尔根的著作，并写出了《家庭、私有制和国家的起源》。在这里，恩格斯使用的“家庭”与摩尔根有时使用的“家族”是一对等价概念。恩格斯说这一用语是罗马人所发明的，famulus家庭是指一个家庭奴隶，而familia则是指属于一个人的全体奴隶。并认为罗马人用以表示一种新的社会机体，这种机体的酋长，以罗马人的父权支配妻子、子女和一定数量的奴隶，并对他们握有生杀大权。马克思对此作出了重要补充，他说现代家庭的萌芽不仅包含了奴隶制，而且也包含了农奴制，因为它从一开始就是同田间耕作的劳役有关的，它以缩影的形式包含了一切后来在社会及其国家中广泛发展起来的对立[②]。家庭在马克思他们看来就是人类社会历史的缩影。

1-5. 当然，家庭与家族在概念上还是有点区别的，至少在使用上还是有点区别的。家庭是指在一定的具体空间中现存的家庭，我国现行《居民户口簿》一词中的“户口”就是家庭称谓的法律用语。在这里，家族是指时间上的宏观谱系。我国封建王朝的“家天下”就是典型的世代相传的王朝家族。中国最古老的家族且有家谱可考的当属孔氏家庭，如今孔子第76代孙女孔令华最近与美国《狮子王》导演明可夫（Rabert Minkoff）结婚（中新网2007年10月2日)。中国台湾《联合报》于2008年10月29日报道说,孔子第77代嫡裔,前考试院长孔德成89岁高龄辞世。孔子后裔在中国的大陆和台湾等地都存在,一个家族延续了2500余年并有真实人物可考,这在世界人文历史上是罕见的。与家族相联系的中国民俗文化有"九族"制度。摩尔根在《古代社会》作了简单介绍,他说中国"举凡在世上的人们,都有九族的关系。我们自己的一代是一族,我父亲的一代,我祖父的一代,我曾祖父的一代,以及我高祖父的一代,各是一族;因此在我之上,共有四族;我的儿子一代是一族,我的孙子一代,我的曾孙一代,以及我的玄孙一代,也是各一族;因此在我之下,也共有四族;包我自己的一族在内,共九族。所属于各族中的人们,彼此都是兄弟,虽然每一族各自属于各族中的人们,彼此都是兄弟,虽然每一族各自属于不同的支系或家族,然而他们都是我的亲族。这即是九族的关系"③。据笔者族亲王福贵先生最近主编的《盖洲王氏族谱》介绍说九族还有一种说法,即指父族四、母族三、妻族二共为九族。即父族四为姑之子、姊妹之子、儿女之子、己之同族(父母、兄弟、姊妹、儿女);姻族三为母之父、母之母、从母(即姨)之子:妻族有二为岳父母。此外,美国著名东方学者在他的《中国社会史》一书中断言,家庭是中国社会的基本单元。东西方民俗文化是相通的。据《新格罗夫音乐和音乐家辞典》中的"巴赫家族"条目的记载,这个家族从巴赫的高祖到孙子共7代人,历经260多年,从事音乐事业的多达78人,卓有成就的有14人,最杰出的,被西方音乐界称为"西方音乐之父"的当属约翰·塞巴斯蒂安·巴赫。有意思的是,马克思女婿拉法格在回忆马克思一家时讲到,马克思一家是酷爱音乐的,而马克思非常喜欢的音乐家就是巴赫。音乐是传情的。在马克思心目中,巴赫一生的严谨、执着、敬业和热情,也正是他一生人文精神的折射和写照。附马克思的家谱表图示于下页。

1-6. 民族的含义也是历史的、发展的、具体的。汉语的词语中"民族"一词在我国应用时分为两类主体对象:第一类为55个"少数民族"及其相关的"民族团结"、"民族自治"、"民族政策"、"民族干部"、"少数民族文化"、"少数民族传统艺术"、"民族教育"、"地方民族主义"、"民族经济"等。第二类以中国各族群的整体或共同体为对象,如"中华民族"、"中国人的民族主义"、"中国人的民族感情"、"中国的民族文化"、"中国人的民族传统"、"中国民族精神"等。两类有一个部分与整体的关系。在对国

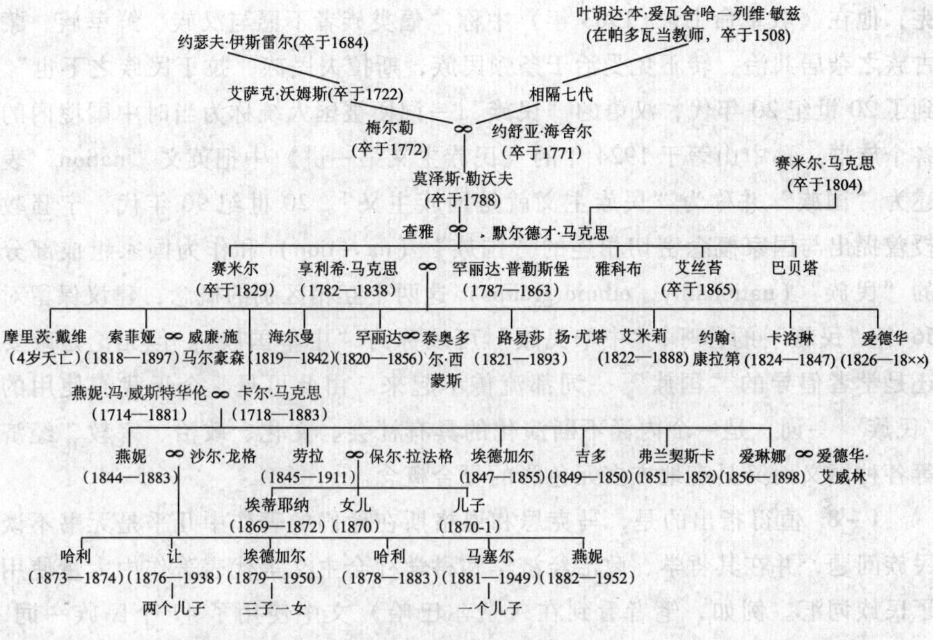

马克思的家谱表图示

外群体称呼时，汉语的“民族”一词也存在两类情况。第一类是用于历史上一些外国群体的传统译名，如“日耳曼民族”、“条顿民族”、“阿拉伯民族”等，这些群体可能由于战争或其他原因今天已分别居住在不同国家，这些族称已不再出现在这些国家和正式官方名称之中；第二类同样是用于群体的传统译名，如“爱尔兰民族”、“法兰西民族”等，这些群体现在或者是多族群国家的组成部分，或者是一些“民族—国家”的主体族群，他们的族称已正式成为政治实体④。

1－7. 在我国史书中，关于黄河流域及周边地区古代生活过许多的群体和部落，简单地冠以各种群体名称，如“黑蛮”、“犬戒”、“九责”、“赤狄”等，后来又在族名之后加上“人”字，以此表示族群的称呼，如“汉人”、“胡人”、“责人”、“藏人”、“满人”等等。而史书中用到“族”字时最早的是指“家族”或“民族”。《左传·成公四年》中的“非我族类，其心必异”，最早是特指姓氏集团，后来被人们引申为泛指族群。维新变法大师之一的梁启超把我国各族群最早称之为“民族”的学者。对中国各族群最早冠之以“汉族”、“藏族”、“蒙古族”等称谓并与境外民族并列的可能是黄遵宪，他在《驳革命书》(1903年）中称“倡类族者不愿与汉族、鲜卑族、蒙古族之杂居共治，转不免受治于条顿民族，斯拉夫民族，拉丁民族之下也”。到了20世纪20年代，汉语的“民族”一词便被国人统称为当时中国境内的各个族群。孙中山著于1924年的《民族主义第一讲》中把英文“nation”表述为“国族”并称为“民族主义就是国族主义”。20世纪90年代，宁骚教授曾提出与国家概念密切相连的“国族”（na - tion）和作为国家组成部分的“民族”（nationality，ethnic groups）这两个互相区别的概念，建议保留对56个“民族”的称呼，“中华民族”可改称为“中华国族”。但无论是政要还是学者倡导的“国族”一词都流传不起来。由此可见，今天我们使用的“民族”一词，是一个内涵不断演化的具有社会、文化、政治、宗教、经济等各种涵义而又具有地方多元色彩的复合概念。

1-8. 值得指出的是，马克思和恩格斯在他们的著作中几乎是无书不谈民族问题，并在其哲学、政治经济学和科学社会主义等代表著作中大量使用了民族词汇。例如，笔者看到在《费尔巴哈》文中使用了47个民族一词，《政治经济学批判》导言使用了22个民族一词，而在《共产党宣言》中使用了24个民族一词。他们还用古代民族、游牧民族、农业民族、工业民族、商业民族、从事证券投机的民族、征服民族、被征服民族、民族共同利益、民族性、民族文学、民族的阶级、民族基础、民族感情等词语论述了各种民族问题。但他们却从来没有专门讨论过“民族”的确切含义。被我国大多数学者奉为经典的民族定义，是斯大林于1913年在《马克思主义和民族问题》一文提出的：“民族是人们在历史上形成的一个有共同语言、共同地域、共同经济生活以及表现在共同文化上的共同心理素质的稳定的共同体。”⑤斯大林同时强调，作为民族，这四条特征是缺一不可的，“只有一切特征都具备时才算是一个民族”。任何定义概念都产生于一个特定的社会历史环境，是社会存在决定社会意识，都是由提出这一概念的人对自身生活的社会环境特点所进行的抽象概括和总结，因此，对定义概念的确认与运用同样应持历史的、发展的观点。而我国宁骚教授在诠释斯大林上述民族概念时主张应该把它划分为六个特征，就是：（1）有一个历史形成过程；（2）共同语言；（3）共同地域；（4）共同的经济生活；（5）共同的心理素质；（6）具有一定的稳定性。他这里强调了民族概念的历史过程和稳定性是有积极意义的。

1－9. 共同地域、共同语言、共同经济生活以及表现于共同的民族文化上的共同心理素质是民族概念的四个基本内涵。往下的叙述与斯大林表述的民族特征顺序不同，所以，我们在这里愿以人类赖以生存发展的地域资源作为开篇是比较顺理成章的。

（1）共同地域：共同地域是民族产生的首要前提，是人类自家族、氏族、胞族、部落、部落联盟向民族演变的重要标志，也是民族四个基本内涵中唯一的一个非人文的基本内涵。说明只有居住生活于同一地区的人们才能共同生产、生活和繁衍，才能形成共同的语言、共同的经济生活和共同的心理因素。因此，空间上的共同地域则是在民族形成的原始阶段的显著特征，在民族形成以后，同一民族内的人们也会向其他民族地区流动和迁徙，散居于其他民族地区，但他们往往还会记忆甚至祭祀自己祖先的出生地。地域这个空间概念是民族产生地，也是各民族认同的基础。在形成世界市场、经济一体化的条件下各民族之间的交往日趋密切和频繁，各民族成员之间的杂居和通婚现象也越来越多。阿拉伯人在中国厦门有其民族坟墓，就是一个例证。奥尔默特这位以色列总理的祖父墓地迄今仍在我国哈尔滨市。如今以色列人已越过其本土而散居于世界各地。

（2）共同语言：共同语言是民族形成的重要条件，也是构成民族的重要文化因素。显而易见，居住于同一地域的人们在共同的生产和生活中，只有在形成和使用同一的语言时才有可能沟通、交流而形成民族。同时，同一语言也是区分不同民族的一条重要标志。民族语言一旦形成，就成为民族文化的重要表征和载体，在民族的存在和发展中发挥着重要作用。虽然世界各民族语言之间相互传播和吸收、借用的现象日渐突出，但民族语言始终被认为是民族的重要特征而受到各民族国家的高度重视，一个国家的内部各种方言仍然在起传承使用。有人会多种语言，据讲恩格斯结结巴巴能说 10 多种民族语言，但日耳曼语则是他的母语。我国季羡林大师据说能讲 12 种外语，但汉语则是他的母语。法国政府为维护法兰西文化传统，制定了禁止在广告媒体和政府文件中使用外来语。新加坡作为移民国家在实行多年英语教育后，再度掀起了学习华语热潮，强调华语和中华文化的重要性。

（3）共同经济生活：共同经济生活是民族产生的经济基础，是民族形成和发展的物质要素，主要指在同一地域的人们在生产力发展基础上所形成的相互联系的经济关系。共同经济生活和共同地域一起使人们产生共同语言、共同心理因素。作为经济关系，首先是人与自然之间关系，人与人之间关系和人与自己之间关系。人与自然关系是互利共存、协调进化和可持续发展的重要前提条件。而贯穿于三者关系之中的是人的需要和满足需要的手段劳动。世界各民族是从原始社会末期共同的采集、狩猎、捕鱼生活过渡到游牧、游猎、养殖再到种植，进而发展到农业、手工业、机器大工业，直到发展到信息产业。这种经济生产力的发展与社会经济形态的发展基本上是相互适应的，即从原始社会、奴隶社会、封建社会、资本主义社会到社会主义社会。在当今经济全球化条件下，民族经济逐渐地形成为两个层次，一是原生的民族生产、生活消费等特有方式；二是从原生民族步入世界民族之林后演变的生产、生活和消费方式。马克思和恩格斯在《共产党宣言》中指出，过去那种地方的和民族的自给自足和闭关自守状态，被各民族的各方面的互相往来和各方面的互相依赖所代替了。物质生产如此，精神生产也是如此。有些民族在斋月、安息日或节日不工作不劳动，因而其生产、工作、生活、消费方式也不尽相同。

（4）共同心理素质：居住于同一地区、同一语言和同一经济生活的人们，只有形成同一的民族心理、性格特征和精神风貌，才能形成为统一民族。民族心理素质是一个民族在长期历史社会实践中生成、凝聚和积累而形成的社会意识要素，体现在思维方式、生活方式、实践手段、行为选择和价值判断等诸种领域之中，是维系民族传统，调节民族内部关系的重要手段。所以，民族意识、民族性格、民族精神是民族共同心理素质的重要内容和外在表现。而民族精神是民族共同心理素质的本质内容和基本精神，是民族共同心理素质的核心、精髓和灵魂。它储存于广大民族成员的心理结构中，体现于民族性格中，贯穿于民族文化发展的始终，构成世界各民族相互区别、独立发展的重要标志和原因所在。当一个民族受到外敌入侵，面临危亡之时，该民族成员会自觉地团结起来，前赴后继，死而无憾；在民族建设时期，民族精神会在有形与无形之中转化为人们改造自然、凝聚人心的巨大物质力量，促进民族的繁荣与富强。

1－10. 民族这四个共同要素特征是相互联系、相互制约的统一整体。但这四个特征在各个具体民族中的地位是不尽相同的。有的民族这个特征突出，有的民族另一个特征较为鲜明。因此，我们对于某一具体民族应该进行具体分析。因为在任何社会中，往往有一些事情有时处于两种混合的状态，或者正处在从一种形态演变的过程之中，因此，一个社会形态之中的各种事物并不都是纯粹的，民族各种特征自然也是不断地发展变化的。人类自诞生以来形成了各种各样的群体组织，除民族这一群体组织以外，还有家庭、胞族、氏族、部落以及衍生的社会、国家和世界等群体组织形式。人类发展纵横交错，前后相继，由此形成了民族与这些群体组织之间的联系与区别的网络形式，所以，民族的也是世界的。

二、各民族经常运用种族、社会和国家作为铠甲、围城、护城河

全面、系统地认识、概括和表述民族这个概念，必须看到民族与种族、民族与社会、民族与国家之间的联系与区别，作为民族经济人，主要是一定群体的社会经济利益和精神文化价值的有机总体

2-1. 民族与种族：种族又称人种。在历史上，中国人担心和恐惧外族入侵而流行有亡国灭族之说。“族”具有种族之意，它是一个社会生物群体的概念，意指具有共同的遗传的、稳定的体质特征的人群。世界上的人依据肤色、眼色、发色、发型和鼻型等人种标志，划分为黄色、白色、黑色和棕色4大人种。在任何场合上凡是看到金发碧眼、鼻梁高挑、身材高大、肤色白皙的生理特征的必定是白种人。据讲如今金发碧眼的已剩下不到15%了。所以，人种只是生物学上的概念，是人的自然因素。现存于世的全部人类都属于同一个智人人种，是对智人人种演化或蜕变的进一步的划分和界定。当然人种的界定无疑会对社会经济文化产生重大影响，对于经济人的思考与行为同样有着重要影响。必须看到，在人类漫长的历史长河中，人种歧视、敌对和侵略现象不绝于世。法西斯希特勒上台曾依靠四样东西，即以他的《我的奋斗》一书鼓吹日耳曼民族是“优秀”种族，作为政治扩张宣言；他还组织了一个纳粹政党并起了一个好听的名称“德国社会主义工人

政党”，作为结党营私的组织工具；撑起了一面旗织——纳粹党旗，作为招摇撞骗幌子；拼凑了一支纳粹党卫军作为侵略急先锋而发动了第二次世界大战。希特勒及其纳粹分子疯狂地屠杀犹太人、吉普赛人和其他非条顿民族人民，妄想建成一个种族纯粹化的单一世界。希特勒的帮凶，意大利的墨索里尼上台不久便颁布了《种族宣言》，不择手段地推行纯粹意大利种族主义，抵毁其他民族为劣等民族。德、意、日三国结成了法西斯侵略同盟，妄图统治世界各民族人民。在亚洲，日本军国主义分子认为日本民族是具有神道、武道和儒道“三道合一”的优秀民族。他们在侵略中国时采取了民族灭绝的“三光”政策，即杀光、烧光、抢光政策。仅南京市一地就屠杀了30万中国人。当代标榜种族自由、平等的美国，历史上种族歧视是出名的，白人对黑人的歧视、隔离现象比比皆是。美国林肯总统为了解放农奴而签署了《解放宣言》，随后有50万黑人从白人种植园中逃跑出来。一百余年后，有一位黑人在林肯的雕像前诉说自己的痛苦：“我有一个梦，我的四个孩子有一天生活在这样一个国家，不是根据他们的品德与性格来评判他们。”美国黑人领袖马丁·路·德金著名的“我有一个梦想”的人权宣言就是代表黑人为结束白人歧视的呼唤和呐喊。从一定意义上讲，他的人权宣言实为种族宣言。

2-2. 随着经济全球化、交往国际化时代的到来，世界各民族交往日趋密切和频繁，各地人种之间的杂居生活和通婚联姻等现象日益增多，同一个人种可以包括不同民族，同一个民族也可以包容不同人种，并在衣、食、住、行、用等物质资料生产和消费中互相影响和融合。我国著名学者吴汝康在《人类发展史》一书中认为种族和民族是两个不同概念。同一种族，可以形成许多不同民族，例如，黄种人就包括了东西方国家的许多民族。例如，美利坚以白种人为主，但也包括有黑种人、黄种人和混血种人等。1967年生于美国波士顿的蕾切尔·莱尔曼是一个多种族混血儿，她金发碧眼，但头发卷曲，皮肤黝黑；她的白人母亲是一个天主教徒，黑人父亲则来自尼日利亚；被一对的白人夫妇收养后，她信奉了犹太教；大学毕业后，她认识了亚历克斯·迪亚斯·阿斯珀，一个来自迈阿密的天主教徒，他的父亲来自西班牙，而母亲是古巴人，她33岁时嫁给了他，并在华盛顿定居；3年前，她生了一对双胞胎：亚历杭德罗和米格尔。亚历杭德罗的眼睛是棕色的，头发卷曲，皮肤黝黑。米格尔却金发碧眼，肤色白皙，有着典型的爱尔兰人的外貌。莱尔曼为儿子们感到无比骄傲，但她在公园或超市里却常受到别人好奇的注视，还会遇到一些烦人的问题。比如，有人问："你是保姆吗?"还有人会问："米格尔是不是收养的?"据美国人口普查办公室调查，移民潮和新的社会态度使该国的多种族人口的增长速度是白人的10倍，即便如此，多种族人群仍可能被社会边缘化，因为美国社会尚未摆脱种族情结。拥有白人母亲和黑人父亲的奥巴马参加总统竞选后，有关种族问题的论战或许会暗流涌动[⑥]。

2-3. 民族与家族：每个人都生存生活于各种家庭组织之中，而且家庭也是衍生出来的民族、胞族、部落、部落联盟乃至民族等组织形式的共同的历史基础和组织基因。熟悉中国民族文化习俗的黑格尔说："中国人把自己看做是属于他们的家庭的，而同时又是国家的儿女。"[⑦]在经典的《费尔巴哈》一文中马克思和恩格斯明确指出，社会是以简单家庭和复杂家庭即部落生活作为自己的前提和基础的[⑧]。人一生下来无不打上了深深的种族烙印，也无一不刻上了家庭的姓氏族徽。所以，从方法上我们考察民族产生根源必须同样从家庭分析开始。马克思和恩格斯等经典作家在论述民族时，都明确指明了民族划分与共同语言、共同地域和共同历史有着渊源关系，并指出在上述语言、地域和历史中的居民内部民族有原生和次生之分。如上所述，作为原生民族应追溯到家庭，而由家庭衍生出来的氏族、胞族、部落、部落联盟和民族等组织形式都与家族有着一定的血缘或姻缘的历史关系。摩尔根的《古代社会》和马克思和恩格斯据此写出的有关民族问题的著作都反映了这种因果关系。在马克思和恩格斯提出的"三个过渡"理论后，即从野蛮时代向文明时代过渡、从部落制向国家制过渡和从地方民族局限向世界民族过渡后，恩格斯曾在《劳动在从猿到人转变过程中的作用》中明确写道："劳动本身一代一代地变得更加不同、更加完善和更加多方面。除打猎和畜牧外，又有了农业，农业以后又有了纺纱、织布、冶金、制陶器和航行。同商业和手工业一起，最后出现了艺术和科学；从部落发展成了民族和国家。"[⑨]尽管马克思主义经典作家认为民族出现于氏族、胞族、部落和部落联盟之后，但它并不是氏族、胞族、部落等组织的简单延伸，而是与氏族等组织形式有着本质区别的高级组织形式，前者是以家族等血缘和姻缘为纽带而结成的人类共同体形式，而民族不是，民族主要是以语言、地域、经济、心理素质为纽带而结成的人类共同体即一种人类组织制度形式。因此，斯大林在《马克思主义和民族问题》中将民族概括为有共同语言、共同地域、共同经济生活和共同心理素质四个基本特征的共同体。在中国古代，所有家族都有祠堂、家谱和族田三件东西把家族凝聚、组织和传承起来。族田是家族制度赖以生存的物质条件，依靠它为钓饵把族众团聚在一起，叫做“收族”；祠堂和家谱则用以尊祖敬宗，强调血缘关系，规定家规家法，从上层建筑的意识形态方面维系家族制度，三者是近代家族制度的主要特点[10]。

2-4. 民族与国家：在人类组织形式的发展历史上，家族或家庭是民族和国家的最原始、最永恒的组织形式。当家庭及家庭经济出现后，家长或酋长除了组织、领导其成员经济生活和祭祀活动之外，同时还担负着指挥和领导为维护家庭及其财产的安全需要而设置的军事酋长等职能任务。正像今日谈到人的生存发展需要时会自然而然谈到“安全需要”一样，有点类似于生活小区中的“保安”。在现代中国，好像“国”与“家”是并列的，即国是国，家是家，各自的内涵与外延是清清楚楚的，是两个不同概念；然而在中国古代，它们并非是对等结构，而是一种偏正结构，意指像家那样的“国”家。即“家天下”或“天下为家”等用语便是对“国家”一词最好的诠释。在古代，“国”的含义含“域”、“邦”。从字形上可以看出，一个邦国是以都城为中心而与四域的农村结合在一起的，是以都城的存在为标志的。“中国”即“中央之城”或“中央之邦”。“中国”一词最早出现于东周时期成书的《尚书》和《诗经》等著作中。《尚书·梓材》是周公教导他的弟弟康叔如何治理殷商放地的训告之词。其中“皇天既付中国民越阙疆土于先生”，意即皇天将中国的土地和人民交给周的先王治理。而《诗·大雅·民劳》中“惠此中国，以绥四月方……惠此京师，以绥四国”的“中国”则与“京师”同义[11]。那么，国家实质上是什么呢？马克思和恩格斯研究指出：“实际上国家不外是资产者为了在国内外相互保障自己的财产和利益所必然要采取的一种组织形式。”[12]“国家决不是从外部强加于社会的一种力量。国家也不像黑格尔所断言的是‘伦理观念的现实’，‘理性的形象和现实’。勿宁说，国家是社会在一定发展阶段上的产物；国家是表示：这个社会陷入了不可解决的自我矛盾，分裂为不可调和的对立面而又无力摆脱这些对立面。而为了使这些对立面，这些经济利益互相冲突的阶级，不致在无谓的斗争中把自己和社会消灭，就需要有一种表面上驾于社会之上的力量，这种力量应当缓和冲突，把冲突保持在‘秩序’的范围以内；这种从社会中产生但又自居于社会之上并且日益同社会脱离的力量，就是国家。”[13]作为社会，尽管有其经济基础和上层建筑，但对外仍须以民族的姿态出现，对内仍然需要组成国家形式，以维护其阶级利益和统治地位，同时借以调节统治阶级内部的经济、政治利益关系。当然如今社会对内对外往往并用民族形式和国家形式。

2-5. 在经典的《共产党宣言》中马克思和恩格斯将国家与民族是作为同一语来使用的。他们说：“资产阶级，由于开拓了世界市场，使一切国家的生产和消费都成为世界性的了。不管反动派怎样惋惜，资产阶级还是挖掉了工业脚下的民族基础。古老的民族工业被消灭了，并且每天都还在被消灭。它们被新的工业排挤掉了，新的工业的建立已经成为一切文明民族的生命攸关的问题；这些工业所加工的，已经不是本地的原料，而是来自极其遥远的地区的原料；它们的产品不仅供本国消费，而且同时供世界各地消费。旧的、靠国产品来满足的需要，被新的、要靠极其遥远的国家和地带的产品来满足的需要所代替了。过去那种地方的和民族的自给自足和闭关自守状态，被各民族的各方面的互相往来和各方面的互相依赖所代替了。物质的生产是如此，精神的生产也是如此。各民族的精神产品成了公共的财产。民族的片面性和局限性日益成为不可能，于是由许多种民族的和地方的文学形成了一种世界的文学。”[14]自1978年以来，在改革开放的理念下，我国已成为世界工厂，正逐步成为世界市场。附美国经济学家斯蒂格利茨《经济学》上的一副插图显示于下页。

2-6. 摩尔根在《古代社会》中认为，家族为了维护成员和财产的安全，由家族直接演化为氏族后相继出现了三种政府组织形式，即开始是选举产生的酋长会议，接着是人民会议和军务司令官分别代表政务和军务职能，最后是由酋长会议、人民大会和军务总司令三者共同组成的政府职能。应当说，从家庭到氏族，这时政府和后来的国家的基本职能已经具有胚胎雏形了，然后由氏族到部落、由部落联盟再到民族，政府和国家已经逐渐地定型定制了。由此可见，从家族发展到氏族，其物质生活职能与服务、维护于物质生活的安全职能，即民生的经济基础与其上层建筑是相辅相成的；最后在阶级社会里，这时家长或酋长，氏族、部落或民族的头人在生产、生产力发展中产生了私心，逐渐将剩余产品归为已有，并借助于他们获得的政务和军

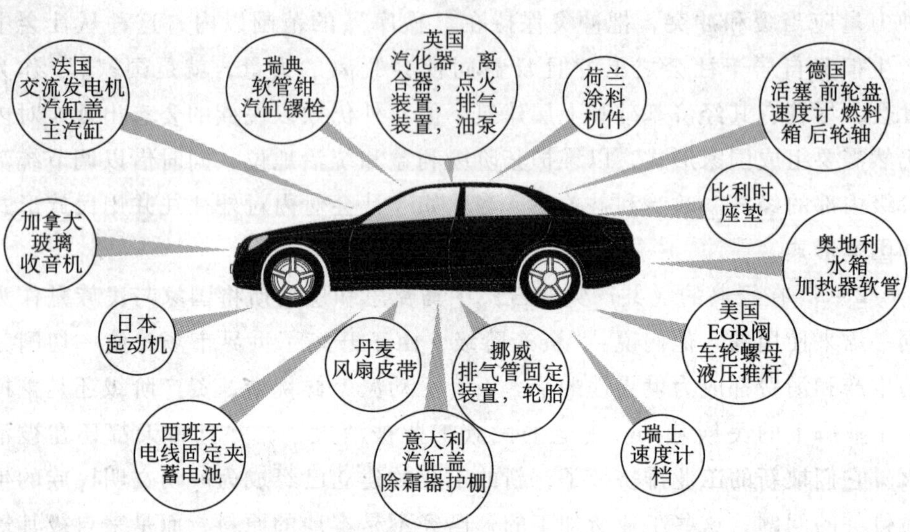

务等权力而成为集团式的掌控阶层或统治阶级。有时民族与国家几乎成为同义语，即民族国家或国家民族的称谓一致了。在文化精神渊源上，英语 Ethos，又译为“民族精神”、“国魂”、“民族魂”等是一致的。在现实生活中，一个民族可以建立一个国家，如单一民族的日本、韩国及中东一些阿拉伯民族国家；也可分属于不同国家，许多民族可和谐共处于一个国家之中，如中国、美国、俄罗斯等民族国家，民族与国家相互联系和相互作用。一方面，国家在民族形成中具有重要作用，特别是对于民族共同地域和民族语言的确定和巩固，具有非常重大的作用。在当代政治格局中，国家成为基本的交往单位，一个民族倘若缺少国家的庇护，它可能连最基本的生存权也难以保障；一个民族如果缺少国家为其服务，它很可能得不到自强不息的发展。西方经济学通常将政府（国家的具体施政组织方式）、企业、市场视为市场经济三大基本组织，在我国确立社会主义市场经济体制过程中明确提出，建立社会主义市场经济体制，就是要使市场在社会主义国家（含政府）宏观调控下对资源配置起基础性作用。就是说，国家要领导管理市场经济。同时民族在国家存在和发展过程中发挥重大作用。民族及其发展状况等，是影响乃至决定本国政治结构及其组成形式的重要因素。同时国家的独立、巩固和发展需要民族提供认同、忠诚和奉献。因而，一个国家不能没有统一的民族作为基础。

2-7. 民族与社会：人作为合群动物都交往、合作和竞争在社会各种组织形式之中。社会组织按照马克思和恩格斯在《费尔巴哈》一文中的诠释，是指许多人在一起的合作组织形式。民族是人类社会存在和发展的重要因素，每一个人，都具有本民族身份和特性，致使社会成为多民族社会。无论是单一民族还是众多民族，民族是一个拥有独立的社会、经济、政治、文化等结构的社会实体，这个实体与国家基本上是重合的。重要的是，任何民族都是社会民族，其存在、发展都在社会中展开，受特定的社会生产力，社会生产方式及其运动规律所支配。世界上任何民族都处在一定的社会历史发展阶段，都与一定的社会生产方式相适应。而民族的发展程度是通过社会的发展程度来衡量和体现的。民族的产生使世界上的每个人无一例外地成为某一民族成员，具有鲜明的民族特征，使社会、世界成为多民族的民族社会和民族世界。我国马戎教授认为从历史发展阶段的观点来看，自19世纪资本主义产业革命在西欧造就了第一批“民族国家”，以后在拉丁美洲原殖民地出现了第二批“民族国家”，20世纪初的第一次世界大战造就了第三批“民族国家”；第二次世界大战后，原殖民地的民族独立运动造就了第四批“民族国家”；20世纪80年代一些社会主义国家的剧变和解体，使得苏联、南斯拉夫等国家在政治上造就了第五批“民族国家”。但众所周知，在分裂运动或霸权国家鼓噪下的“和平演变”或“颜色革命”中，民族自决始终是一面政治旗帜，并被有些国家社会所认可[15]。值得指出的是，一些西方国家亡我之心始终不死，他们经常用所谓“人权”、“台湾”、“西藏”、“新疆”以及“中国威胁论”五大问题制造事端，妄图分裂破坏我国民族自治和民族大家庭的团结和统一。他们以恐惧和嫉妒的心态看待中国，一切都变成了扭曲的政治图景。国产品好不容易走出国门，却被丑化为导致西方工人失业的罪魁祸首；中国商人和资本进入非洲大陆，老牌殖民国家心生嫉恨地称之为新殖民主义者；中国企业在海外展开并购行动，西方政府视之为洪水猛兽，担心丧失经济主权。当然，还有所谓庞大的贸易盈余、庞大的外汇储备、庞大的军费开支、庞大的能源消耗，更有“被共产党统治和驯服”的庞大人口，这一切都使整个西方世界产生了被挑战、被取代、被超越，被损害的恐惧感。由此可见，民族是一个有机的复合体，民族与种族、家族、国家、社会等组成了同心圆式的共同体，在共同体中有分有合地以民族种族、民族家庭、民族国家或民族社会等组织形式出现于世，使民族成为种族、家族、国家、社会的一层硬壳，通常作为抗争另一民族、种族、家族、国家或社会的铠甲；同时民族渗透于国家或社会的政治、经济、文化、教育、艺术、宗教等领域，并使政治、经济、文化、宗教等以民族形式发挥重要作用。

2-8. 社会与国家之间关系不是国家决定社会，而是社会决定国家。两者关系对于我们深入地认识和把握民族、民族关系问题有着重要意义。首先，在一定历史发展阶段上出现的社会形态，社会大众利益还不可能由自己来管理和协调，“正是由于私人利益和公共利益之间的这种矛盾，公共利益才以国家的姿态而采取一种和实际利益（不论是单个的还是共同的）脱离的独立形式”[16]，国家由此便成为社会的普遍利益和普通意志的代表。由于在阶级社会中，国家被统治阶级所操纵和利用，它并不可能真正地代表社会的普遍利益和切实地反映社情民意，只是一种“虚幻的共同体形式”。其次，社会是自在的，国家是自为的。国家作为管理社会的公共权力机关，它的一切活动并不是任意的，而是自觉地通过一系列的政治、法律等强制制度使社会活动限定在一定的“秩序”之内。自近现代以来，国家自为性程度的一个显著标志是政治民主化程度。社会作为一种自在性的组织和制度，其一切活动则是任意的、自发的，社会的行为准则是具有约定的作用，而没有强制的作用。社会的自在性程度可以从国家对社会的管理程度中反映出来。再次，社会主要是经济的，国家主要是政治的。国家的一切活动最主要的特征是它的政治性质，在国家组织中，社会矛盾主要表现为政治斗争，阶级关系表现为政治关系，管理社会的手段主要表现为强制手段。而社会活动的基础是经济，社会活动主要表现为经济活动，社会发展规律主要表现为经济规律。所以，社会与国家之间关系，主要是经济与政治之间关系，正因为如此，马克思在《政治经济学批判》序言中强调，对社会必须用政治经济学去解析。同马克思一样，恩格斯在说明社会与国家之间关系时也认为：“一切政治权力起先总是以某种经济的、社会的职能为基础的。”附王泓远《主流经济学的一种求索录》中的列表如下：

社会形式表

社会形式	社会经济基础					社会上层建筑（马克思称为“意识形态”）（马克思《政治经济学批判》序言将上层建筑主要标志内容划为五分法，即法律、政治、宗教、艺术和哲学）往下我们以斯大林的六分法为标志。					
	生产力		生产关系（斯大林的三分法）			1	2	3	4	5	6
	物	人	所有制形式	人与人的关系	分配的形式	政治	法律	道德	艺术	宗教	哲学
原始社会	石器	社员	公有制	互助合作	按人分配	选举制	天下为公	路不拾遗，夜不闭户	《弹歌》中“断竹、续竹、飞土、逐实”。古希腊的神话和传说。	拜物教	朴素唯物论
奴隶社会	铜器	奴隶	人、物均归奴隶主的私有制	剥削压迫	按私分配	分封制	朕即国家	劳心者治人，劳力者治于人	屈原楚辞《招魂》《天问》及国外《斯巴达克》等著作	儒教、道教	形而上学唯心论
封建社会	铁器	农民	物归封建主私有，人部分归封建主的私有制	同上	按田分配	郡县制	溥天之下，莫非王土。率土之滨，莫非王臣。	三纲五常。人不为己，天诛地灭。	《红楼梦》、《水浒传》，莎士比亚的《雅典的泰门》等著作。	佛教、道教等	机械唯物论形而上学
资本主义社会	蒸汽机	工人	生产资料资本主义私有制	同上	按资分配	议会制	私人财产神圣不可侵犯	人人为自己，上帝为大家。	《基督山伯爵》、《鲁滨逊漂流记》、茅盾的《林家铺子》等著作	基督教、伊斯兰教	唯心论与形而上学
社会主义共产主义社会	电气化	人民（工、农、兵、知识分子等）	生产资料公有制（改革前主要是全民、集体两种公有制，现为混含多种所有制）	平等合作	按劳分配	民主集中制	公有财产神圣不可侵犯	“五爱”：即爱祖国、爱劳动、爱科学、爱护公共财产、爱人民。	郭沫若在“大跃进”时采风：单干好比独木桥，走一步摇三摇；互助好比木板桥，风吹雨打不坚牢；合作社好比石板桥，人多路窄过不了；人民公社是金桥，通向天堂路一条。	无神论，信仰自由，但提倡科学，反对迷信	辩证唯物论和历史唯物论

注释：1. 按马克思的观点：生产力形式分为物质生产力、劳动生产力、科技生产力和货币生产力等形式。当代有的学者认为管理组织也是生产力。2. 毛泽东曾解释“所谓经济基础，就是生产关系，主要是所有制”（《毛泽东选集》第5卷第319页）。3. 按照斯大林观点，上层建筑分为政治、法律等六要素。4. 生产力（二要素）——生产关系（三要素）——上层建筑（六要素），前一个要素同下一个要素的关系显得越来越稀疏，越来越抽象。有如黑格尔“圆圈的圆圈”的思维螺旋式上升形式。5. 奴隶制国家，分为君主制、贵族共和制和民主共和制。封建制国家分为君主专制、等级代表君主制。资本主义国家，分为民主共和制和君主立宪制（如英国）。6. 生产力与生产关系，经济基础与上层建筑之间关系是历史发展的、辩证的。通常是生产力决定生产关系，经济基础决定上层建筑；但在一定条件下生产关系和上层建筑具有巨大的反作用。7. 生产力、生产关系、经济基础和上层建筑是人类社会四大基本结构因素。

三、在世界民族之林中的著名商业民族

在世界民族之林中的阿拉伯商人、以色列商人、英美商人、日本商人和中国汉族商人为世界著名的民族商人，他们不仅展示了浓郁的民族经济文化特色，还为世界各族经济和谐发展发挥了表率作用，极大地促进了经济全球化和国际化的迅猛发展

3－1. 与犹太民族有地缘、人缘而又争吵不休的前巴勒斯坦民族领袖阿拉法特曾经讲过，他们与以色列人是姑婊亲。阿拉伯商人，是笃信伊斯兰教的民族商人，其创始人穆罕默德曾经是一名精明、诚实的阿拉伯商人，他身居圣城而来往于巴勒斯坦和叙利亚等地经商。近现代阿拉伯商人家族经商以《古兰经》为信仰，以诚信作为经商指导思想，用一个词语形容其特点——信商。犹太商人，是笃信犹太宗教的民族商人，深受《圣经》和《塔木德》这两部优秀文化作品教育和影响。在经商方式中含着戒律、契约思想和历史悠久的借贷经济理念，又由于他们长期无祖国而漂泊于世界各地的生活经营方式，用一个词语来概括犹太商人——智商。用牛顿科学、瓦特技术创造的“工业革命”和斯密那只“看不见的手”指引的自由市场经济和伴随坚船利炮而拓展殖民贸易，并创造股份制，善于理性思考而带着古典经济学走向世界市场的英国商人，可用一个词语概括其特点——科商。在东方，在明治维新的历史背景下，以神道、武道和儒道的“三道”精神文化熏陶的单一民族的日本商人，就讲究心计、技巧和模仿创造而著称的经营谋略和行为方式言，可用一个词语来概括——精商。中国商人主要指汉族商人，在悠久灿烂文化的熏陶和儒商人文的影响下，他们在追逐利益的不变本性之下，提倡“经世济民”的经营思想理念，讲究“仁中取利真君子，义中求财大丈夫”的谋财方式，我们同样可用一个词语称呼中国商人——儒商。20 世纪的 1994 年，江西人民出版社编辑委托我审阅顾晓鸣主编的一套丛书时发现

那是一批精品之作，故保存至今成为本章的主要思想资料。现在让我们依次简要地介绍上述民族经济人的精神文化特色。

阿拉伯民族商人

3-2. 一条“丝绸之路”，驼铃声声，岁月悠悠，至今依旧令世人向往探寻。除了陆上的古丝绸之路外，今人不断地探寻海上的丝绸之路。在当今现代文明飞速发展的世界市场经济中，具有古老文明传统，充当过东西方文化交流使者的阿拉伯商人，成为世界市场竞技场上的举足轻重的重要角色。新一代阿拉伯商人，既承袭了伊斯兰传统宗教文化的薰陶，又深受西方教育的影响，尤其受商品经济文化影响，显示了古老文明和石油富翁的智慧风采，以自己别具一格的经营思维方法和生活方式，成为世界各国人民瞩目的特殊族体，在全球性的经济格局中发挥着越来越大的作用。世界对石油的渴求和贪婪一定程度上促发了中东战争（如伊拉克战争、阿富汗战争和磨刀霍霍的“伊朗战争”），同时，掀起了“石油美元”浪潮的新一代阿拉伯商人，已不是他们昔日赶着驼队在沙漠中踽踽而行的先辈的那副模样，如今在世界市场的商战中，已使用起飞机、邮船等耗油的先进交通工具和IT通讯工具，把“地球村”的梦想逐渐地变为现实，商业触角已伸向了四大洋五大洲，迅速成为世界商业竞技场上举足轻重的角色。在一个满目商品，满耳商情，甚至满心经商致富的时代，世界各地的阿拉伯商人展现了浓郁的民族色彩。

3-3. 在阿拉伯商人心目中先知穆罕默德是伊斯兰教的创始人。“穆罕默德”一语在阿拉伯文中是“希望极高的人”的意思，后世的阿拉伯民众普遍喜欢用这一个先知的英名为自己所爱的孩子命名。他的早年生活虽然记载不详，但至少有两点是可以肯定的，他曾是一名称职的阿拉伯商人，他的早期传教是与经销活动有机联系在一起的。穆罕默德诞生与成长的麦加城是一个古老的商业城镇。在麦加城里，占统治地位的中心力量是所谓的“内部的古莱氏人”。这是一个由经营家、高利贷者、商人、企业家和过境贸易者联合组成的商人贵族阶级。可以看出，在垄断麦加城政治经济命脉的是商人联盟。年轻的穆罕默德先是替人牧羊，后随伯父艾卜·塔里布参加一个商队，前往巴勒斯坦和叙利亚等地经商。不久他受雇于富裕的孀妇赫蒂彻做伙计。文献表明，他表现出卓越的经商才华。事实上，他证明自己是个精明诚实的经理人[17]。这样，麦加就由一个商业"圣城"逐渐地演化为宗教城市，同时又不放弃固有的商业职能。这是一种有趣的经济文化演变现象，正是这样一种文化传统，才能孕育出一代又一代世界级的大商人。《圣经》在"创世纪"中为我们记录了阿拉伯人的经商历史业绩。"有一伙米甸的以实玛利人，从基利来，用骆驼驮着香料、乳香，药材，要带往下埃及去。"（以实玛利人就是北方的阿拉伯人）值得一提的是，古代阿拉伯商人的足迹还远至遥远的中国。据阿拉伯文献记载，他们远在阿拔斯王朝第二位哈里发曼苏尔的时代，大约公元前8世纪，就从巴士拉等地出发，跋山涉水，抵达中国，有名有姓的第一个来中国的阿拉伯商人是阿曼的艾布·奥贝德。中古时期，大批中国商人通过海湾地区而走向西方，海湾地区因而得名"中国走廊"。阿拉伯商人为"丝绸之路"的沟通和发展作出了杰出贡献。写到这里使我联想一段往事。记得20世纪下叶，有一年我国南方十六所综合大学政治经济学（社会主义部分）编写组在厦门大学讨论书稿时，有机会参观阿拉伯人在厦门的一处墓地，东道主经济学家吴宣恭戏言说他的个子高，鼻梁高，脸色白有点像阿拉伯人的后裔。阿拉伯商人笃信家族信念，一是家族经营传统，二是家族成员团结。家族经营是阿拉伯商人的显著特点，血缘关系、价值观念与商业运作血乳交融，浑然一体，而团结则是阿拉伯商人信奉的一条最重要原则。阿拉伯家庭公司的利益分配讲求平等原则，共同分配，这一原则是家族和睦团结的重要保证。

3－4. "官商"与"半官商"是阿拉伯商界的另一种人文现象。沙特是阿拉伯世界首富之国，老国王阿卜杜勒·阿齐兹在位时，竭力反对王室人员从事经商活动，担心王室成员与普通商人进行商业角逐有损王室的尊严，而新国王费萨尔一改这一传统，让王室成员"下海"经商去创造财富，但他提醒他们不得在广告中宏扬自己，而要遵循法律和政策等文明经商。他的长子阿卜杜拉创建了一系列极其成功的民族工业，其中包括沙特最大的水泥厂、石棉厂和塑料厂。老国王的侄子卡德尔亲王与一位以敬业精神著称的大商人苏莱曼·阿勒扬合伙兴建了沙特化工公司、卡拉杰禽蛋厂等大型企业，还开设了通向整个阿拉伯社会的保险业务，并且在雅典、纽约、伦敦等地大量投资兴业。但有一些王室成员用"身份入股"谋取利益。同时有的精明商人如有一个叫穆罕默德·本·莱登的小承包商，用他能参加国王招待会的机会，靠近国王，毛遂自荐，巧舌如簧，居然得到了为王室成员修建宫殿的许诺。

他不负王恩，建筑工程完成得十分出色。1951 年国王又赐予他在沙特修建一条大公路的合同，同样保质保量地完成了工程并得到好评，不到十年光景，莱登公司已成为沙特最大的建筑公司。与此相关的是，“商而优则仕”。阿拉伯商人获得了土地、订单、承包合同等。“王室恩惠”的另一条途径是让他们跻身政界，使他们可在政府中谋得一官半职。在沙特这种官商一体的现象自 20 世纪 30 年代以来已是司空见惯，并未因为“石油大发现”而有所改变。一些著名商人肩负着国王委任去处理有关内政外交事物，俨然是一群“钦差大臣”。这些为国王服务的商人家族从不要求劳务报酬。他们抛弃蝇头小利，是为了日后赢取金山银山，门槛煞精的商人明白其中利害。有一次国王的私人翻译穆罕默德·奥默拿于 1980 年对一位英国记者说：“我们荣获的是荣耀，这是不可估量的财富，你们西方人无法理解的赫赫声望对一个阿拉伯商人是何等的重要!”商人一旦失去了王室和政府的信任，或与权力人物发生不可调和的矛盾，无论这个商业家族多么有实力，都必然陷入困境。同时商界与政界的角色经常互换。阿拉伯商人与皇亲国戚有着千丝万缕的关系。许多王室成员都身居要职，而且这些高级官员又同大商人往来甚密，官商之间的利益环环相扣，形成了阿拉伯商界的奇特现象。疏通与王室的关系是商业成功之道，所以，聪明的商人信奉一条格言：“权力就是金钱。”同时阿拉伯成功商人，都讲究智慧与道德的统一。“任何一种商品，如果它符合阿拉伯文化传统，就完全有可能打开销路。”同时他们追崇“品牌”和驰名品牌，认为品牌就是质量的代名词，所以，在阿拉伯世界首富的沙特，奶粉唯有尼多，钢笔唯有派克，缝纫机唯有辛加，轿车唯有奔驰品牌才被选购。

3–5. 伊斯兰教信仰对阿拉伯商人的影响极为深刻，诚实是伊斯兰教信仰的基石。《古兰经》说：“你们应当用足量的升斗，不要克扣。你们应当用公平的秤秤货物。你们不要克扣他人所应得的财物。你们不要在地方上为非作歹，拨弄是非。”希哈里的《圣训实录精华》也强调：“倘若他们在买卖时说实话，不隐瞒商品和货币的缺陷，那么他们的买卖定会兴隆。倘若他们隐瞒商品和货币的缺陷，买卖时讲假话，那么他们的买卖定会毁掉。”所谓诚实和信誉，主要是指货真价实，就是提供优质的商品和优良的服务。正如阿里雷扎家族的希卡赫·穆罕默德所言：“信誉并不是源于你的货比别人便宜一个美分。而在于消费者最终发现你的货色质量优于其他的竞争对手。”

一个对真主怀有尊敬之心，同时又懂得如何在商业规定契约之间机智运筹之人，才是一个阿拉伯世界公认的成功商人。把自己财富建立在别人贫困之上是可耻的，在阿拉伯地区长期流传着智者朱哈的幽默故事，土耳其流传的纳斯列丁笑话和我国新疆流传的阿凡提传说其实都是朱哈轶闻的翻板。聪慧的阿拉伯人将严谨的经商理论演义为生动的故事，更是深入人心，家喻户晓。阿拉伯商界推崇诚实的经商美德。在与阿拉伯商人谈判时应注意形体语言。在他们面前不能跷起二郎腿，更不能将鞋底朝向着对方，也不可用手指点着对方说话，或者边抽烟边谈话，尤其是在长者面前和商界权威的面前，抽烟将被视为不恭不敬的行为。倘若上述举动出现，生意基本上就会告吹，因为阿拉伯人一惯憎恨人格上的侮辱行为。在商品包装上，切忌用猪和十字型图案造型，禁用六角星形，因为它与以色列国旗的图案相似，容易引起误会。在阿拉伯社会，骆驼、孔雀、花卉图案象征着吉祥幸福，而垂柳则标志悲伤与死亡。阿拉伯人对鲜艳夺目的色彩颇为青睐，他们最喜欢绿色、黑色和深蓝与红色相间的色彩搭配。在沙特阿拉伯人的心目中，白色象征纯洁，绿色象征生命，土黄色象征神圣与高贵，因此，国王身披金黄色长袍，而粉红色、紫色则是被视为晦气的色彩[18]。

3-6. 伊斯兰经济思想的基本原则是与信仰和礼仪结合在一起的。经济运作机制是礼仪制度（纳课）与伦理道德（施舍行善）的有机结合。这些原则在早年为穆斯林所奉行，后来，又经过许多教法学家和学者的阐释而形成专门的体系。如哲学家法拉比（870—950）的经济价值观认为，符合美德标准的经济行为值得称赞，贪财谋利、贪食图色、享乐为生，都是愚昧和卑劣行为。伊本·西那（980—1037）提倡自食其力，反对游手好闲，但同时也强调共同的经济活动和社会合作与保障制度。伊本·路西德（1126—1198）主张恢复伊斯兰社团初期那种比较平等的生活，认为平等是理想社会的目标之一。哲理小说家伊本·图斐利（1110—1185）在《觉民之子》中描写一个“自然人”在荒岛上生活的故事，主人公吃完果实后虔诚地将种子埋入土中，以免某些植物由于人的贪欲而死亡。在万不得已时，才食肉养生。他管理植物、保护动物，使荒岛变成乐园。这里体现出作者独特的消费观念，即消费的目的只是满足基本生存需要，消费要考虑人与自然相结合。表达的是一种具有自然主义、节欲主义的经济价值观。而且他们禁吃猪肉、禁止喝酒（有的伊斯兰教徒甚至连无鳞的海产类食物也不吃），以牛羊肉为主食，进食时以最洁净的右手抓食物，而且只能用拇指、食指、中指三根手指，千万不能用左手，因为他们认为左手是不干净的。总之，经训、教法和穆斯林学者的著述，都清楚地表明，伊斯兰的经济思想是一种伦理性的契约经济观。

以色列民族商人

3－7. 犹太人是世界上最聪明、最神秘、最富有的民族之一，而犹太商人又以其独特的经济技巧以及众多的富甲天下的财富而摘取了“世界第一商人”的桂冠，引起了世界各地有识之士的关注和研究。美国著名作家马克·吐温这样评述犹太人的民族特点，他说：“犹太人的数目还不到人类总数的1%，本来应该像灿烂银河系中的一个小星团那样不起眼，但是他们却经常成为人们的话题，受到人们的关注。”约在公元前3000年，犹太人从幼发拉底河流域放牧到了巴勒斯坦古称“迦南”，当地人叫他们哈卑路人（Habilu），意思是从大河那边来的，后来以这个读音转而为“希伯来人”。公元前1000年左右，他们开始自称“以色列人”。在笔者看来，以色列商人主要特点是智商，是以《圣经》和《塔木德》两部博大精深的名著作为经商指导思想的。《圣经》分为“旧约全书”和“新约全书”。犹太民族之所以笃信“圣经”主要是因旧约全书记述了他们先祖历史的全部过程、人物和事件。犹太教是基督教和伊斯兰教义之基础，崇拜唯一的真神，其理论经典被称为“旧约全书”，但他们不承认耶稣之后的“新约全书”。即“圣经”的前五卷，即《创世纪》、《出埃及纪》、《利末纪》、《民数纪》和《申命纪》，他们称之为“托拉”，我们中文译为“律法书”。在犹太人的心目中，这五卷经文中所包含的律法，就是上帝与犹太人订立的契约，当摩西率领犹太人逃出埃及长途跋涉走到西奈山时，上帝在西奈山授予摩西《十戒》，从此每个犹太人都必须把它视为遵守的根本大法。公元前1300年一支犹太人部落在亚伯拉罕的率领下逃离埃及。为了使60多万犹太人行动得以步调规范一致，一位犹太人酋长摩西适时公布了上帝同犹太人订立的契约，即《十戒》，作为指导犹太人之子要同心协力，团结一致，互相制约的组织纪律。《十戒》的内容是：1. 除了耶和华外，不得信仰别的神。2. 不可雕刻和崇拜任何偶像。3. 不妄称耶和华的名字。4. 安息日不工作。5. 尊敬孝顺父母。6. 不杀人。7. 不奸淫。8. 不盗窃。9. 不作伪证。10. 不贪恋别人的妻子和财物。

犹太人散居各地，四处漂流，艰难跋涉，维系其统一意志、信仰和行为的，就内因而言，便是《圣经》中的十戒律法。按照犹太史上著名学者迈蒙德的权威统计，共包含了613条诫命，其中368条是“不准做的”，245条是“必须做的”。无论是“必须做的”还是“不准做的”，中间都有许多关于所有权、债务、抵押、赔偿、公正等现代民法、经济法、商法所涉及的经济内容[19]。如果说学说史上有法哲学、法经济学，那么，犹太人的《圣经》就是一部法经学。

3-8. 在旧约全书中记录了以色列创始人亚伯拉罕、摩西、大卫等族长如何率领犹太人历尽千辛万苦，跋山涉水的寻国之路，其中的摩西十戒中最后一条讲明了人与物质财富的界限，一定程度上抑制了犹太人的妄为和贪婪。而《塔木德》是犹太人从小孩子起须必读的圣书，这部经典造就了成千上万的犹太富翁。《塔木德》有20卷，12000多页，250多万字，被犹太人公认为“圣典”。在每一个犹太家里，当小孩子稍微懂事的时候，母亲就会翻开《塔木德》，并点上一点蜂蜜在上面，让小孩子用舌头去舔《塔木德》上的蜂蜜，使他的孩子从小就种上了《塔木德》是最甜的深刻印象。据说犹太家庭的孩子在成长过程中，几乎都要回答这样一个问题：“假如有一天你的房子被烧毁，你会带什么东西逃跑呢?”如果孩子回答是钱或钻石，母亲将进一步问：“有一种没有形状、没有颜色、没有气味的东西，你知道是什么吗?”要是孩子答不出来，母亲便会告诉他：孩子，你要带走的不是钱，也不是钻石，而是知识，知识是任何人都抢不走的，只要你还活着，知识就永远跟随着你。只有知识才是最可靠的财富，这种知识就是《塔木德》。犹太人就靠着信仰《圣经》和“圣典”——《塔木德》来修炼其商人理念。《塔木德》非常注重交易的公平，为此作出了种种规定。比如，用作丈量手段的绳尺，冬天和夏天的应当有所区别，因为绳尺自身的长度会随着热胀冷缩而有变化；作为量器的瓶子，瓶底不能有残留物；砝码的底部必须经常进行清洁，以保持分量的准足，对顾客要做到称平斗满尺码足。《塔木德》还认为，财富、美丽、善良、力量、诚实、智慧都是重要的，而且这些就是世界的全部。

3-9. 以商品价值为实体的股票及股票交易是市场经济世界中的一套极为重要的“价值”商品财富形式。它是经商智慧的集中代表。人们对商品二因素中的使用价值自然属性都比较易于认识和把握，然而却被商品的交换价值和价值属性弄得头晕脑胀，不知所措。美国先后发生了两次金融危机——大萧条，就是最生动的例证。股票的发展从一开始就有犹太商人参与其中，并且他们还作出了极为重要的贡献：世界上第一个永久性股份公司——荷兰东印度公司是由犹太商人参与组建的，成立于1602年的这家公司的股东中，有20%是犹太商人；世界上第一个正式的股票交易市场——荷兰阿姆斯特丹证券交易所，是由犹太人帮助组织的，在阿姆斯特丹证券交易所的41个委员中，有37个犹太商人；同样，在英国，最早的股份公司之一——英国东印度公司中由犹太商人担任重要职务；而在17世纪末的伦敦股票交易所中，犹太人也占据了同其人数不成比例的席位：共有12个以上；后来的伦敦证券交易所则是由纳坦·罗思柴尔德创建的。以商品价值为实体的股份制对商业企业的经营活动所带来的影响是多方面的，其中非常重要的一面就是使金融方面的活动在企业经营中占据了突出地位，尤其是股份制导致所有权的分散以及所有权与经营权的某种分离：在股份制企业中，并不是个个“老板”都有经营决策权，也不是非得握有全部股份才有决策权，“小”股东也可做大老板。如今流行于股市上的“用脚投票”就折射出小股东的作为。这种需要有点股权但又不需要全部股权，往往连理论上的51%也不一定必要（美国大通银行被称为洛克菲勒家族银行，实际上该家族及其托拉斯控制的股份，只占普通股的1.5%）的状况的“正常存在”，却为对股票以及股票交易的内在特点了如指掌，善于从金融上控制企业的犹太商人提供了充分发挥智商的天地。

3－10.《塔木德》认为，第一朋友是“金钱”。在犹太人商法中，一方面犹太人是最为守法的商人代表，另一方面又是投机取巧的代表。犹太人具有充满矛盾的经商文化。犹太人被公认为世界上第一商人，你不了解犹太人，就不了解财富经济人。《塔木德》告诉犹太人：上帝给予光明，金钱散发温暖。他们认为薄利多销就是往自己的脖子上套枷锁，只有厚利经销才能长盛不衰。男人是这个世界的中心，但女人却是男人的中心。《塔木德》认为，做生意永远应抓两件事情，即女人和嘴巴。对此他们有一种流行说法，一个男人和一个女人吃饭，两个都掏钱，说明他们是朋友关系；男人掏钱，说明是恋人关系；女人掏钱，说明是夫妻关系。无论是什么关系，金钱总是围绕着女人在花，这是人类经济社会的通行原则[20]。一个人正确地认识失败与错误，是自我教育和自我提高的有效途径。市场如战场。最怕的是那些发生了错误和失败的人从此一蹶不振，丧失了信心、坚持和耐性，这样才是真正的经商失败者。有一个有趣的故事说明了犹太人的经商智慧，就是“雪茄、美女、电话，你要什么呢”的故事。说有三个人犯法要被关进监狱三年，监狱长答应满足他们三个人每人一个要求。古巴人爱抽雪茄，要了三箱雪茄；法国人最浪漫，要一个好伴侣；而犹太人要一部与外界沟通的电话。三年过后，第一个冲出来的是古巴人。他嘴里鼻孔里塞满了雪茄，大声喊道：“快给我火！给我火！”原来他入狱时忘了要点雪茄的火了。接着出来的是法国人，只见他手里抱着一个小孩子，美丽女友手里牵着一个小孩子，肚子里还怀着第三个孩子。最后出来的是犹太人。他紧紧握着监狱长的手说：“这三年来我每天都与外界联系，我的生意不但没有停顿，反而增长了两倍，为了表示感谢，我送你一辆劳斯莱斯！”说明聪明的犹太商人在任何场合都不忘记经商赚钱。

3-11.《塔木德》还告诉犹太人，上帝与犹太人签订了彼此存在的契约之缘，有5000余年历史的犹太人，却在漫长的社会历史岁月中被迫流亡他乡，四处飘零，寄人篱下，经历了无穷无尽的苦难，但他们被赞誉为世界上优秀民族，犹太人是世界上最聪明、最神秘、最富有的民族之一：灿若群星的像洛克菲勒、摩根、哈默、索罗斯等商业巨子，艺术精英，科学巨匠，思想大师，令世人无比赞叹和羡慕的伟大思想家马克思，释梦大师弗洛伊德，相对论创始人爱因斯坦，音乐泰斗门德尔松，杰出画家毕加索，“原子弹”之父奥本海默，国际著名外交家基辛格，好莱坞之星霍夫曼等蜚声世界。当今世界，诺贝尔奖的科学家谱中犹太人占17%。如果说，世界财富大多数在美国，美国财富大多数就在犹太人手里，而犹太人的财富却在脑袋里——智慧。文献表明，早在我国南北朝至唐朝已有犹太商人来中国经商活动。至公元11世纪的中下叶，有数千犹太人经过孟买来到中国，并定居于河南开封。当时宋王朝不仅准许他们定居，而且允许他们保持自己的宗教信仰。特别是在鸦片战争之后进入中国经商的以旧上海的居多。而在上海犹太人中出名的为犹太商行——沙逊洋行。沙逊洋行将英国的纺织品和印度的鸦片运入中国销售。老沙逊去世后其次子伊利亚斯在上海设立新沙逊洋行，并派其子亚可布坐镇上海，重点开展孟买和上海之间贸易，从印度输出大量鸦片、棉花、布匹等商品。而沙逊洋行销售的鸦片数量很快超过其他老牌鸦片商人，成为最大的将鸦片输入我国的洋商。

英美民族商人

3－12. 英国人是世界优秀民族。这一民族在培根、牛顿、达尔文等科学家和瓦特等技术发明家作用下，其科学与技术发展得非常协调、坚实，有力地提升了英国商人的科学技术意识，为近代人类文明开辟的“工业革命”奠定了生产、生产力的发展基石。反映和概括这一生产力经济活动的英国古典经济学家配第、斯密和李嘉图等人夯实了近现代的自由市场经济体制理念的基础，其中斯密被赞誉为西方经济学之父或现代市场经济理念之鼻祖。同时，股票、债券、保险等等价值信用商品都可在英国找到源头和历史。但和历史上大国的崛起一样英国曾经利用了坚船利炮为财富而战，疯狂地开拓殖民地，成为“日不落帝国”和“世界工厂”。“诚实”的斯密在《国富论》下卷第一章论述君主或国家的费用时辩证地说道：“在古代，富裕文明国家很难防御贫穷野蛮国家的侵略；在近代，贫穷野蛮国家很难防御富裕文明国家的宰割。”[21]后来，马克思和恩格斯在《费尔巴哈》一文中分析意识形态产生的现实经济基础时指出，商业和航运业比起工场手工业发展得更快，各殖民地开始成为巨大的消费者，列强各国经过长期的斗争，瓜分了已开辟出来的世界市场。这一时间从航海法和殖民地垄断开始的。各国间的竞争尽可能通过税率、禁令和各种条约来消除。正如马克思所言，归根结底竞争者们的斗争还是靠战争（特别是海战）来进行和解决的。最强大的海上强国英国在商业和工场手工业都占据优势。这里已经出现商业和手工业集中于一个国家的现象。所以，不难看出，历史上英国民族商人是由科学——技术——市场——战场四种理念铸就的民族商人。但必须始终记着，英国民族商人和其他民族商人一样他们的一切活动目的都是为了赚钱。斯密在叙述其同胞经商的目的和动机时指出：“私人利润的打算，是决定资本用途的唯一动机。”马克思在《资本论》中接着指出：“生产剩余价值或赚钱，是这个生产方式的绝对规律。”[22]他在分析价值本质时引述了英国商人、文学家丹尼尔·笛福的《鲁滨逊漂流记》。借助这个家喻户晓的颂扬个人奋斗的故事说明价值决定于私人劳动与社会劳动之间的转形问题。而笛福本人臆造的这个故事，只不过是突显了个人可以脱离社会生存，进而从文学上反映了资本家个人的奋斗故事。此外，他却从实践上道出了资本家奋斗的目的，他说“我骑马走遍了英国，发现人生的主要工作乃是赚钱”[23]。

3-13. 英国在一般资源匮乏而唯独煤炭资源丰厚的自然资源条件下，瓦特发明的蒸汽机作为动力首先解决了不用人力、畜力和水力而生产动力之源问题，有力地促进了棉纺织业发展。1785年英国出现了第一家以蒸汽机为动力的棉纺厂，接着在采矿、冶金、轮船、铁路等公司企业运用蒸汽机动力。用马克思《资本论》上的话来讲机器是由动力机、传动机和工作机三部分构成的，其中动力机则是其基础。当今世界各国为了石油而抢得头破血流，大动干戈，恐怕就与“机器中的动力机”不无关系。与此同时，1733年，织布工人约翰·凯伊发明了飞梭，使一名工人可以独自完成织机上的所有工作，后来有一个叫合格里的木匠发明了多轴纺纱机，并以其钟爱的女儿“珍妮”的名字命名自己的技术发明成果。不久童工出身的纺织工人寒缪尔将多轴纺纱机和水力纺纱机结合起来发明了号称“骡机”的纺织机织出了精纺制品，并很快得到了普及和推广，到了1800年英国已拥有600余家纺织厂。这样便在纺织全行业中实现了机械化。英国是当时世界的工业中心，纺织工业品占70%以上。马克思在《资本论》中以麻布与上衣，20码麻布与1件上衣相交换作为两个经济人之间的交换价值，看来这并不是随意举出的例子，是他对工场手工业到机器大工业资本生产力发展的市场经济观念的科学概括。这种社会的生产力与生产关系表明，人类遵循着一种思维模式：生产——技术——科学——技术——生产的循环往复活动着。英国民族商人一般是理性的，也是非理性的，他们是一群极具精打细算的商人。人包括商人都是矛盾的对立统一体。斯密生前出版了两部脍炙人口的学术名著，把英国商人描绘成为“道德情操人”和“利己经济人”，前一个道德人讲究同情心的利他人，是理性人；后一个经济人是典型的非常自私的利己人，是非理性人。马克思在《资本论》中引述了英国大文豪莎士比亚在《雅典的泰门》中的语句，深入地刻画了英国商人对金钱的贪婪本性。

3-14. 值得指出的是，英国商人作为人格化的资本家还从商品经济实践中悟出了自由、平等等商人文化理念。马克思在《资本论》中同样以英国伦敦商人作为经济人的“模特”，破解了自由、平等等商品经济文化的基本涵义。马克思认为市场经济中的自由、平等理念与西方人文的特别是一些政客所鼓吹的自由、平等等理念是有原则区别的。在马克思看来，从商品市场内在引申出来的自由贸易、自由交易、平等买卖是有其客观存在经济基础的，具有一定的合理性和客观必然性。然而，超越于商品市场之上所鼓吹的自由、平等则就是另外一回事了。比如英国是一个岛国，又处在以城堡和庄园为特色的“田园式”的封闭社会之中，经过中世纪的宗教思想禁锢，因而人们开始追求光明，向往从封闭走向自由，从闭塞走向解放，逐渐地形成了一种挣脱封闭、追求自由的空间理念，这种空间自由观就同商品自由观是有区别的。英国伟大学者洛克讲过一句名言，同样表达了当时英国兴起的人文理念：人类都是天生自由，平等才是独立的。这或许就是斯密讲到的“天赋自由”！一个世纪之后，人们在美国《独立宣言》读到了与英国学者洛克相似的句子和思想。这时是历史上美国人民反对英国殖民压迫，是争取民族的独立解放的民族自由观。可见，地域自由、市场自由、民族自由、科学自由、理性自由等都是有明显区别的，人们应当对具体问题作具体分析，切不可一概而论。现在，让我们接着再谈一谈民族商人文化。美国作为一个典型的移民国家，其后裔大都为英国人。曾作为英国的殖民地的一些名商大贾都来自于英格兰、苏格兰和爱尔兰。他们不仅有共同的商业历史背景，同时还有着共同的商业历史文化。当代两国经济学界在叙述其经济学说史时不约而同地认为，斯密是他们经济学之父，是他们学术的祖先，他们有着经济文化的民族认同感。萨缪尔森等一批美国经济学家大都有什么新剑桥或凯恩斯或新古典综合等经济学家谱或血脉。如果用 19 世纪的马克思评价整体的英美两国商人文化的看法来看，他当时说英国人有点保守，而美国人有点创新。“一个民族的工业高峰是在它还不是以既得利益为要务，而是以争取利益为要务的时候。在这一点上，美国人胜过英国人。”（《马克思恩格斯选集》第 2 卷第 89 页）历史实践表明确实如此。比如，在 20 世纪末，英国还有一个二十几个人组成的一个学术组织，定期开会研究“天圆地方”的问题。民族问题又在金融危机中泛起。中国新闻网 2009 年 3 月 27 日报道说：“巴西总统称白种人造成经济危机，英国首相布朗语塞。”卢拉重申开发中国家不应为目前的经济危机付出代价，指称这都是由“一向自以为是的白皮肤、蓝眼睛的人所造成的危机”。布朗和随行的官员一听此言，个个面面相觑。卢拉说：“这绝非种族意识的问题，而是事实，至少我不认识有哪位银行资本家是黑人或原住民。”

3－15. 马克思流亡英国期间炒股赚了 400 多英镑，女儿燕妮中了波兰彩票。商品比产品最大的特征在于它的价值属性。因此，可以说商品经济或以商品为实体的市场经济的学问全在于价值属性。20 世纪初的世界大萧条和

21 世纪初的金融危机根本原因是西方在价值商品的认识和运用上不当所造成的。由商品价值衍生出的债券、股票、金融、保险、期货等价值商品在英国得到了很大发展。经营价值商品是需要很高知识、智慧和灵感的。在这方面犹太民族是具有优越的天赋和智慧。作为犹太人的马克思在英国伦敦写作《资本论》时曾一度在养病期间作为操盘手炒起股票来，并幸运地运用六百英镑赚了四百多英镑。马克思有一天写信给他的荷兰亲戚菲力浦斯告诉他是因何如何炒股时说道："我的疖病又复发了。从我摆脱最后几个疖子到现在总共才不过两个星期。这种讨厌的病妨碍我工作；此外，医生不许我从事紧张的长时间的脑力劳动。所以，我这会使你大吃一惊——我就做起投机生意来了，一部分是做美国国家有息证券的投机，但主要是做英国股票投机。英国股票今年在这里如雨后春笋般地增加起来（这是些五花八门的股份企业，它们扩充到不可思议的规模，然后又纷纷倒台）。我用这个办法赚了四百多英镑，而现在，当错综复杂的政治局势又给投机活动大开方便之门的时候，我又开始搞起来了。搞这种事情占去的时间不多，而且只要稍微冒一点风险，就可以从自己的对手那里把钱夺过来。"[24]有趣的是，马克思的经济头脑帮他炒股赚了一笔钱，而他的大女儿燕妮·马克思也身手不凡，买波兰彩票喜获丰收。燕妮欣喜若狂地写信告诉她的父亲马克思，说她："几天前，发生了一件意想不到的事情。我们收到了一个盒子，里面装有一个铁的十字架，一枚银质奖章和一支小戒指。戒指是黄铜的还是金的，我不太清楚，这些东西是我们中了波兰彩票而得到的。真叫人高兴嘛！十字架是华沙人民为了纪念 1861 年大屠杀而铸造的……十字架饰有棕叶和一圈荆棘的图案，上面刻有华沙的字样。银质奖章是用人民提供的银匙之类的东西铸成的，为的是纪念把土地归还农民。"马克思是非常喜欢长相像他夫人燕妮的大女儿的，很快回信说："我知道你得到了一件意想不到的波兰礼物，心里很高兴！这类东西虽然没有什么市场价值，却有历史价值。"炒股并不是靠数学而是靠经济学，主要是靠经济语言量而不是经济数学量。有趣的是，英国物理学泰斗牛顿炒股亏了 2 万英镑！牛顿当过皇家造币厂厂长的年薪也不过 2000 英镑。事后牛顿感到自己枉为科学界的名流，竟然预测不准股市的走向，感慨地说："我能计算出天体运行的轨道，却难以预料到人们的疯狂。"

日本民族商人

3-16. 日本是一个单一民族——大和民族。这个生存发展于亚洲东方的民族文化是独特的，他们具有神道、武道和儒道三种人文性格，也有四岛组成的岛国的人文观念。在明治维新之后，他们将“三道”逐渐地与近现代西方物质文明结合在一起，形成独特的日本民族商人文化。家族是任何民族社会或民族国家的共同组织基础，除了以血缘为基础组成的家庭及其经济实体之外，在东方的中国家族与日本家族，他们在家族结构、家族功能方面还是有显著区别的。中国注重家族的血缘传承，如树大分枝一样，父生多子，多子又各自称“房”即多子多房的组合方式。日本尽管同样讲究血缘家庭，但他们同时又注重家业，即不是专注于土地、资本等资源家业而是将技能、技艺等同样视为家业。这也许是当今日本技术得以迅猛发展的一个重要的历史原因。有如中国一句俗语所说，家有万贯不如一技在身。

3-17. 中国家族是基于血缘而代代相传的。在中国家族首先是由父亲所代表的家庭单位，包括由几个儿子各自组成的“房”，一旦父亲过世之后各房便分家独立，经过若干年后在“房”中再裂变形成新的“房”。如此世代沿袭夫妻双方为基本单位的小家族，原先由一个始祖开创的家族逐渐地扩展好多宗（或称家族）。在中国家族历史中，父—子—孙之间的纵向联系固然重要，但是相同的辈分的横向联系往往更为现实。日本和我们有些不同，他们的家族尽管也是一个血缘亲属集团，生儿育女是首要的，但不是绝对的，家族要从属于家庭的利益，为了家庭长远利益，可以通过收养女子或招婿为子等方式传宗接代。除了本家血缘亲缘之外，还有忠心耿耿长期服务于本家的由佣人建立的别家，也许是所有权与经营权相分隔的一种原始形式。所谓家业，不仅是房屋、土地、金银财宝，还有人们赖以谋生的技能。家业繁荣昌盛，长久延续才是家的终极目的和家族成员为之奋斗的重大目标。所以，日本学者认为中日家族“组合方式”不同，中国是组合方式家族，日本为“财团式”家族。日本文化深受中国传统文化影响是不争的事实。日本前首相福田康夫访华时曾特意拜访了山东曲阜的孔庙，并称孔子学说是日本文化之源泉。日本民族商人同样讲究家训、家法、家宪和遗嘱等作为家族成员的道德素养、处世哲学、经营理念以及如何正确处理家族伦理关系的准则。在家训、家法等家族文化理念的制约影响下，为了家族经济的企业规范和竞争有序非常重视“店则”或店规，包括对雇佣成员的培训、管理和经营等规章制度。有一些机敏的日本商人都清楚家与国是相关的，并受制于国家，因而他们在店则中首先写上一条是“坚守武家诸法度”之类规则，因为他们心知肚明在幕府时代的“武家之天下”，得罪不得政府，必须谨慎地从事商业经营。所以，家族商业始终受官府影响和制约。在日本德川时代开始重视商人教育，讲究智力投资，重视人力资本作用。城市商人的识字率高达80%，1848年至1860年，江宁即东京一地小商店主以上家庭的子女几乎100%都上学，教育子女在经商行为中讲求诚信，努力做到正直不欺，不贪不义之财，同时教育子女意识到祖辈创业艰辛，注重节俭，杜绝浪费，并对一日三餐，平日着装、日常用品都作了详细规定，他们将做人与做生意有机结合起来。当今日本企业实行的“终身雇佣制”、“年功序列工资制”及企业内部实行的福利制等制度都程度不同地与家族、家训、店则（起于江户时代，发展于现代的家族企业文化）有着渊源关系，如今的终身雇佣制已成为日本企业经营理念的核心内容之一。

3－18. 笔者在上海经常去上海书城旁边的折扣书店，有一次买回一本原价48元折后18元的《东方人性格地图》，看到许珊写的一篇短文——《话说日本人》，作者叙述说跟他学习中文近五年的田中先生这位东京都政府官员闲聊时，田中先生在笔记本上写下了这么四个字：“岛国根性。”并边写边说：“日本是个岛国四面临海，这样的地理环境造成了日本人封闭狭隘、谨慎保守的性格特征。”央视著名主持人白岩松也讲过他看到了一本书《东京记》，是一个在东京留学中国人写的。该书里面有一个日本老人对作者说的一句话，给我的感触很深。这位老人送作者走的时候说：“请原谅，日本是一个岛国，从来没有邻居，因此不知道该怎样与人相处。”[25]日本是典型的岛国山国，能源等资源禀赋较低而且十分匮乏。他们为了生存发展同历史上的9个大国崛起一样，曾伴随坚船利炮为财富而战。他们将明治维新的“殖产兴业”、“文明开化”和“富国强兵”作为总体目标，其总体目标是不错的，但实现总体目标的路线是错定了。例如，日本的“田中奏折”鼓吹欲征服世界，必须先征服中国，欲征服中国，必先征服满蒙作为战略路线图向天皇出谋献策。尽管日本国内有人对“田中奏折”持有异议。但无论“田中奏折”真伪与否，历史事实确实如此：东北“九一八”事变，华北“七七”事变和后来日本以偷袭美国珍珠港为标志所发动的太平洋战争，都是对“田中奏折”的最真实的历史注释。1941年7月31日，日本海军军令部长永野修身在面见天皇时说：“有了三国同盟，就不能调整对美邦交，从而断绝了石油来源，这样下去，眼前只有两年储备量，倘若打起来，一年半就消耗殆尽，与其这样，莫如马上动手，除此之外别无他途。”同年11月3日，日本山本五十六海军大将发出一道命令，将突袭珍珠港作为南进计划的首选。同时日本天皇裕仁和陆军总参谋长、海军军令部长深入地研究并敲定了作战方案。天皇：你说过，由于季风，登陆将会很困难，12月份也能登陆吗？……海军开战定在什么时候？永野：预定在12月8日。天皇：8日不是星期一吗？永野：我们认为，休日后第二天最好，因为周末人们玩得比较疲惫。结果12月2日，天皇批准了海军第十二号命令，攻击美国的珍珠港的时间定在12月8日。在这次御前会议上的对话证明日本发动太平洋战争是早有预谋的。美国学者斯特林·西格雷夫、佩吉·西格雷夫在他们的《黄金武士》一书中用翔实的资料披露了二战期间日本掠夺亚洲巨额黄金黑幕。他们说，从1895至1945年，同其他地方相比，日本从中国掠夺的财宝最多。日本对中国掠夺从东北开始，然后波及上海、南京和全国数百个城镇，从中国偷运数十亿美元的金块财宝，钻石、色彩多样的宝石、名贵瓷器、艺术品、远古化石、无价的线装典籍、宗教文物和祖传宝贝都成了日本人的囊中之物。除中国内地外，还从香港到新加坡、从马尼拉到雅加达，几乎所有海外华人的居住地区也都遭到了同样悲惨的命运。

3－19. 日军占领南京时，据说秘密宪兵搜集了6000吨黄金。在南京，由日本宪兵队执行，他们四处搜查，扣压所有中国政府的财产，炸开银行的库房，抢劫富家及中产阶级商人和其他人士的黄金、宝石、珍珠、艺术品和货币。一千余年来，南京一直是一个富裕的城市，许多有钱有势的中国人在南京城里有别墅，在近郊有土地不动产。中国人心目中喜欢储存贵金属的小金块（条）、白金、钻石、红宝石、蓝宝石、艺术品和各种古董古玩也横遭抢劫。有相当部分来自于私人家庭和农村的坟墓。日本人做得如此彻底，甚至将尸体镶的金牙也敲下来。1938年春，南京大屠杀后，1000多名这方面的专家来到南京，开始从珍贵的藏书和文稿中挑选，尽管南京相当一部分已成为废墟，但储藏这些书籍的建筑则处在严密的安全保护之下。日本的皇家图书馆有优先的挑选的权力，最珍贵的物品被挑出供天皇过目，每一件东西都被仔细地编号、打包，然后被放入防水的箱子里。他们还编制并复制了多本详细的目录，以确保被运往日本的途中不会丢失任何东西。大约有2300多名中国劳工为物品打包，400多名日本士兵监督他们的工作，用了300多辆卡车把这些箱子运往上海，然后装船。……战后中国学者要求归还这些文化财富。美国了解这一情况，对此进行了调查，确认日本确有17处存放这些战时抢来的书籍，其中有日本皇宫、皇室内宫（Lmperial household mimistry）、靖国神社、东京科学博物馆、东京美术学院、早稻田大学、东京帝国大学和庆应大学。美国当局的结论是，日本有300万册从中国各地图书馆抢来的珍贵图书和手稿。今天一些学者称日本的图书馆是亚州最好的，殊不知日本仅仅归还了其抢来的图书中的一小部分，大约16万册，不足6%[28]。据联合国不完全统计，有47个国家的200余家博物馆藏有中国文物146万件，而私人藏有中国文物是此数的十倍以上。

四、中国汉族经济人文化理念的传承和发展

儒商提倡“仁中取利真君子，义内求财大丈夫”，他们深受家族文化、儒家文化、官制文化和中国特色文化的影响。改革开放后，他们与时俱进地汲取了世界其他民族商人的聚财之道而逐渐形成了现代商人思维

4-1. 中国民族商人主要是汉族商人。中国素有文明礼仪之邦之称，深受儒道熏陶的商人被称为儒商。在儒商中小商道做事，中商道做市，大商道做人。他们从经营实践中逐渐地认识到必须充分地利用各种组织形式，作为他们攫取利润、维护权益和开拓进取的重要工具。他们除了以血缘和姻缘组成比较稳固的家族式的店铺等公司企业作为核心组织形式以外，还以族缘、地缘和业缘作为理念并逐渐地演化为**市—行—行业—商帮—会馆—公所—商会**等外在的各种经商组织形式，像竹笋式地保护其核心组织的生存与发展。在世界民族商人群体中，没有任何一个民族商人具有如此多种的组织形式：市，古称“日中为市”，即市场。人们约定在一定的时间、空间来相互交换产品的场所、渠道和领域。行，指在市场领域内出售同一种类商品的店铺或公司集中在某一条街或多条街的，叫做“行”，以便于专业化的经营和管理。20世纪50年代广州市有一条街就叫十三行。商人从杂然并存的市场经营到

专业化的行业经营体现了“物以类聚，人以群分”的分工协作理念，无疑是商人组织管理上的一种长足的进步与发展。从自发的行业到有组织的行帮成为商帮，是从内容到形式再从形式到内容辩证发展为会馆，这时会馆是带有地方性的同乡群体利益整合而成的组织形式。乡谊、地缘、商情是他们的联结纽带，趋利共享是他们整合动力，辟祸共存、权益分担是其心理依托。这种组织形式可以满足客居异地经商的移民群体的多种心理需要，即政治维护心理，市场盈利心理，客地相依心理，权益捍卫心理，文化交融心理，管理自治心理，风险避害心理，前程开拓心理等诸种心理需要[27]。同时主要是以业缘为中心，以乡亲相助，持有共同的经营理念和推崇本帮行业和产品为活动宗旨的商人群体，以在异地他乡建立会馆或公所作为统一组织形式。同时他们往往借助庙、殿、宫、会等神圣建筑物作为活动场所，并以供奉本帮崇拜的神灵或先贤师祖为信仰的精神支柱。例如，陕西会馆叫关帝庙，浙江商会叫三元殿，江西临川会馆叫仁寿宫，湖南长沙绸布业设立锦云会和文质会，而广东广西会馆大多数用“堂”取其名称。据清人顾震涛的《吴门青隐》一书记载，苏州境内的吴县、长州和元和三县的商人会馆所供奉的神祇是：“酒仙庙，祀杜康仪狄。鲁班庙，祀公输子。庖人公所，祀关帝。茶礼公所，祀叔仲通，陆羽、宋礼。”众所周知，马克思在《资本论》中有一节专门论述商品的拜物教性质及其秘密，生动而形象地回答了劳动因何、如何、为何成为价值问题的，这是他劳动价值理论的王冠部分。马克思当时仅仅利用了英国民族商人作类比分析，如果他有机会获得中国民族商人的庙、殿、宫等建筑及其供奉的杜康、鲁班、公输子等丰富的历史资料，相信他论述的商品的拜物教必将更为丰富和生动啊！马克思是十分关心中国古代经济变革的。在《资本论》第一卷第三章货币或商品流通的第 83 小注中写道：“清朝户部右侍郎王茂荫向天子上了一个奏折，主张暗将官票宝钞改为可兑现的钞票。在 1854 年 4 月的大臣审议报告中，他受到严厉申斥。他是否受到笞刑，不得而知。审议报告最后说：‘臣等详阅所奏……所论专利商而不便于国’。”

4－2. 20 世纪初，我国各地开始设立具有资产阶级市场经济色彩的商会组织。在戊戌变法期间，康有为可能是中国的重商主义者，他曾多次向光绪皇帝上书兴商学、办商报、设商会等变法主张。1902 年，上海、广州、汉口等地工商业发达的城市先后设立了商业会议公所或商会公所。商会不同于会馆或公所的地方主要是组织成员构成不同。会馆成员大都以乡亲乡域成员为主体，并非为同一城市的统一联合组织，相互之间界限分明，壁垒森严，几乎是“老死不相往来”。而商会不同，它不限于地域或行业，而是将同一城域内的所有商人组成统一的整体组织，并要求入会会员行止规矩，事理明白，于本地经商。在1905年，天津商会入会行帮有32行计有商号58家，苏州商会行帮达43个计有1106个店铺作坊。其次商会的基本职能不同。商帮的会馆公所在于联络商谊“相顾而相恤”，限制内外部竞争，以维护他们的既得利益，而商会不同，它不仅突破了封建封闭的陈规陋习而以“扩商权”、“联商外情”、“开商智”等为其宗旨。组织内部成员一律平等，成员都具有权利和义务的法人资格。会议有年会、常会和特会，与会者可畅所欲言，充分表达意愿和要求[28]。这体现了自由、民主等市场经济文化理念。

4－3. 形式与内容之间关系是内容反映、表现为一定的形式，所以，一般来说，形式是有内容的。商人或民族经济人外部的组织形式，都是经济人为了实现其生产经营理念所采取的组织方式或组织制度手段之一。中国历史上的**朋、友、帮、党、派、会**等组织名称或形式，曾为历史上的各个阶级、阶层人的政治、经济、文化、教育、艺术、宗教等服务。当今书市有两部以儒家思想总结中国民族商人的名著《中国十大商帮》和《中国十大商人》。按照地缘关系将汉族商人划分为山西商帮、陕西商帮、福建商帮、徽州商帮、洞庭商帮、广东商帮、江右商帮、龙游商帮、宁波商帮等。商帮是一个地方的群体组织概念。自从播放电视连续剧《乔家大院》和《大宅门》后，诱发了人们追溯晋商三百余年的兴衰存亡历史。在山西祁县的乔家三代头人乔致庸已成为民族商人的著名代表，他本人经历了嘉庆、道光、咸丰、同治四个历史朝代。他一生在追逐利润的同时信仁义，重诚信，讲方法，到了清朝末年乔氏家族在中国各地有票号、钱庄、当铺、粮栈达200余家，资产达数千万两之巨，而贯串于票号、粮栈等企业组织形式及其人员经营理念本质上为儒家仁义观，所以，晋商的知行理念比较讲究“仁中取利真君子，义内求财大丈夫。”

4－4. 中国历史上是个官本位社会，任何行业都与官家有着千丝万缕的联系。商业是一种生财的行业，是“利”的主渠道，官家理所当然得千方百计加以操纵控制，以达到“利国利民”之目的。同时每位聪明机灵的商人都知道，官商关系是必须认真对待的。历史上的官商关系主要有三种商业关系：一是官营商业。在官营商业里的成员要么是国家的财经大臣，要么是仆役奴隶。官营承担财者是国家的当家人，他们原先可能就是私营商贾，当官后自有一套经商之道，所以他们也是商贾。二是商人当官。作为政治投机商，他们原来是商贾。但想到从政可攫取更多的利益，或者有更大的政治抱负，他们便弃官从商。或者依附官僚可以获得庇护，以期获得更大的利益。三是官人经商。这不是官营商业，而是一种“官倒”。他们利用手中的权力获取个人利益，不是当了官为官家兴办产业。他们当然应归入到商贾的范畴，不过是独特的一类，“中国特色”鲜明，且历史悠久，从古到今概莫如此。

4－5. 在中国漫长的农业社会里王朝形成了一套“重本抑末”官府政策限制了商品经济及商人的经济活动。央视四台《百家论坛》热播台湾师范大学曾仕强教授论述胡雪岩。尽管号称红顶商人胡雪岩（1823—1885）有一顶乌纱帽，富可敌国，他对王朝却毕恭毕敬，言听计从，但最终也难免一死。旧中国上海是全国最大的商业城市。在清末民初，出现了以陈其美、黄金荣、张啸虎和杜月笙为代表的一批“官商”。弃学经商的青帮老大陈其美（1878—1916），曾委托霍元甲为他举办军事学校，并参加过同盟会，一度登上了沪军督军的宝座。巡捕出身的黄金荣（1868—1953），曾一度当上了法国巡捕房的督察长，经营大烟（鸦片烟馆）、赌博、妓院等，并创办“三鑫公司”主营鸦片走私活动。浙江武备学堂出身的张啸虎（1877—1940），同黄金荣合伙开办“三鑫公司”，经营赌馆以白吃、白喝、白吸、白坐的“四白”作为招牌招引顾客，用抽头（即几十分之一）敛财致富。从学徒、经营水果店出身的杜月笙（1888—1951），因帮助蒋介石镇压工人运动有功，曾官升至少将军衔，并同国民党财界官员和特务头子戴笠相互勾结，将党、政、军、商纠集在一起组成黑社会。他在法国租界经营赛狗、赌博生意十分兴隆。在他们之后，毛泽东的秘书，官至“文革”小组长的号称中国红色理论家的陈伯达于抗战期间写出了一部《中国四大家族》，深刻地揭露批判了以蒋介石、宋子文、孔祥熙和陈果夫为代表的大官僚大买办等官商一体的敛财有术人物的丑恶面貌。

4－6. 我国改革开放后涌现了一批又一批的新型民族商人。1978 年 1 月 17 日，邓小平请荣毅仁等原工商界名人要求他们出山并委以重任。10 月国务院成立中国国际信托投资公司，荣毅仁出任董事长兼总经理，可谓新型官商或红色商人。20 世纪 80 年代初国内出版了一种经济月刊名曰《财富》，该刊记者罗列了荣智健、张果喜等十大财富人物，在他们头脑中有一个由公转私的公私理念、穷富理念和社资理念精神。值得探索的是，翻开世界商人群体的历史会看到，西方商人从 15 世纪至今历经了数百年才造就了一批批私人企业主、大大小小资本家，说明私有制社会育产私人资本家是经过三四百年的漫长历史过程的。然而值得人们思考的是，中国自 1978 年以来短暂的 30 年，便产生了惊人的庞大的个体经济和私人经济群体。中国当代，在许多描述新兴民营企业的著作中有两部著作是值得人们阅读的。一部是唐凯林的《突破》，另一部是胡鹏的《中国富豪发迹 50 型》。《突破》的作者沿用有褒有贬的观点从中国新兴商业风云人物中选择了江南春、马云、艾欣、牛根生、冯化、洗笃信、唐万里、周福仁、徐冠臣、徐立华、夏朝嘉、楼忠福、潘石屹、高云峰、龚家龙、林凤、赵心利、尹家绪、德隆、虞锋 20 位大成与大失、大智与大勇的商界风云人物。《中国富豪发迹 50 型》作者用散文随笔的手法描述了改革开放至今的商界的大红大紫的人物，他们的崛起速度之快令人震惊，很多人在短时间内就积聚了令人炫目的巨额财富。被上海《胡润财富》连续三年推举为中国民营首富的黄光裕，却因贪心不足而堕落为经济罪人，可谓为富不仁的典型！除了少数富豪出身于名门家族之外，多数富豪大都是白手起家，有不少人文化不高。江西余干县手工业出身商人张果喜，算是民企商人中最风光的，他甚至只有小学水平，不懂外语，不懂计算机，更不懂经营管理，却被破格提拔为高级经济师。而且南京紫金山天文台还特将天上的一颗小星星以他的名字命名，可谓当代商人逐利求名之典型。他们中多数都能够在当代中国市场上呼风唤雨，南征北战，迅速实现了自己的人生梦想。

4-7. 中国有一批富豪发家的速度让人晕眩，更让人们震憾的是他们的年轻有为，在著名的《福布斯》中国富豪榜上，30 岁左右的年轻人越来越多。《中国富豪发迹 50 型》的作者将他们的厂商理念精神概括描述为：一步一个脚印型：紫檀女皇陈丽华；过河卒子型：破釜沉舟的陈天桥；书生型：富有创造力的陈震；破冰船型：过江龙陈卓贤；该出手时就出手型：迅猛出击的丁磊；蚕食型：以弱敌强的杜厦；智者型：开拓者郭广昌；挑战命运型：不依靠运气的韩国龙；火眼金睛型：高瞻远瞩的何然；吃一堑长一智型：战略家何享健；细水长流型：放长线的黄光裕；丑小鸭型：大手笔制作的黄如伦；空手道型：白手起家的李金元；王子型：在运动中成长的李宁；思想在先型：明辨商机的李晓林；黑马型：出人意外的李兴浩；大笔写大字型：横空出世的梁亮胜；刘备起家型：以人为本的梁庆德；热血冲动型：激情澎湃的刘长乐；一条路走到黑型：业专于精的刘汉元；大飞跃型：乘胜追击的刘永好；风筝型：顺时而动的刘永行；野马脱缰型：势不可挡的楼忠福；长青树型：波澜壮阔的鲁冠球；根据需要下药型：善捕商机的吕向阳；追求独特型：与众不同的明金星；靠精打细算起家型：精益求精的南存辉；和命运赌一把型：胆识过人的欧亚平；和天公试比高型：人定胜天的潘石屹；永不为自己找借口型：百折不挠的荣海；蛇吞象型：由小做大的荣知健；运筹帷幄决胜千里型：高明的指挥家孙广信；站得高看得远型："木国王"陶新康；潜望镜型：草根大鳄童锦泉；敢倾家一搏的冒险型：冒险家王传福；比别人抢先一步型：知本家王文京；条条大路通罗马型：多元发展者徐明；长袖善舞型：投资寓言家许荣茂；公主型：稳扎稳打的杨澜；移花接木型：造城者杨卓舒；悬崖上跳舞型：处变不惊的叶立培；捕捉时代浪潮型：互联网勇士张朝阳；扼住自己的喉咙型：超越自我的张果喜；拥有独特发现眼光型：用脑取胜的张荣坤；黄牛型：天道酬勤的张思民；狼型：强势扩张的张涌；有着过人的嗅觉型：追逐市场的周福仁；围魏救赵型：转败为胜的周健和；想到了就干型：实干家朱孟依；瞄准了就不撒手型：坚忍不拔的祝义才。人都是个性与共性相一致的，而共性往往通过个性表现出来，所以，在市场经济大潮涌现的20位商战精英们各具特色，一时光芒四射。当然，确有昙花一现或已是昨夜星辰的人物。

4－8. 如果细致一点观察还会看到，全球东西方民族性格是有明显差别的，他们各自展示了民族不同的世界观、人生观和价值观以及各具特点的思维方式和行为方式。即便是东方，中华民族也没有西方人那样强烈的宗教文化，也没有那么大的教权观念（如历史上教皇比君王的权势大），然而中国人传统中却有两样权势最大的东西，一曰皇权，二曰族权。所以，"君"和"父"以及与此相适应的"忠"与"孝"两对概念最重要。他们的扫墓、过节、赡养父母等活动具有祭祀、尊祖的经济文化色彩。中国国内的56个兄弟民族在经商的思维方式和行为方式也不尽相同。同为汉民族中的北方人和南方人，东部人与西部人也有明显差异。如南文北武、南细北粗等性格在衣、食、住、行等物质生活资料中也会展现出不同的差别和时尚。

五、在中国特色社会主义民族理念下各民族平等、团结和发展

坚持平等、团结、互助、和谐的新型社会主义民族关系。坚持汉族离不开少数民族，少数民族也离不开汉族，少数民族之间也互相离不开的和谐发展和共同繁荣；同时必须大力帮助各少数民族发展经济，迅速提高各少数民族的物质文化生活水平，增强民族团结和谐的经济基础

5-1. “诚心诚意地积极帮助少数民族发展经济建设和文化建设”，帮助中国各民族走上共同发展和繁荣的道路，是毛泽东民族理论的根本立场和最终归宿。它继承了马克思列宁主义关于在社会主义条件下通过各种努力实现各民族共同发展和繁荣的思想；各民族共同发展和繁荣是指各民族在中国共产党的领导下，在政治、经济、文化等各个方面获得全面发展，走社会主义共同富裕的道路，“我们不能设想，只有汉族地区工业高度发展，让西藏长期落后下去，让内蒙牧区长期落后下去，这样就不是社会主义国家了。我们社会主义国家，是要所有兄弟民族地区、区域自治的地区都现代化。全中国的现代化一定要全面地发展起来。”[29]

5-2. 要实现各民族共同发展和繁荣，必须慎重稳进地进行少数民族地区的社会改革。由于历史的原因，少数民族地区还存在着封建地主所有制、奴隶主所有制和原始公社所有制。落后的社会制度特别是经济制度严重阻碍着少数民族地区的发展，为此，必须对少数民族地区的社会制度进行有区别的改革，不搞改革，少数民族地区的贫困、落后问题就不能解决。民族地区的改革要遵循慎重稳进的方针，针对不同地区不同民族的不同情况，实行不同的政策、措施和步骤，即在封建地主制的地区实行土改；在奴隶制和封建农奴制地区实行和平协商方式的民主改革，在少数民族牧区实行“三不两利”（不分不斗不划阶级和牧工主两利）的和平改革；在处于原始公社制末

期的少数民族中大力帮助群众发展生产，建立集体经济，直接引导他们向社会主义过渡。对于放弃剥削压迫的少数民族上层人士，要采取适当的办法使他们的政治待遇和生活水平不至降低，对于少数民族地区的宗教信仰问题，决不可在社会改革中加以干涉。

5－3. 要实现各民族共同发展繁荣，“最根本的问题是帮助少数民族发展生产，改善生活。如果少数民族在经济上不发展，那就不是真正的平等”，“要使各民族真正平等，就必须帮助少数民族发展经济。”[30]要改变民族地区经济落后的状态，首先必须发展交通事业，应根据客观上可能和经济上合理的原则，在少数民族地区逐步举办一些地方工业，使工业布局逐步平衡，凡在民族地区的工业，都必须注意帮助少数民族形成自己的工人阶级，培养自己的科技干部和企业管理干部。同时在承认民族多样性的基础上，以民族区域而非民族群为单位，强调各民族共同体。

5－4. 要实现各民族共同发展和繁荣，必须实行先进民族和地区积极支援少数民族地区的政策。发达地区要从整个国家的利益出发，用平等的态度，积极帮助和支持少数民族地区的政治、经济、文化发展。当然，少数民族地区的发展主要靠少数民族本身发挥作用，“西藏政治、经济、文化、宗教的发展，主要靠西藏的领袖和人民自己商量去做，中央只是帮助。”要尊重各少数民族的文化、宗教、习惯，帮助少数民族发展用本民族语言文字处理的文化教育，少数民族的风俗习惯的改革“必须由少数民族自己的来解决”[31]。2009年9月6日《人民日报》将我国社会主义新型民族关系概括为平等、团结、互助、和谐的社会主义民族关系。

参考文献

①（英）厄内期特·盖尔纳：《民族与民族主义》，中央编译出版社2000年版，第27页。

② 马克思：《摩尔根〈古代社会〉一书摘要》，人民出版社1965年版，第38页。

③（美）摩尔根：《古代社会》，商务印书馆1978年版，第456页。

④ 张凤莲著：《民族论》，民族出版社2007年版，第14—15页。

⑤《斯大林选集》上卷，人民出版社1979年版，第64页。

⑥《参考消息》2008年6月16日。

⑦ 胡星斗著：《传统中国的偏头痛》，浙江人民出版社2008年版，第16页。

⑧《马克思恩格斯选集》第1卷，人民出版社1972年版，第41页。

⑨《马克思恩格斯全集》第20卷，人民出版社1971年版，第516页。

⑩ 徐扬杰著：《宋明家族制度史论》，中华书局1995年版，第20页。

⑪ 许宏：《最早的中国》，《解放日报》2009年10月16日。

⑫《马克思恩格斯选集》第1卷，人民出版社1972年版，第69页。

⑬《马克思恩格斯选集》第4卷，人民出版社1972年版，第166页。

⑭《马克思恩格斯选集》第1卷，人民出版社1972年版，第254—255页。

⑮ 马戎：《民族社会导论》，民族出版社2005年版，第3页。

⑯《马克思恩格斯选集》第1卷，人民出版社1972年版，第38页。

⑰ 赛义德·菲西留·马茂德：《伊斯兰教简史》，中国社会科学出版社1981年版，第20页。

⑱ 黎瑞刚著：《阿拉伯商人》，江西人民出版社1994年版。

⑲ 顾俊著：《犹太商人》，江西人民出版社1994年版。

⑳ 康毅仁编译：《犹太商道——世界上最伟大的创业思想》，哈尔滨出版社2004年版，第56页。

㉑（英）亚当·斯密：《国民财富的性质和原因的研究》下卷，商务印书馆1994年版，第344页。

㉒ 马克思：《资本论》第1卷，人民出版社1975年版，第679页。

㉓ 戴维·罗伯兹著：《英国史》，中山大学出版社1990年版，第26页。

㉔《马克思家书集》，人民出版社1984年版，第339—340页。

㉕ 引自《南都周刊》策划林斌（南方报业），2007年4月13日。

㉖（美）斯特林·西格雷夫、佩吉·西格雷夫：《黄金武士》，中国对外翻译出版社，第54、56页。

㉗ 林树建、林旻著：《宁波商人》，黄山书社2007年版，第23页。

㉘ 田北方、田亮著：《商贾史》，上海文艺出版社2007年版，第57页。

㉙《周恩来统一战线文选》，人民出版社1984年版，第383页。

㉚《中国共产党主要领导人论民族问题》，民族出版社1994年版，第123页。

㉛《毛泽东文集》第6卷，人民出版社1999年版，第312页；《毛泽东选集》第5卷，人民出版社1991年版，第23页。

第六章

制度经济人

人类社会群体想要达到有序有效的活动与目的，在漫长的历史实践中总结出契约式的两种制度文化，即自发的、原生的、隐性的制度文化和自觉的、强制的、显性的制度文化。而且两种制度文化始终相辅相成地发挥着规范、约束和强制的重要作用。人们熟知政治家、法学家们依据于占社会统治地位的阶级、政党、集团的利益和意志反映要求所制定的强制的显性制度文化，但人们往往忽视了自发形成的人的语言（言语）、人性道德、宗教信仰、家规家训、企业文化、理性理念、价值偏好、理想信仰、路线道路和诚信守诺等原生性的制度性文化，甚至轻视了文学家、心理学家和经济学家们不断地用理性、理念和理论来规范思考和行为的重要作用。人类最权威最实际的法律不是镌刻在铜板上或大理石上的，而是铭刻在人们精神世界上的。一般说来，理论经济学大都是制度经济学或准制度经济学的。马克思第一部经济学著作《政治经济学批判》一书的序言开篇写道："我考察资产阶级经济制度是按照以下的次序：资本、土地所有制、雇佣劳动；国家、对外贸易、世界市场。"他这种"经济制度"及其次序范式无疑是具有制度性质的。在市场经济环境下，无论是制定制度还是执行制度的其主体都是人，所以，作为人规范人的制度经济学，本质上是制度经济人问题。

一、一切契约、制度在于规范人际关系的情感、理念和行为

中国孔子那个“非礼勿视，非礼勿听，非礼勿言，非礼勿动”等儒家礼制文化以及孟子的人性善和荀子的人性恶，以及意大利但丁和英国莎士比亚对人性善恶的褒贬都是他们对人的言行的伦理规范

1–1. 契约、制度首先是人们之间联系、沟通和交往的一种规范方式。作为语言、信仰、理性或理论等意识思想同样具有规范的制度因素。有意思的是，“语言”一词在古希伯来语义中含有“产品”、“经营活动”和“信息”三种词义。犹太人之所以被称世界第一商人，也许他们在语言一词之中受到了隐喻和启迪，内在地规范了他们完整的经济思考和经济行为①。语言大师索绪尔曾把语言和言语作了明确界定，他认为语言是一种约定俗成的集体创造的符号系统，即它以语音或字型为物质外壳，以词汇为建筑材料，以语法为结构规律而构成的语言体系。而言语活动则是天赋的个人意志和智能行为，是人们运用语言材料和语言规律所进行的交际活动的过程。因此，他将这种言语活动过程归纳以下几点：（1）言语活动之所以是天赋的功能，因为人体的发音器官就是为了说话的；（2）言语活动需要用语言规则，与诉说对象构成完整的循环；（3）言语活动完全属于个人的行为，表现的是他个人意愿和思想。有意思的是，这位语言思想家还把个人言语活动上升到制度权力来看待。他说，话语是权力的一种运作过程，话语的使用过程本身就是一种权力的表达方式。因此，可以说，尊重话语权力，是自由的表现，是现代文明的一个重要标志。市场经济交换的各种过程、环节都伴随经济人之间的话语，并用话语取得共识，达成协议，实现双赢之目的。这本身无疑是具有鲜明的契约性质的。马克思在《资本论》中指出，商品、货币和资本这些物

质关系实质上体现了人与人、商人与商人之间的权力关系，交换关系是一个经济人与另一经济人的权力交换关系，这种权力关系首先表现在人们之间的经济语言——买与卖的话语权力，这种话语权的实质是对商品经济的自由、平等这样一些核心经济思想文化的共识话语，否则商人之间便不可能进行商品买卖关系。流行于我国商人之间的“说话算话”一词则成为一切商品交换、合同签订等法制的话语基础。英文中制度 institution 一词来源于拉丁文 institutio，原意为“风俗、习惯、教导、指示”等，其英文主要包括三个方面：(1) 机构、组织；(2) 习俗、风俗；(3) 创立规则、创建社会。《布莱克维尔政治学百科全书》则认为，“制度”一词多用于政治学、社会学的概念中，既包括“机构”的含义，也表示规范化、定型化的行为方式。显而易见，制度一词内涵自然包括语言和言语的规范化。

1－2. 古往今来，人们往往首先从情感方面规范自身的思考和言行。人们曾将思维语言用草纸、竹筒、石鼓、铜器、纸张等物质载体记述下来，以表达他们的理念和行为，都带有认同的制度性规范。在中国古代儒家的周礼观和道家的无为观就是一种要或不要的制度之争。黑格尔在《哲学史讲演录》中评述说孔子论述的“是一种道德哲学”，而且认为“道德义务的本身就是法律、规律、命令的规定”。孔子将礼制内容限制和约束到如此地步，即“非礼勿视，非礼勿听，非礼勿言，非礼勿动”。儒家体系完成者孟子主张抽象的人性善，相反荀子则主张人性恶，而杨雄则调和孟荀两派的善恶人性论，认为人性是有善有恶的，关键在于修善还是修恶。国人在很长时期内为善为恶争论不休。西方同样有善恶之说。斯密在《国富论》中就认为花钱消费物品或拥有物品的行为“即为善行”，而花钱用于款待贵宾客人的“即为恶行”。他这种将一人两种经济行为折射出人善恶两面性，需要用善恶来规范人们的经济行为。

1－3. 早在 14 世纪末到 15 世纪初，意大利的著名文学家但丁（1265—1321）匠心独运地创作了一部宏大的文学名著《神曲》[2]。在这部被马克思推崇并在他的《政治经济学批判》序言的结束语中引用过的《神曲》一书中，但丁构筑了地狱、炼狱和天堂三种人文思想境界，并示意魔鬼掌握地狱，天使掌握炼狱，上帝掌握天堂。并由但丁自己和维吉尔、贝雅特丽齐三人漫游其中，他们遍览并评点了三种境界所反映出来的人性的各种弱点、丑陋和耻辱，反复说明人们的善行或恶行，必将得到“恶有恶报，善有善报”

的因果报应。在地狱境界中，但丁现身说法地告诉人们面对着三只令人惊恐的野兽，即象征着淫欲的豹子，象征着傲慢的狮子和象征着贪婪的母狼。此外，在地狱其他的地方，但丁还遇上了各种各样的罪人：暴欲和暴食者、贪婪者、挥霍浪费者、暴怒者和信奉异端邪教者，这些人都因其罪恶而遭到相应的惩罚。接着他又由贝雅特丽齐导引走进炼狱境界，他们看到了人要经过傲慢、嫉妒、愤怒、怠惰、贪财、贪食、贪色等七种罪恶。但是只要人立志在每一种罪恶环形道上通过虔诚的忏悔仪式就能一一得到涤清和拯救。最后贝雅特丽齐告诉但丁他们终于到达了光明、理性和美好的天堂。这样但丁通过《神曲》将现实性、思想性和艺术性完美结合在一起，深刻反映了从封建的中世纪走向资本主义文明的历史变革和呼唤健康的人文精神。他在这里揭露并鞭笞了贪婪者、挥霍浪费者、怠惰、贪财等等罪恶行径无疑是从人文精神上来规范了人的言行界限，也是经济人理性与非理性的一种人文眼界，为动员和组织人民群众推翻旧制度创立新的社会制度做足了思想舆论准备。因此，我们应看到，人的认识包括人的制度规范认识不仅来自于理性的抽象思维，同时也来自于感性的形象思维，两种基本的思维方式对于人们认识、概括和表述制度性思维同样具有重要意义。

1－4. 被马克思一家当做“圣经”崇拜并在他《资本论》多处引述和评说的威廉·莎士比亚（1564—1616）是英国文艺复兴时期伟大的戏剧家和诗人。恩格斯评价指出欧洲文艺复兴是“一次人类从来没有经历过的最伟大的进步和变革，是一个需要巨人而且产生了巨人——在思维能力、热情和性格方面，在多才多艺和学识渊博方面的巨人的时代”[③]。文艺复兴也是欧洲历史上一次思想解放运动，是将人类从黑暗的、残暴的、愚昧的旧制度中解放出来的制度变革运动。这种运动从14世纪到15世纪由意大利开始，相继扩展到法国、德国、西班牙、英国等国家，到16世纪达到了全盛时期。文艺复兴是以中世纪黑暗的历史时期作为论战对象，反对中世纪的神权、皇权对人权的践踏和对人的奴役、盘剥和压迫。因此他们用复兴古希腊、罗马有益有用的东西，其核心是以“人的尊严”和“人的崇高”而形成“人本思想”或“人文主义思想”。同时提出弘扬商品经济文化思想——自由、平等、博爱和边沁即经济人四种文化思想，那时所有人文主义运动的思想家和文学艺术家，如但丁、塞万提斯、莎士比亚和达·芬奇等文学艺术大师都从自己角度，以自己的方式宣扬和歌颂人性美、人的尊严和人的力量。而莎士比亚独树一帜，并借助剧中人来歌颂人类：“人类是一件多么了不起的杰作！多么宝贵的理性！多么伟大的力量！多么优美的仪表！多么文雅的举动！在行为上多么像一个天使！在智慧上多么像一个天神、宇宙的精华！万物的灵魂！”在他们看来，人类的善与恶、丑与美显然是对人性最高的界定和规范。试想如果一个经济人连善恶都不分、丑美也不辨何以成为经济人！

1-5. 莎翁万万没有料到人们刚刚挣脱了神权和皇权的中世纪旧制度的枷锁，却又陷入了自私、贪婪的商品、货币等物质财富的深渊，以致内心生成了一种商品、货币和资本拜物教的精神枷锁。马克思全家热爱莎士比亚著作，马克思不仅经常大段地朗诵莎翁作品，还在《资本论》中引述了莎士比亚的《雅典的泰门》的独白来批判拜金主义。该剧主人公泰门是一个贵族富豪。开始时，周围的人都谄媚他，称他为“泰门大老爷”；可是当他破产时，朋友们便纷纷离弃了他。于是，悲剧主人公根据个人的沉痛的经验，深信人在社会上的价值是取决于他的地位、财富和黄金。于是泰门控诉、鞭笞贪婪财富的代表——黄金货币而暴露出来的人性的种种罪恶：

“金子！黄黄的，发光的，宝贵的金子！
只这一点点儿，就可以使黑的变成白的，丑的变成美的，
错的变成对的，卑贱的变成尊贵，老人变成少年，懦夫变成勇士。
吓！你们这些天神们啊，为什么要给我这种东西呢？
嘿，这东西会把你们的祭司和仆人从你们的身旁拉走；
把健汉头颅底下的枕垫抽去；
这黄色的奴隶可以使异教联盟，同宗分裂；
它可以使受咒诅的人得福，使害着灰白色的癞病的人为众人所敬爱；
它可以使窃贼得到高爵显位，和元老们分庭抗礼；
它可以使鸡皮黄脸的寡妇重做新娘……
来，该死的土块，你这人尽可夫的娼妇……。”（莎士比亚《雅典的泰门》）

“人间再没有像金钱这样坏的东西到处流通，
这东西可以使城邦毁灭，使人们被赶出家乡，
把善良的人教坏，使他们走上邪路，做些可耻的事，
甚至叫人为非作歹，干出种种罪行。”（索福克勒斯《安提戈涅》）

1-6. 马克思还从经济学上评述说：“莎士比亚把货币的本质描画得很

中肯。”恩格斯在谈到巴尔扎克的小说时也说：“他在《人间喜剧》里给我们提供了一部法国‘上流社会’的卓越的现实主义历史……所学到的东西，也要比从当时所有职业的历史学家、经济学家和统计学家那里学到的全部东西还要多。”对于呼风唤雨、神通广大的市场经济的货币、资本及其人格化，马克思在《资本论》中引述了《评论家季刊》上一位作者的评论，他说：“资本逃避动乱和纷争，它的本性是胆怯的，这是真的，但还不是全部真理。资本害怕没有利润或利润太少，就像自然害怕真空一样。一旦有适当的利润，资本就胆大起来。如果有10%的利润，它就保证到处被使用；有20%的利润，它就活跃起来；50%利润，它就铤而走险；为了100%的利润，它就敢践踏一切人间法律；有300%的利润，它就敢犯任何罪行，甚至冒绞首的危险，如果动乱和纷争能带来利润，它就会鼓励动乱和纷争。走私和贩卖奴隶就是证明。”④正如马克思和恩格斯所指出的，现实主义的文学家比经济学家更生动更深刻地揭示了经济人的精神世界。资本主义社会是“人人为自己，上帝为大家”的极端个人主义、拜金主义的典型的私有制社会。在这个社会里货币、资本经济人通常是非理性、非正义、非秩序地活动。早在西方上述人文思想之前，我国东晋鲁褒在《钱神论》中便形象而深刻地说明：“钱之所在，危可使安，死可使活；钱之所去，贵可使贱，生可使杀。是故忿争辩讼，非钱不胜；孤弱幽滞，非钱不拔，怨仇嫌恨，非钱不解；令向笑谈，非钱不发。”⑤这是一副中国版的关于拜金主义最集中最生动的写照和反映。在21世纪初，一场来势凶猛、席卷全球的金融危机发作之际，各国正在为如何救市和抗寒过冬而一筹莫展、不知所措之际，温家宝总理则有胆有识地强调指出，现在人们的信心比货币和黄金都重要！看来“信心”能使人心平静，神志清醒，目标专一，步履坚定，沉稳地战胜金融危机！

二、世界三大宗教都贯穿着契约戒律文化

世界三大宗教——佛教、基督教和伊斯兰教都贯穿着契约戒律文化，以维护其历史传承、组织体系、经典规制和祭祀程序等四大基本活动。同时使信徒知道“禁止做的”和“必须做的”的制度

性信念，这无疑是对其信徒遵守法纪、文明经商起到积极作用

2-1. 宗教是一种社会意识形式。它的产生、形成和发展具有深厚的社会经济文化根源，因此，它对制度经济人的存在和发展产生着特殊的作用和影响。国学大师林语堂在《中国人》一书中认为“宗教是对人们道德和行为的一种约束”（《中国人》，第82页）。就是说，宗教具有制度的约束性。毛泽东曾指出：“我赞成有些共产主义者研究各种宗教的经典，研究佛教、伊斯兰教等等的经典。因为这是个群众问题，群众有那么多人信教，我们要做群众工作，我们却不懂得宗教，只红不专。”1955年3月8日，毛泽东说道：“我们再把眼光放大，要把中国、把世界搞好，佛教教义就有这个思想。佛教的创始人释迦牟尼主张普渡众生，是代表当时在印度受压迫的人讲话，为了免除众生的痛苦，他不当王子，出家创立佛教，因此，信佛教的人和我们共产党人合作，在为众生即人民群众解除压迫的痛苦这一点上是共同点。”⑥佛教在世界三大宗教中历史最长，佛教公历2499年，其次是基督教，再次是伊斯兰教。大约在公元610年，穆罕默德于麦加宣布奉真主的启示号召族人皈信正道为该教历史起点。因此，我们在介绍宗教制度文化时愿首先从佛教介绍开始。佛教产生于印度，兴盛于中国，流传于四海。在我国出版的佛教经典中，有一位著名的佛门弟子星云大师撰写的《释迦牟尼佛传》是一部权威著作。该书编者在介绍作者小传时写道，星云大师为“国际佛光会会长”践行了他的“佛光普照三千界，法水长流五大洲”的理想。大师对佛教制度化、现代化、人间化、国际化的发展，可说是居功至伟。当人们翻阅其著作时会感受到大师的深入浅出、生动具体介绍的佛教的历史、组织、经典、祭祀等活动，而且在介绍佛门戒律产生时更是生动逼真，令人过目难忘。

2-2. 星云大师传教时告诉他弟子说，有一天，佛陀把须提那叫到座前，问道：“须提那！你要照实说，你出家以后，是不是又和妻子同宿了？”须提那老实地回答佛陀说：“是的，佛陀！他们对我的责难和批评并不冤枉。”佛陀很慈和地训斥道：“你被愚痴迷失了智慧的心灵，你有这样行为实在是不好。出家学道是超脱生死，你却仍然为生死的根源绊住，你这样不能算是清净行，不是沙门的法，不能叫做依教奉行。你有这种俗情的行为，使未信者不生信，使已信者容易退心，你不是知道我常常教诫你们要远离爱欲吗，我常常教你们要断除欲的想、欲的觉、欲的热，你难道没有听到我常常赞叹离开欲的想、断除欲的觉、灭去欲的热的人吗?”佛陀加重语气斥责须提那，随后集合大家，制定戒律，并对大家说明持戒的意义：“守戒有十种利益，要作出家的沙门就不能不守戒：一、僧团和合故；二、接引僧众故；三、调伏恶人故；四、惭愧者能安乐故；五、没有现世的烦闷故；六、没有未来的烦闷故；七、能令不信者生信故；八、能令已信者增进故；九、能令正法久住故；十、能令清净心不失故。”而且，“诸比丘！不杀生、不偷盗、不淫、不妄语、不饮酒，是为根本大戒，如有毁犯者，名波罗夷罪（弃罪），就不能和大家住在一起，一定要从僧团退出。如果不能守戒，还俗并算罪过!”佛陀发出制戒的宣言，这就是正法中制戒之始。佛陀制定根本大戒以后，仍然有少数的弟子做出违背佛陀教诫的事来，佛陀经过很长的时间，很多的事实，制定百众学等的比丘戒律，比丘尼则有三百五十条戒，菩萨有十重四十八轻戒。在家皈依三宝的弟子，则可以受五戒，以六重二十八轻的菩萨戒等。所谓戒者，禁也，止也。佛子有十种藏戒：第一，不杀生；第二，不盗财物；第三，不邪淫；第四，不忘语；第五，不酤酒；第六，不说四众过（即禁止说优婆塞，优婆英，比丘，比丘尼四众之过罪）；第七，不自赞毁他；第八，不悭惜加毁；第九，不慎心不受悔；第十，不谤三宝（即佛、法、僧）。戒，维系了僧团的清净，各人遵照戒律而行，过法制的生活，僧团就是自治民主的象征。佛陀又规定每半月布萨诵戒一次，集合说戒，使诸比丘都能在清净戒法之中长养善心[7]。这些“禁止做的”和“必须做的”戒律无疑会对信奉佛教的信徒们从事经商活动有一定的制度性约束作用。

2-3. 基督教是以信奉耶稣基督为救世主的各种教派的统称。严格说来，“耶稣基督”并不是耶稣的名字。耶稣或称“约书亚”，意思是“上帝是救主”。“基督”是一个称号，是希腊语的“弥塞亚”，即上帝挑选的担负独特使命的人。耶稣真正的名字应该是耶稣·巴·约瑟，意为“约瑟的儿子耶稣”[8]。它与佛教、伊斯兰教并称为世界三大宗教。其教义、教礼、教规及教史集中收录在《圣经》之中。《圣经》分为“旧约全书”和“新约全书”两部分。其中“约”字具有“协约”或“合同”的契约含义。旧约包括39卷书，分为四大类，首类为五卷律法书——《创世纪》、《出埃及纪》、《利未纪》、《民数纪》和《申命纪》，也称为摩西五经。原来犹太人即以色列人有一部分人作为埃及的少数民族，曾被歧视作为奴役，而且埃及法老担心犹太人生殖过速会成为人多势众之敌，因此，禁止犹太人生男孩，凡生男孩的一定要抛到河里。有一家利未人生了男孩，为了防止被抛河灭种，家人用蒲草编织了一个筐子把男孩伪装起来，并藏到河边草丛中，有一天埃及公主在河边洗澡时发现了筐里有一个非常漂亮的以色列男孩，决定收养他，并给他取名叫摩西（Moses），意思是“我从水里捞上来的”。后来摩西知道自己的身份和经历，决心率领犹太人逃出埃及的奴役和压迫，一路上艰难跋涉，随行人员不断涣散，当队伍走到西奈山时，摩西听到上帝耶和华招呼他说上帝要与以色列人订立《西奈盟约》并亲自把“十戒”写在石板上交给摩西。按《圣经》的希伯莱原文把“上帝十戒”称为“十句话”，后来的《圣经》学家们认为原文过于冗长，也不便于传承和实行，于是便把“十戒”经文加以简约化：一、除上帝外不可敬拜别的神；二、不可敬拜偶像；三、不可妄称上帝的名字；四、安息日休息不工作；五、当孝敬父母；六、不可杀人；七、不可奸淫；八、不可偷盗；九、不可作假证陷害人；十、不可贪婪人的财物。后人称这是摩西十戒的总纲，此外，还有奴婢法、报复法、杀人或赔偿法、牲畜伤人赔偿法、人伤牲畜赔偿法、偷窃赔偿法、遗失托管物品赔偿法等律法。这套十戒对于保证摩西等人走出埃及，建立神权政体，制定宗教生活的礼仪及世俗生活的律法奠定了法律基础[⑨]。从一定意义上讲，美国也是一个政教合一的国家。在美国，一年参观体育比赛的有3.8亿人次，然而去基督教教堂的却有52亿人次。一个人从生到死，一位总统从竞选时念念有词的天佑美国，到上帝恩赐登上美国总统宝座时总有一位牧师监督宣誓仪式，都离不开《圣经》。甚至代表美国财富的美元也印上了上帝的语录。

2-4. 东西方人文历史有惊人的相似之处。在20世纪20年代中国民主民族革命时期，毛泽东等老一辈无产阶级革命家率领工农子弟兵，在敌强我弱、出生入死的反围剿游击战争时提出了著名的“三大纪律六项注意”的军事纪律制度。秋收起义后，部队在向井冈山进军途中，毛泽东要求大家遵守对人民群众说话要和气，买卖要公平，不打人骂人，不拉夫，请夫子要给钱等纪律。当时，经过教育，部队执行纪律的情况有了很大进步。但是，由于战时生活十分艰苦，粮食军饷都难保障，有时连红米饭、南瓜汤也吃不上，战士肚子饿了，常常有拿老百姓一个红薯、一个鸡蛋的事情，影响军民关系。1927年10月24日，毛泽东率领工农革命军向井冈山挺进，经过江西遂川县荆竹山村前，为了处理好军队与群众，军队与地方武装的关系，毛泽东亲自向部队宣布了三条纪律：第一，行动听指挥；第二，不拿老百姓一个红薯；第三，打土豪要归公。三条纪律的提出和执行，维护了红军的革命形象，初步培养出好的纪律作风，有效地争取了群众的支持。1928 年 1 月 25 日，部队在遂川县分兵发动群众时，为了使部队与老百姓建立良好的关系，毛泽东又提出了六项注意：一、上门板；二、捆铺草；三、说话和气；四、买卖公平；五、借东西要还；六、损坏东西要赔。这一年的 4 月，毛泽东正式向部队颁布了三大纪律六项注意；翌年 1 月，毛泽东在红四军向赣南进军时，又将六项注意改为八项注意，增加了“洗澡避女人”和“大便找厕所”两项。后来，又将这两项修改为“不得胡乱屙屎”和“不搜敌兵腰包”[10]。这些“纪律”和“注意”无疑对那些转业和退伍的解放军官兵遵纪守法、过文明经济生活有着深远的历史影响。我国改革开放后涌现出的一批著名企业家如柳传志、王石、任正飞等都曾在解放军中经过严格的组织纪律熏陶。在当今世界通讯电器名列老三的华为通讯电器有限公司老总统任正飞曾倡导狼性文化后演变到千手观音文化，并将其管理办法上升为《华为基本法》，这与他的军旅生活显然有着因果关系。

2-5. 伊斯兰教经典主要集中在《古兰经》（共 30 卷，114 章，6200 余节经文），大约于公元 610 年，穆罕默德在麦加宣布真主的启示，号召族人皈信正道，以免末日的惩罚。“伊斯兰”原意是“顺服”和“和平”，而由此派生的“穆斯林”即为“顺服者”，即服从真主的意志。这个称谓显然具有契约意思。穆罕默德反对多神教和对偶像崇拜，宣称只有真主是宇宙事物的创造者和独一无二的主宰。公元 622 年，在麦加贵族的迫害下，穆罕默德率领信徒们迁往麦地那，同时组建了以信仰为纽带的穆斯林社团。经过十余年的努力和抗争，在传教活动中，伊斯兰教终于在阿拉伯半岛取得了统治地位，并逐渐地向外扩展和传播。穆罕默德本人十分注重实际，他没有规定信徒们难以完成的目标，也没有提出玄奥莫测的教义，只是规定了信徒顺服真主而进行的宗教义务，就是伊斯兰教信仰支柱的“五大信条”和“五项功课”。五信包括：信安拉、信天使、信经典、信使者、信后世。《古兰经》中多处出现“信道的人啊！你们当确信真主和使者，以及他所降示给使者的经典，和他以前降示的经典。谁不信真主、天神、经典、使者、末日，谁确已深入迷误了”。同时一个穆斯林还必须诚信五项宗教功课，即念、礼、斋、课、朝以及其他仪式。

2-6. 念，信徒以严肃诚信的态度用阿拉伯语念“作证词”（舍哈德），证词的基本内容是：“我作证，万物非主唯有真主，他独一无二；我作证，穆罕默德是真主的奴仆，是真主的使者。”礼，即礼拜，这是穆斯林面向麦加的“克尔白”作祈祷的一种宗教仪式。伊斯兰教规定每天礼拜五次：1. 晨礼（从拂晓到日出之间）。2. 晌礼（从中午刚过到日偏西之间）。3. 晡礼（从日偏西到日落之间）。4. 昏礼（从日落到晚间休息之间）。5. 宵礼（夜间）。此外每周要作一次“聚礼”，在周五做晌礼时间，要求穆斯林都到清真寺集体礼拜。一年两次“会礼”要在“开斋节”和“宰牲节”举行。礼拜前要求礼拜者身、心和衣服都要洁净。斋，即斋戒。白天应不吃不饮、戒房事、戒恶语。以太阳出来前一个半小时到当天太阳落下为限。这样坚持（“守斋”和“把斋”）一个月，因而叫“斋月”。斋月的意义在于修炼人的意志、思想、身体，以达到服从“主命”。斋月应在“莱麦丹”（即伊斯兰教历九月）进行。课，即天课。这是伊斯兰教的一种施舍，又称“济贫税”。它并非政府征收的税款，亦不是随意捐助的赠金，而是“主命”。伊斯兰教认为，这是最能获得安拉喜悦的“天职”。通过交付天课，使自己的财产更加洁净。按规定每年除正常开支外，其余的财产（包括动产和不动产）要以2.5%的比例（即四十抽一）作为交付天课，其他能谋利的，如牲畜、田园、房产等，可按时价折钱计算来付天课，每年交付一次。朝，即朝觐。伊斯兰教规定，凡是有条件的男女穆斯林一生中必须朝觐麦加的“克尔白”一次。朝觐的时间规定在伊斯兰教的12月8日至10日；主要仪式有受戒，转“天房”、住“米那”，站“阿拉法特山”、在“萨法”与“麦尔卧”两山之间奔跑，射石（投石打鬼等）等仪式。朝觐者的条件是：成年人、身体健康、有足够旅费而无债务者；如果条件不允许的话，可托人代朝来守成此项功课[11]。不难看出，穆斯林信徒的“五大信条”和“五大功课”对经济人潜移默化的养成制度有着积极作用。每一种宗教都将另一种宗教视为异教，同时每一种宗教都经历过嬗变。佛教裂变为大乘和小乘，基督教变为东部教会和西部教会，伊斯兰教裂变为逊尼派和什叶派，但他们各自的礼制、教戒和教规却从不松懈，流传至今而成为维护其信仰传承的重要纽带。

2-7. 中国的儒、释、道中的制度性文化是非常明显的。有一部儒学著作的书名就叫做《制度儒学》，书中介绍了陈寅恪观点说，儒家对中国的影响集中于“制度、法律和公私生活”。他说：“儒者在古代本为典章学术所案托之专家。李斯受荀卿之学，佐成秦治。秦之法制为儒家一派学说之所附系。《中庸》之‘车同轨、书同文、行同伦’（即太史公所谓“至始皇乃能并冠带之伦”）为儒家理想之制度，而于秦始皇之身，而得以实现之也。汉承秦业，其官制法律亦袭用前朝。遗传至晋以后，法律与礼经并称，儒家周官之学说悉采入法典。夫政治社会一切公私行为，莫不与法典相关，而法典实为儒家学说具体之实现。故两千年来华夏民族所授儒家学说之影响，最深最钜者，实在制度、法律和公私生活等方面，关于学说思想之方面，或转有不如佛道二教者。”[12]至于释迦牟尼佛教中的清规戒律，如前所述，这里不再重述。值得顺便指出的是湖北省道教协会副秘书长、武汉市道教大道观主持任宗权所著《道教戒律学》上的主要戒律观点。戒，在中国古代有。《周礼天官·大宰》中说：“前期十日，帅执事而十日，遂戒。”《庞子·达生》中讲“十日戒，三日斋”。戒者，即禁止也。本土道教自东汉末创立后，就十分关注正权法制与教团规戒之间相互关系。到了魏、晋、南北朝大量制造戒经时，一些法律条文名词便开始不断地在道教戒经中出现。道教主要戒律有想尔九戒、五戒、十戒、碧玉真官大戒规、孚佑帝君十戒、智慧上品大戒、智慧闭塞六情上品戒、智慧度生上品大戒、三洞众戒文、三坛大戒及崇百药、说百病等等。这些戒律的内容大同小异，只不过产生的时代不同、一些高道大德对戒律的观点不同而已，但其目的都是一致的。一般说来，全真派戒律的内容主要有不得杀生、不得喝酒吃肉、不得偷盗、不得邪淫等。戒律是教徒必须遵守的，而且必须有一个受戒仪式，一名道士才能算做教徒。根据规则的严紧程度，戒律可以分成上品戒、中品戒、下品戒。并根据戒律的多少有“三戒”、“五戒”、“八戒”、“老君二十七戒”等。明代永乐（1403—1424）初年，四十三代天师张宇初撰有《道门十规》，从教义思想出发对道教信仰生活的各方面提出了较为完整的规戒，十分完备。金元时期道教全真派从其创立时起就重视规戒。王重阳有《立教十五论》，内容多与全真派规戒有关。除戒律外，还有道教清规，就是道士犯戒以后的处罚手段。具体条例因派别不同则规定也不尽相同。道教的清规戒律也是随着时事的变化而变化的，当与政权的法律相冲突时，会进行适当的调整。道教开坛传戒，是继续教制，完善教制建设，规范教徒言行，提高教徒品质的修养的一项重要的宗教活动。《玉清经》中说：“戒有多种、人亦多品。人分上中下三品，上品之人，身先无犯，自行守戒；中品之人，心有上下，观景即变，以戒自制，不令放逸，如此之人，或受十戒、五戒，以自防护；下品之人，恶心万般，难可禁止。”[13]道教戒律是道教必须遵守的行为准则，而且也是道教信仰的重要内容。

2-8. 世界各大宗教都有教义、教礼和教律。戒律产生的社会历史背景环境不同，其表现形式各式各样，有些是神与人订立的契约，有些是宗师对信徒的垂训，有些是关于信仰与社会组织的宗教立法，有些是作为教徒立德修业的标准和制度等。“无戒不成教”大概是一条普遍的规律。值得指出的是，道教戒律是因人而制的，有很强的针对性。这种按照上、中、下人品规制可谓是“因材施教”吧。这些宗教的契约、戒律、法制都是以信徒为本的自重自律，在信徒心灵产生了重大影响，留下了深深的信仰烙印，这对于培育宗教信仰者的制度思想、乃至经济制度思想无疑是有着潜移默化的重要作用。

三、制度语言是由感性言语与理性语言并行渐进的表述方式

制度语言是由感性言语与理性语言并行渐进的表述方式，即由人文情感制度到宗教戒律制度再到理性理念制度的发展过程。作为理性制度语言，黑格尔认为，中国孔子、老子等的理性思维早在“基督”文化之前便讲究理性思维，孔子的礼，理也；老子的“无为而治”则是感性理性相一致的制度语言

3-1. 人类认识通常是从低级到高级、从简单到复杂、从感性经验到理性思维的发展过程。正像莎士比亚借“雅典的泰门”之口颂扬人的“宝贵的理性”那样，在16世纪至18世纪，人的理性得到了巨大发展。马克思和恩格斯认为，人的历史是这样创造出来的，最终的结果总是从许多单个人的意志的相互冲突中产生而来的。以人物为主体的历史活动，大都是个人的、眼前的感性活动，这种活动带有鲜明的激情，追求和偏好，凸显出自发性、盲目性和偶然性等个人经验特点。正如萨缪尔森和诺德豪斯在他们的《经济

学》上面所指出的市场经济并非是由人们主观设计出的，而是自发“演化”出来的一样，制度经济人同样是“演化”出来的。因此，在人类认识进程中还必须把个人经验的感性思维上升为科学的理性思维。这是作为人类整体来讲的，至于在人类整体思维中的个人思维并非如此。由于个人生命有限而知识无限，个人只能是在感性与理性之中，并在多数场合下以感性思维为主要思维形式。若说到理性思维不能不提到亚里士多德和黑格尔。这两位思想大师在理性思维上都有过重大的建树，不过由于历史的、阶级的局限性，他们一个偏重于逻辑思维的形式方面，未能将形式与内容联系起来而只是规范了人的认识、概括和表述思维时的形式规定，所以后人叫做形式逻辑；一个则偏重于逻辑思维的内在必然联系及其规律，叫做辩证逻辑或思辨科学。他们规范了人们认识过程的路线图，将人性善恶问题提升为人的理性思维、将人的经验思维逐渐地上升为理性思维或辩证思维问题，为人类法制精神创造出规范的理性思维条件。

3-2. 在世界民族之林中，德国是讲究理性、理念或理论思维的故乡。哲学是时代的精华，是人类理性史的结晶。在德国古典哲学之前，古希腊德谟克利特、柏拉图和亚里士多德三位先哲都把人的“灵魂”当做认识的主体对象。后来笛卡尔首先把主体绝对化，他在“我思，故我在”的著名命题中论证了认识思想和认识主体的一致性。在这以后，在德国从康德的纯粹理性批判、费希特的人的使命、谢林的先验唯心体系、黑格尔的小逻辑到费尔巴哈的基督教的本质，相继为确立德国思辨哲学在世界思想历史上作出了巨大贡献。其中黑格尔（1770—1851）和费尔巴哈（1804—1872）的哲学还成为马克思和恩格斯哲学思想的直接来源。由于马克思和恩格斯主要批判、继承了黑格尔和费尔巴哈等哲学而创立了历史唯物主义，这样就使德国哲学的唯物主义、辩证法和历史唯物主义自成体系，并成为18—19世纪的典型的哲学王国。翻开德国古典哲学著作的人都会看到他们讲到“理性”、“理智”、“理念”或“理论”，尤其是理性问题。康德（1724—1804）的三大批判著作中的第一部著作叫《纯粹理性批判》，在著作中具体讲过“理论理性”和“实践理性”，并借助于批判力来作为沟通两种理性的桥梁。后来费希特（1762—1814）在著作中接着讲过“理论理性”和“实践理性”，并企图建立一套完整的理性哲学，认为只有理性才是永恒的东西。可是由于他主张人的自我本质是上帝，并自称是“实践先验唯心主义者”，结果使他那套理性哲学染上了浓重的宗教色彩。曾经跟黑格尔是同班同学的谢林（1775—1854）从费希特研究出发，他认为人的自我与非我、主体与客体等都来自于一种无意识的绝对力量中的绝对，并将理智理性合成在一起装进他那个“绝对”的框架之中，并以为这样才能使人的理智理性达到自我非我的境界。可是他到了晚年又突发奇想地宣扬起神秘宗教的“天启哲学”。当理性、理念到了德国古典哲学集大成者黑格尔（1770—1851）那里时，他在他的庞大《哲学全书》中讲得最多，也讲得最好的要算理性。他比他的前辈人高明之处在于他把感性、知性和理性都看做是达到真理境界的阶段和环节。他还指出，无论是理论还是实践，它们如果没有人的理性就不会有人的坚定性和规范性。因为，在他看来只有理性才能将人的各种知识加以综合和统一，只有理性才能要求从联系和运动中把握事物，并使事物得以生动和完整，最终使人的思维回复到现实的具体和总体之中。他甚至强调“世界上最有价值的东西，都是理性产生出来的”[14]。

黑格尔将孔子和老子等的著作看做是理性和道德的著述，并认为道德本身就是法律

3－3. 黑格尔这位阅历丰富、博学多才的哲学大师非常热爱中国的古典思想文化并给予了客观的评价和弘扬。他在《哲学史讲演录》中依次评述了孔子、老子、庄子等人著作。他认为，早在西方“基督”思想文化之前，中国孔子就讲究“理性”。他认为，老子的道德经无论是道经还是德经都是“关于理性和道德的书”。不仅如此，他还把老子的名言“道生一、一生二、二生三、三生万物”理念诠释为“理性产生了，一产生了二，二产生了三，三产生了整个世界”。有趣的是，他在比较了孔子与老子的道德和理性等思想之后说老子“比孔子老，因为孔子曾经以颇有政治意味的派头去见老子，向他请教”，老子比孔子大三十岁。因此，他认为《易经》上的八卦图形是讲天、地、人的理性和理智。这显然同我国有的学者贬低老子《易经》是一部非科学的迷信著作截然不同，黑格尔还具体评说八卦是最抽象的范畴，是最纯粹的理智规定，而这种“理智规定”自然包含“理性”。黑格尔还在著作中引述了雷缪萨的话说“道”在中文是“道路”，从一处到另一处的交通媒介，因此就有“理性”、本体、原理的意思。综合这点在比喻的形而上的意义下，所以道就是指一般的道路。道就是道路、方向、事物的进程、一切事物存在的理性与基础。“道”（理性）的成立是由于两个原则的结合，像《易经》所指出的那样。天之道或天的理性是宇宙的两个创造性的阴阳原则所构成的。地之道或物质的理性也有两个对立的原则“刚与柔”。“人之道或理性包含有爱邻居和正义”。按照黑格尔这段引用《易经》说卦传是“立天之道，曰阴与阳，立地之道曰柔与刚，立人之道曰仁与义”[15]。重要的是，黑格尔在《哲学史讲演录》中对于中国的道德作了诠释。他说：“道德在中国人看来，是一种很高的修养。但在我们这里，法律的制定以及公民法律的体系即包含有道德的本质的规定，所以道德即表现并发挥在法律的领域里，道德并不是单纯地独立自存的东西，但在中国人那里，道德义务的本身就是法律、规律、命令的规定。”（《哲学史讲演录》第1卷第125页）他在讲述老子道家学派认为：“这派的主要概念是‘道’，这就是理性。”顺其思路老子的道德经自然包含内省的制度、法律等规定。

3-4. 理性主要是指人的思考能力、辩证能力和创新能力，其主要文体形式要点是论点、论据和论法。理性理论等逻辑思维形式是人类认识世界的总结和结晶，又是人类全面深入认识世界、建设世界的工具和向导。一般说来，人类整体思维发展思路是由动作思维（主客体不分，手比脑的作用更大）——表象思维（主客体分开，将对外动作先行于内预演）——抽象思维（主客体经过劳动实践产生语言，并用语言符号表述客体思维）的逐渐发展过程。其中对于人类的抽象思维过程，西方古典哲学如黑格尔哲学将它大致地表述为本体论阶段（如本质、一般与个别）、观念论阶段（对主体自身认识，主要是感性与理性）、物质论阶段（把理性认识提高到物质与意识之间关系）到概念论阶段（以思维与存在为主题）。后来黑格尔又在概念论阶段上将人类逻辑思维发展按照存在——本质——概念排列成序，组成了人类思维发展规律或思维认识路线图。由此可见，人的内在的理性、理念和理论思维的规范性不正是人的外在制度性的精神实质和核心吗？

3-5. 重要的是，人由内而外的规范第二层次则是家族或家庭、氏族、胞族、部落、部落联盟、民族等组织生活逐渐养成的规范性、契约性和组织性。摩尔根在他的《古代社会》中生动地描述家族财产制，马克思和恩格斯从理论历史上指出第一种所有制是家族共产制即公有制。我国是家族制度规范最经典的民族，从康熙皇帝的《庭训格言》到《颜氏家训》再到流行于世的家规、家法、家训、戒律、治家格言、善书、家谱等文献，甚至流行于近现代的曾国藩的家书和傅雷的家书，都带有对族人的为人处世的嘱托和期盼，具有鲜明的契约性质，就是家族制度包括财产继承权的制度经济学。有意思的是，央视四台采访王永庆的长子王文洋时他严肃地讲到他只因婚姻之事不合家规便被王永庆革除家门，而且净身出户，分文不给。所以，他只身一人只好到大陆从头打拼置业经商。这一故事折射出王氏家族族规特点。我国著名的晋商、徽商等十大商帮头都形成了家族的规范制度，近代的“四大家族”在财产上同样有一套规范家制。当代我国农村实行的家庭联产承包制，遍布于城乡的个体经济和私有制经济都是家族制度在经济领域上的延伸与发展。

3－6.“制度”一词作为意识形式同所有概念、范畴等思维形式的来源一样，都是主观见之于客观的产物，而且是历史的、发展的、具体的。它本身在不同的历史时期、不同社会和民族具有不同含义和诠释。以拉丁语共同祖先的均质欧洲语中 institutions 一词有多重含义，除了“组织”、“机构”和中文的“制度”外，这个词还有“习惯”（usase）、“习俗”（cus－ton）、“惯例”（plactce，convention）、“规则”（rule），中文的“进度”和“制度”（英文中含义较相对的词为 constiution）、“法律”（law）、法规（yesulation）含义。家庭或家族既是一种组织形式也是一种制度形式。反腐倡廉，制度当先。“制度”一词，在中国始见《商君书》：“凡将立国，制度必察。”制者，节制也；度者，尺度也；制度是节制人们行为的尺度。西方制度学家说：每个人不过是一条拴在树上的狗，制度就是拴狗的绳子，绳子的长度决定了狗的活动范围。可见，度是制之帅，关系反腐的生死存亡。无度之制，执行就没有依据，就失去存在的生命价值。值得指出的是，乡约、家训、塾规等民俗文俗文化，所记载的都是乡里父老、家族长辈、村学塾师等人教诲乡民、子弟和学童如何居官、治家、读书、做人的劝勉训诫之辞，以及规范乡民、族众和学童的道德修养和注意事项。乡规民约是地域性的，以乡里村落为适用范围，约束劝勉的对象主要是乡里青年；家训族规是血缘的，以家族、家庭为适用范围，用以约束子弟族众；学规塾诫则是村学塾师教诲学童的，有点类似于今天的学生守则。此等乡约、家训、塾规等历史文献无法计数，仅上海图书馆编辑《中国丛书综录》搜载的家训类有 124 种，具有家训性质的女诫妇训类有 36 种，俗训类 53 种，蒙学和劝学类 166 种，共计 379 种。其中《颜氏家训》、《柳氏家训》最为出名，影响深远。一夫一妻制家庭不是以自然条件为基础，而是以经济条件为基础，用马克思和恩格斯的话说，是以私有制对公有制的胜利为基础的第一个家庭形式[16]。最早家族与经济就是合二为一的功能单位，后来逐渐地由家族演化出带有家庭性的经济企业单位，作为一家人的生存发展的经济基础，这时家长是酋长，家族实行子女继承权，东方一些家族还实行长子继承权。我国明清时代的十大商帮中的经济实体以及我国台港等著名的郭台铭、王永庆、李嘉诚、霍英东、曾宪梓等厂商都是如此。我国现行个体经济或私人经济实行的就是这种财产继承制。"现代社会则是纯粹以个体家庭为分子而构成的一个总体。""在家庭中，丈夫是资产者，妻子则相当于无产阶级"[17]。

3-7. 恩格斯在《家庭、私有制和国家的起源》中分析家庭形式之后继而分析家庭经济。他认为，历史上德国人的经济单位是家庭，包括个体家庭——家长制家庭——大家庭公社等家庭形式。俄国曾出现过大家庭式的"家庭公社"。他说在法国卢昂地区（在索恩——卢瓦尔省）还可以见到巨大的农民住房，中间是很高的四边屋顶的公用大厅。几代人共同占有耕地共同耕种土地的家庭经济，在世界各国并不少见。我国福建地区的圆筒式土楼或正方型土楼、川北的石料砌成的高楼，也许就是这种家族家庭形式。我国改革开放后在农村实行的家庭联产承包制，以及遍布于城乡的个体经济和相当数量的私人经济，几乎都是以家族及其亲属为经济单位的，是典型的家庭经济形式。在家族经济出现后自然而然地出现了对其财产的自卫和保护要求，上文讲到的在氏族部落之后出现的部落同盟及其扩大了的联盟等组织形式，就是一种家族及其财产的自卫组织形式。家庭或家族为了维护其经济基础而借助于政治、法律、道德等政治形态以维护家庭统治与管理。我国流行的家规、家训、格言、戒律、善书、民约等家族文化、并由家治逐渐演化为国治并用契约的形式将家庭成员及其财产安全委托给政府和国家，最终从家治通过国治的形式发挥作用。中国历代王朝称"家天下"和孔子那个"天下为家"的用语就是对"国家"一词最好的一种诠释。在中国古代，好像"国"与"家"是并列的，即国是国，家是家。其实它们并不是等价结构。历史表明，国与家是一种偏正结构，是指像"家"那样的"国"即国家。用我国著名经济学家和翻译家王亚南的话说："国与家是相通的，皇权和父权是相互为用的"，"皇权主义最深厚的根基，正是这种家长制。"[18]由家族演化为氏族后出现三种相继的政府组织制度形式：开始是选举产生的酋长议事会，接着是酋长议事会和军务司令官分别代表政务和军务职能，最后由酋长议事会、人民大会和军务总司令三者组成政府。“国家是统治阶级的工具”，国家组成其政府来具体地执行社会、经济、政治职能，是以法制法规为基本手段，借以维护、服务统治阶级阶层的经济利益。

四、西方四大政治名著大都是论述制度性的

西方四大政治名著大都是论述制度性的，例如，马基雅维里的《君王论》为君王统治之制、莫尔的《乌托邦》为城邦建设之制、洛克的《政府论》为政府管理之制，而卢梭的《社会契约论》为社会领导之制。这些名人名家的著作往往从社会上层视角论述因何如何规范人们的经济自由与财富利益

4－1. 从人的性善性恶论到人的理性理智，再从家庭家族的家规家训再到政府法规制度，西方政治名著中有马基雅维里的君王统治之制、莫尔的城邦建设之制、洛克的政府管理之制再到卢梭的社会契约之制[19]。他们从人的内省规范到人自身的外在规制的由内而外思维发展历程，也是东西方主流制度经济学发展的人文思想发展历程的重要阶段。

马基雅维里（1469—1527）在《君王论》一书中讲的君王统治之术，说明古往今来统治着人类的一切国家具有两种基本形式——共和制和君主制。君主制不是世袭的就是封建的。马基雅维里不惜笔墨反复告诫君王们要依靠自身的能力，利用人民来夺取政权，维系其统治地位，强调人治到法治的重要性。马基雅维里对新君王的告诫包括两个主要部分。首先和基本的是：“一切国家的主要基础”是指“完备的法律和精良的军队”。而且精良的军队甚至比完备的法律更重要，因为“军队不好就不可能有完备的法律”，而有了精良的军队，“就必能使法律完备”。同时他评述说明了军队基本上有两种类型：雇佣军队和市民军队。在意大利普遍采用雇佣制度并批判指出，多年来意大利人一直被雇佣军队的将军们统治，结果半岛被查理所侵扰，被路

易所掠夺，被斐迪南所蹂躏。同时指出，聪明的君王应拒绝这种军队而培植自己的军队，即市民军队。在书中他还用了大量篇幅说教君王应该立德立言立业，必须要有非凡的领导才能；甚至还教唆君王为了取得统治甚至可以不择手段地进行欺诈，不顾信义、不辟恶行。他这部著作不仅被卢梭评价为“共和党人的教科书”，而且被马克思还评价不是从神学中“引出国家的自然规律”，已经是“用人的眼光来观察国家了”[20]。马克思和恩格斯还评价说：“从近代马基雅维里以及近代的其他思想家谈起，权力都是作为法的基础的，由此，政治的理论观察摆脱了道德，所剩下的是独立的研究政治的主张，其他没有别的了。”[21]

洛克（1632—1704）后来在他的《政府论》中由破而立地论述了政府首脑及政府职能问题。英国自16世纪以来，资本主义已有相当发展，一部分封建地主阶级开始资产阶级化，并逐渐成为新贵族，同时一部分封建势力在调整和发展中凝结了相当的实力。这样一来，新老阶级经过了内战、共和、复辟、君主立宪运动的起伏和蜕变。这时直接为封建君主复辟服务的代言人菲尔麦提出了“君权神授论”，谎称君主是由上帝选定的，别人反不得，反了君主就是反上帝，他据此为封建统治阶级服务。洛克针对他这一谬论写出了《政治论》。洛克用犀利笔锋批判了君主权利不是神授的，而君权是人民授予的，是由人民约定构成为权利者，再由权利者委托受托人组成政府反哺人民而为人民工作。作为政府的君主是人民权利的受托人，其权利是人民授予的，而且其权利仅限于行政管理，人民约定构成国家政府的目的，是保护人民安定财产安全，据此为私有制经济提供了理论依据。值得一提的是，洛克在书中谈到自然法概念时认为“最初，是劳动创造了财产权”，并提出了一个人拥有的财产限度，应根据他的劳动和消费能力做出恰当规定；在有关约束协议思想中洛克认为，不论什么地方，多少人组成政府，这时个人放弃自然法权利，把它交给政府就成为发展的政治社会。洛克认为，只有一种方式，可以使人放弃人生权利，接受公民社会约束，这就是通过人们自愿协议。他同别人联合成一个社会的目的是，每个人都能享有舒适、安全和安稳的生活，保护他们财产安全，并且有力量抵御外来侵略。在洛克看来，这一套观点和主张无疑都是社会、国家、政府的主要内容。洛克《政府论》若干思想被孟德斯鸠、卢梭等启蒙运动思想家所传承和发扬。后来卢梭将洛克的政府契约思想扩大到社会契约制度思想。

卢梭（1712—1778）这位平民学者思维敏捷，著作甚丰，文笔流畅。他对“制度”的人文理念情有独钟，一度打算创作一部《政治制度论》，又考虑到所费时间太长而放弃。他一生无情地揭露社会黑暗和丑恶。他同时又能严肃地解剖自己写出自传体的《忏悔录》，揭示其内心的自私、嫉妒和偷情，借以规制其心路历程的坦途。他的代表著作为《社会契约论》，这是资产阶级政治思想中的经典文献。在欧洲文艺复兴时代，以斯宾诺莎、霍布斯和卢梭为代表的启蒙运动思想家是契约论的先驱。霍布斯提出这样的假设：第一，在国家产生以前的状态是一种被称为“霍布斯丛林”的一切人反对一切人的自然状态；第二，国家是为了摆脱自然状态的产物，亦即人们为了保护自己的生命和各种权利，相互合作，订立契约，将权力交给一些最能保护他们利益的人代管，即委托人代理制度。按照契约论的观点，国家是市民自愿达成的一种契约安排，而契约的达成是基层的社会博弈的结果。也就是说，从契约上讲，国家是被人民大众创造出来保护大家权益、调解纠纷的制度安排[22]。卢梭这位快人快语者几乎拍着胸脯讲他是“敢于为一国创制者”。

4－2. 值得提出的是，卢梭从如何建立共和制的生存方式上提出了构建社会公约即社会契约制度。他所代表的无疑是资产阶级利益和要求，当然对于人类社会政治思想发展是有一定贡献的。卢梭契约论的出发点是，推翻封建专制之后，资产阶级社会如何才能达到平等和安全的社会制度呢？卢梭说有三种选择办法：一是回到自然状态中去，即回到古时代状态中去。二是运用暴力革命废除一切不平等。三是用社会契约来保障社会平等。他在冷静比较分析后指出，第一种办法不可能，人们不可能再返回原始的自然状态，私有制也不可能被废除。马克思在《1857—1858 年经济学手稿》的导言中，在评述卢梭的《社会契约论》时也说：“卢梭的通过契约来建立天生独立的主体之间的相互关系和联系的社会契约论，也不是奠定在这种自然主义的基础上的。”[23]第二种办法也行不通，暴力不可能产生合法权利，以暴制暴是行不通的。在暴力面前既无义务也无权利。第三种是只有用契约的形式作为一切合法利益的基础。他的整个“契约”立论思路是，单个人没有能力能够生存发展下去，无法克服前进中的种种困难。怎么办呢？他认为，这时单个人必须集合起来，组织一个共同体才能生存与发展下去。由于每一个人的力量，每一个人的自由和财富都是他生存发展的唯一手段。那么，如何才能使个人集合起来形成社会总体力量，同时又不妨碍他的个人安全和个人财富利益呢？这当然是一个两难选择。他说这个选择就是让大家彼此订立一个社会公约即契约，人人遵守这个社会契约，这样就能既保障了你的个人安全也保障了我的个人安全，既保障了你的财富安全也保障了我的财富安全。卢梭把他这种契约理念表述如下："要找到一种结合形式，这种形式既能以结合者力量的总和维护和保障每一个结合者的人身和财富的安全，又能使每一个结合起来的成员只服从于自己，依然像以往一样的自由。"[24]在这里，他认为这种个人与公众相结合包含这样一种约定：公众与个人之间的相互约定。作为个人，可以看做是自己在与自己缔结公约，换句话说，他具有两重人格：对于个人，他是主权者的一员；对于主权者，他是国家的一员。他并解释说，这两重人格的法律性质与民法上的自己同自己订约，和上述自己与公众（自己是一分子）全体订约是有本质区别的。同时卢梭还在这部著作中用契约观点解释社会公平，他说想要国家稳固，就应该让社会的两极尽可能地接近，一极不允许有富豪，另一极不允许有赤贫，否则就别想国家社会能够公平和稳固。综上所述，马基雅维里从"君主"，洛克从"政府"，卢梭从"社会"的点、线、面论述了契约的实质、内容和方法。在他们之后的学者接着从社会的经济基础——生产资料所有制或产权上开始深入地探讨制度经济。这里四大政治名著中的莫尔《乌托邦》将在第五节介绍。

五、从法权神授到三大空想社会主义者的社会制度思想演变

最早法制认为私有财产是神权授予的，随后演化为古罗马自然法、劳动财产权和产权制度三个主要法制发展时期。后来三大著名空想社会主义者之一圣西门从哲学角度"论实业制度"即社会经济制度，傅立叶从历史角度上论述"四种运动"即四种社会经济发展制度，而欧文则从企业经济角度上"论工业制度的影响"。

5－1. 西方学者或产权学者在阐释产权历史起源上有些不同。早期，他

们是从唯心史观出发阐释私有财产权的历史起源的。公元前2100年由汉谟拉比大帝颁布《汉谟拉比法典》（计282条）刻在巴比伦城绿玉圆柱上，公示于众，它是人类第一部较为完备的法典。该法典认为财产私有权是太阳神授予的。神学家奥古斯汀在他的《忏悔录》一书中把财产权区分为神权、人权两个方面后认为，私人财产所有权是上帝赐予的，并认为上帝第六天造万物第七天就造人来支配万物，和历史上出现过的君权神授一样，他认为人的财产是神授的。这样，他就给私人财产权披上了一件神圣不可侵犯的外衣。在他们看来，太阳神及上帝是私人财产权的历史起源。把目光从神圣的天国回到现实尘世的是古希腊哲人们提出来的自然法。他们阐释的自然法的“自然”是指宇宙中存在着的一种理性、正义和秩序，并从这种理性、正义和秩序中引申出自然法观念，主张人类行为和社会规范都要以自然法为准绳。后来古希腊先哲亚里士多德在他的《伦理学》中用折衷的办法将法划分为自然法和国家法两种法制形式。他说：“在政治正义中，一部分是自然的，一部分是法律的——自然是指在每个地方都具有相同的效力，它并不依赖于人们这样或那样的想法而存在；而法律的则意味着起初既可以这样，又可以那样……”这位哲人还在他的《修辞学》中关于如何运用法律保护自己时指出，当按照国家的法律无法胜诉时，人们就应当“诉诸自然法”。同时他还以这种抽象的自然法观念，论证了私有制财产权是最符合人类理性社会的。另一位著名的古希腊哲学家德谟克利特还最早从抽象的人性与理性出发，并从资源配置的角度来论证私人财产权的合理性，他认为私有社会优越于公有社会。这样一来，自然法就成为他们私有产权理论的社会起源。

5－2. 西方法学、历史学和经济学通常是以“产权”二字为主题词，以阐释和维持三大私有财产权为基础，并经过古罗马自然法、劳动财产权和产权制度三个主要历史时期。自然法同样有一个发展过程：最初是由古希腊的斯多噶派哲学家提出来的，并依次经过古代自然法、中世纪神学的自然法到近现代的自然法。这些自然法构成了所有西方产权的理论基础，迄今仍然是西方产权理论的一支重要学派。自公元5世纪的《十二铜表法》到《国法大全》等建立的一整套私人财产权的法律法规，奠定了私有财产权的发展基础。17世纪以洛克发表的《政府论》为代表所创立的劳动财产权理论体系，从罗马法到宗教改革家阿奎那及其门徒都把劳动与财产权联系起来，主张“劳动是获得私有财产的条件”，成为后来产权理论方面很有影响的学说。但我们会看到近现代制度经济学不太讲究劳动财产权了。但也有例外，作为资产阶级经济学之父斯密在《国富论》中曾经明确指出的“劳动所有权是一切其他所有权的主要基础，所以，这种所有权是最神圣不可侵犯的”[25]。然而这一重要经济思想早已被制度经济学或西方经济学忘得一干二净了。从20世纪上半叶以美国学者科斯发表的《企业的性质》（1937年）和《社会成本问题》（1960年）为代表形成了以资本私有财产权为实体的现代产权制度。

5-3. 西方产权理论的“产权”一词的基本内涵正像他们的所有著作那样，歧义纷呈，表述颇多。有如美国前总统里根戏称的那样，政府有300份议题，经济学家会给出3000个答案。但若以其代表性来讲最早要算用正义、理性和秩序来阐释私有财产权的自然法。此外，他们还从外延上界定了对物即不管是劳动产物还是自然产物的所有权、使用权、收益权和处置权。在中世纪的神权下，他们给私人财产权披上了神圣的权利外衣。近代有的资产阶级法学沿袭并发展了奴隶主、农奴主的产权理论，阐释个人的“劳动”财产权，认为人们的财产都是通过劳动取得的，但由于人的劳动态度不同，勤快人通过劳动积累了财富。因此，他们认为这种私有财产权是人的天赋权利。这样，他们又玩弄了一种概念游戏，在概念上一下子从“个人”跳荡到“私人”。制度经济学的一些领军人物——德姆塞茨、诺斯等人都认为，产权就是私有产权，非私有产权不是产权，而且一口咬定产权起源于私有权。他们这种观点正如马克思在《1857—1858年经济学手稿》导言中指出的，“可笑的是从这里一步就跳到所有制的一定形式，如私有制。”[26]即他们从所有制跳荡到私有制，从所有权跳荡到私有权。一些现代产权学者如诺斯等人还用正话反说的方式来表述产权的内涵是“排他的”。他们对产权一组权利的内涵首先强调“它的第一个定义是，主体拥有的对物和对象的最高的、排他的占有权”。当代美国著名经济学家斯蒂格利茨的《经济学》这样表述产权，他说：“产权包括每个人按照他认为合适的方式使用其财产的权利和出售它的权利”，或“社会强制”实施的受益或受损的权利。显然在这里他淡化了生产资料所有权这一社会制度基础。说到科斯的产权理论，他认为社会产权是不言自明的，因此，他以企业作为论述对象，并用“交易费用”和“外部性”问题作为产权的两个基本内涵。同时，他又从市场经济出发，在交易费用、资源配置和产权三者制约作用上淡化了产权中最高所有权的基本内涵。

5-4. 马克思和恩格斯在《德意志意识形态》中从社会中的个人出发指出建立制度的基础问题，他说："共产主义所建立的制度，正是这样一种现实基础，它排除一切不依赖于个人而存在的东西，因为现实的制度只不过是个人之间迄今所存在的交往的产物。"按照马克思社会经济基础思想，个人有三重的制度意义。第一，这里个人，是指有生命的，现实中的个人，这种个人为了维持其生命的存在和发展，必然要进物质生产活动，以满足其个人自由自在活动，即自为活动的经济出发点。第二，个人如何获取生存发展需要的物质生产活动必须与他人进行分工和合作，结成一定群体才能进行物质生产和精神生产等活动。因此，他们应不断地规范、协同其活动。第三，个人、群体等活动随着科学技术的进步和生产力发展，人们之间联系逐渐扩大，从而使人成为人的世界、国家、社会等同心圆式的组织制度形式。所以，社会中个人的物质生产方式、交换交往方式、社团组织方式则是产生制度三个主要因素。

5-5. 自觉地从宏观和微观结合上阐释社会经济制度和工厂经济制度的，首推空想社会主义。15 世纪至 18 世纪，在西方出现了主张社会主义理想和社会制度的空想社会主义。"社会主义"一词，源于拉丁文 socius，原意为"同伴"、"同志"、"同伙"或"同盟"，是一个同个人相对应的集群词汇。在认识、概括和表述中有一种说法认为，社会主义一词最早是由德国人迪克丁·安塞尔姆·德生于 1753 年在与别人辩论时提出来的，他说凡是赞同人有独立性和社会性这种观点的便是社会主义。另一种说法是意大利的传教士贾科莫·朱利阿尼于 1803 年从神权上讲到"社会主义是上帝安排的传统的社会制度"。然而社会主义一词真正开始使用并流行于世是 19 世纪的二三十年代。据我国著名学者高放考证认为，比较准确地使用社会主义一词的，是 1827 年 11 月英国欧文社会主义者在《合作》杂志上提道的，即凡是主张资本家的资本应当归公所有的则是"公有主义者和社会主义者"。可是我国另一著名经济学家于光远曾在文献考证后不同意这种解释。他认为，社会主义者与社会主义有一字之差。因此，他认为比较贴切讲到社会主义的，最早要算 1832 年 2 月法国圣西门派的社会主义者在创办的《环球》杂志上写过的一段话，即"我不愿意为社会主义而牺牲个人，也不愿意为个人而牺牲社会主义"。

5-6. 正如前面讲到的，人类对于物质现象命名还比较容易，也比较容易达成共识，然而对于精神现象命名却难以达成一致；有时尽管勉强地在同代人取得了共识，然而到了下一代人那里又出现了歧见。正如一千个人就有一千个哈姆雷特一样。鲁迅讲过，一部《红楼梦》，各家有各家的评说。对于社会主义同样如此。德国桑巴特在他的《德意志社会主义》中写道："我收集许多有限制字的社会主义——不过只以德文为限——都是我在印刷品中找到的。"那么，这位好心的作者一共为我们找到了多少社会主义呢？他告诉我们与名词相联系的有35个，与形容词相联系的有152个，总共有187种社会主义称呼[27]。我国学者徐觉哉在他的《社会主义流派史》中认为，各个历史时期的各派社会主义活动家在探索方式、道路、手段的过程中，提出了形形色色的方案，描述了一幅派别林立的社会主义历史画卷。该书作者提到了空想、封建、基督教、工坊、农民、无政府、真正的、科学、国家、讲坛、费迦、工团、议会、伦理、行会、整体、总体性、托派、民主、自治、职能、基金、欧洲、生态、市场25个社会主义流派[28]。科学社会主义创始人马克思和恩格斯在《共产党宣言》第四节指出了当时欧洲有各种社会主义，有反动的社会主义、封建的社会主义、小资产阶级的社会主义、真正的社会主义，保守的资产阶级的社会主义（包括经济学家、博爱主义者、人道主义者、劳动阶级改善派、慈善事业组织者、动物保护协会会员、戒酒运动协会发起人以及形形色色小改良家），和批判的空想的社会主义。除此之外，他们还运用过反动的、保守的、批判的三种思维形式来划分各种社会主义。然而马克思和恩格斯对于圣西门、傅立叶和欧文三位空想社会主义者却给予了高度评价，认为他们是伟大的空想社会主义者。值得介绍的是，邓小平同志在坚持马克思主义指导下，从中国的国情国力的实际出发，有胆有识地创造性提出了建设有中国特色的社会主义。在他亲自编辑的《邓小平文选》第三卷中贯穿了一条社会主义主题词，从不同背景、方面和对象讲到了社会主义、社会主义国家、社会主义制度、社会主义公有制、社会主义经济、社会主义政治等524个"社会主义"用语。可以说，这在马克思主义经典著作中是没有任何一本著作能如此集中如此大量使用社会主义用语的。

5-7. 从托马斯·莫尔（1478—1533）这位公认的空想社会主义始创人写作了一部《关于最完美的国家制度和乌托邦新岛的有益且有趣的金书》，简称《乌托邦》。他使用文学游记的对话形式对资本主义原始积累时期进行了控诉和批判。他在书中说绵羊本来那么驯服，吃一点点就满足，现在据说变得贪婪、凶蛮起来，以至于羊吃人了。同时他由破而立地肯定并讴歌了“乌托邦”国家社会制度完美令人向往。在他看来，其他国家社会之所以灾难深重是由于存在私有制度；而“乌托邦”国家社会完美则是由于实行公有制度。他不仅比较了两种不同社会的产权制度，还对分配制度乃至整个社会制度进行了生动描述。从内容看去，这不仅是一个理想的和谐社会，也许是最早一部社会主义制度经济学的雏形。与莫尔齐名的是托马斯·康帕内拉（1568—1639）创作了《太阳城》。在他们之后的摩莱里、马布利和巴贝夫写出了《自然法典》、《论公民权利和义务》和《永久地籍册》等空想社会主义名著。他们比早期的莫尔和康帕内拉有长足进步的是开始摆脱梦幻、虚构和表面现象的描述，而是从社会制度上表达他们的社会理想。值得指出的是，被马克思和恩格斯一再肯定并推崇的三位伟大的空想社会主义者是圣西门、傅立叶和欧文。圣西门（1780—1825）在他代表著作《论实业制度》即实际上是论社会制度中认为实业阶级就是国家的第一阶级。而应由他们掌握国家制度，并认为只有这种制度才能保证人人得到自由、安宁和幸福。傅立叶（1772—1837）在代表著作《四种运动论》中主张建立一种自然的和谐的社会制度，他认为人类社会经过童年阶段、成年阶段、衰落阶段和凋谢阶段。并认为资本主义社会已是进入衰落、凋谢阶段了。

5-8. 在西欧，有两个地道资本家出身并以资本观点经营其工厂的而又主张实行社会主义的人，一个是欧文，另一个是恩格斯。他们都是有胆有识、有知有行的伟大思想家和实践家。欧文（1771—1858）同恩格斯一样出身于纺织厂资本家，但我们今人不应该追问他们吃什么穿什么，而应该看重他们在想什么干什么。如果用历史上毛泽东那个“讲成份，不唯成份，重在表现”的阶级论，当今尽管号称工人阶级出身的人，如戈尔巴乔夫却像荞麦一样“根红、叶绿、花白、果黑”了。现在让我们仍然从欧文说起。早在二百余年前，一个地道的资本家欧文却执着地为工人阶级说话办事多么难能可贵啊！欧文在《论工业制度的影响》中论述合作制度时猛烈地抨击了资本主义社会的私有制、宗教和婚姻三大社会祸根，而且尖锐地斥责“私有制使人成为魔鬼，使全世界变成地狱”。同时他还身体力行地在他的工厂内部实验了合作工作制度即一种新兴的劳资合作工厂制度。那真是一种新型的劳资合作企业。他在他的工厂内部还试验了托儿所和公共食堂，为工人阶级创办了两件切身的福利事业。所以，马克思和恩格斯称赞他们为“第一批社会主义者”、“社会主义的鼻祖”、“社会主义创始人”。但必须看到，由于历史的局限性，他们空想的社会主义主要空想在四个地方：即不认识人类社会发展的历史规律，不了解资本主义生产的内在实质，不清楚推翻旧社会建设新社会的基本力量，也不愿意使用暴力推翻资产阶级统治制度。尽管他们那些思想还比较幼稚、不切实际、不能够实现，然而他们却能坚定地站在工人阶级和劳动人民的立场，提出的闪光思想和正确主张却为后人提供了丰富的先进文化思想养料，成为科学社会主义的一个重要思想来源。

六、人类思维发展先后出现过“法哲学”和“法经济学”形式

人类思维发展先后出现过“法哲学”和“法经济学”即理论经济学，这种理论经济学或宏观经济学本质上是一门理性的法经济学。所以，在学说史上，从配第、斯密、李嘉图、马歇尔、凯恩斯到萨缪尔森等人经济学，可以说，是反映和维护英国和美国资本主义经济制度经济学

6－1. 在西方，文化思想的源流关系都是显而易见的，人性善恶、理性理念、自然秩序、契约法律、制度体制等思想无疑是经济制度文化思想传承的一条主线。就西方制度经济学来讲，如果我们不拘泥于名目论而是从唯实论出发，应该说，德国的李斯特、罗雪尔等人的国民经济学也是制度经济学。李斯特这位历史学派奠基人在《政治经济学的国民体系》中深刻地讲到“法制”和“联盟”对国民经济的重要意义。他说：“在现今一定法制下所实现的各个人的统一中，其最高的是国家和国民的统一。但能够想象得到的最高的结合是全人类的联盟。每个人只有在国家和国民之中，远比他处于孤立状态，更能够高度地实现他自己的个人目的。同样道理，所有的国家如果能够通过一定的法制、永久和平自由的沟通而进行联盟，那将能更高度地实

现他们的目的。”就是说，他主张用制度化来保障本民族经济发展和个人经济发展。至于斯密、马歇尔、凯恩斯和萨缪尔森等人的具有里程碑意义的四大西方经济学名著，在我看来，无一不是制度经济学。尽管康芒斯于1936年出版的《制度经济学》是一部文题相符、表里一致的制度经济著作，但是如果从制度经济理论的渊源上，无疑它还只是一个流而不是源。后来科斯于1937年的《企业的性质》及其1960年的《社会成本问题》所揭示的只是微观企业的制度经济学。可能因《圣经》中新约旧约的文体影响，当今有一些学术作品也是这样，同一性质的作品若想赶超前人往往把自己的东西冠上一个“新”字而把别人东西戴上个“旧”字来标榜。西方制度经济学同样如此。所谓新制度经济学是以科斯、威廉姆斯和诺斯为领军人物，其核心理论是产权、交易费用、组织形式和制度变迁四大问题。在制度经济学王国里，纷繁复杂的作品、各领风骚的学派、迥异不同的风格，使人眼花缭乱，稍不留神就会使人淹没在各种“思想”和“主义”之中，会被忽悠跟着感觉走。所以，前面介绍的西方四大经济学名著是有经典意义的。至于如何品读他们的著作，马克思在《政治经济学批判》一书上为我们从方法上指出，古典政治经济学，在英国从威廉·配第，在法国从布阿吉尔贝尔开始。所以，笔者在未介绍四大经济名著中的制度思想之前首先介绍一下马克思点到的配第和布阿吉尔贝尔两人的著作。

6-2. 威廉·配第（1623—1687），博学多才的配第拥有27万英亩土地，还创办了捕鱼场、冶铁和铝矿等大企业，是腰缠万贯的地主兼工商业资本家。后人评述他作为一个剥削者贪婪成性，作为一个政治家毫无气节，但作为一个经济学家却富有创见。他本人可谓既是经济人也是经济学人。他本人有着丰富的企业生产经营理念，并深受16世纪以来的西方自然秩序和自然法的深刻影响，在价值理论上他能从劳动决定价值出发，分别提出了商品的政治价格和自然价格即价值，并深入指出：“自然价值的高低，决定于生产自然必需品所需要人手的多少。”在这里他已看出了商品的价值取决于人的生产商品的劳动。在农耕时代，配第总结概括出一句家喻户晓的经典名言，即“土地是财富之母，而劳动作为财富之父和能动要素”。这是配第为我们塑造出来的土地经济人和劳动经济人，即土地、劳动“经济范畴的人格化”。尽管他的拟人化混淆了使用价值和价值的概念区别，但却使人朦胧地感觉到土地和劳动有所不同，于是他又使用了自然一词评说，“所有物品都是由两种自然单位——即土地和劳动评定价值”。这也许是古典经济学的价值二元论。讲究劳动价值论的配第有时担当资本主义社会利益代言人来替资本家说话，主张法律应该限制工人工资，使劳动者只能得到适当的生活资料。往下让我们横渡英吉利海峡，从英国去看看法国。法国的布阿吉尔贝尔（1646—1714）是法国古典经济学创始人和重农学派创始人。他认为，一个国家的繁荣和富裕取决于农业，各行各业依靠农业来养活，因此，国家政策制定应该确定以农业生产发展为指导思想。同时他主张整顿国民经济的运行秩序，并认为重商经济思想违背了“经济秩序规律”，限制了谷物出口，造成了各种商品比例失调，破坏了经济运行的秩序（即经济制度和经济规律）并要求人们在经济活动中应按照自然规律——自由竞争办法来进行。后来的魁奈（1694—1774）把自然秩序观念作为他研究经济思想的基本出发点。他认为，自然秩序就是自然界和社会经济中一种合乎理性的状态，是由神所制定的最高的运行规则，即“自然法”是把自然秩序划分为一种是由上帝制定的永恒不变的秩序；另一种则是人为的社会性实际存在着的秩序，在和自然秩序比较之后他认为人为秩序应服从于自然秩序，否则社会经济将进入疾病状态。那么，人为秩序怎样才能符合自然秩序呢？他指出，只有让人们实行人身自由、财产私有权和自主决定经济活动才能实现。而且他把私有制度看做是自然秩序的基础。他在这里主张的自然秩序实际上不过是资本主义的理想化秩序。不难看出，英法两位重农学派经济学家在他们的经济著作中始终是以“一国”或“国家”的整体作为论述对象的，并以自然秩序、自然规律作为经济秩序或制度经济为理念，形成了他们制度经济理念的雏形。我们简单地介绍了配第、布阿吉尔贝尔和魁奈三位古典经济学的制度思想后，还愿借用萨缪尔森在他《经济学》里讲过的一句话作为结语。他总结说：“在斯密之前著书立说的最早的经济学家们着眼于经济政策”[29]。但我们马上会看到，斯密及其后者经济学家又何尝不是着眼于经济制度和经济政策呢。

6-3. 亚当·斯密（1723—1790）被西方称为政治经济学之父的斯密在《国富论》中通常是以英国以及法国、西班牙、葡萄牙等国家作为论述对象范围的。他在著作中大量使用了“一国领土”、“一国国君”、“一国国民”、“一国的贫困野蛮”、“一国的繁荣状态”、“一国土地和劳动的全部生产物”、“增加一国土地和劳动的年生产物的价值，只有两个方法，一为增加生产性劳动者数目，一为增进受雇劳动者的生产力”、“一国产业发达，全赖有良好的道路、桥梁、运河、港湾等等公共工程”。而且在论述经济人的利己利他时斯密认为人们之间必须依赖于互相帮助，“大部分是通过契约、交换和买卖取得的”等用语论述经济人活动特点和操守规则。同时他非常重视契约、法律、制度和政策来规范经济人的理念和行为。尤其值得指出的是，斯密不仅论述了“劳动才是价值的普遍尺度和正确尺度”思想，而且明确指出：“劳动所有权是一切所有权的主要基础，所以，这种所有权是最神圣不可侵犯的。一个穷人所有的世袭财产，就是他的体力与技巧。不让他以他认为正当的方式，在不侵害他邻人的条件下，使用他们的体力与技巧，那明显地是侵犯这最神圣的财产。”[30]斯密在分析雇主时还提到了立法局，在分析徒弟时讲到了师徒如何订立法规等法制思想。他辩证地分析了劳动与资本之间关系，他说妨害劳动流动的，也同样妨害了资本流动。并严肃指出，英国同业组合法规妨碍了资本由一地转移到另一地的生产经营。在论述土地时，斯密认为作为使用土地的代价的地租，自然是租地人按照土地实际情况所支付的最初价格。斯密是苏格兰人，非常熟悉祖地苏格兰的经济状况。他说在苏格兰，有五分之一以上的土地，仍然受着严格的限制继承法的支配等等。“一切特惠或限制的制度，一经完全废除，最明白最单纯的自然自由制度社会树立起来，每一个人，在不违反正义的法律时，都应听其完全自由，让他们采用自己的方法，追求自己的利益，以其劳动及资本和任何其他人或其他阶级相竞争”（《国富论》下卷第252页）。这里需要做一点说明的是，斯密在《国富论》中意欲树立起来的自然自由制度，一是要自然而然、符合自然法和自然规律，这是前提；另是在上述诸种自然的规定下允许并鼓励经济的自由竞争和自由发展，说明自由是对自然的认识，两者是有着因果关系的。并不像有的经济学家片面解释的那样斯密主张无拘无束的自由经济或自由放任政策。

6-4. 有趣的是，英国哲学家克拉克认为，西方自由市场原理源于中国的《道德经》。香港《远东经济评论》在1999年6月10日一期文章以《意义重大的思想》为题，介绍了该刊总编迈克尔·瓦蒂基奥蒂斯的一段真知灼见时说道，虽然在进入工业时代的时候中国可能是落后于欧洲了，但是中国对现代欧洲经济思想的贡献却是巨大的。在一个较早的时代，当欧洲处于启蒙运动的痛苦分娩中的时候，摆脱了几个世纪中中央集权官僚统治的中国被认为是比较开明的。自由市场经济的基本思想是在中国人理论的帮助下，由18世纪中叶的耶稣会传教士得出来的。人们把创立现代自由市场经济原理归功于伟大的苏格兰经济学家亚当·斯密于1776年发表的《国富论》。使斯密得到启发的是弗朗索瓦·魁奈于1758年杜撰了的“自由放任”（laissez—faire）一词，他属于称为“自然法则政治论者”的一个知识分子集团的一员，他认为，政府政策不应干涉经济自然法则的运行。据当代英国哲学家约翰·詹姆斯·克拉克说，这些思想来源于《道德经》——被认为是中国半神话性的哲学家老子所著的道教基本经文。给明朝末年和清朝初年到中国旅行的人们留下深刻印象的是高度的组织性（科举制度是其典范）、政府的很少干预，以及这一结合所产生的范围广泛的经济自由和高效率。他们的中国东道主对他们说，这种状态接近于老子“无为”理想：按照这一思想，明智的统治者应懂得，治国的最佳途径是不干预。道教主张“无为而治”。对正在努力摆脱封建主义最后遗痕的欧洲人来说，中国君主专制制度的相对先进性是很吸引人的。魁奈的如醉如痴使他在当时被称为“欧洲的孔夫子”。法国人把“无为”这一概念翻译成“laissez—faire”（自由放任）。这一思想对斯密影响很大。历史学家们猜测，魁奈是在斯密的《国富论》出版前不久逝世的，若非如此，斯密本来会在书中题献词时把它献给魁奈的[31]。斯密在论述殖民地时作了国别比较。他说英国比西班牙、葡萄牙的殖民地好的原因是，英国有殖民地的政治制度。斯密在他著作还多次提到中国经济并指出：“中国的政策，就特别爱护农业。”不难看出，斯密那个经济人也是契约、政策和制度经济人。

6-5. 阿弗里德·马歇尔（1842—1924）这位英国著名资产阶级经济学家在他代表著作《经济学原理》里以“自然不能飞跃”作为题词，说明事情发展秩序只有渐进形式而无飞跃形式，并在序言中写道：“‘自然不能飞跃’这句格言，对于研究经济学的基础之书尤为适合。”就是说，他研究经济学是以此作为指导思想“基础”的。他紧接着便给自己这一格言作了一个脚注式的说明，“经济进化是渐进的”其寓意在于说明进化的“渐进”和“飞跃”的两种发展形式中经济学只能是“渐进”的，而且这种“渐进”的自然秩序是必然的、规律性的。马歇尔给经济学下了是研究财富和人学的定义，同时说道：“政治经济学是一门研究在日常生活事物中活动和思索的人们的学问。但它主要是研究在人的日常生活事物方面最有力，最坚决地影响人类行为的那些动机。”马歇尔这个定义无疑是说经济人与经济物之间的关系问题。所以，他在论述其经济人时深受西方人文思想的影响和制约，尽管马歇尔在他经济学中第一个明确地提出了经济学是人学，但他的人学却专门讲究人的“动机”、“欲望”、“知觉”、“想像”、“同情”、“谨慎”、“期望”、“自由”、“好的”和“坏的”等心理和伦理等思想，同时将这些人文思想要求用“满足”和“牺牲”看做是人类动机的两种主要形式，并将其套进他那个“自然”的秩序、契约、法律、制度框架之中而形成“大杂烩”或一种制度经济文化的大“套餐”。顺便指出，马歇尔是西方经济学第一个将经济学视为“研究人的学问”，怎样研究人的学问呢？他说他“打算写一部抽象的经济人”的著作，可见他还是西方经济学中第一个明确提出经济学是“人学”和“经济人”的经济学家。

6-6. 约翰·梅纳德·凯恩斯（1883—1946）西方经济学传承表明，由斯密苦心创立起来的资本主义的自由经济政策，经过萨伊和穆勒的蜕变，又经过马歇尔、尤文斯等边际效用的包装，特别是经过第一次世界大战列强的争夺和厮杀和苏联十月革命冲破了资本主义世界牢笼之后，美国于20世纪上叶发生了空前的大危机大萧条。在那时，美国工业产出下降了30%，一半多商业银行倒闭，失业率增长到25%以上，股票价值缩水了88%。欧洲和其他地区同样跟着陷入了危机和混乱。以往经济学的信条总认为在自由市场经济政策下，危机会压低工人工资，工资低时资本家就会雇佣更多的工人，于是失业现场就会自动消失。就是说，在自由经济政策下就能自动达到工人充分就业，供给也能创造出需求的所谓和谐经济状态。结果人算不如天算。工厂大批倒闭，失业者充满街头，美国两位数失业率持续了整整十年。大萧条的严重性和长期性使人们开始怀疑斯密倡导的古典经济学的自由经济政策。尽管米塞斯、哈耶克和美国一些货币经济学家敏锐地预见到了经济危机，但又感到一筹莫展，束手无策。这时张伯伦和罗宾逊两位经济学家开出了治危药方，即认为市场上存在着从“完全竞争”到“完全垄断”的不同经济运行趋势，政府必须通过控制和反垄断法规进行干预和有效调控，也即运用制度经济思想约束狂奔之自由经济。另一些经济学家如西德尼·韦伯刚从苏联回来，坚信苏联解决了充分就业的问题而计划经济体制又给人们提供了经济“新文明”。正在左右为难之际出现了一个既能维护资本主义自由经济政策又不破坏西方经济文明基础的中间路线的声音，就是凯恩斯的声音。

他于1936年写出了《就业、利息和货币通论》，其核心理论是解决工人充分就业问题。这倒不是说他坚定地站在工人阶级立场上为工人阶级利益呐喊，不是的。他不过是"曲线救国"即救资本主义国家而已。他在书中一方面承认资本主义存在着内在的不稳固因素，即没有充分就业的自然趋势，但他又同时反对实行硬性的国有化等等经济干预政策，而竭力主张政府职能在于灵活有效地控制住资本主义自由经济发展的方向盘。他大胆地提出了政府主动实行赤字财政政策和公共工程建设投资政策，用货币投资来扩大有效需求理论。这个理论政策认为就业依存于有效需求D，而有效需求D分为相依相存的两个层次，即消费需求D_I和投资需求D_{II}的总和（$D = D_I + D_{II}$），这显然是一种用财政赤字政策调控经济运行的补救政策。后来的米尔顿·费里德曼这个当今欧元之父说凯恩斯"像黑夜里的一盏明灯"。马克·斯考斯说，达尔文只有一个传播进化论的斗士，而凯恩斯在美国有三个，他们是西诺尔·哈里森、阿尔文·汉森和保罗·萨缪尔森。

6-7. 保罗·萨缪尔森（1915—2009）是追随凯恩斯的忠实信徒。这位获得诺贝尔奖桂冠的当代美国著名经济学家狂言"我不在乎谁为一个国家制定法律，谁为她起草条约——只要由我来写经济学教科书就行"（1990年），果然如此。他的《经济学》成为最成功的教科书，用40种语言，出版了40次，销售量达到4000万册。中文版是由我国著名经济学家高鸿业总翻译并于1991年出版。美国马克·斯考森心平气和地指出："萨缪尔森的教科书之所以流行，不是它写得如何好，而是因为他熟练地应用简单的代数和简明的图形阐明了凯恩斯宏观经济学的基本理论。"这位由西方文化思想浸泡出来的萨缪尔森在著作中同样讲究"社会契约"（《经济学》下册第1255页），推崇"美国的政治体制"（《经济学》下册第1075页）。人们往下就会看到，尽管他在著作中盛赞马克思的人品，从上册到下册把马克思视为经济界的"巨匠"（《经济学》上册第15页），是"智慧大师"（下册《经济学》第1290页）、是"伟大的人物"（《经济学》下册第1293页）。可是当他论及到马克思主义经济制度时却肆意批判和否定马克思的文品，并在书中专门单列出了一节名曰"马克思主义和可供选择的经济制度"（《经济学》下册第1287页）。显然他在这里把马克思经济学《资本论》看做是一部经济制度学，确实如此。往下我们会看到他同样运用制度和政策规范了他的经济学即资本主义制度经济学。在绪论的基本概念中他对"经济学的描述和经济政策”分析，有时还有气无力地提到“劳动，是任何一种经济制度下最常见和最重要的生产要素”，并指出“现代经济制度没有一个是其中的一种纯粹形式。相反，社会是带有市场、命令和传统成分的‘混合经济’”制度。并坚信，美国不是纯粹的市场经济而是一种混合经济。他在他那个“混合经济”一词画上了四个重点符号，可见他非常得意他首创的“混合经济”。就是说，他那个经济理念既不是计划经济也不是市场经济。他在分析“生产什么，如何生产，为谁生产”三个基本经济组织任务问题时同样指出，“不同的制度如何生产，生产什么和为谁生产问题的方式不同”（《经济学》上册第65页）。试问，哪一个思想家、政治家和经济学家不为本阶级阶层的政治经济利益而呐喊呢！所以，萨缪尔森在谈到美国经济体制政策时对于美国政策制度赞不绝口，心满意足地说：“每一个美国人都觉察到政府在控制经济活动方面做了多少事情——关税法律、食品标准、电力和煤气管理、最低工资法、公平雇用劳工法案、社会保险、公共工程、国防、联邦税和地方税、警务和司法机关的保护、城市区域划分的规定、控制污染的法规等等。”

6－8. 作为新古典经济学代表人物却竭力地倡导混合经济，并认为在混合经济中的政府应有四种经济职能，首先是“确立法律体制”，然后是“决定宏观经济稳定政策”等。近现代产权理论在阐述私有制产品外，还将社会经济生活中出现的公共产品、公共设施、公共部门、公共支出、公共融资、公共需要、公共服务等经济现象或国家经营企业视为公有财产、公共产品。但从最终收益权讲来，这些“公有”、“公共”有如我国城市中的私人经营的号称“公用电话”一样不是“纯粹”的公有公用。所以，西方这种公共财产实质上是一种资产阶级的集体“公共财产”，或资产阶级国家的公有制。正如19世纪出现的小资产阶级社会主义、封建社会主义和资产阶级社会主义等非科学社会主义一样的公有制。从斯密到萨缪尔森的经济学，尽管他们坚定地维护资本主义经济制度，但他们在著作的字里行间却没有明确提到他们的著作是制度经济学，所以，我愿学黑格尔的“法哲学”用语将他们的著作视为“法经济学”。其大体划分为三个时期。第一个时期从19世纪末至20世纪30年代，可以看做是传统制度学派的产生时期，其主要代表包括凡勃伦、康芒斯、米契尔。第二个时期从20世纪30年代开始至1945年第二次世界大战结束，是在原有基础上发展扩充的时期，这一时期先后出现的制度学者有约·莫·克拉克、特格维尔、贝利、米音斯、白恩汉、阿里斯等人，他们继承了凡勃伦等人的制度经济学传统。第三个时期自第二次世界大战后到20世纪的60—70年代，是传统制度经济学发展演变为现代制度学派的时期。此学派称之为以加尔布雷斯为代表的新制度学派，包括包尔丁、贝尔、科尔姆、凯塞林、海尔布罗纳等人的经济学思想。与传统制度学派发展演变同时，从20世纪30年代起到60—70年代，在西方正统经济学派中有人开始对制度及其变迁做研究，这就是科斯、诺斯等人，他们被称为新制度经济学。制度经济学的主要研究对象是经济制度的产生、发展及其应用。

6-9. 经济学是典型的基础“社会科学”，所以，凡是社会上出现的东西它都能通吃和包容。经济学也是“市场经济学”，凡是进入到市场的东西都成为它的合作和竞争的对象。数学中有一个最新的分支——博弈论(game theoly)。博弈论产生于20世纪40年代，到70—80年代因为由解释经济现象而蓬勃发展；到了90年代，宾默尔（Binmore)、肖特（shchotter）等人将其用于研究制度，并形成了一门崭新的制度经济学分支——博弈论制度经济学，由此进入了巅峰状态，其研究势头方兴未艾。萨缪尔森将经济学定义为“选择”科学，个人或社会将各种资源选择用于最佳地方而产生最优经济效果。这种选择已经泛化为人生选择博弈典型。“囚徒困境”其寓意以及回避“囚徒困境”的措施，就能反映出人类通过对自己和市场世界的解析做出聪明的选择。“囚徒困境”博弈模式是20世纪50年代由图克（Tucker）提出的。其基本思路是这样进行的：有两个人合伙犯罪，警察把他们抓住了，但又缺乏足够的证据指认他们的罪行。警察在预审的时候按照惯例把他们分别关押和审讯。如果他们中有一个人招供，罪名就可以成立。如果他们都守口如瓶，丝毫都不招供，则他们会被以较轻的罪名（如妨碍公务罪、扰乱治安罪等）各判一年徒刑；如果一个人坦白认罪，则坦白者从轻处理，立即释放，而另一个则重判8年；如果两个人同时坦白认罪，则他们各判5年徒刑。我们现在用博弈论中常用的得益矩阵的方法，将两个人的可能选择情况列举如下：其中 -1、-5、-8 表示判刑1年、5年和8年，用0表示立即释放。附表说明：对囚徒1和囚徒2只有两种规制性可供他们选择：坦白和不坦白或同警察合作还是不合作。如今“博弈论”走俏和流行，连我国著名的现实主义作家王晓方的《驻京办主任》中都概括地转述了“博弈论”的梗概。附表如下：

“博弈论”的得益矩阵

		囚徒 2	
		坦白	不坦白
囚徒 1	坦白	−5、−5	0、−8
	不坦白	−8、0	−1、−1

七、马克思主义经济学本质上是一门社会制度经济学

马克思主义经济学本质上是一门社会制度经济学或制度主义经济学。其“制度”既是经济制度也是法律制度。传统科学社会主义强调生产资料所有制。中国特色社会主义是以公有制为主体的多种所有制共同发展作为社会经济基本制度，而将市场经济视为社会主义经济运行体制

7－1. 我国制度经济学者有一种偏好，即他们往往以凡勃伦、康芒斯、诺斯或科斯的制度经济学著作作为评述和介绍资本主义经济制度的逻辑起点，或以威廉姆森 1985 年版《资本主义经济制度》作为蓝本。我国一些颇为知名的制度经济学或新制度主义经济学著作，几乎都以凡勃伦、康芒斯、诺斯和科斯等人的西方制度经济学作为逻辑起点或以威廉姆森的《资本主义经济制度》（1985）作理论分析的逻辑起点。殊不知早在他们之前，早在西方新制度经济学之前，在继承了空想社会主义制度经济思想，以及资产阶级古典经济学的制度经济思想后，马克思和恩格斯于 1848 年在《共产党宣言》中明确写道：“共产党人可以用一句话把自己的理论概括起来：消灭私有制。”这是本体性、纲领性的基本命题。后来马克思于 1859 年出版问世的第一部经济学著作《政治经济学批判》一书的序言开篇就明确写道：“我考察

资产阶级经济制度是按照以下的次序：资本、土地所有制、雇佣劳动；国家、对外贸易、世界市场。在前三项下，我研究现代资产阶级社会分成的三大阶级的经济生活条件；其他三项的相互关系是一目了然的。”[32]后来他在《资本论》中全面、深入、系统地论证了英国资本主义经济制度，主要是产权制度、交换制度、分配制度和工厂制度等。

7－2. 从理论历史文献上看，马克思曾经在多种含义上使用过所有制概念。例如，在《黑格尔法哲学批判》和《论犹太人问题》中，马克思是从法权观点上论述了所有制的基本内涵。在《德意志意识形态》中他又把所有制看做是支配他人劳动，从劳动观点上考察所有制。在《哲学的贫困》和《论蒲鲁东》中又提出了所有制是生产关系的总和。特别是，马克思在《共产党宣言》中明确指出可以将共产党人的理论概括为一句话即“消灭私有制”即私有制度。由此可见，生产资料所有制实为马克思主义的核心问题。接着他在《政治经济学批判》序言中明确写道“考察资产阶级经济制度”，并运用经济范式分析了其三大阶级的经济生活条件及其关系问题。他还在其姊妹著作《资本论》中从生产再生产过程中的劳动者与生产资料的结合方式来揭示资本主义所有制的一定历史地位、作用和前途。由此可见，马克思是在不同著作中针对不同问题阐释所有制概念的，因此，在研究中我们应当历史地、全面地、准确地把握马克思的所有制概念的精神实质。而且马克思分析了所有制的规范形式和实现形式。他从生产力与生产关系、经济基础与上层建筑的矛盾运动中把生产资料所有制演化为不同的历史形态，即公社共同体占有制度、土地公有制度、城市行会制度、财产关系制度、占有权与使用权制度、剩余劳动分配制度等。这些制度在法权关系中又衍生出多种具体形态，如雇佣制度、管理制度、公司制度、贸易制度、税收制度、货币制度、交换制度、工厂制度以及股份制等等。不仅如此，马克思还进一步分析了所有制的具体实现形式，在不同的历史条件下，它具有不同的性质和功能。一般的所有制，可以有不同的历史实现形态。任何所有制或产权制度的实现形式，在历史的形成过程中都具有二重性，一方面它是适应生产力的必然要求的，是人类社会生产力进步的产物；另一方面这些所有制的实现形式又受历史条件的限制，具有一定的局限性。当然，我们还应该看到，马克思的所有制的“制”字既是社会经济基础上的经济制度又是社会上层建筑上的法律制度（所有权制度），即具有双重制度含义。所以，马克思认为，“每一个社会中的生产关系都形成一个统一的整体”。作为生产关系的基础——生产资料所有制也是这样。马克思毕生所关心、追求的生产资料所有制理论，主要有所有制起源、所有制含义、所有制性质、所有制数量、所有制形式和所有制历史。

7-3. 起源：人们从理论思维上考察任何一种重大经济政治现象，通常是以一定的历史起源和社会起源作为逻辑出发点的。在所有制问题上也是如此。在2000多年前，由秦国国卿吕不韦编写的《吕氏春秋·审分览》中介绍了一个慎子讲的产权故事。慎子说，现在有100个人在追一只兔子，难道这只兔子是属于这100人所有吗？不是，是由于这只兔子归谁所有不清楚。正是由于所有权不清，所以，就连尧这样的圣人都去追那只兔子，何况是一般老百姓吗？你到兔子市场上去看看就清楚，虽然到处都是兔子，但却没有人抢兔子，并不是顾客不想要兔子，而是因为兔子的所有权已经界定得清清楚楚，既然兔子归谁所有权界定清楚了，那么，即使某些顾客内心卑鄙，有些贪心，但他们不敢去抢兔子。所以，像治理天下及国家一样，关键在于所有权要界定清楚。这是白话，现在再让我们听听慎子的原话是怎么说的，他说：“今一兔走，百人逐之，非一兔为百人分也，由未定。尧且屈力，而况众人乎？积兔满市，行人不取，非不欲兔也，分包定矣。分已定，人虽鄙不争。故治天下乃国，在乎定分而已矣。”在马克思和恩格斯那里，他们往往把所有制的历史起源看做是原始社会的部落所有制或家庭所有制，即最早的家庭公有制。依据唯物史观的基本原理，马克思和恩格斯从物质生产和人口生产在人类历史上起决定作用的观点出发，以生产力发展和血缘家庭演变作为基本线索，并依据古希腊、罗马和日耳曼时期的历史资料，指出了人类历史上“第一种所有制形式是部落所有制”。这种所有制是一种原始的公社所有制即土地等财产公有制。对所有制的历史起源做出了深入研究的，首推恩格斯以摩尔根《古代社会》为基础所撰写的《家庭、私有制和国家的起源》一书，书中阐释了五种家庭形态中的“普那路亚家庭”，恩格斯认为，这种群婚制家庭是“原始共产制的共同的家庭经济”，即家庭公有制经济。所以，在历史上最早的所有制不是私有制而是公有制。作为所有制的社会起源，尽管马克思和恩格斯毕生考察了三大私有制社会，然而他们着力考察的却是资本主义社会私有制。而且在共产党人的第一个纲领性文献《共产党宣言》中将其全部理论概括为一句话“消灭私有制”，即消灭资本主义私有制；同时强调在反对资本主义社会制度时始终应把所有制问题作为革命运动的基本问题。如果说在1848年这还是一种愿望和理想，那么到了1867年《资本论》就是一部系统深入阐述资本主义私有制的产生、形成、发展和灭亡的科学著作。所以，从成熟的理论体系讲，马克思和恩格斯的所有制的社会起源主要是资本主义社会的生产资料私有制。

7-4. 含义：马克思主义制度经济学不是现象描述而是本质分析。马克思在阐述人类最早的奴隶的本质内涵时认为，私人所有制本质上是对他人劳动的支配。后来他深入阐释说明，分工和私有制是两个同义语，讲的是同一事情。一个是就活动而言，另一个是就活动的产品或称物化劳动而言。联系马克思讲过的“积累起来的”劳动或者说私有制，他前面讲到的“活动”实质上就是“劳动”。并把“劳动”作为所有制原生范畴。接着他认为，在劳动三种形态中的“凝结劳动”即物化劳动或积累起来的“劳动资料”和劳动作用其上的自然土地、原始森林和矿山等劳动对象统称为生产资料。并且以此综合形成所有制次生范畴。后来，马克思从生产资料与劳动者的结合方式上形成了生产资料所有制而作为所有制本体范畴，并据此作为划分经济社会时期的主要标志。同时马克思的所有制有广义、狭义之分。广义所有制包含生产资料所有制、消费资料所有制和劳动力所有制等。而且他始终坚持从生产、生产领域考察物质资料生产要素。因此，他在著作中讲到的所有制内涵通常是指生产资料所有制。当然，马克思确实在著作中讲到“法权”或“依法成立”的商品所有者关系，还讲到“所有权”、“所有权关系”，或者讲“商品所有权”、“资本所有权”等权力，这是事实。但我们并没有在马克思著作中见到过“产权”一词，这也是事实。至于后人赋予或者解说财产权、所有权就是“产权”，欲与流行于世的产权相对接，那就是另外一回事了。如本书所讲到的，由于人性使然往往好“借更改名称来改变事物”。我国在改革开放实践中坚持并发展了马克思的所有制思想。在宏观社会角度上，我国仍然坚持公有制为主体、多种所有制经济共同发展的基本经济制度，而在微观企业规制上则讲究产权制度。有方法意义的是在正确认识社会主义初级阶段的基本经济制度时，需要把握以下两个主要区别：第一，要把社会主义经济制度基础和社会主义初级阶段经济制度基础区分开来。社会主义经济制度基础是整个社会主义历史发展阶段经济基础，因而只有公有制是社会主义经济制度基础。社会主义初级阶段经济制度基础是指我国初级阶段特定历史阶段上的经济制度基础。因此，这种经济制度除了以公有制为主体外，还包括非公有制经济成分。第二，要把社会主义经济和社会主义市场经济区分开来。社会主义经济是公有制经济，还包括非公有制经济。社会主义市场经济是指在社会主义条件下市场对资源配置发挥基础作用的经济，除公有制主体经济外，非公有制经济即个体私有制经济也是市场配置资源经济的重要组织部分。两者有区别有联系，应作具体问题具体分析。在党的十五大报告指出："要全面认识公有制经济的含义。公有制经济不仅包括国有经济和集体经济，还包括混合所有经济中的国有成分和集体成分。"

7－5. 性质：一般说来，无论是所有制理论还是产权理论都有一个公有私有的定性问题。马克思和恩格斯在《共产党宣言》中把共产党人的理论归结为"消灭私有制"。至于消灭私有制后的社会主义、共产主义社会实行什么样的所有制，他们在《共产党宣言》、《反杜林论》、《哥达纲领批判》和《资本论》等一系列代表性著作中设想实行的是"公共财产"、"共同占有"或"国家财产"所有制形式的生产资料公有制。他们在《共产主义同盟章程》这一纲领性文献的第一条就明确提到：每一个共产主义者应传播和实现公有制。十月革命胜利后，列宁和斯大林基本上主张全民和集体两种形式的生产资料公有制。毛泽东尽管在民主革命和社会主义革命初期，在所有制上主张过国营经济、私营经济和公私合营经济等多种经济成分，后来在社会主义建设时期并没有沿用斯大林的纯粹"一大二公"所有制模式。只是在"刮共风"时却搞了一阵子"一大二公三纯"式单一的公有制。党的十一届三中全会后，邓小平同志以他的求实精神、丰富经验和理论勇气，在"三个有利于"的实践标准下，提出了以公有制为主体的包括个体经济和"三资"混合企业经济的所有制经济结构，并使用主体与补充来概括所有制的总体格局。邓小平高瞻远瞩地指出："社会主义本质是，解放生产力，发展生产力，消灭剥削，消除两极分化，最终达到共同富裕。"在这个社会本质论断中的消灭剥削、消除两极分化同马克思规定的"消灭私有制"是等价概念，像一枚硬币的两面一样。江泽民同志在继承和坚持邓小平理论的同时，明确提出了要坚持公有制与私有化的是非界限。并且在阐述调整和完善所有制结构的过程中有 19 处使用了"公有制"、"公有"、"公有资本"、"公有性"等用语。同时，他提出在坚持"三个有利于"的实践标准下发展非公有制经济即私有经济、个体经济和

“三资”企业经济。

7－6. 数量：事物都是有质有量和质量统一的。马克思所有制理论始终强调的是所有制的质的规定性，重视关于公有制还是私有制的定性分析，而且立场坚定，旗帜鲜明地主张实行公有制、发展公有制，反对私有制、消灭私有制。这是马克思主义制度经济学的本质和主流。同时他们在质的规定性基础上重视所有制的量的规定性，马克思曾设想以雇佣 8 名工人来界定小业主或小资本家。此外，他们还以劳动为标志的经济语言量将私有制划分为小私有制和大私有制两种私有制形式。我们应该看到，主流经济学上的量是既有经济语言量，也有经济数学量的。在我国所有制历史上，毛泽东同志曾经运用语言量词表述过小、中、大地主和小资产阶级和大资产阶级，对制定所有制政策起到了重要作用。邓小平同志反复强调在所有制结构中的“主体”与“补充”的质量界限，而且《邓小平文选》第三卷中有 15 处讲到公有制和公有制经济，其中有 8 处强调“以公有制为主体”、“公有制是主体”和“公有制占主体”。他在这里使用“主体”与“补充”的经济语言量词阐述了他的所有制理论体系。邓小平强调指出：“一个公有制占主体，一个共同富裕，这是我们所必须坚持的社会主义的根本原则。”还指出：“我们允许个体经济发展，还允许中外合资经营和外资独营的企业发展，但是始终以社会主义公有制为主体。”我们坚持公有制的主体地位，是由社会主义公有制的性质和它在国民经济中的作用决定的。江泽民同志在坚持公有制结构的前提下，以实物、价值和控制力等为主要内容创造性地阐述了所有制结构中的“主体”、“多种”和“要有量的优势”等经济语言量概念：(1) 坚持使公有制经济在资产、产值、设备和工艺技术等方面有优势；(2) 坚持公有制经济拥有国家的重要资源、重要领域和控制国民经济命脉；(3) 坚持国有经济在其他所有制经济活动中的主导作用，掌握主要控制力；(4) 坚持公有制经济在社会主义市场经济运行中发挥主渠道作用。这里的“优势”、“拥有”、“主要控制力”、“主渠道作用”就是经济语言量。我国 20 世纪 50 年代建的一汽、60 年代的大庆、70 年代的燕化、80 年代的宝钢、90 年代的三峡大坝等就是公有制为主体的典型代表。

7－7. 形式：任何事物都可从内容与形式、本质与现象上进行考察，对所有制或产权同样可以用这种经济哲学形式的观点来考察。在马克思那里，他把所有制形式表述成为历史形式、实物形式、价值形式和法律形式等多重形式。他认为，历史依次出现的“第一种所有制形式是部落所有制”、“第二种所有制形式是古代所有制和国家所有制”、“第三种所有制形式是封建的或等级所有制”。马克思在分析劳动与资本“客观条件”的关系时，以土地、工具和生活资料为内容考察了劳动者同资本关系以前的“所有制的原始形式”、“独立形式”和“第三种财产形式”。任何事物的本质都是简单的，它的表现形式却是丰富的、多姿多彩的。所以，马克思以“形式”的观点来考察各种所有制的方法无疑为我们深入认识所有制标志及其实现形式提供了方法范例。马克思还从“经济形式上”，即从社会生产关系的总和或生产、交换、分配、消费等再生产的形式或环节上考察所有制形式。在生产环节上，马克思一向把生产与生产条件视为所有制的同义语。这种所有制通常采取“物质生产力”、“土地、工厂归资本家所有”等物质形式。在分配环节上，马克思首先并主要强调的是各种“生产工具”的分配和社会成员在各类生产之间的分配。他认为，这种生产要素上的“分配关系本身就是生产关系”，其基本形式主要是实物形式；至于作为利润、地租和工资等收入源泉的分配则通常采取的是“价值形式”。在交换环节上的生产要素交换或普通商品交换，马克思认为这时交换者是“商品代表者，以商品所有者的资格互相对待的”，“交换渗入一切生产关系”，这时的所有权形式则采取商品形式和货币形式。最后，在消费环节上，马克思坚持运用双重观点，认为生产资料和劳动力的消费是生产消费，本质上是生产要素和生产行为；至于生活资料的消费，在马克思看来这只不过是生产关系的再生产。消费是生产的背面和再生产中的最终环节，所以这时的所有制一般采取实物形式。值得提出的是，在党的十五大报告中阐述调整和完善所有制结构时明确提出了“所有制形式”和“公有制实现形式”。这两种形式的决定条件和运行特点是有区别的。公有制实现形式是我们党在所有制理论问题上的创新与发展，有着重要的现实意义。在市场经济条件下，我们可首先将所有制的实物形式转化为货币、债券、股票等价值形式，使所有制可以采取资本市场化；其次要使所有制价值的存量、增量的运行或活动采取市场形式，使所有制价值市场化。由此可见，凡是采取统一的具有约束性的形式，无疑是具有一定制度性意义，甚至与制度具有等价概念性质。

7-8. 历史：任何一种所有制或产权都是历史的、发展的，因此，它在历史岁月的长河中有一个形成与发展、批判与继承的传承关系。从客观历史和逻辑历史或理论历史来看，马克思主义在阐释所有制理论的历史时认为，人类社会最早是公有制，后来发展为私有制，未来将在新的历史条件下发展为公有制。所以他们认为，人类历史依次形成了一个公有制——私有制——公有制的螺旋式的历史发展，并坚信社会主义的公有制必然代替资本主义的私有制。这是不依人的主观意志为转移的客观必然性。我们从社会主义的历史发展中同样可以看出这种历史必然性。从第一位空想社会主义者莫尔于1516年发表《乌托邦》以文学游记的形式鞭笞私有制而主张公有制，到科学社会主义创始人马克思和恩格斯将共产党人全部理论概括为“消灭私有制”及其以资本私有制的历史命运所阐述的《资本论》，再到十月革命后的列宁和斯大林主张消灭私有制而实行公有制的社会主义实践，充分说明了社会主义历史的空想阶段、科学阶段和革命阶段始终是以生产资料公有制为其基本理论和基本实践的。从1949年新中国成立到1952年过渡时期没收地主私有财产为集体所有制和没收官僚买办私有制财产为全民所有制，再从1953—1956年的社会主义“三大改造”时期的和平赎买民族资本私有制财产为全民所有制财产，毛泽东等老一辈无产阶级革命家自铸了“一大二公”的公有制历史。后来邓小平同志在中国特色社会主义社会条件下有胆有识地提出在“三个有利于”的实践标准下，以“主体”与“补充”为数量界限，形成了以国有经济和集体经济为主要内容的公有制为主体和以个体经济、中外合资合作经济以及外资独资的“三资”企业经济为补充的所有制格局。江泽民继承邓小平“主体”与“补充”的所有制思想，从我国社会主义初级阶段的基本国情实际出发，全面系统地阐释了“所有制形式”、“公有制经济的内涵”、“公有制实现形式多样化”以及国有经济的“控制力”，而且确立以“公有制为主体、多种所有制经济共同发展”为实体的我国社会主义基本经济制度。由此可见，公有制始终是这一基本经济制度的“基础”，充分说明近五十年来我国社会主义所有制是历史的、发展的、变化的。公元前522年，古代波斯国“七人同盟”执政时，欧塔涅斯就曾说过一句流传至今的名言“法律面前，人人平等”。良好的制度并不是保证最有特权的人的权利，也不是保证最没有特权的人的权利，而是用最少的代价实现对绝大多数人的公平，并最终达到自我管理的目的。好的制度既简洁又高效，能够逐渐使人趋向于公平与合理，从而营造一个公平的和谐的制度氛围和环境。

东西方主流制度经济学的初步比较

7－9. 在阶级社会和有阶级的社会，制度经济学只是一定的社会统治阶级经济利益的文化思想，集中地体现了统治阶级的利益、意志和要求。如马克思和恩格斯指出："统治阶级思想在每一个时代都是占统治地位的思想。这就是说，一个阶级是社会占统治地位的物质力量，同时也是社会上占统治地位的精神力量。支配着物质生产资料的阶级，同时也支配着精神生产的资料，因此，那些没有精神生产资料的人的思想，一般地是受统治阶级支配的"[33]，作为精神生产资料之一的制度经济学包括东西方主流制度经济学都是如此。这是一条物质与精神之间的因果关系的必然性。所以，东西方制度经济学的社会性、阶级性等特点是非常鲜明的。但是，西方制度经济学所反映的占统治地位的物质精神力量越来越带有抽象思想形式，每一替代旧阶级的新阶级，为了达到自己统治目的，不得不把自己的利益说成是全社会的共同利益，赋予自己思想以普遍的社会形式，把它描写成全社会思想。例如，封建贵族统治阶级讲究忠诚信义等概念，资产阶级统治讲究自由平等概念，并且他们将私有制产权就视为是产权，当做是同义语。人是商品的主人，是商品的监护人，所以，商品交换双方的当事人只有一致的意志行为时才能让渡自己商品，占有对方商品。马克思强调不管社会有无成文法律形式，都是一种具有契约形式的法权关系。这时马克思把经济关系视为这种交易关系的内容，而法权则是它的表现形式。产权关系是生产关系（包括交换关系）或所有制关系的意志形式或法律形式。

7－10. 东西方制度经济学在对象、方法和任务方面都有很大差别的。西方制度经济学，一般地不太重视甚至避讳宏观的社会制度经济学，尤其社会生产资料所有制的基本经济制度。在他们看来，要么假定为是不言自明的、不存在疑义的、已经得到了公认的资本主义社会经济制度，因而他们不谈或少谈所有制；要么是有意回避社会的生产资料私有制，因为这是一个曾被早期的古典经济学、空想社会主义和科学社会主义"十目所视，十手所指"的社会老大难问题。因此，在近现代西方制度经济学大书特书的是产权制度、企业制度、交易制度等微观制度经济，借以维护整个社会的宏观制度。有的干脆将产权与私有权合二为一，断言产权就是私有权，维护产权就是维护私有权。他们也谈到国家在制定和实施的契约、法律的重要作用，借以维护公众权益、调节社会纠纷、节省各种契约成本、维护社会效率与社会公平。有意思的是，2009年，作为诺贝尔经济学奖创立41年以来首名女性获奖者，奥斯特罗姆的代表作是1990年出版的《公共事务的治理之道：集体行动制度的演进》，此书中译本由上海三联书店2000年出版，是制度经济学和公共政策领域里的重要著作。有的制度经济学把产权、国家和意识形态搅和在一起，目的在于把国家、意识形态视为维护统治阶级产权的有力工具。马克思主义制度经济学有其鲜明的所有制特点。其首先始终坚持制度在社会上层建筑中的政治、法律、道德等层次的作用，并以生产资料所有制作为不同社会经济制度的基础和前提，当做是研究所有制度经济理论思维的一条主线。这可谓“悠悠万世，惟此为大”。马克思在理论文献中使用了“生产资料所有制”、“财产制度”、“土地制度”、“工厂制度”、“国家制度”、“税收制度”、“保护关税制度”等，从社会经济经济基础到社会上层建筑全面规范了社会经济约束行为。其次是产权制度或所有权制度，它是所有制的具体表现或“实现形式”，是处理所有权的权组，是责、权、利的经济利益关系的中间层次。再次是在上述的所有制和所有权（或产权）的前提下，规范资源配置的调控制度和政策（财政、货币、分配、收入、投资等政策）、市场管理、会计、审计等相关的中介规则。改革之初我国为了鼓励支持“三资”企业和个体私人企业曾经减税让利可谓“国退民进”，如今国家收购山区等地的私人黑煤矿统一规范经营时，有的经济学家竟然忽悠说什么“国进民退”了！

7-11. 西方制度经济学坚持认为，制度经济最有效率和效益，最能保护私有财产利益最大化和保障社会效益最大化。同时他们将制度外延得非常广泛，既包括契约法律约束，也包括道德伦理约束。并认为这两种层次上约束保证了社会的效率与公平。马克思主义制度经济学则有些不同，早期马克思主义制度经济学认为私有制或私有权最无社会效率和公平、而且其盲目性、浪费性和自私性阻碍了社会高效率发展（他们仅认为私人企业有一定效率，但整个社会是浪费性的，周期危机的，无高效率可言）。相反他们认为，公有制在全社会（包括工商企业）都具有无可比拟的高效率、高效益，并且能够极大限度地推动社会生产力发展，有利于消灭阶级及阶级差别、城乡差别和工农差别，有利于从社会主义过渡到共产主义。而且保障社会财富公平，能够最终实现社会共同富裕、达到和谐发展。在当代，我国生产力水平状况决定了中国特色社会主义实行的是混合的所有制，即以生产资料公有制为基础、多种所有制共同发展的基本经济制度，同时对于非公有制采取鼓励、利用、引导与限制（即在国家宏观调控下）的多重所有制形式的共同发展。

7－12. 在强制约束与虔诚信仰上，东西方制度经济学也是不尽相同的。在早期，西方经济学就是政治经济学，尽管他们并非有意识地将政治经济学视为制度经济学，但他们在字里行间夹杂了国家政治制度、产权制度、交易制度和分配制度，带有一定程度的制度性质，并且强调制度在经济过程中的约束性、强制性。在后期尽管出现了宏观经济学、微观经济学和制度经济学三足鼎立之势，但是宏观、微观经济学仍然有制度的论述和说明，同样，在制度经济学中也谈到宏观、微观经济学，彼此渗透和兼容，同样地强调制度的约束性、规范性。可是在马克思那里，比如《共产党宣言》中就坚定而明确地指出，共产党人可以用一句话把自己的理论概括起来：消灭私有制。不仅如此，他们强调同传统的所有制关系实行最彻底的决裂，同传统的观念实行最彻底的决裂，即人们比较熟悉的“两个彻底决裂”思想。说直白一点，就是人不能有一丁点儿私心杂念。后来马克思在他的第一部经济学著作——《政治经济学批判》一书的序言开篇第一句话便声称他的经济学是“考察资产阶级经济制度”学。而且他们不仅将其制度经济学视为具有革命性和强制性，还具有虔诚的信仰性。他们坚信只有消灭私有制，实现公有制，“这里所改变的只是财产的社会阶级性质。”社会才能真正地实现公平、效率和人类和谐的理想和信仰。

7－13. 胡锦涛同志在坚持邓小平“发展是硬道理”和江泽民“发展是执政兴国第一要务”的发展观基础上形成了“权为民所用，情为民所系，利为民所谋”的以人为本的科学发展观。作为一种先进文化和总体观点，科学发展观不仅充分地体现了世界观、社会观，还体现了人生观、经济观和法制观。作为制度经济人，坚持人的权、情、利的基本内涵，对建立中国特色制度经济学有着重大意义。权、情、利三者是互为联系、相互作用的。权出于情、更出于利；在这里情和利是人权、产权之基，而情则倚权，更倚于利。中国传统文化思想是非常讲究人情面子的。著名文化名人易中天说，一个人可以没有钱，没有权，没有知识，没有文化，但不能“一点人情味都没有”[35]。“人情大于法”、“人情大于权”实属不少见，而公心私心，报恩报仇、“上有政策，下有对策”同样是一种人的情感用事。所以，情是权和利的润滑剂和控制器；利是权和情的共同基础，权利之谓也。所以，制度的生命在于执行，执行的保障在于有度。我国反腐制度多达2000多件，依然“前腐后继”，首祸便是执行缺度。“严禁”变“言禁”，“承诺”变“沉诺”，摒弃这种“花架子”，当以制度执行制度。以人为本的制度经济人确立以权、情、利为基本内涵无疑对制度经济学有着重大现实意义。

参考文献

①《塔木德智慧全书》，地震出版社2006年版。

②《神曲》，人民出版社。

③《马克思恩格斯选集》第3卷，人民出版社1972年版，第445页。

④《资本论》第1卷，人民出版社1972年版，第152、829页。

⑤ 庄恩岳主编：《人生每日忠告》，华文出版社，第522页。

⑥《释迦牟尼佛教》出版说明，吉林人民出版社1993年版。

⑦ 星云大师著：《释边牟尼佛傅》，海南出版社2007年版。

⑧（英）麦格拉思著：《基督教概论》，北京大学出版社2003年版。

⑨ 卓新平主编：《基督教文化160问》，东方出版社2006年版，第223、279页。

⑩ 谭一清著：《军事家毛泽东——我的一生在打仗中度过的》（上册），中国青年出版社2003年版，第126、127页。

⑪ 金宜久主编：《伊斯兰教文化150问》，东方出版社2006年版，第18页。

⑫《陈寅恪史学论文选》，上海古籍出版社1992年版，第16页。

⑬ 任宗权著：《道教戒律学》（上册），宗教文化出版社2008年版，第9页。

⑭（德）黑格尔：《哲学史讲演录》第1卷，商务印书馆1997年版，第39页。

⑮（德）黑格尔：《哲学史进演录》第1卷，商务印书馆2003年版，第126页。

⑯《马克思恩格斯选集》第4卷，人民出版社1972年版，第60页。

⑰《马克思恩格斯选集》第4卷，人民出版社1972年版，第70页。

⑱ 王亚南：《中国官僚政治研究》，中国社会科学出版社1981年版，第40、130页。

⑲《西方四大政治名著》，天津人民出版社1998年版。

⑳《马克思恩格斯选集》第1卷，人民出版社1972年版，第128页。

㉑《马克思恩格斯选集》第3卷，人民出版社1972年版，第368页。

㉒《制度主义经济学》，经济日报出版社2005年版，第145页。

㉓《马克思恩格斯选集》第 2 卷，人民出版社 1972 年版，第 86 页。
㉔《西方四大政治名著》，天津人民出版社 1998 年版，第 493 页。
㉕（英）亚当·斯密:《国民财富的性质和原因的研究》上卷，商务印书馆 1994 年版，第 115 页。
㉖《马克思恩格斯选集》第 2 卷，人民出版社 1972 年版，第 90 页。
㉗（德）桑巴特著:《德意志社会主义》，华东师范大学出版社 2007 年版。
㉘ 徐觉哉著:《社会主义流派史》，上海人民出版社 1999 年版。
㉙ 萨缪尔森、诺德豪斯:《经济学》（下册），中国发展出版社 1986 年版，第 1273 页。
㉚（英）亚当·斯密:《国民财富的性质和原因的研究》上卷，商务印书馆 1994 年版，115 页。
㉛《参考消息》1999 年 6 月 18 日。
㉜《马克思恩格斯选集》第 2 卷，人民出版社 1972 年版，第 85 页。
㉝《马克思恩格斯选集》第 2 卷，人民出版社 1972 年版，第 52 页。
㉞ 易中天著:《闲话中国人》，上海文艺出版社 2006 年版。

第七章

社会经济人

经济人都生存发展于一定历史的社会组织形式中。在人类所创造的一切组织制度形式——家庭、氏族、联盟、民族、社会、政府、国家和世界之中，唯有社会组织形式是最悠久、最普遍、最基础的组织形式。所以，经典作家从不同角度诠释了社会的作用和意义。从亚里士多德将人与蜜蜂、蚂蚁、鹤等都看做是“社会动物”，到黑格尔从绝对精神上说明“人就是人的世界”，再到马克思从唯物史观上进一步诠释“人并不是抽象的栖息在世界以外的东西。人就是人的世界，就是国家，社会”[①]。马克思在从政治经济学上强调人的社会性时指出：“人是最名副其实的社会动物，不仅是一种合群的动物，而且只有在社会中才能独立的动物。”[②]“社会关系的含义是指许多个人的合作”，后来他从经济学上强调：“在社会中进行生产的个人，——因而，这些个人的一定社会性质的生产，自然是出发点”，“说到生产，总是指一定社会发展阶段上的生产，——社会个人的生产。”[③]重要的是，马克思和恩格斯在《费尔巴哈》一文的脚注中写道：“人体，需要，劳动。”说明“人体”的生存发展“需要”和为了满足需要而付出的“劳动”而形成了人类两种基本的社会经济思维形式，即从人的需要量——产品量——劳动量演变为先验的、轨道式的计划经济社会形式，而借助于劳动价值和一般等价物的货币形式代行人的需要量、产品量和劳动量而形成了自发的、演化式的市场经济社会形式。邓小平简洁而明确地指出，“计划和市场都是经济手段”、“计划和市场都是发展生产力的方法”，并强调指出：“计划和市场的关系问题如何解决？解决得好，对经济发展就很有利，解决不好，就会很糟。”则是上述两种社会经济形式的核心思想。作为社会中的个人自然成为社会经济人。

一、供给和需求之间的经济关系实际上是你和我的人际关系

市场经济人最普遍、最基本的交换关系就是供给和需求之间的经济关系。社会经济人从顺时上表现为个人、群体和人类三重同心圆式的社会经济人，在同时上则表现为你就是你，我就是我；你中有我，我中有你；你就是我，我就是你的三重经济人际关系

1-1. “社会”一词在我国古代和现代具有不同含义。古文献中“社”是指祭神的地方。《孝经·纬》记载：“社，土地之主也。土地周而不可尽敬，故封土为社，以报功也。”“会”是集会、聚会。将“社会”合成连用则表示人们在一定的地方，即在农耕劳作丰收之后，于民间节日举行集会或祭祀等庆祝活动的场所。在西方，法国社会学家塔尔德（1834—1904）认为，人们的愿望和欲求是形成社会的心理因素，社会是由共同心理的人们的聚合。马克思于1846年致安年科夫的信中指出，社会是人们交互作用的产物，后来在《雇佣劳动与资本》一文中从社会的经济基础上对社会作出了权威的概述。他说，各个人借以进行生产的社会关系，即社会生产关系，是随着物资生产资料、生产力的变化和发展而变化和改变的。生产关系总和起来就构成为所谓社会关系，构成为所谓社会，并且是构成一个处于一定历史发

展阶段上的社会，具有独特的特征的社会。马克思说，社会——不管其形式如何，究竟是什么呢？是人们交互作用的产物。人们能否自由选择一个社会形式呢？绝对不能。在人们的生产力发展的一定情况下，就会有一定的交换（commerce）和消费形式。在生产、交换和消费发展的一定阶段上，就会有一定的社会制度、一定的家庭、等级和阶级组织，一句话，就会有一定的市民社会，就会有不过是市民社会的正式表现的一定的政治国家。随着生产力的获得，人们改变自己的生产方式，随着生产方式即保证自己生活的方式的改变，人们也就会改变自己的社会关系。手工磨产生的是封建主为首的社会，蒸汽磨产生的是工业资本家为首的社会。封建社会和资产阶级社会总和，而其中每一个生产关系和总和同时又标志着人类历史发展中的一个特殊阶段[④]。随着人类的生产再生产的发展，人们之间的交往和合作加深和扩大，但是其中个人仍然是人们分析社会经济人的一个基本出发点。

1－2. 已知的人类社会发展形态中的个人，马克思主义经典作家看来，显然是有其明确对象主体的。在原始社会中的个人是（家长）酋长与社员，在奴隶社会中的个人是奴隶主与奴隶，在封建社会中的个人是地主与农民，在资本主义社会中的个人就是资本家与雇佣工人。由于在以私有制为主体的阶级社会中的资产阶级掌握着生产资料所有制，而雇佣工人一无生产资料二无生活资料，这时人与人、阶级与阶级之间的关系与联系，只能由资产阶级社会内生产资料所有者——资本家来主导，于是便给人们造成了一种假象，好像孤立的个人可以随心所欲地进行生产和劳动。造成这种现象有认识上的、社会上的、历史上的诸种原因。在人们认识原因上有一个“先入为主”的特点。这是因为，每个人一生下来便面对先民留给他的物质、知识、资金和技术，人就在这样的物质文化环境之中生存和生活，历史与文化在我们形成主体意识之前就已先入为主，成为我们的前提和先导。众所周知，马克思和恩格斯写过一部经典著作叫《神圣家族》，毛泽东在文化大革命中讲过“牛鬼蛇神”，江泽民为载人飞船题词名为“神舟”，人们今日称巴菲特为“股神”，评述中国台湾著名企业家王永庆称为“经营之神”等等，这些“神”字，只不过是人们古为今用或文化历史积淀的产物，并无辞源之义。精神文化现象与物质现象不同，物质消费或损坏了其本体仿佛就不存在了，“木会腐朽，铁会锈蚀”；但精神现象却相对有一个传承现象，尤其是正确的科学精神现象更是如此。我们有时颂扬一个“人时说人虽死了，但他的精神却活着”，就是一个生动的例子。

1-3. 一个新的精神思想，在任何一个领域都可能引起一场革命或变革。在科学领域，牛顿的经典力学、爱因斯坦的新时空观和霍金的黑洞思想，曾引起了物理学的天翻地覆的革命。近几十年来兴起的贝塔朗菲的一般系统论、申农的信息论、维纳的控制论、托姆的突变论、哈肯的协同论同普里高津的耗散结构理论，为我们认识大千物质精神世界打开了一扇扇新的大门。在经济领域，有斯密那只“看不见的手”的价值经济人和马克思的“经济范畴的人格化”，有刘易斯的二元经济、舒尔茨关于人力资本的思想，有萨缪尔森主张的混合经济；特别是邓小平的改革开放和“科学技术是第一生产力”的思想理论和胡锦涛的科学发展观，无一不为人类社会的经济历史发展开辟新纪元。毛泽东总结提出的“以农村包围城市”的革命思想，最终使中国取得了新民主主义革命胜利；邓小平作为改革开放总设计师总结的“建设有中国特色社会主义”的理论思想，和胡锦涛的科学发展观、和谐社会及其坚持中国特色社会主义理论体系，这些理论体系，无疑在中国革命、建设和发展中发挥了重要作用。人类历史就是一部在新精神思想推动下，不断前进发展的历史。在当代，已从谈论信息时代发展到开始议论人的“大脑时代”，人的头脑越来越成为决定性的因素。人们开始关心“三脑”的巨大作用，即首先使用好自己的“头脑”，其次利用好智库的“外脑”，还要操作好人性化的“电脑”。这“三脑”无非是人脑的延伸、拓展和变形，使个人头脑的智慧光环绚丽夺目，在“三脑”中人就成为人的精神世界主体。

社会中的个人

1-4. 人的历史活动和人的思维活动是有区别的。雨果在《悲惨世界》中说“人并不是只有一个圆心的圆圈，它是一个有两个焦点的椭圆形。事物是一个点，思想是另外一个点”。作为个人，马克思反复强调“社会中的个人”，并明确指出“个人是社会的存在性”、“人的个人生活和类生活并不是各不想同的”，“因此，人是一个特殊的个体，并且正是他的特殊性使他成为一个主体，成为一个现实的、单个的社会存在物，同样地他也是总体、观念的总体、被思考和被感知的主体的自由存在，正如他在现实中既作为社会存在的直观和现实享受而存在，又作为他生命表现的总体而存在的一样。”“社会不是由个人构成，而是表示这些个人彼此发生的那些联系和关系的总和。”

作为思维逻辑方法中的起点，马克思和恩格斯在《德意志意识形态》和《1857—1858 年经济学手稿》导言中，反复强调个人是人文社会科学的研究出发点。他们指出，“任何人类历史的第一个前提无疑是有生命的个人的存生”，在考察历史社会生产时应“以一定的方式进行生产活动的一定个人，发生一定的社会关系和政治关系”，而且“社会结构和国家经济是从一定个人的生活过程中产生的。但这里所说的个人不是他们自己或别人想像中的那种个人，而且现实中的个人”，这种现实个人无论是物质生产还是精神生产都是如此。因此，他们还进一步强调，“观察方法则是从现实的、有生命的个人本身出发。”在分析人类物质产品生产和个人繁衍生产时，同样强调以个人作为出发点。“生命的生产——无论是自己生命的生产（通过劳动）或他人生命的生产（通过生育）——立即表现为双重关系：一方面是自然关系，另一方面是社会关系；社会关系的含义是指许多个人的合作”⑤，即人与自然合作、人与人合作，人与自己的身心合作包括人的本我、自我和超我的精神合作。马克思后来在《1857—1858 年经济学手稿》导言中总结指出：“在社会中进行生产的个人，——因而，这些个人的一定社会性质的生产，自然是出发点。”⑥在分析生产、分配、交换和消费四个环节中时，马克思仍然坚持以个人作为分析主体对象，他首先有的放矢地介绍了资产阶级学者对再生产的肤浅观点，即在生产中，社会成员占有自然产品供人的需要；分配决定个人分取这些产品的比例；交换是用分配给他的一份去换取他需要的特殊产品；最后，在消费中，产品变成享受的对象，成为个人占有的对象，这是人的物质生产关系。马克思由破而立地指出，“个人生产出一个对象，因消费了它而再回到自己身上，然而，他是作为生产的个人，把自己再生产的个人。所以，表现为生产的要素”，“分配关系和分配方式只是表现为生产要素的背面。个人以雇佣劳动的形式参与生产，就以工资形式参与产品、生产成果的分配。”“在生产本身中发生的各种活动和各种能力的交换，直接属于生产，并且从本质上组成生产。”后来恩格斯在评价马克思《政治经济学批判》一书时也明确指出：“政治经济学从商品开始，即从产品由个别人或原始公社相互交换时刻开始。进入交换的产品是商品。但是它成为商品，只是因为在这个物中，在这个产品中结合着两个或两个公社之间的关系，即生产者和消费之间的关系。”或供给和需求之间的关系。

1－5. 马克思和恩格斯在历史学和经济学中强调的“个人”是指“现实

中的个人"，"有生命的个人"都是从"观察方法"和"理论方法"上来讲的，是方法论问题。在《费尔巴哈》一文中有七处谈到了"现实中的个人"，一方面，他们讲的个人不同于黑格尔哲学上的理性的精神人；或绝对精神人，另一方面，他们讲的"个人"也不同于斯密、李嘉图经济学上的孤立的渔夫和猎人等抽象的经济人。因此指出："在社会中进行生产的个人，——因而，这些个人的一定社会性质的生产，自然是出发点。"⑥并且进一步强调指出，"就是在理论方法上，主体，即社会，也一定经常作为前提浮在表现面前。"而作为指导思想。就是说，个人是社会中的个人或一定社会性质的个人。在社会物质经济生活所形成的各种关系中，你和我始终是最直接、最密切的两个，是经济人之间关系的标志和基础，也是一切市场经济中的买和卖、供给和需求之间关系的标志和基础。个人或个体始终是最根本、最真实的社会存在形式，即便是群体或人类，也是由一个又一个具有独立生命的个体组成的，所以，有生命的个人存在形态是个体、群体和总体（人类）的有机整体中的细胞形式。这时"个人"好像人机体中的"细胞"，多媒体中的"比特"，或各种物质中的"原子"作为我们观察研究方法的客体对象。但观察研究对象不是孤立的对象，必须在头脑找到观察研究对象的参照物，即将细胞与机体、比特与多媒体、原子与物体联想起来。经济学作为特殊的人学，其个人的参照物自然是社会中另一个人，因此，在我们头脑中将另一个人"经常作为前提浮在表现面前"。用斯密话讲，一个经济人的活动必然有一只"看不见的手"的人在指引他去行动一样。显然他的立论是两个人，一个实体经济人，一个虚体（群体、人类）经济人。所以，我们在方法上，若想把握住现实个人存在，必须依次分析个体、群体、总体（人类）的不同的社会存在形态。

1－6. 当人们考察研究社会生产关系、经济关系时显然应该首先从社会中的我与你的生产关系、经济关系开始。马克思指出，**"社会关系的含义是指许多个人的合作"**。他还把这种许多个人的合作归纳为人与人的合作，进而从生产物质生活中归纳为我和你的合作。他说："（1）我在我的生产中物化了我的个性和我的个性的特点，……（2）在你享受或使用我的产品时，我直接享受到的是：既意识到我的劳动满足了人的需要，从而物化了人的本质，又创造了与另一个人本质的需要相符合的物品。（3）对你来说，我是你与人类之间的中介人，……（4）在我个人的生命表现中，我直接创造了你的生命表现，因而在我个人的活动中，我直接证实和实现了我真正的本质，即我的人的本质，我社会的本质。”[7]马克思分析一般社会生产关系时是以你和我两个经济人的合作关系作为研究起点“模块”的。在观察研究方法上，他在进一步深入分析资本主义社会生产关系时同样如此。英国资本主义社会是最发达最复杂的市场经济社会，人们结成了错综复杂、千变万化的各种生产关系和经济关系，但马克思仍以资本和劳动、资本经济人（资本家）和劳动经济人（雇佣工人）作为该社会生产关系和经济关系的一对主体对象。马克思作为工人的代言人告诉我们：“我卖给你的商品和其他的普通商品不同，它的使用可以创造价值，而且创造的价值比它本身的价值大。正是因为这个缘故你才购买它。在你是资本价值的增殖，在我则是劳动力的过多的支出。你和我在市场上只知道一个规律，即商品交换的规律。”[8]

1-7. 在我国传统文化上，老子学说推崇人与自然之间关系，孔子学说则讲究人与人之间关系，当然不能说两位先贤各执一词，老子只讲人与自然关系，孔子只讲人与人关系。孔子及其儒家学说的核心范畴是“仁”字，讲人与人关系，首先是讲两个人之间关系：君与臣、父与子、夫与妻、师与生诸种关系作为论述对象。西方古希腊先哲只是呼唤：人啊，要认识你自己。那么，人应该怎样认识自己呢？我国兵圣孙子说的比西方碑文讲的更全面、更辩证、更准确，他说：“知彼知己，百战不殆。”讲的同样是两个人的关系问题。有趣的是，我国古代元朝人赵孟兆其妻管道升作词表白心声说：“你浓我浓，感煞情多；情多处，热如火，一块泥，捻一个你，塑一个我，将咱俩一起打碎，用水调和；再塑一个你，再塑一个我。我泥中有你，你泥中有我；我与你生同一个衾，死同一个椁。”这虽是古词，古为今用，也可翻为新词。“我就是你，你就是我”了。2009 年 5 月，北京大学经济研究中心主任林毅夫走马上任世界银行副行长之际，央视记者闻风采访他们夫妻说，你们并不在一起工作，那么，你们夫妻关系如何？他妻子陈云英女士答道：“我们就是一个人，我就是他，他就是我，只是我以女人存在，他以男人存在而已。”说来很巧。2008 年 8 月，北京第 29 届奥运会的主题歌《我和你》的主题词就是“我和你，心连心，永远一家人”。近十几年来，我国媒体往往好用“盛宴”或“大餐”等话语来说明文化活动的重大意义，而擅长边讲论语边讲故事的著名国学教授于丹同样用两个人的“食物”关系说道：一个人考察地狱和天堂，在考察地狱时发现，每个人都有一把一米长的勺子，但因勺子一米长，每个人都吃不到食物，结果面黄肌瘦；后来又去考察天堂，他一看都拿一米长的勺子，食物也都是一样，但是吃东西是你用勺子喂我，我用勺子喂你，结果个个红光满面，精神焕发。她在这里用“你用勺子喂我，我用勺子喂你”的故事无疑体现了两个经济人的最基本的供求关系理念。正如物体中的“原子”、多媒体中的“比特”、生物体的“基因”一样，从经济人学中找出“你我”两个人同样具有思维建模方法的重要意义。

1-8. 马克思恩格斯用历史与逻辑相一致的方法，描述人类商品生产交换历史上所反映的四种交换价值形式，也是从个体、群体到总体的经济关系而言的。即依次经过简单的、扩大的、一般的到货币的价值形式。这种价值形式，是两个经济人简单交换关系的理论思维上的简单价值形式。这时，马克思在《资本论》中的用语是“简单的、个别的或偶然的价值形式”。这种价值形式反映的是在原始社会末期封闭落后的经济条件下，个别人也许是家长或酋长带着他们家族中剩余的简单商品，偶然相遇于某一个地方的个别人而进行的商品交换关系。后来随着生产发展和交换频繁，物质生产和人口生产都增加了，交换范围扩大了，形成的反映这种交换关系的是“总和的或扩大的价值形式”。随着生产的发展和交换范围的扩大，这时反映交换的价值形式则从总和的价值形式发展到一般价值形式，即普遍的价值形式了。所以不难看出，四种价值形式发展反映了人们之间交换关系的加深和扩大，借以满足彼此生产生活的物质资料需要的商品交换历史发展。现实市场经济的商品形态反映了经济人之间的角色。马克思将错综复杂的各种经济人定格为或抽象规定为“四个极和三个登场人物”，即有四个终点和三个当事人作为市场经济的基本交换模式。首先是商品同货币相交换，有上衣的同有100元货币的相交换形成为对立两极，当上衣与货币交换成功后，上衣商品生产者用100元货币去买一只电动豆浆机，这样又表现为100元货币同一只豆浆机又形成为对立两极。这样在商品——货币——商品的交换形态变化中就形成为四个极。为什么说是三个当事人呢？卖上衣的是一个当事人，买上衣的是一个当事人，卖电动豆浆机的又是一个当事人。所以，商品——货币——商品的形态变化最终体现为“四极三人”。我们看到，无论是三个人还是四个人或许多人，一个商品的总形态变化是由卖方和买方、供给和需求两个相互的运行阶段构成。所以，商品形态变化从商品货币等经济范畴的人格化来看，始终是卖方经济人和买方经济人，说简单一点就是你和我的买卖或交换关系。经济人在漫长岁月的交换关系中，彼此遵循着“你就是你，我就是我”的相对独立的法人资格，彼此本着经济人之间契约的法制观点，按照一种经济权利同另一种经济权利相交换的契约规范，并严格遵守交换的各种游戏规则，以体现市场经济是**一种法制经济关系**。交换双方主体之间关系有如地球与太阳的关系一样，必须学会处理好自转和公转之间的关系，因此，交换双方应充分意识到彼此是“你中有我，我中有你”的物质利益关系。以货币为媒介的商品交换，这种交换本着等量劳动与等量劳动相交换，即按照社会必要劳动时间（量）这个唯一的交换价值尺度来进行交换的。用马克思话说：“你和我在市场上只知道一个规律，即商品交换的规律。”即劳动价值规律。借以体现市场经济实际上是**一种劳动经济关系**。重要的是，交换双方主体不仅是法制的、劳动的交换关系，还是“你就是我，我就是你”的经济人文关系。这种交换双方应坚持以人为本、以心换心的高尚的人品境界，健康的人生心态，情感的人生行为直面对方，诚信相待，达到和谐双赢之目的，视市场经济为**一种人和经济关系**。附图说明如下：

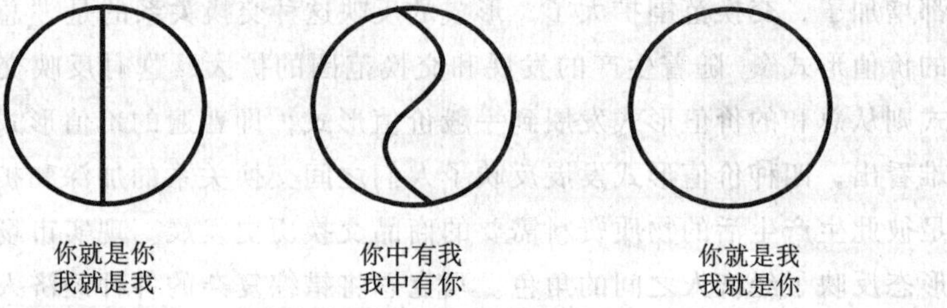

二、家庭、企业、政府是人类普遍的恒久的三种社会群体组织形式

家庭、企业、政府是人类普遍的恒久的三种社会群体组织形式，也是当代社会市场经济体系中三个基本组织实体。其中家庭及其衍生的家庭经济组织则是发展的。人作为群体动物，可依据不同主体对象的追求和偏好将他们划分为多重的群体组织形式

2－1. 家族：社会中的“群体组织”依据主体可划分为：种族群体、民族群体、族群群体、种姓群体、性别群体、年龄群体、行业群体、职业群体、地缘群体、政治群体、阶级群体、宗教群体、语言群体、娱乐群体、体育群体以及依偏好兴趣等自发组成的组织群体如钓鱼会、车友会、某一商场购物会员等群体组织形式。在各种群体组织的划分中，一个人可能有几个群体成员的身份。比如一个年轻的美国人，根据自己的种族、性别、年龄、行业、职业、籍贯、政见、宗教、收入、业余爱好等方面的特点，他可能认同的群体包括：黑人种族群体、黑性群体、青年群体、金融行业群体、会计职业群体、某州市的同乡群体、进步社团、基督教会某个支系、白领工薪阶层、业余棒球队等。除此之外，他还可能成为某个慈善组织成员、集邮协会会员等[9]。在上述所有的群体组织中，最原始、最基础、最稳固的也是最永恒的要数家庭或家族组织形式及其衍生的企业、政府等组织形式。每个人自家门出来，他首先进入托儿所、幼稚园的组织，接着进入小学、中学及其班级组织，还可能参加各种兴趣学习小组；迈入社会后参加科、室、部、委或公司组织，在去政府办事要到科、处、室组织；工作之余，凭兴趣可能参加健身俱乐部、钓鱼协会、麦德龙超市购物会员等组织；回家路上会经过街道办事处或小区居民委员会等等组织。但是，在所有这些组织形式中，家是最原始、最基础、最稳固的，也是最持久的一种组织形式。在中国，好像是“国”与“家”是并列的，即国是国，家是家。其实，国和家并非是两个等价概念。历史表明，国与家是一种偏正结构，是指像“家”那样的“国”，即国家。中国历代王朝所谓的“家天下”或“天下为家”等用语就是对“国家”一词最好的诠释。孔老夫子倡导的“修身、齐家、治国、平天下”的醒世名言，同样折射出家与国的渊源关系。人们也许还会记得，新中国成立后，人们曾盛赞社会主义国家阵容为“社会主义大家庭”。前不久芬兰女总统在北京2008年第七次亚欧会议致辞称“亚欧大家庭”，可见东西方对于“家”一词的认同和使用。在上海市浦东新区洋泾社会街道右侧墙体绘制了以“全世界是一个大家庭”为题的壁画。“大家庭”思想日益深入人心，家喻户晓了。央视记者曾采访北京大学前校长许智宏，问他何以每年经常深入学生之中并和学生打成一片时，他说我认为校长实际上是家长。这恐怕是他为官做人的一条成功之道啊！

2-2. 家不仅是以血缘、亲缘为纽带的组织形式，还是最有生命力的一种经济组织形式。我国历史上的晋商、徽商等著名的十大商帮，蒋宋孔陈四大家族官商，当代中国台湾的王永庆、郭台铭，中国香港的李嘉诚、霍英东等富商都是成功的家族经济代表。改革开放后，我国农村实行家庭联产承包制，遍布于城市的个体经济、民营经济和私人经济，本质上也都是家庭经济或家庭式的公司。即使有些家庭或家族并不经营公司，但他们为了维持一家人的吃、穿、住、用等生活消费，也需要通过工作或劳务赚钱购买生活资料产品，还要将其收入一分为二，即划分为消费和储蓄两部分作为家庭理财项目。除此以外，我们熟知的“家电”一词生动体现了以家庭经济生活为主体的内涵，股市、房市显然也主要是以家庭为经销对象。历史上，家为了成员及其财产安全产生了保安式的自卫组织。这种组织，最早是由选举产生的酋长会议或家长会议，接着发展至由家长会议和军务司令即专门的保安人员分别代表家务和保安职能，最后发展至由家长会议、人民大会（或称全家会议）和军务司令三者共同组成政府乃至国家作为维护、调节各个家庭内部的财产关系和人际关系的组织。除了这种硬实力的组织之外，更有软实力的契约式的制度规范和道德要求，作为调节家庭成员的情感、理念和行为的准则。我国流行至今的家规、家训、家书、格言、善书、家谱、民约等规范性的契约文化，就充分地体现了家有家法的法制文化理念。历史上康熙皇帝的《庭训格言》和《颜氏家训》、《曾国藩家书集》、《傅雷家书》等文献都带有对其家族子女起规范性作用的嘱托和期盼。尽管人们不知道这些名人名家给他们的子女究竟留下了多少物质财富，但他们这些格言家书等文化精神财富无疑是“家书抵万金”啊！

2-3. 有意思的是，一家人的姓、名、字、号等称谓对于维护家庭传统和家庭标志也是有着重要意义的。姓，是家庭中首要的传承载体和家庭标志，是世袭不变的。中国香港著名的范徐丽泰、陈冯富珍，就是他们嫁于夫家后将其丈夫的姓氏仍冠在本姓之前的复姓，凸显了姓氏对于男女双方家庭的重要意义。但也有例外，香港中信泰富主席荣智健有二子一女，长子荣明杰，长女荣明方和次子荣明棣。荣智健告诉我们，他的子女应该是“信”字辈的，但“文化大革命”期间，他觉得明白事理、明辨是非，比“信”字更重要，于是给子女都以“明”字起名。名，是指子女诞生之后，由其父母或其他长辈按照家谱排定的名字选来的命名，一般地不应违背家谱的规制。

字，是由其父母的心愿和偏好自行决定的，受字人是不应违背父命而变更的。号，才是出生者本人具有自主权的东西，像其笔名一样可由本人随意去决定。由此可见，姓、名、字、号等称谓同等家规、家训一样具有传承家族和维系家谱的重要作用。当今在市场经济中应运而生的一些起名公司，就是典型的例证。此外，我们还看到，家文化也对于维护和谐家庭有着重要意义。文学艺术是反映现实的。近现代的文学艺术的成功作品，大都是以家作为创作原型的。脍炙人口的《红楼梦》，巴金的《家》、《春》、《秋》，矛盾即沈雁冰的《林家铺子》，老舍的《骆驼祥子》、《龙须沟》，以及央视热播的《大红灯笼高高挂》（陈家大院）、《大宅门》、《乔家大院》、《闯关东》等连续剧都生动地再现了家族的历史、组织、家规、兴衰，都是以家为题材的成名之作。

2－4. 在西方，亚里士多德说家庭是“为人类满足日常生活需要而建立的社会的基本形式”。卢梭在他的名著《社会契约论》也明确指出：“在一切社会中，最为古老而又唯一成为自然形态的社会，乃是家庭。”[10]因此，对人这个“社会动物”的研究我们无疑应该从家族或家庭分析开始。历史实践告诉我们，人都是群居的。人群中最原始、最永恒的群体组织形式便是家族形式，即以血缘和性别为基础的家庭形式。摩尔根写成于1877年的《古代社会》和1881年写成的《美洲土著的家庭和家庭生活》一再说明人与人的结合组织方式最早是以血缘、性别为基础的家庭组织形式。先有女性为首的家族组织形式，后有男性为首的家庭组织形式，而女性世系由母方传递，所生子女属于母方氏族，家庭经济理所当然地由家长——母方全权负责。后来财富由女方转入男方。恩格斯指出，现代的一夫一妻制的个体家庭产生是由于大量财富集中于男子之手，而且这种财富必须传给男子的子女。在性别家族组织之后产生了以血缘亲族为基础的家族组织形式。摩尔根总结出人类历史依次出现了五种基本家族形式。开始是血缘家族，即一群兄弟及姊妹之间互相婚配为基础，并存在于世界各个民族之中。其次是群婚家族，这种家族是建立在几个兄弟对于他们每个人的妻子之间的占有的集体婚配之上的。同时也是几个姊妹对于他们每个人的丈夫之间的占有的婚配之上的家族组织。再次是对偶家族，即建立在一男一女的婚配之上的组织形式，但这种家族是没有独占权的家族组织。再次是父权家族，即以一男数妻的婚姻为其基础。当今世界有的民族仍然沿袭这种家族形式。最后是单偶家族，即以一男一女的婚配为基础的、独占的同居夫妻为这种家族的根本条件，这种家族也是文明时代的普遍形式。现代人也往往好从自身的家族形式看待以往的一切家族形式，因而产生了一个错觉，以为人类家族形式历来如此。其实这种单偶家族只不过是人类家族组织形式发展的结果，是家族组织形式的最终形式。

2-5. 在家族之上的是氏族、胞族、部落、联盟和民族等组织形式。每一种组织形式都反映了人们之间合作、交流和竞争的扩大和加深，它们也是一种特殊的社会经济组织形式。氏族是以共同的祖先，以氏族名称相区分，以血缘关系相结合而成的一个血族团体。其血缘“基因”无疑可追溯到家族并由家族演化、派生出来的胞族、民族等族群。以古希腊、罗马两大民族为例，他们组织链条除了缺少部族的联盟组织形式之外，都是相同的四级组织形式。对此，我们将摩尔根分析罗马人的说明转述如下：罗马人与其他民族也是相同的。第一，氏族，即具有同一氏族名称的血族团体；氏族组织形式基于以亲属作为纽带、以女性作为世系，以及禁止氏族内部通婚。第二，古利亚（胞族），即一种氏族的集合，为实现宗教上及政治上的功能所结合的比较高级的团体；希腊在氏族与部族之间的是胞族。第三，部落，即组织成古利亚的氏族的集合体。早期的罗马人常常自称为罗马民族（Populus Romanus），这是十分恰当的。在胞族之上的便是部落，它包括若干个胞族，每一胞族包含若干氏族。第四，联盟，摩尔根研究认为，希腊、罗马没有这种明确组织称呼，只是在研究易洛魁人时他才谈到联盟。在原始人那里由于维持血族关系和领土邻接各部落之间的利益需要而设立的防卫组织，才称联盟，而“最初不过是一种同盟，逐渐地结合而成为一种统一的联盟”[11]。第五，民族组织形式。罗马人出于立法上的需要，规定十个氏族为一个胞族，十个胞族为一个部落，并由三个部落而构成罗马民族。其政治组织领导决策则由一个元老院（sentus）、人民大会（comitiacuriata）和常务总指挥官（rex）组成最高组织体系。由此可见，家族则是所有氏族、胞族、部落、联盟和民族等有机结构体系中的基因和基础，充分说明人类是合群的社会动物。

2-6. 从中国古代儒家“修身、齐家、治国、平天下”的同心圆式的社会观到南北朝的《颜氏家训》、《朱氏家训》都是以大家和小家作为基本单位的。《颜氏家训》一书从小农经济出发规划了家庭经济的基本民生问题。颜氏说：“生民之本，要当稼穑而食，桑麻以衣。蔬果为蓄，园场之所产；鸡豚之善，时圈之所生。爰及栋宇器械，樵苏脂烛，莫非种植之物也。至能守其业者，闭门而为生之具以足，但家无盐井耳。”[12]左思《蜀独赋》：“家有盐泉井。”人们可从这种盐泉取水煮盐，《颜氏家训》说家是一个可生产食、衣、屋、用等物品，唯独不能生产盐的自给自足的经济单位。当家庭发展到一夫一妻制家庭时便不以自然条件为基础，而是以经济条件为基础，即以私有制对原始的自然成长起来的公有制的胜利为基础的第一个家庭形成。家庭是人类典型的基本经济单位。最早家族与经济是合二为一的功能单位，后来逐渐地由家族演化出带有家族性质的经济企业单位，作为生存发展的经济基础。这时家长或是酋长，家族实行子女继承权，东方一些家族实行长子继承权。我国明清时代的十大商帮中的经济实体以及中国台、港、澳著名的郭台铭、王永庆、李嘉诚、霍英东等厂商领袖都是如此。同时我国的个体经济和私人经济本质上是家庭经济。西方同样存在着大量的家族经济形式。

2-7. 企业：恩格斯在《家庭、私有制和国家的起源》一书中分析了家庭形式之后继而分析家庭经济。他认为，德国人的经济单位是家庭，包括个体家庭——家长制家庭——大家庭公社。俄国曾出现过大家庭式的“家庭公社”。他说在法国卢昂地区（在索恩——卢瓦尔省）仍可以见到巨大的农民住房，中间是公用的很高、直达屋顶的大厅。几代人共同占有耕地并共同耕种土地的家庭经济，在世界各国并不少见。如今我国福建省永定地区的圆筒式土楼、四川羌族的石头高楼，也许是这种家族的活化石。在我国明清时代形成的十大商帮如晋商、徽商、陕西商、洞庭商、绍兴商、龙游商、江佑商、泉漳商、临清商和粤商都是以家族为实体单元或联合单元的商帮经济。大名鼎鼎的红顶商人胡雪岩就是徽商家族经济的杰出代表。甚至远在巴西最早的首都萨比瓦多市的任何大商场中，人们都能看到一家名叫“Yan Ping”的中餐馆，“Yan Ping”是中文“恩平”的音译，餐馆的主人便是来自广东省恩平的吴姓家族。半个世纪以来，吴家在巴西已经繁衍成为一个有40多口人的大家族，挂牌成立于20世纪80年代初的“Yan Ping”餐馆，也发展成为拥有14家连锁餐馆的餐饮业集团。我国改革开放后在农村实行的家庭联产承包制，遍布于城乡的个体经济和相当数量的私人经济几乎都是以家族及其亲属为经济单位的，是典型的家庭经济形式。人们把琳琅满目的音响、彩电等商品统称为“家电”，将房子、轿车、游艇等商品看做是以家庭作为基本消费单元的耐用消费商品，折射出家庭经济的重要意义。家族或家庭无疑已成为聪明厂商实行生产经营决策的重要对象，是追逐利益最大化的一个重要财源。世界各国经济体系中家族经济企业具有相当比重。附表说明如下：

家族经济表

家庭企业的比例	样 本	家庭控制企业的限定条件
35%	标准普尔（2003）	创建家族在董事会中担任高层管理者，或是企业主要的所有者
32%	标准普尔（1992—1999）	创建家庭成员在董事会中占有席位并持有股份，不存在持有股权优先 >5% 的外部大宗股份持有者
37%	财富 500（1992）	高级管理人员为家族成员或创始人后代
35%	财富 500（1987）	创建家庭在高层管理岗位或在董事会中占有席位
47%	财富 500（1965）	5% 的家族所有权，在董事会中有代表，几代人都在企业中工作
21%	商业周刊 CEO100（1993）	高级管理人员为家族成员或创始人后代
60%	美国 54000 家公众公司（1996）	紧密的家族控制
20% 美国 25% 加拿大 55% 意大利 70% 中国香港	公开交易的 20 家最大企业（20 世纪 90 年代）	家庭控制了大于 20% 的股份，同时是最大的股东
44% 西欧 65% 德国 65% 法国 56% 西班牙	西欧公开交易的 5232 家企业（1996）	家庭控制的投票权大于 20%
57%	巴黎证交所前 250 家公司（1993—1998）	家庭控制超过 10%

资料来源：（加）丹尼·米勒等著：《永续经营》，商务印书馆 2006 年版，第 7 页。

2-8. 政府：在家族及其经济组织出现后自然而然地产生出对其财产的自卫和保护要求，上文讲到的在部落之后出现的“同盟”及其扩大了的“联盟”等组织形式，就是一种家族及其公司企业财产的自卫组织形式。家族或家庭为了维护其经济基础而借助政治、法律、道德等政治形态以维护家族统治与管理。我国流行家规、家训、格言、戒律、善书、民约等家族文化，并由家治逐渐演化为国治，最终家治通过国治形式发挥作用。名著《政府论》的作者洛克从契约观点上诠释了什么是国家。他分析说，每个人与其他人签订的契约，使人们脱离自然状态，组成全体，步入政治社会，从此人们作为一个整体行动，这显然就是一个国家。在中国古代，好像“国”与“家”是并列的，即国是国，家是家。其实它们并不是对等结构，历史表明，国与家是一种偏正结构，是指像“家”那样的“国”，即国家。中国历代王朝称“家天下”或“天下为家”的用语就是对“国家”一词最好的一种诠释。我国著名经济学家和翻译家王亚南指出，“国与家是相通的，君权和父权是相互为用的”，“皇权主义最深厚的根基，正是这种家长制。”[13]由家族演化为氏族后出现三种相继的政府组织形式：开始是选举产生的酋长会议，接着是酋长会议和军务司令官分别代表政务和军务职能，最后由酋长会议、人民大会和军务总司令三者组成政府。马克思和恩格斯总结指出，“国家是统治阶级的工具”，但国家组成其政府来具体地执行国家的经济政治职能，以维护、服务统治阶级阶层的经济利益。旧中国政府只是在征兵、征税时才同老百姓打交道，而老百姓只是作无奈的抗争和反对而已。关于社会主义国家的政府最基本的职能，温家宝总理作了有胆有识的评论，他说：“公平、正义，就是要尊重每一个人，维护每一个人的合法权益，在自由平等的条件下，为每一个人创造全面发展的机会。如果说发展经济、改善民生是政府的天职，那么推动社会公平、正义就是政府的良心。”[14]附图说明如下：

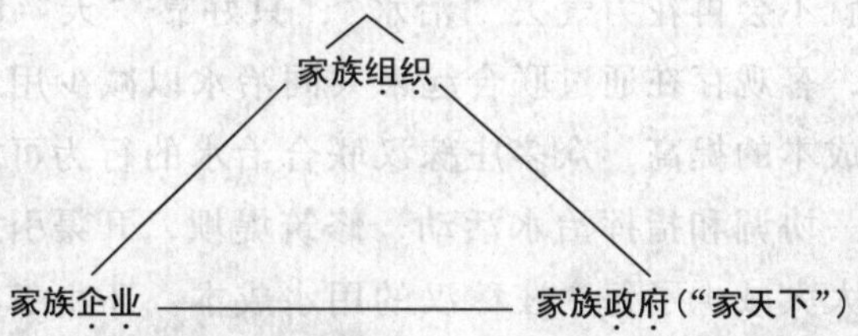

2－9. 马克思经济学方法是历史和逻辑相一致的。前面我们从历史角度依次考察了家族——家族经济——家族政府（或国家）。当社会采取了市场经济体制之后，这时，我们考察国家——市场——企业之间关系时可将企业利用市场资源和组织资源的过程视为一个“用水”过程，因此，我们把市场比做“水自然资源”，国家或政府比做“水组织资源”、企业比做“用水人”可能是恰当的。现在让我们用老子的“上善若水”的名言作古为今用的说明。水是人类生存必不可少的资源。“水往低处流”是水运动的自然法则，水对人类的作用是双重的：一方面它能够滋润万物，维持生命需要，还可以转化为各种水能造福于人类；另一方面洪水泛滥则严重威胁到人类的生存和发展。对企业而言，市场就恰似奔腾的长江之水，取之不尽，用之不竭，等待着人们去开发、去利用；它依据其内在规律为自己开辟道路；它通过价格、供求、竞争等机制的作用造成“百舸争流”的生动局面，促进社会生产力突飞猛进地发展；它可能带来经济周期震荡、财富浪费、流通混乱、社会分配不公等负面效应。水对于一个必须用水的单位如靠种庄稼而生活的庄稼汉来说，既不可缺少，又担惊受怕。没有水，庄稼就要干枯而死，庄稼汉就会因没有收成而饿肚子：水源不足，庄稼就得不到充分滋润，庄稼汉也会因收成不佳而日子过得艰难；洪水泛滥，庄稼淹没，农庄倒塌，庄稼汉就得流离失所，无家可归。企业在市场经济中犹如靠水怕水的“庄稼汉”。企业的生产经营不能没有市场。没有市场，企业生产的东西卖不掉，企业就无法继续进行循环再生产；市场资源不足，企业经营将受到严重影响；市场剧烈动荡，经济运行混乱，企业将蒙受重大损失，付出巨大的代价。对于一个庄稼汉，他的良好愿望是既要保证水源充分供应，又不能出现洪水泛滥。为此，他必须去开辟水源，疏通渠道，做好防洪抗洪的准备工作，并为此需要支付一笔“用水成本”。显然，这个庄稼汉支付“用水成本”的最大边界是他种庄稼的收益正好等于“用水成本”。如果“用水成本”太大，超过这个成本收益点，庄稼汉就不会再花力气去“治水”，只好靠“天”吃饭。在用水成本提高的情况下，客观存在通过联合起来共同治水以减少用水成本支出的必要性。随着用水成本的提高，众多庄稼汉联合治水的行为可能产生。他们推举公认的领袖统一协调和指挥治水活动，修筑堤坝，开渠引水，使水源不断又不泛滥，从而大大减少了每个庄稼汉的用水成本。还由于在一定区域共同用水，必然使庄稼汉争夺水源的竞争异常激烈，从而产生没有水时争水、水泛滥时又可能出现将水排入他人庄稼地的行为。这种由“水”而引起的矛盾，也客观上要求有一定组织加以协调。这样，在生存斗争中，一个协调众多庄稼汉用水的“水组织”应运而生，并发挥了重要作用。它一方面组织大家筑堤建坝，开渠引水，保持水源的充分供应，同时摸索规律，预测“天象”，及早做好防洪抗洪准备工作；另一方面，减少和协调用水矛盾，从而使全体庄稼汉平均用水成本减至最小限度。但是，由于“水组织”本身要花费管理成本，最终将分摊到每个庄稼汉身上。如果这笔成本太大，同样也不合算。庄稼汉的内在要求是，“用水成本”和“组织成本”之和即用水总成本最小化。因此，这个“水组织”是否有存在必要的成本界限是“水组织”通过组织行为使庄稼汉所减少的“用水成本”正好等于庄稼汉支付的“组织”成本。如果这个“组织成本”小于由于其组织行为而减少的“用水成本”，这个“水组织”就会很受欢迎。反之，就没有存在的必要。在市场经济条件下，国家（从经济意义上分析）就像个协调众多庄稼汉用水（市场竞争加剧，交易风险增大，交易费用增多）而产生的（“水组织”）。国家发挥组织协调经济功能的经济意义就在于国家通过发挥其整合功能，使企业利用市场资源的总成本最小。

2－10. 上述用水假说，可以形象而准确地表达现代市场经济运行中国家、市场、企业三者之间的关系。为了表述问题方便，我们把这一假说简称为“水”假说，取英文“Water”的字首，称为 W 假说。依据 W 假说，社会主义市场经济形态下的社会化生产系统应该是一个以企业为独立元素的生产系统，元素偶合的基本方式是市场，国家的经济协调功能是由于市场偶合方式的不足而引起的。国家管理经济的作用就是使企业利用市场资源的市场成本最小，并使企业支付的组织成本也尽可能小，国家发挥作用的临界点是企业支付的组织成本好像等于由于国家组织行为所减少的市场成本。理论经济发展实际上是一门生产关系、经济关系，简称为关系学。依据 W 假说，国家、市场、企业三者之间是相互作用的关系，即：国家与市场的关系是国家组织市场，市场制约国家组织行为的关系；市场与企业的关系是市场引导企业，企业能动利用市场资源的关系；国家与企业的关系是国家为企业提供服务，企业向国家缴纳组织费用并影响国家组织行为的关系。用这种观点来认识国家、市场、企业三者之间的关系，可以产生以下新的认识：（1）国家、市场、企业三者相互影响、相互制约、相互依存，是一种双向作用的关系；（2）国家是社会化生产中的一种协调（调节、调控）机制，国家作用于市场不是对市场进行全面的计划、指挥和控制，而是组织一种经济资源，使企业乃至整个社会使用这种经济资源的成本最小，或者说是去完善和矫正市场协调机制，使其作用得到“最适”发挥；（3）企业处于中心地位、市场机制作用的程度和国家组织机制作用的程序，主要决定于企业获取这两大资源所支付的成本的大小[15]。附图简单说明如下：

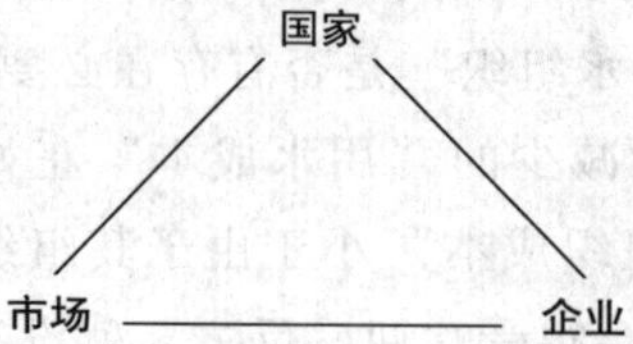

三、人类为了获取物资生产生活资料曾选择两种主体决策意识形式

随着家庭、企业、政府等社会组织制度形式发展，大致经过并行同步的两种主体决策意识形式，即一种是生产什么（生产多少）、如何生产和为谁生产的经验意识形式和另一种有计划、按比例、指令性的先验意识形式

3-1. 在人类童年的原始社会，人们为了生存发展需要，通常是以血缘关系为基础的家庭作为基本经济活动单位。“经济”一词的希腊语词源，就是指的家庭经济。美国著名人类学家摩尔根在《古代社会》一书中描述了人类相继出现了群婚家族、血缘家族、对偶家族、父权家族和单偶家族。这些家族组织形式，为了取得生存发展的物质资料产品，在家长或族长指导决策下，实行性别分工和年龄分工，男女老幼分工是明确的，生产劳动结果都是为了家族成员需要。这时家族内生产什么，如何生产和为谁生产是清清楚楚的，而且年复一年下去，家族积累了组织生产活动的经验，并把这种成功经验从头脑思维中把它定格后升华为理论思维形式表述出来，即生产什么、生产多少、如何生产和为谁生产的基本经济理念，并逐渐地发展为现代家族生产经营计划决策理念。

3-2. 生产什么：作为现代厂商主体，不仅要从一定社会历史人口出发，尤其是具有购买能力的人口出发，还要从人口的性别、年龄、职业、偏好和追求出发，全面、具体地思考生产什么或经营什么。因此，西方经济学通常从需求经济人的购买能力（货币）和购买偏好讲起，这是最大的实际；同时，厂商主体还考虑国内市场中生产经营的同种产品和可替代产品的情况。比如，中国上海益民食品厂生产的名牌产品“大白兔”奶糖已开发出72种规格，天津油漆厂已生产出1100种规格油漆，仅1987年版《吉尼斯大全》就记录了全世界已有23万种产品。重要的是，生产什么同时就包含了生产多少产品。任何事物都是有质有量的，即质量统一的。生产什么是一个质的规定性，生产多少是一个量的规定性。因此，厂商主体在决策拍板时必须进行定性定量分析，头脑里始终要有一个定性定量概念（最好实行订单式生产经营）。要知道，定性定量关键在于一个“定”字，在于人的选择问题。

3－3. 如何生产：如何生产经营是一个复杂的系统工程。根据已经确定的生产什么产品和生产多少产品后，还要根据自有资金和贷款资金等资本状况，根据生产资料是手工的、机械的还是自动化设备等特点，以及员工的文化技术水平高低等主客观条件组织生产经营。在组织如何生产过程中的每一种因素、成分和环节，都是系统工程中的有机组成部分，缺少任何一个因素、成分和环节，都不可能生产出物美价廉且有竞争力的品牌产品。重要的是，作为厂商主体者的法人（总裁、经理、首席执行官）在决策拍板时，必须正确处理好“三脑”之间的关系，即决策者作为“首脑”应认识到决策者个人的智力、谋略是有限的，必须有智囊团或智库人员作为“外脑”，还必须借助于“电脑”，即计算机工具帮助如何组织生产经营活动，实行民主决策和科学决策，“三脑”无疑是企业软实力的集中体现。

3－4. 为谁生产：这是同生产什么、生产多少和如何生产进行相关考虑的消费需求主体问题。在指导思想上，一定要从市场运行中去认识并确定为谁生产的主体对象。在阶级社会或有阶级的社会中，为谁生产的谁是有阶级阶层烙印的。中国社会科学院将职业人员划分为十大阶层，因此，为谁生产要细化为为哪些阶层生产。阶级或阶层说到底是一种财产、财富和劳动的标志和尺度的问题（详见“阶级经济人”章）。同时各阶层中的消费者个人是有年龄段的（如年代年龄、生理年龄、心理年龄和职业年龄），不同年龄段上的个人是有不同消费需求偏好的。如今市场上有的厂商经济人专攻妇女种种需要；有的专攻于儿童手上的种种需要，当前欧美市场儿童商品80%是来自于中国。重要的是，要从供给与需求的关系中去认识和把握“为谁生产”对象群体问题。

3－5. 由谁决策生产：在现代市场资源配置行为中，可以说一切成功莫过于决策成功，一切失败莫过于决策失败。斯蒂格利茨把选择“生产什么，生产多少，如何生产，为谁生产，由谁决策生产”这五大基本经济组织问题最终归结为科学决策问题。因此，讲全一点，决策者应实行“三头六臂”式的决策组织系统：“三头”即前面提到的三脑：“首脑”（厂长、经理）＋外脑（智囊团或咨询公司）＋电脑（资讯库）；“六臂”即预测＋决策＋执行＋反馈＋监督＋管理等六大系统。重要的是，提供给决策者的可行性研究报告或研究方案一定要有两个或两个以上的不同方案，以利于决策者进行比较和选优。而且决策过程拍板时，始终应该注意两个基本标准即可行性方案在理论上是否讲得通、在实践上是否行得通（以下简称“两通”标准）。因此，重要的是，决策者要有实行决策科学化和民主化的理念和胸怀。

3－6. 社会生产什么、如何生产和为谁生产等“知识产权”是马克思和恩格斯的。萨缪尔森、斯蒂格利茨只是继承和发展了这一思想。人们翻开以萨缪尔森、斯蒂格利茨为代表的西方经济学都会看到，他们认为“生产什么，如何生产，为谁生产”是任何社会的三大基本经济组织或基本经济任务问题。而且萨缪尔森断言，不论是共产主义国家还是资本主义国家都会遇到这三大基本经济组织问题，甚至认为这三大问题“是一切经济制度所共有的”。斯蒂格利茨还在上述三大基本经济组织问题的基础上加上了一个“谁做出经济决策，以什么程序做出决策”，并指出这四个经济问题都是经济运行问题。这样一来，就给人们造成了一个先入为主的印象，以为“三大基本经济组织问题”或“四个经济运行问题”是西方经济学的“专利”，其实这是一种误解。从理论渊源上讲三大基本经济组织问题恰恰是马克思和恩格斯的“知识产权”。萨缪尔森等人《经济学》中作了一个伏笔，说他们的著作中重新综合了现代主流经济学，并具体地综合了包括后凯恩斯主义、货币主义、合理预期、芝加哥自由主义、马克思主义及激进经济学。所以，不难联想，他们在书中综合、混合了马克思和恩格斯的上述思想也是在情理之中的。例如，斯蒂格利茨在他的代表著作《经济学》（上册第3页）中明言，“对于一个经济学家来说，一辆汽车可用来解释经济学的几乎全部内容。从经济学的角度看这个众所周知的主题，我们可以学习到经济学的思考方式”。读到这儿，人们会自然而然地联想到马克思在《资本论》开篇第一章讲到的：“资本主义生产方式占统治地位的社会的财富，表现为‘庞大的商品堆积'，单个的商品表现为这种财富的元素形式。因此，我们的研究就从分析商品开始。”由此可见，两位经济学大家尽管历史背景和人文观点不同，但他们都从商品开始，一个从一般的财富商品开始，一个从具体的汽车商品开始。他们在理论历史上的渊源是不言而喻的！应该看到，只要翻开西方学者著作有时会看到有些似曾相识的马克思的东西，但是西方学者从来不注明引文的出处。美国是实用主义哲学的故乡。为了同《共产党宣言》对着干，20世纪60年代美国一批御用文人抛出了所谓《资本家宣言》，实则是“借鉴”社会主义国家人民当家作主的经验，实现股份制的人民资本主义；“借鉴”社会主义福利制度的经验，实行从生到死包下来的福利资本主义；“借鉴”社会主义计划经验，实行国家干预的计划资本主义。

3－7. 说到三大基本经济组织问题，其实早在西方学者之前，马克思和恩格斯就在《费尔巴哈》一文谈到生产方式意义时就提到“与他们生产什么一致，又和他们怎样生产一致”。后来由恩格斯执笔并由马克思撰写一部分经济理论的《反杜林论》和《社会主义从空想到科学的发展》等著作再次明确提出了：“生产以及随生产而来的产品交换是一切社会制度的基础；在每个历史地出现的社会中，产品分配以及和它相伴随的社会之划分为阶级或等级，**是由生产什么、怎样生产以及怎样交换产品来决定的。**”[16]这里引述恩格斯的上述论述中的黑体字是笔者加重的，意在便于人们同当代西方经济学上的生产什么、如何生产和为谁生产三句话做一类比说明。不难看出，前两句话不仅神似而且形似。至于恩格斯最后讲到的“怎样交换产品”一语，如果我们从马克思和恩格斯的一贯经济思想来把握这句话的含义，就会解读到马克思和恩格斯始终是把生产、生产方式视为决定分配、交换和消费方式的；而分配、交换、消费本质上只不过是生产要素和生产行为；同时在他们看来交换产品实际上是两个不同的商品生产所有者之间的产品交换。由于在瞬息万变的市场经济上谁也搞不清楚他自己生产的产品为谁生产，只能在意念上想像出有一个虚拟的需求对象，所以，从这种意义上讲，“怎样交换产品”说到底是交换双方各自的为谁生产的问题。问题还在这里，马克思和恩格斯不仅最本质地提出了上述三句话的科学论断，还在其《资本论》的文体结构中做了科学证明。

3－8. 《资本论》第一卷是论述资本，论述资本生产的，然而资本只有生产价值进而生产剩余价值，这时资本才是本来意义上的资本，所以，从资本人格化的动机和目的上考察，《资本论》第一卷的中心是剩余价值生产问题或者是“生产”利益最大化问题。这时马克思是研究资本主义的直接生产过程，即研究暂时从理论思维形式上抽象掉交换过程或流通过程的纯粹的生产过程。这时资本“生产什么”——按照劳动价值思想和剩余价值思想生产商品中的价值和剩余价值（c + v + m）；“如何生产”——经过流通领域或市场领域的劳动力买卖而将货币转化资本，并经过生产领域中的劳动过程和价值增殖过程相统一的生产过程，和价值增殖过程中的两种基本方法进行生产，即绝对剩余价值生产方法和相对剩余价值生产方法；“为谁生产”——产业资产阶级的整体。这时，“三产”最充分地体现了资本主义生产的动机和目的就是生产剩余价值，追求利益最大化。

3 – 9. 《资本论》第二卷是在第一卷的基础上把生产过程和流通过程结合起来并重点研究广义的流通过程。资本生产过程是生产过程和流通过程相统一的过程，资本主义生产过程中的生产资料和劳动力两种商品是从市场购买回来的，经过生产而生产出商品后又把商品送到市场上卖出去，一买一卖都在流通过程。所以，这时资本“生产什么”——生产资料商品和生活资料商品，并将这两种商品中所包含的价值和剩余价值在流通过程中实现出来。所以，本质上讲，流通是再生产或流通的生产。“如何生产”——首先是个别的资本循环和资本周转生产，接着是社会资本或总和资本中两大部类生产和交换，并通过简单再生产和扩大再生产，进而外延扩大再生产和内涵扩大再生产等再生产形式。“为谁生产”——资产阶级和资本主义社会的全体消费者。资本是一种自行增殖的运行过程，它只有在一定空间时间的运动过程中才使生产者实现其价值和剩余价值。

3 – 10. 《资本论》第三卷是在第一卷分析了资本的直接生产过程，又在第二卷分析了包含生产过程在内的资本的流通过程后，现在将它们统一起来进行社会的整体分析或称为综合分析。这个综合或宏观分析过程，就是生产过程和流通过程在内的资本家如何瓜分剩余价值的分配过程，即宏观上考察分析资本主义生产总过程。这时资本“生产什么”——生产剩余价值的转化的现象形态，即利润、利息和地租。“如何生产”——经过各种职能资本和非职能资本的内部竞争和外部竞争所形成的生产价格、市场价格，这时的生产价格 = 成本价值 + 平均利润 + 超额利润。“为谁生产”——为工业、商业、银行资本家等以及土地所有者生产，从而实现了资本主义社会的最终生产目的。这样一来，马克思就全面充分地说明了资产阶级财富收入的真正来源，资本主义社会经济生命史。

3－11.《资本论》第四卷可以说是经济文化论。马克思考察资本主义生产方式，始终坚持运用生产力与生产关系、经济基础与上层建筑相结合等原理全面进行分析；同时马克思把人的物资生产同人的精神生产有机结合起来，从而深入认识了资本主义经济人的全部生产再生产结构及其运动活动。从学说史上看，每一阶级及其阶层的经济学家无不为其本阶级或阶层的生产发展和财富增长而著书立说，制造舆论。可以说，理论经济学是有鲜明立场角度的，是一门立场科学，它始终要回答一个为什么人的基本问题。马克思为了彻底地揭示资本主义生产方式，除了在理论《资本论》上的一至三卷中点评了资产阶级学者思想，体现了政治经济学是一部“政治经济学批判”著作的特点外，还在历史《资本论》第四卷（一至三册）专门剖析了资产阶级的各种经济思想，即资产阶级的经济理论文化思想发展。这时精神“生产什么”——生产了概念、范畴、规律和原理，如生产劳动与非生产劳动等理论思维形式。“如何生产”——通过理论思维活动的特有方式为资产阶级及其政府提供了各种理论依据，如工厂法、工资法、银行法、卫生法、儿童保护法等。“为谁生产”——为资产阶级及其政府。由此不难看出，三大基本经济组织问题观点，是马克思和恩格斯最早也是最全面最深入地进行了科学论述。

四、计划经济和市场经济实质是：人类生存发展的需要量——产品量——劳动量问题

计划经济和市场经济实质是：人类生存发展的需要量——产品量——劳动量问题，即按比例分配劳动社会形式问题。同时人类曾据此选择过先验的、轨道式的社会劳动（劳动产品）按比例分配的计划经济体制，和自发的、演化式的社会劳动（劳动价值）配置的市场经济体制

4-1. 家庭或家族都是“计划经济”和“市场经济”的原创者和实践者。家族的生存发展是依靠于生存发展所需要的物质资料生产再生产的。其生产结果的吃、穿、住、行、用等基本物质资料产品序列一向是“民以食为天”的。我国媒体往往以“盛宴”或“大餐”等用语形容人文社会的重大活动，集中说明了“食”对于人生民生的重要意义。在食物链上，摩尔根在《古代社会》一书中同样重视食品并将人类获取食物资源划分为五种：第一种及第二种发生于野蛮时代，其他三种发生于开化时代。原始人的食物是鱼等，并可沿着江、河、湖、海转移，到了低级、中级开化时代，人们开始用栽培得来的淀粉食物当做生活资料。中国人、印度人种植小麦，希腊人、日耳曼人栽培稞麦，秘鲁人栽培玉米等淀粉食物，随后便以会用淀粉食物饲养动物，使人类生活多了肉食及乳食，使那种只限于打猎来获取肉食的状况逐渐结束，代之而起的是圈养牛、羊、猪等家畜动物。特别是铁的发现，给人类农业生产带来铁尖犁头、优良的锹及斧等生产工具，使人类进入到农业生产可以取得稳固的粮食和肉食，并在有限的地域内密集了大量人口，增加了交流、交往和变换行为。人类食物链几乎都是以家族或家庭作为基本经济单位进行的。采集树上野果、挖掘地下淀粉根块，捕鱼狩猎等经济活动和生活，是在家族内由家长根据家族成员的性别、老幼对生存发展的物质产品需要，计算出一家人早、中、晚饭煮几碗米，做几样菜等需要量，然后按照性别、老幼分工与协作，运用大、小、多、少、长、短、轻、重、得、失、快、慢等经济语言量，进行沟通、指挥和管理一家人的经济生产活动，实行一定程度、范围和水平的计算经济或计量经济的生产生活。当今，流行于家庭的“吃不穷、穿不穷、算计不周要受穷”的俗语便折射出这种家庭计划经济的含义。即使是在纯粹市场经济的国家社会中的家族及其厂商企业经济，其生产什么、如何生产和为谁生产也是有预期有计划进行的。不仅家庭，几乎每一位私人企业或家庭差不多都懂得初步的登记、统计和核算，精明者还想方设法按照订单组织生产经营，而且只要有条件的企业大都配备有工程师、会计师和经济师“三师”，有的甚至聘请精算师。这时家族经济企业内部生产什么、生产多少、如何生产、谁决策生产等等是一目了然的，基本上做到了心中有数。恩格斯在英国曼彻斯特合伙经营了纺织厂即“欧门—恩格斯公司”，作为股东并担任“通信办事员兼总助理”的工作达二十年之久，他不时地为马克思写作《资本论》提供了第一手资料。他非常熟悉公司内部精打细算的计划生产情形。所以，恩格斯在后来分析英国资本主义社会市场经济时就指出，尽管资本主义社会的整体经济生活是自发的、盲目的、无政府的，但该社会中的每个私人厂商的内部却严格实行着计划生产经营。他们生产什么，如何生产，为谁生产是清清楚楚、了如指掌。从这种意义讲，在自由资本主义社会内的家族或家庭式的企业公司经济也是"计划经济"或有经济计划的。这种社会和社会内部的不同表现是值得人们去探索总结的。

4－2. 在原始社会末期，当家族经济因生产、生产力的长足发展，物质资料产品在满足自身需要之后有了剩余，这时家长便开始携带着自己的剩余产品去换回别人的剩余产品，用调剂余缺来满足家人经济生活的多种需要。这种由个别家长带着简单产品，偶尔相遇或约定于两个原始公社边界地点进行的产品交换，马克思从价值理论上把它概括反映为"简单的、个别的或偶然的价值形式"。由此可见，那时家族经济活动是内外有别的。我国至今仍然有些村镇逢单日或逢双日进行集市贸易活动。辩证法告诉我们，事物是相辅相成也是相反相成的。家庭外部的交换形式必然反作用于家庭内部，开始有一部分产品为了别人需要而生产——即有意识的商品生产和商品交换开始了。我们说，在原始社会末期出现的家族之间的剩余产品交换萌发了商品市场经济，是讲得通的。科学包括经济科学是讲究本质的，而本质通常是简单的，所以，我们从简单到复杂，从抽象上升到具体（或思维中的总体），来认识市场经济的由来、形成和发展，是认识表述任何事物发展的一种重要的科学方法。

4－3. 重要的是，马克思和恩格斯亲自看到了西欧工人阶级兴起了合作经济运动——合作工厂。三位伟大的空想社会主义者特别是欧文这位工厂主的实践表明，除了血汗工厂制度之外，如果能改善工人的劳动和生活等条件同样能提高工人的劳动兴趣和劳动效率，工人在没有得到任何外力支持下同样能成功创办合作工厂。他们说："工人们不是在口头上，而是在行动上证明，大规模地生产，并且是按照现代科学要进行的生产，在没有那利用雇佣工人的阶级营垒的雇主阶级参加的条件下，也是可能实现的；他们证明：为了顺利进行生产，劳动工具决不应当被垄断起来作为统治和掠夺工人的工具；雇佣劳动，也像奴隶劳动和农奴劳动一样，只是一种暂时的和低级的形式，它应该让位给带着兴奋愉快心情自愿进行的联合劳动。"从马克思和恩格斯热情的评述中我们看到了未来工人阶级通过联合劳动可实行计划经济的一缕曙光。同时马克思和恩格斯还从批判资产阶级国家中看到了，从税收积累起来的真正的国民财富即国家财富或公共财产，是工人阶级国家实际计划经济的社会调节对象。在资本主义社会中存在着的“公共产品”和“公共财产”这样一些带有明显社会性的东西。恩格斯指出：“资本家本身不得不部分地承认生产力的社会性。大规模的生产机构和交通机构起初由股份公司占有，后来由托拉斯占有，然后又由国家占有。”[17]在这里，恩格斯先后讲到了三步社会性，借以说明现代生产力的逐步扩大的社会性质，预示着人们可“按照社会和每个成员的需要对生产和社会作有计划的调节”，即实行计划经济。如前所述，恩格斯本人屈从于父命在曼彻斯特经营纺织厂的经商当中有计划有组织地进行生产经营活动，进而他推论到尽管整个资本主义社会生产是无政府的、盲目的，然而社会中每一个私人企业的内部则是有计划的。在论述到资本主义生产方式两种表现形式时总结指出：“社会化生产和资本主义占有之间的矛盾表现为个别工厂中的生产的组织性和整个社会的生产的无政府状态之间的对立。”[18]由于语言有历史性、民族性等特点，所以，恩格斯这里用语的“生产的组织性”和“生产的计划性”可视为是同义语。

里昂惕夫的投入产出表、凯恩斯的国家干预和萨缪尔森的混合经济是有远见卓识的

4－4. 苏联是人类历史上第一个实行计划经济的国家，苏联的前身并不是成熟的发达的资本主义国家，而且是在残酷战争和恢复时期中实行计划经济的。从1917年至1924年，国内外敌人联合起来，欲将新生的苏维埃国家扼杀在“摇篮”之中，不断地进行阻挠、破坏和抵制。因此，这时的计划经济实际上是一种“战时共产主义”的计划经济，不是正常的社会主义时期的计划经济。但就是这种“计划经济”，使苏维埃人民在坚定他们的理想、信念的精神支持下度过了困难，稳住了阵脚，坚定地走上了社会主义道路。后来1942—1945年德国法西斯发动第二次世界大战，希特勒充分利用了欧洲的人力、物力，妄图一举消灭第一个社会主义国家，然而苏联以其**“计划即命令”**式的计划经济保障了人民生活和战争需要，最终战胜了法西斯，一个极其重要原因是苏联的社会制度包括计划经济制度起到了巨大作用。这是不争的事实。后来刚刚得到喘息、恢复国民经济不久，又逢以美苏为核心的两大军事集团积极备战，在1948—1989年所谓“冷战”思维下苏联实行计划经济，其国民收入的相当大部分用于国防军事需要，所以，从历史上看，苏联的计划经济始终是在战时环境下实行的。而且，计划经济是一种人的群体的、集体的、理性的思维经济产物。一般不太重视群体中的个人的偏好和需求。又加上计划经济实质上是一种计算经济或计量经济因而添加上数理思维因素，利用人们有一种追求精确化的理性心理，越发助长人们从理性思维发展至数理思维的理想化[19]。

4-5. 同时在国际上，1929—1933年美国发生了首次金融大危机。如何防止和治理金融危机，当时有三位著名经济学家的经济思想对“计划经济”影响颇深，即里昂惕夫、凯恩斯和萨缪尔森。里昂惕夫曾是一位具有独立见解的社会主义者，于1925年因病离开苏联去了德国柏林，后定居于美国。他在经济思想上提出了国民经济发展的投入产出模型，是反映表现国民经济各个部门之间互相依赖关系的一种方法。A部门向B、C和D部门投入（原料、半成品），它自己又从X、Y、Z部门得到投入品。因而整个经济可以表示为部门之间综合的相互依赖关系。苏联早期编制的1923—1924年度国民经济平衡表也曾对里昂惕夫的思维产生过积极影响。后来里昂惕夫和他的合作者根据美国1919年与1929年的统计资料编制了44个部门投入产出表。由此使他于1948年成为“哈佛经济研究项目”的创立负责人。此时已有几个国家的政府包括美国政府，已经着手进行投入产出表的编制工作，意欲使国民经济协调、有计划发展。美国政府第一个投入产出表是根据1947年资料编制的，并于1949年发表，不仅发达国家还有发展中国家也把投入产出表作为制订国民经济计划的一项基础性工作。但是，著书介绍里昂惕夫的作者马丁·凯夫说：“令人啼笑皆非的是，在美国，意识形态的障碍也阻碍了政府对投入产出方法的应用。在艾森豪威尔执政期间，投入产出一直被看做是导致经济计划的突破口，因而政府撤销了对于这项工作的支持。在美国国会中，参议员汉弗莱和贾维茨曾建议成立经济计划署和经济计划委员会而在参议院立法。里昂惕夫相信，只有等待经济出现了更大的危机，实现计划的必要性才能为人们所认识。他称马克思和魁奈对自己投入产出工作影响很大。里昂惕夫于1973年因投入产出模型的贡献而获得了诺贝尔经济学奖，也是在同年他雄心勃勃地为联合国家编制投入产出表，包括世界经济模型。他将世界划分为15个区域，每一区域建立一个包括45个部门的投入产出模型。

里昂惕夫于1970年出任美国经济学会会长。后来他无奈地说道：维持经济增长和经济发展的主要限制来自于政治、社会和制度方面，而不是在物质方面。”[20]由此可见，不仅社会主义国家有计划经济、资本主义国家“也有计划”。这是历史不争的事实。至于凯恩斯的国家干预和萨缪尔森的“混合经济”都一定程度地主张“计划”经济。

社会中的个人具有市民与公民的双重身份，其所需产品具有私人性和公共性的双重性

4-6. 马克思在吸收和批判前人经济思想的基础上，逐渐地形成了历史唯物主义——社会的经济基础和上层建筑或者说是社会存在和社会意识等辩证唯物史观。在马克思看来，市民社会实际上更关注人民物质生活的经济基础，这种经济基础必然要求国家等上层建筑服从、服务于经济基础，并认为：“市民社会和政治国家的分离必然表现为政治市民即公民脱离市民社会，脱离自己固有的、真正的、经验的现实性，因为作为国家的理想主义者，公民完全是另外一种存在物，他不同于他的现实性，而且是同它对立的。于是，市民社会在自己内部建立起国家和市民社会之间的关系，这种关系在另一方面已经在官僚政治中实现了。”[21]在论述进程中，马克思仍然坚持以社会中的个人为基本出发点，将个人分为市民和公民的双重属性，并规定其经济生活需要和法制权利需要的双重需要。个人作为市民自然要求维护其生存发展的物质需求和经济利益，同时个人与个人存在于社会联系和彼此需求中，个人作为公民还必须为社会政治事务和公共利益承担权利义务，这时个人有点像莎士比亚的《一仆二主》剧中人一样，个人主体既要为自己作为市民服务，又要为自己作为公民服务。所以，我们若用马克思思想诠释个人的双重属性，国家不得不承认市民社会，恢复它，服从它的统治，在最直接的现实中，在市民社会中，人是世俗存在物，在政治国家中，即在人类存在的地方，人是想像中的主权和虚构的一分子。马克思在界定了“社会中的个人”的双重属性即经济人和国家人之后，国家及其政府自然应对其公民实行国民待遇，共享公共产品或公共财产；同时作为市民的纳税人，重视国家（或政府）如何分配纳税人的税收（财政），并由此逐渐养成公共经济意识，为个人适应计划经济奠定了初步的群众基础。

4-7. 早在1843年，马克思和恩格斯在《费尔巴哈》一文中指出：“一切人类生存的第一个前提也就是一切历史的第一个前提，这个前提就是：人们为了能够‘创造历史’，必须能够生活。但是为了生活，首先就需要衣、食、住以及其他东西。”（《马克思恩格斯选集》第1卷第32页）他们并在该文的一个脚注中概括写道：“人体。需要，劳动。”由此可见，人类对生活资料需要是人类的自身存在的客观必然性，人类想要满足自身需要就必须进行物质生活资料生产，就是说，他必须劳动。因此，人类的“第一个历史活动就是生产满足这些需要的资料，即生产物质生活本身”。后来在《资本论》中，马克思把生产物质生活资料转换为人本的劳动价值思想，并以此作为经济学理论体系的基础和枢纽来说明物质生活资料生产的社会形式。更重要的是，在《资本论》出版的第二年，即1868年，马克思在给他的挚友库格曼医生写去的一封信中重申了上述经济思想，并作了生动而深刻的描述。他说：“每一个小孩都知道，一个民族如果停止工作——不用说一年，就是停止几个星期就会饿死。同样大家也知道，为了要适合各种不同需要量的产品量，就需要有不同的和数量一定的社会综合劳动量。显而易见，这种按一定比例分配社会劳动的必要性，决不可能被社会生产的一定形式所消灭；所能改变的只是它的表现形式。自然法则根本不能消灭的。可能依不同历史条件而发生改变的，只是这些法则所由以表现的形式。在社会劳动的联系是表现于个人劳动产品的私人交换的社会制度下，这种按比例实行的劳动分配所表现的形式，也就是这些产品的交换价值形式。”[22]由此可见，马克思本人的历史唯物主义的基本观点和运用这种观点指导的经济学，已经科学地阐释了人类生存需要和满足人类生存需要而按一定比例分配社会劳动的“自然法则”，并从根本上说明了社会经济资源的最佳选择“生产什么、如何生产和为谁生产”三大基本经济任务的社会经济意识形式问题。

计划经济表现为一种先验的、轨道式的社会劳动（使用价值）分配运行体制

4-8. 马克思在前面讲的“这种按比例实行的劳动分配所表现的形式”，在计划经济体制的社会形式下或社会主义公有制的社会形式下，社会经济生活呈现出全息性、公有性和共富性的鲜明特点，因此，在马克思看来，社会组织中心有可能按照社会所需要产品量来分配社会劳动量。这时社会组织中心实行中央决策：“生产什么、如何生产和为谁生产”。如恩格斯所说“按照社会和每个成员的需要对生产和社会作有计划的调节”。现在我们假定，计划经济社会形式下只有100个人，每人每年为了维持其口腔卫生所需要的各种不同产品量是：口杯1只，牙刷2把，牙膏12支。以一年为生产消费单位，这时单个人所需要的产品量是一个标准尺度，因此，必须按照一定的比例量乘以100人，这时社会所需要的年总产品量则是100只口杯，200把牙刷，1200支牙膏。社会为了取得这些产品量就必须按照一定的比例（或结构）将100个人的社会总劳动量分别向生产口杯、牙刷、牙膏三个不同企业进行分配，并组织生产。这时社会“生产什么、如何生产和为谁生产”是清清楚楚的。所以，这种社会形式的计划经济体制以国家政府由上而下自行组织（如我国从中央至县政府都有“计划经济委员会”，改革后演变为“发展和改革委员会”，并仍坚持编制国民经济和社会发展五年计划，如今开始编制第十二个五年规划）决策为主体，以劳动产品的使用价值形式的“看得见的手”来指导经济人的经济运行活动。这样一来它就表现为一种先验的、轨道式的社会劳动（使用价值）分配方式。

市场经济表现为一种自发的、演化式的社会劳动（交换价值）配置运行体制

4-9. 现在让我们转换一下视角，看看从计划经济体制进入到市场经济体制的社会劳动分配形式问题。正如马克思所说的：“这种按比例实行的劳动分配所表现的形式，也就是这些产品的交换价值形式”。现在让我们仍然沿用社会100个人的老例子。假定甲企业生产一只口杯8元×100＝800元；乙企业生产一把牙刷2元，每人一年用2把牙刷，2元×2＝4元，再乘上100人等于400元；丙企业生产牙膏每支0.5元×每人一年用12支共6元，再乘上100人等于600元。这时甲、乙、丙三个企业分散决策生产产品的需要量及其分配社会劳动量（即资源量）：甲企业100件，共需500个小时；乙企业200件，共需要400个小时；丙企业1200件，共需300个小时。如果甲企业误判了社会需要量而盲目扩大生产了110件，耗费了550个小时；乙企业摸清了市场需要仍生产了200件，耗费了400个小时；丙企业盲目缩小生产只生产了1000件，耗费了250个小时。这样，乙企业生产的产品量与社会需要量正好相一致。这时，市场上的乙企业所生产的单个商品价值及其总商品价值量都得到了实现，但这时甲企业亏损，丙企业盈利。这时，人们会看到这时按比例分配劳动借以表现出来的形式是商品的价值形式，价值演化为价格一只“看不见的手”指引企业或社会“生产什么、如何生产和为谁生产”。所以，这种市场经济体制社会形式是以厂商分散决策为主体，以价值或价格那只“看不见的手”为信号指引经济人的思考和行为。这样，它就表现为一种自发的、演化式的社会劳动（交换价值）分配方式。

4-10. 与上述计划经济理念不同的是苏东斌教授所持的一套经济理念。近几年，坚持以人作为论述主体的苏东斌教授先后出版了《人与经济》、《人与市场》、《人与制度》和《制度人假设——从计划经济到市场经济》等大部头著作，是理论经济学界高产作家。但他在诠释从计划经济到市场经济的开篇写了一个“综论：大江东去”时断言：“综上所述，尽管计划经济制度有根据、有愿望、有安排、有程序，但从本质上讲，说到底，计划经济制度不是什么未来可能，或是将来必然要实行的制度，而是一种人为设计充分体现最高长官意志的经济制度。”在往后叙述中该书作者又指出：“计划经济制度有着深刻的理论内涵，在其理论思路中，支撑主干血脉的养料来源也同市场经济思想一样来源于西方政治经济思想。”那么，是什么西方政治经济思想呢？他晒给我们是“追求自由分出的两条线路”，即自由主义的自由观和马克思主义创始人的自由观，而且马克思主义创始人的自由观是指导思想，“因此对计划经济制度实质的考察我们从它的自由观出发”。并在往后分析说明中指出，正是在人类社会从人对人的依赖、人对物的依赖和人的全面发展和自由个性的社会过渡中，马克思用自由观演变出一个计划经济。很显然，我对这种立论不敢苟同。作者如此描述的计划经济“制度人假设”同马克思上述的经济人观点截然不同，他不是用人的物质经济生活实际而是揣度人的自由观念形式塑造他那个“假设”经济人制度，是很难说服人的！如果我们想用马克思和恩格斯著作中的“自由”一词作证的话，应看到他们对待所有概念的语境一样，是从不同论述对象和不同意义上使用“自由”一语，他们的自由观是历史的、发展的、丰富的，我们应对自由一语问题作具体分析，切不可一概而论。近几年来，老有人对当代中国经济学的现状不满，老感到中国经济学与世界经济学有着太大的差距，老盼望中国经济学能早日与国际经济学接轨，彼此并肩前行。如今可谓人算不如天算，幸亏国人还不像上述的“三老”那样，对内浪漫而对外幻想，坚信社会主义核心价值观，坚持社会主义市场经济理念与实践。因而“风景这边独好”。在西方的自由世界等极端的自由市场的互动下，欧美政要一片惊呼救市之声。日本证券公司统计算出，全球金融资产缩水 27 万亿美元，相当于日本国内生产总值的 5 倍以上，2009 年 3 月已达 50 万亿美元。然而尽管西方政要使出浑身解数，采取种种救市措施，但股市仍然狂跌不止，越演越烈的祸水已从虚拟资产蔓延至实体资产，金融危机蔓延成经济危机。令人想不到的是，两个世纪以来发生的世界性的大萧条都源自于被称为自由世界王国——美国式的自由市场经济。

4－11. 我国实行的是一种“混合”的市场经济或中国特色的社会主义市场经济。所有经济体制都是在一定历史时空中的产物，中国实行过的计划经济或现行的市场经济都是如此，因此，认识和评论一种经济体制应持历史唯物主义时空观是顺理成章的。在中国社会，这种经济具有“中国特色”和“初级价段”两种特征。所谓“中国特色”是指具有民族性、区域性和国家性；所谓“初级阶段”是指这种经济具有时代性、后进性和渐进性的。这就决定了中国经济体制是中国特色及其初阶段的社会经济产物。邓小平同志（1904—1997）作为我党的第一代核心领导集体的重要成员，他熟知毛泽东和陈云关于计划经济与市场调节的理念和实践的。因此，在改革开放之初邓小平同志便从方法论上强调指出：“社会主义同资本主义比较，它的优越性在于能做到全国一盘棋，集中力量，保证重点。缺点在于市场运用得不好，经济搞得不活。计划与市场的关系问题如何解决？解决得好，对经济的发展就很有利，解决不好，就会糟。”[23]他这番谈话的语境背景非常清楚的。现在让我们用历史和逻辑相一致的观点作一初步的历史比较。以下是针对苏东斌教授说的“从本质上讲，说到底，计划经济制度不是什么未来可能，或是将来必然要实行的制度，而是一种人为设计充分体现最高长官意志的经济制度”等唯心史观论断的。本书这里只愿为苏教授提供一点我国社会经济历史实践的背景资料，请君再思考。

五、温故知新，重视总结中国的计划经济和市场经济的历史实践经验

在 20 世纪，也只有中国从未实行过所谓纯粹的计划经济，也从未实行过当今世上最纯粹的自由市场经济。历史实践表明，我国

始终将计划与市场视为调节我国社会主义市场经济运行的两种方法、两种手段

5-1. 毛泽东（1892—1976），以毛泽东为首的老一辈革命家领导中国人民进行的新民主主义革命、社会主义革命和社会主义建设长达四十五年之久。按照邓小平同志的说法，毛泽东是我们党的第一代领导集体的核心，是全世界公认的伟人。他的经济思想代表著作有《中国社会各阶级分析》、《新民主主义论》、《关于正确处理人民内部矛盾的问题》和《论十大关系》等光辉著作。毛泽东的商品经济思想和计划经济思想，可分为新民主主义革命和社会主义建设的两个历史时期。

5-2. 新民主主义革命时期（1921—1949），毛泽东等老一辈无产阶级革命家，坚持马克思列宁主义与中国革命实践相结合，经过正反两方面的经验教训的总结，正确地规定了中国革命的社会性质、革命动力、革命的对象、任务和阶段，制定了“无产阶级领导的，人民大众的，反对帝国主义、封建主义和官僚资本主义的革命”，毛泽东明确指出：“这就是中国的新民主主义革命，这就是中国共产党在当前历史阶段的总路线和总政策”[24]，他在深入地分析了中国国情实际，准确地掌握了民族资产阶级的两面性和总体特点后，有胆有识地提出了团结、利用和节制民族资本主义商品经济的方针政策；并采取了既联合又斗争的统一战线策略，从而壮大了革命力量和最大限度地孤立和打击了革命敌人，为最终推翻“三座大山”，取得新民主主义的彻底胜利创造了极为重要的条件。以1945年为历史界限认识毛泽东的商品经济思想和商品经济实践，可分为下述两个历史阶段：

5-3. 在第一阶段（1928—1945），在敌强我弱，工农武装割据的势态下，在利用中产阶级即民族资产阶级时，毛泽东一方面批评了我们队伍中那种认为“革命的力量纯粹又纯粹，革命的道路笔直又笔直”的“左”倾思想，并指出这种“纯粹”和“笔直”的思想认识根源在于脱离了半殖民地半封建的中国国情的社会性质。同时另一方面根据总路线总政策他提出了“我们的国民经济，是由国营事业，合作社事业和私人事业这三方面组成的”[25]（这里“事业”一词可解读为“经济”），并有胆有识地“提倡和奖励”私人资本主义，“利用城乡资本主义积极性”和实行“公私兼顾，劳资两利”等一系方针政策。这些方针政策，无疑对于利用资本主义商品经济，改善根据地人民物质生活，支援革命战争均起到了重要作用。

5－4. 这里我们讲点“红色摇篮，绿色家乡”的江西的红色故事。毛泽东在江西八年。为了发展经济和保障军队供给，他利用了资本主义商品经济的一些有益有用的东西。1928 年在井冈山成立了造币厂并铸造了第一块刻有“工字”标志的银元和仿制“袁世凯”头像的银元，俗称“袁大头”银元。同时发行了商品经济的一般等价物纸币；创办了特区“银行”，发行了“经济建设公债”，推行了合作社并实行股金制等商品经济的合作经济政策，同时主张有计划地搞“商品流通”、“对外贸易”。而且他非常讲究公债的计划分配使用效果，提出发行的“三百万元经济建设公债”中的“一百万供给红军作战费，两百万借给合作社、粮食调剂局，对外贸易局做本钱。其中又以小部分用去发展生产，一大部分用去发展出入口贸易”[26]。早在毛泽东等人来江西之前，人杰地灵的江西赣北红军根据地创办过“赣东北特区农民银行”，还发行了“粉碎敌人五次围攻决战公债”，发行总额为 30 万元，债款收入的百分之八十作为游击战争经费，百分之十作为苏区建设费用，百分之十作为救济革命群众费用。这一切充分说明，江西红土地人民最早利用了资本主义商品经济，这是红色经济实践的历史事实。银行及其发行管理的货币是商品经济及市场经济的一条基本标志。中国共产党人在抗日战争时期，各个根据地都设有银行，如陕甘宁边区银行、晋察冀边区银行、华北银行、西北农民银行、冀南银行、北海银行、华中银行、南方银行典型的金融机构等。1948 年 12 月 1 日中国人民银行成立，为新中国成立后社会主义银行体系的建立打下了重要的组织基础和积累了丰富的金融工作经验。

5－5. 在第二阶段（1945—1948），以 1945 年中国人民打败日本侵略者为界限，我们党的八路军和新四军开始逐渐地从农村进入大中城市。这时党及时正确地制定了一系列关于保护城市民族工商业和私人企业等方针政策，提出了解放区的经济结构应当是国家经济即公有经济、私人经济和合作经济三种经济成分。对于私人经济，党的基本原则是奖励私人企业，提倡发展私人资本主义。同时党还规定了新民主主义三大经济纲领，即没收封建地主阶级的土地归农民所有，没收蒋宋孔陈四大家族为首的垄断资本归国家所有和保护民族工商业，并制定了新民主主义经济的指导方针是“发展生产，繁荣经济，公私兼顾，劳资两利”的四句话十六字方针。不难看出，当时公私兼顾和劳资两利，有些类似于今天的合资经营和合作经营等"三资"企业的混合商品经济。而且党一再重申全党对民族工商业的一系列政策的出发点是政治上争取，经济上保护，我们党对私有制经济（含大小私有制）依次采取了"剥夺"（没收）、"购买"、"合作"等区别对待的方针政策。

5-6. 但是，必须看到，在利用资本主义工商业过程中，那时曾经发生过侵犯富农所经营的工商业，在没收官僚资本时曾将一部分民族资本也一起没收了。在处理劳资关系时曾经发生过硬要资本家退回以前分到的正当红利等"左"倾现象。但从总体来看，由于通过党明确规定的对私人民族资本主义的利用、团结和节制的正确政策，确实保护了私人民族工商业生存与发展，促进了解放区的经济复兴、发展和繁荣，城乡市场活跃和保障物质供应，有力地支持了革命战争，扩大了统一战线，对推翻"三座大山"起到了重要的保障作用。后来毛泽东同志在总结民族民主革命经验时，将统一战线、武装斗争和党的建设视为中国共产党的中国革命中战胜敌人的"三大法宝"。"三大法宝"中的第一法宝就是统一战线。从某种意义讲就是正确地利用了资产阶级和资本主义商品经济。

5-7. 社会主义建设时期（1949—1976），这一时期根据马克思列宁主义理论思想，结合中国国情的具体情况，毛泽东等老一辈革命家及时地提出了过渡时期的总路线，即规定了"在一个相当长的时期内，逐步实现社会主义的工业化，逐步实现对农业、对手工业和对资本主义工商业的社会主义改造"，即简称"一化三改"的总路线。这一时期（1953—1957），公平而论，毛泽东等老一辈无产阶级革命家对商品经济思想和实践是作出了重大贡献的。主要表现在以下四个方面：第一，利用商品经济的思想和形式，对民族资本主义工商业进行和平改造，即赎买政策。这种用一般商品经济思想改造大私有商品经济，或称用和平的商品赎买的办法，是顺利的、成功的。后来邓小平同志对此评价说这一改造是"最成功的"。因为在理论历史上，尽管马克思、列宁曾设想过用商品经济的"赎买"办法收买资本家的资本，以便于减少革命的阵痛和损失，但终因阴差阳错的内外交困而未能做到的，却被中国共产党人做到了。第二，对国营企业、集体企业虽然在总体上实行的是计划经济调节，但比较充分地运用了商品、货币、价格、利率、债券等商品经济形式，使国家经济、合作集体经济得到了巨大发展。从某种意义说，是一种公有制与商品经济的间溶形式，值得深入回顾与总结的。第三，毛泽东认为“两种所有制存在是商品生产的主要前提，但商品生产的命运，最终和生产力水平密切有关”。这种从所有制上升到生产力来说明商品存在的根源是他理论上的一个亮点。第四，特别是在刮共产风（即“左”倾思潮）后期，毛泽东曾机敏地总结教训时指出“价值法则（即价值规律）是一个伟大的学校”。1959年3月20日他在批示山西省委的文件上写道：“只有利用它(即价值规律——笔者注)，才有可能教育我们的几千万干部和几万万人民，才有可能建设社会主义和共产主义，否则一切都不可能。”但是，理论历史证明，毛泽东的这些社会主义商品经济思想并没有得到顺利贯彻，甚至没有得到他本人的坚持和贯彻。

5-8. 在这里，值得指出的是党对民族资本主义工商业的社会主义改造。这一时期的改造，是我们党依据马克思列宁主义，紧密结合中国国情实际，并按照商品经济原则进行的，用商品经济理念成功地改造了资本主义商品经济，是毛泽东等老一辈无产阶级革命家对马克思列宁主义的重大贡献。邓小平在《邓小平文选》第二卷有一句评语说“我们最成功的是社会主义改造”指的主要是包括对于民族资本主义工商业的社会主义改造。现在让我们从改造的实质、过程、道理和形式四个方面作一简要的回顾和介绍。

5-9. 社会主义改造的实质，是改变私有制为公有制的产权问题。对农业、手工业改造，是将劳动人民的小私有制经济改变为合作的集体所有制经济，对资本主义大私有制经济改造成为社会主义全民所有制或国有经济。对于资本主义私有制经济改造中，考虑到他们是民族的资本主义经济，而且他们在历史上曾和人民有过合作和贡献，因此，党对他们的改造不是采取《资本论》上讲的“剥夺剥夺者”的办法，也不是照搬苏联式的暴力没收私有财产的办法，而是采取商品经济的“赎买”的办法，即利用商品经济通行的等价原则办法将他们私有财产赎买为公有制财产，即把大私有制经济改造为公有制经济，体现了经济人之间的平等精神。

5-10. 社会主义改造的过程，是分为外部过程和内部过程的两个改造过程，并由外而内逐渐进行的。总的是采取一种渐变而不是突变方式。无论是外部过程还是内部过程都是以资本主义工商业的“企业”作为基本改造单位的，并始终围绕着“企业”来进行的。国家首先是从私人工商企业的外部环境动手，即从市场环境上下工夫，先来个“内病外治”。并通过对他们的企业（含工商业企业）采取收购、加工、订货以及经销、包销等具体的商品经济形式，进行各种联合和领导，初步地实现对他们的企业进行改造。这种外部改造取得成功之后，趁热打铁地深入到企业内部进行改造。这种改造是采取商品经济的股份制形式，国家同资本家“两家”实行公私合营企业，并由单个企业的公私合营发展到全行业的公私合营。不难看出，这种从外部到内部的改造过程，基本上是按照商品经济运行规律要求展开的。

5-11. 社会主义改造的道理，一般来说，单个资本家要想使资本得到保存、扩大和增值的目的，首先必须用货币资本在商品市场上购买生产资料和劳动力，然后把这两种商品带回本企业的内部把它们结合起来并组织进行生产，最后再把生产出来的商品拿到商品市场上卖出去，收回他原先予付出去的资本和由这笔资本赚到的利润。可见任何一个产业资本家的资本运行过程都要经历购买、生产和销售三个运行阶段。其中购买阶段和销售阶段都是流通过程，是一种最直接的市场运作过程或市场行为。当时国家从企业的外部改造资本主义企业，实际上就是从流通过程，从市场运行过程上采取利用或者限制资本运行生存的环境条件，实行社会主义改造，然后再由外而内地对资本的内部生产过程进行社会主义改造。

5-12. 社会主义改造的形式，主要分为初级形式和高级形式两种主要社会主义改造形式。对工业企业实行的是收购、加工和订货，对商业企业实行的是经销、代销等形式，这些形式均属于国家资本主义的初级形式；然后实行单个企业的公私合营到全行业的公私合营，从个别到特殊再到一般的改造过程，这种公私合营是国家资本主义的高级形式。这时，资本家已放弃资本所有权等权利，只作为一个“股东”而得到股息，而且他们的股息是由政府规定时间规定数量的，叫做定息。当时规定在七年内，资本家每年只取五厘定息。资本家所得到的这种定息，是作为他们交出生产资料的一种等价回扣（产权交易），作为对他自愿放弃资本产权的一种“赎买”。这时企业生产经营的盈利，国家硬性规定出四种分配去向：（1）严格按照国家税种税率缴纳所得税，国家通过税收杠杆分去一部分；（2）企业本身要提取扩大再生产的公积金，企业本身积累分去一部分；（3）企业职工提取集体福利基金，职工群众又分去一部分；（4）最后一部分是按照公私比重各自分去一部分股息。对这种盈利分配办法，当时有一种形象说法，叫做“四马分肥”。那时的社会主义改造国家是“有板有眼”有序进行的，是有理论政策指导的，总体上则是从国情实际出发，也是“摸着石头过河”的。顺便指出，我国著名经济学家、时任国家工商管理局局长许涤新写出了权威的《中国过渡时期国民经济的分析》，总结了我国社会主义改造的经验与实践，而且他是当时苏联邀请去苏联讲学的唯一的中国经济学家。

5－13. 当然，哪一枚奖章都有它的反面。我们在实行社会主义改造时，确实发生了过急过快过公等“左”倾现象。共产党人尽管讲究唯物史观，强调一切以时间地点为转移，但他们的领路人几乎都行路匆匆，有时从主观善良的愿望出发。马克思急着就要敲响资本主义丧钟；列宁宣布赤卫队进攻，不到几个月的功夫便没收了地主资本家的私有财产；而后继者斯大林早在1936年便急匆匆宣布苏联建成了社会主义，而又急又躁又蛮的赫鲁晓夫竟然提出向共产主义过渡；毛泽东早在1958强调“只争朝夕”地宣称要在十五年左右“超英赶美”。当然金无足赤，人无完人。现在看来，那时如果在改造的同时保留一些小型工商业合营企业，对于扩大生产，积累资金、方便群众生活、解决就业人口和培训职工等都是有益有用的。当然这是后话。但总体来讲，我们党当时是充分利用了商品经济的市场机制，利用了价格、利税、信货、利息、合同、赎买等市场杠杆，利用了所有权与经营权相分离等办法都是成功的。这种用一般商品经济改造私人商品经济的办法，有如毛泽东同志不断推崇的宋朝朱熹那个办法即“以其人之道，还治其人之身”。目的是为了消灭私有经济建立公有经济。这也许是历史事实。在改造当时还不是为了消灭商品经济，而是为了消灭商品经济中的私有经济。可以说，这是中国共产党人，特别是邓小平有胆有识地实行社会主义市场经济的一条极其重要的历史思想资料。正如本书“自序”中所言的，我们对资本主义应“一分为二”，即分为资本主义私有制经济和自由市场运行经济，或生产关系经济和交换关系经济，两种经济形式有区别有联系，但看到它们之间区别是重要的，有如看到车和路、船和河之间的区别一样重要。

毛泽东、陈云对形成有中国特色社会主义理论的重要贡献

5－14. 毛泽东在社会主义发展道路上曾提出过“以苏为戒”，意欲摆脱“照抄外国”的老路，寻求“适合中国的路线”。他说在第一个五年计划期间建设“基本上照抄苏联的办法”。并于1955年底提出“以苏为师”思想。后来于1956年在《论十大关系》中指出“不能一切照抄，机械照搬”、“前几年照抄外国经验，但从1956年提出十大关系，开始找到自己的一条适合

中国的路线，开始反映中国客观经济规律”。毛泽东在发展阶段上，曾经提出我国社会主义分为“不发达”和“比较发达”两个阶段。1959 年他在谈苏联《政治经济学教科书》时指出，社会主义可以分为两个阶段，第一阶段是不发达的社会主义，第二阶段是发达的社会主义，是要经过相当长的一段时间，才能渐进到发达的社会主义，而且后一阶段可能比前一个阶段需要更长的时间。毛泽东曾经在社会主义经济发展史上首次提出“社会主义商品生产”的思想。在 1958 年 11 月 10 日，他在读《苏联社会主义经济问题》时评述说，“现在我们有些人大有消灭商品生产之势，一提商品生产时发愁，觉得这是资本主义的东西”。他在纠正党内“刮共产风”时指出，“不能把商品生产与资本主义混为一谈”，“不能孤立地看商品生产，要看它与什么经济相联系。商品生产和资本主义相联系，是资本主义商品生产，商品生产与社会主义相联系，是社会主义商品生产”。而且他突破了斯大林的只有生活资料商品范畴，他认为“在我们有些生产资料。例如拖拉机等生产资料是属于商品的”。重要的是，他继斯大林提出的“价值规律是一个很好学校”后明确提出了“价值规律是个伟大学校”思想。当然，这些有益有用的经济思想毛泽东本人都未能坚持下去，只是一种理论历史的“闪念”！

5-15. 我们党在民族民主革命总路线上，是充分地利用了商品、货币、股市、外贸等商品经济的，新中国成立后一段时期（1949—1976），以毛泽东为首的党中央提出了三条总路线，即以“一化三改”为中心的过渡时期总路线；鼓足干劲，力争上游，多快好省地建设社会主义总路线；无产阶级专政下的继续革命总路线。过渡时期总路线，主要是对民族资本主义工商业进行社会主义改造。如前所述，我们党是运用一般商品经济理念改造大私有制商品经济，目的是消灭生产资料私有制变为生产资料公有制，并不是消灭商品经济。因此，在这期间开始实行第一个五年经济计划，国家自上而下地组成了计划委员会，并逐年编制年度计划和五年经济计划，一直坚持到如今。毛泽东估计我们有十个或十五个五年计划就可建成社会主义了。重要的是，陈云在总结计划和市场之间关系时提出：“计划生产是工农业生产的主体，按照市场变化而在国家计划许可范围内的自由生产是计划生产的补充。”[27]同时我们看到，从商品的使用价值和价值双重属性来看组织机构建制也比较清楚，当时我们有对外贸易部、商业部和国家工商管理局。重要的是，从省到县组建了百货、贸易、花纱布、医药、石油、煤炭建材、土产、五金、交电、化工、食品、粮食、盐业、矿产、茶叶、果品等商业企业公司。同时还有以货币管理和发行为实务的财政部、中央银行等金融体系。各级政府官员上至主席、总理，下至一般干部工资等级分为24级，均以货币作为工资形式领取工资。而且干部、居民都要用货币去商店购买衣、食、用、行等生活物质资料商品，是用那只“看不见的手”指引人们经济生活。至于我国一度实行过基本生活资料的凭票凭证供应，即按人头严格实行的布票、粮票、油票、肉票乃至菜票等票证供应，据讲仅经典粮票计有258种。但第一凭证仍然是货币，第二凭证才是票证（或供应簿），看来好像是“计划供应”与“市场供给”统一了。那么，造成如此极端、怪异的原因是什么呢？是自然原因还是社会原因；是计划经济体制本身原因还是实行体制的人为原因；是政府调节市场失灵原因，还是商品经济内在矛盾原因，看来只能占有充分的历史资料予以冷静分析和说明。

5-16. 值得回顾的是，陈云曾在党的第八次全国代表大会上发言论述了我国经济特征是“三个主体”和“三个补充”。所谓“三个主体”是公有制为主体，计划为主体，国家为主体。他论述的“三个补充”是个体经济为补充，国家市场为补充，自由市场为补充。他描述说道：“我们的社会主义经济情况将是这样，在工商业经营方面，国家经营和集体经营是主体，但是附有一定数量的个体经营。这种个体经营是国家经营和集体经营的补充”。还说，“计划生产是工农业生产的主体，按照市场变化而在国家计划许可的范围内的自由生产是计划生产的补充。”他还辩证地说到，“在社会主义的统一市场，国家市场是它的主体，但是附有一定范围内国家领导的自由市场。这种自由市场，是在国家领导之下，作为国家市场的补充，因此，它是社会主义统一市场的组成部分”。他还曾用生动而深刻的语言表述了计划与市场之间的关系。他说：“实行搞活经济的政策，效果显著。……但是，我们也要在防止在搞活经济中，出现摆脱国家计划的倾向。搞活经济是在计划指导下搞活，不能离开计划指导下搞活。这就像鸟和笼子的关系一样。鸟不能握在手里，握手里会死，要让它飞，但只能让它在笼子里飞。没有笼子，它就飞跑了。如果说鸟是搞活经济的话，那么，笼子就是国家计划。当然，‘笼子’大小要适当，该多大就多大。……就是说，搞活经济、市场调节，这些只能在计划许可范围以内发挥作用，不能脱离开计划的指导。”邓小平同志作为党的第一代领导集体的核心成员，作为党的总书记无疑他是熟知陈云关于社会主义改造和计划经济与市场调节之间关系等战略决策思想的。

1978年是我国经济体制改革的分水岭，也是社会经济发展的里程碑

5-17. 自1978年改革开放和现代化建设以来，邓小平同志总结过去，展望未来，有胆有识地提出了由计划经济迈向市场经济的体制改革。这个与时俱进的历史过程，可大致地划分为四个历史阶段：第一阶段是1978—1984年，"入脑"阶段。这个阶段是坚持计划经济为主、市场调节为辅阶段。第二阶段是1984—1992年，"入社"阶段。这时邓小平同志强调解放思想，实事求是的思想路线并直言社会主义也可搞市场经济。党中央据此提出了有计划的商品经济思路。第三阶段是1992—1994年，"入制"阶段，根据邓小平南方谈话中的市场经济思想，党中央据此提出了建立我国社会主义市场经济体制的决定。第四阶段是1994年到21世纪的2002年，"入世"阶段，党中央提出加入WTO，融入世界市场经济体制。在上述这四个历史阶段，党和国家始终是运用计划和市场两种调节手段来配置社会资源的。在《邓小平文选》第三卷有27处讲到市场，7处讲到市场经济、计划经济与市场调节、社会主义市场经济问题。其中他强调指出的是，计划和市场都是经济手段，区别只是有时计划多一点，有时市场多点。作为辩证唯物主义者邓小平社会主义市场经济思想的核心思想是计划和市场的关系问题。在世界市场上，我们必须清醒地看到，以美国为首的发达国家对我国"西化"、"分化"的战略图谋不会改变，他们亡我之心不死。他们经常利用所谓"人权"、台湾、西藏、新疆、"中国威胁论"等问题来制造事端。其中惯用经济手段即用"卡"、"挡"、"占"、"控"、"拖"、"化"等手段经常地同我们较劲：①"卡"——用对他们有利的法制规制卡我们，要我们就范。②"挡"——利用所谓配额、反倾销法等技术壁垒，阻挡我国产品进入他们市场。③"占"——千方百计、无孔不入地占领我国一切市场份额。④"控"——通过国际500强企业打入中国，控制一部分有关国计民生的大企业。⑤"拖"——美国和欧洲一些发达国家拒不给中国以市场经济资格，以便于他们任意捉弄要挟我国。⑥"化"——用新自由主义市场经济文化"杀手"搞"颜色革命"，妄图用"西化"改变中国特色市场经济的发展方向，最终妄图改变社会主义社会颜色。正是美国等西方发达国家深陷金融危机之际，2008年11月15日，小布什作为西方世界领军人物于G20国家高峰会议开幕的机会重申其捍卫自由市场经济主张。他说："自由市场资本主义是全球所有经济体繁荣、进步和社会稳定的发动机。"看起来，此人确实强大，但并不伟大！正如黑格尔讲的"世界上一切腐败的事物者可以为它的腐败说出好的理由。当一个人自诩为能说出理由或提出根据时，最初你或不免虚怀领受，肃然起敬。但到了你体验到所谓说出究竟是怎样一回事之后，你就会对它不加理睬，不为强词夺理的理由所欺骗"。

5-18. 对于由金融危机蔓延至经济危机乃至政治危机，各国人民、官员和学者均有评说，然而操着一口流利中国话的澳大利亚前总理陆克文在《澳大利亚杂志》（月刊）上以全球经济危机为题作文指出，"新自由主义是全球金融危机祸首"。他用词严谨、直率地指出："当前，全球金融危机已演变为经济危机和就业危机，对金融、实体经济及各国政府收支平衡产生巨大冲击。在很多国家，甚至演变成社会危机和政治危机，对地缘政治，对西方尤其是美国的全球地位产生战略性影响。"这一后果的始作俑者就是过去30多年以来自由市场意识形态所主导的经济政策。这一政策被称为"新自由主义、经济自由主义、经济原教旨主义、撒切尔主义和华盛顿共识"，其主要哲学包括：反对征税、反对监管、反对政府、反对投资公共产品，推崇不受管制的金融市场、劳动力市场和自由修复的市场。在20世纪30年代的大萧条中，不受约束的自由市场主义本已名誉扫地，但到70年代，由于英国首相撒切尔和美国总统里根的推崇而翻身，成为经济界的正统。事实证明，新自由主义及其所伴生的自由市场至上主义，不过是披着经济哲学外衣的个人贪欲。在1987年的股市崩盘、1994年的墨西哥金融危机、1997年的亚洲金融危机、2000年的互联网泡沫破裂期间，美联储一直盲目相信市场的正确性，坚持通过大幅降息的方法增加市场流动性，这一方法屡试不爽，直到本次次贷危机爆发。事后，美联储前主席格林斯潘也不得不承认，自由市场主义是不正确的[28]。

5-19. 邓小平曾明确指出，他说："社会主义同资本主义比较，它的优越性就在于能做到全国一盘棋，集中力量，保证重点。缺点在于市场运用得不好，经济搞得不活。计划与市场的关系问题如何解决？解决得好，对经济的发展就很有利，解决不好，就会糟。""计划和市场都是方法嘛。只要对发展生产力有好处，就可以利用。（《邓小平文选》第3卷第203页）"实际工作中，在调整时期，我们可以加强或者多一点计划性，而在另一个时候多一点市场调节，搞得更灵活一些。”（《邓小平文选》第3卷第306页）“我们必须从理论上搞懂，资本主义与社会主义的区分不在于是计划还是市场这样的问题。社会主义也有市场经济，资本主义也有计划控制。资本主义就没有控制，就那么自由？最惠国待遇也是控制嘛！不要以为搞点市场经济就是资本主义道路，没有那么回事。计划和市场都得要。不搞市场，连世界上的信息都不知道，是自甘落后。”（《邓小平文选》第3卷第364页）邓小平在武昌、深圳、珠海、上海等地谈话时反复强调，“计划多一点还是市场多一点，不是社会主义与资本主义的本质区别。计划经济不等于社会主义，资本主义也有计划；市场经济不等于资本主义，社会主义也有市场。计划和市场都是经济手段。”（《邓小平文选》第3卷第373页）实践是检验真理的唯一标准。在席卷世界的金融风暴条件下，回顾邓小平同志这些深邃的经济哲理多么令人折服和崇敬！历史上鼓吹自由市场经济的几乎断送了他们自己的资本主义，一次是任凭谁都“看不见的手”去瞎指挥，自发、盲目地反对国家干预的自由市场发展。结果在20世纪初给美国社会经济招致了空前大萧条，幸亏凯恩斯经济学吸取了马克思《资本论》和苏联计划经济中对他有用的东西，尽管当时他们机智地抹去了抄袭的痕迹，但是后来英国著名经济学家罗宾逊夫人却道出了奥秘，她说凯恩斯经济学与马克思有许多“相通之处”。当资本主义经济周期走出危机——萧条——复苏——繁荣之后，资产阶级及其经济学家便“好了疤痕，忘记了痛”，甚至在萧条和复苏之间，以奥地利经济学家米塞斯和哈耶克这一对师生所鼓吹的新自由主义作为理论起点，形成了“里根经济学”和撒切尔主义，并借此形成了“华盛顿共识”。这样一来，使“强权”与“权威”达到了“火借风势，风助火威”之势。由于1974年哈耶克因新自由主义获得诺贝尔经济学奖，后来阴差阳错的苏联解体和东欧剧变，新自由主义市场经济借助经济全球化大肆蔓延，成为欧美推行政治目标的全球化的得力工具，所以，新自由市场经济理论从来不是一种纯学术“理论”。作为政治工具的新自由主义，忽悠人们的东西并不神秘复杂，主要是私有化、市场化和自由化。然而人算不如天算。临危受命的美联储主席、诺贝尔经济学奖得主伯南克于三年前曾著书立说出版了美国《大萧条》，得意洋洋地告诉人们别忘记20世纪的经济危机——大萧条，他哪里料到资本主义“工业的生命按照中常活跃、繁荣、生产过剩、危机、停滞这几个时期的顺序而不断地转换”[29]。在21世纪初，恰恰是美国带头又陷入了一波严重的金融经济危机——大萧条。小布什离任不到两个月，他仍然念念不忘提醒西方世界难兄难弟们要坚守“自由制度，自由企业，自由市场”，然而他那招魂心语已是毫无回天之力了，“别了，西方自由市场经济！”

5－20. 早在他们之前，即在20世纪50年代左右，一批理智经济学家如萨缪尔森、诺德豪斯在他们的《经济学》中对计划与市场、社会主义与资本主义之间作出了独到的比较分析和说明，他们声称他们的经济学是“重新综合现代主流经济学”，“这种综合审慎地考虑到经济学中竞相争鸣的所有流派：后凯恩斯折衷主义、货币主义、合理预期学派、芝加哥的自由主义、马克思主义和激进经济学。”请读者注意，两位学者写作此言的世界历史背景，恰恰是社会主义与资本主义各自形成为“阵容”，而且是在社会主义的“东风压倒西风”之际，他们新综合了所有西方的和东方的马克思主义的东西，是顺理成章的。因此，他们在著作断言：“现代的社会经济制度，没有一个是其中的一种纯粹形式。相反，社会是带有市场、命令和传统形成分的混合经济”，换句话说，他们综合了市场经济和计划经济（命令）、资本主义和社会主义的东西后提出了一种社会“混合经济”学说。这才真正是他们倡导的“新综合”经济学说的核心思想。他山之石，可以攻玉。列宁说过：“睁开眼睛来看资产阶级科学，注意它，利用他，批判地对待它。不放弃自己完整的和确定的世界观。”[30]真理不仅在于流行，更在于流传。让我们在这里记住邓小平的醒世名言，他说：“计划多一点还是市场多一点，不是社会主义与资本主义的本质区别。计划经济不等于社会主义，资本主义也有计划；市场经济不等于资本主义，社会主义也有市场。计划和市场都是经济手段。”“计划和市场都是发展生产力的方法。”

社会历史的回音壁

5－21. 在人类发展的历史长河中，有些兴亡盛衰现象是颇为费解的，至今人们对于四大文明古国中的一些国家的突然消亡存有无限的伤感和惋惜！但是天公地道，大凡人类曾经努力和奋斗过的总会给后人留下残骇可供人们追思和回首，总会给后人留下积淀的人文精神记存于人们的脑海之中。曾几何时，一度唯一可与美国逞雄霸世的苏联，自行消亡了不见了。尽管历史学家、思想家和经济学家竞相破解其消亡的成因和评说，但她七十余载的荣辱历史却永远留在社会主义史记之中，正像人类历史曾经出现过的空想社会主义闪光仍然值得回顾和提起一样。人世间的喜剧固然使人欣慰和满足，但悲剧不同样令人亢奋和激情吗？商品展览固然能吸引人们点首自来，但生物博物馆的恐龙遗骨不同样令人神往和联想吗？正如马克思指出的，人类可以从生物的遗骇中追寻生物进化和变异。何况像列宁、斯大林等如此杰出人物他们生前便铸就伟大，并未留下历史遗憾！只是“种下龙种，生出跳蚤”。苏联家谱上出了一位败家子——戈尔巴乔夫这个末代头人突发奇想一套所谓“新思维”，并在激进的政治经济改革中将苏联“安乐死”。事情可能是相辅相成的。谁会想到，普京执政竟然如此抉择：保留原苏联国歌的曲调供人们传唱，但却另填新词。在普京的指示下，俄罗斯联邦国务会议成立了专门小组，反复调查研究之后，俄政府终于作出决定：恢复著名作曲家亚历山德罗夫创作的苏联国歌《牢不可破的联盟》的旋律为俄罗斯国歌歌曲。这虽然也引起了俄罗斯国内一些政治力量的反对，但普京不为所动，在他的坚持下，2000 年 12 月 8 日，俄罗斯国家杜马以压倒多数通过了有关国歌、国徽、国旗和军旗的 4 个联邦法律草案，确定用已有 300 年历史的白蓝红三色旗作为俄罗斯国旗，用传统的双头鹰标志作为俄罗斯国徽，有趣的是，俄罗斯仍沿用苏联国歌的旋律作为国歌歌曲，用红旗作为俄罗斯武装力量的军旗。

5 – 22. 俄罗斯总统候选人弗拉基米尔·普京称，苏联解体是全民族的悲剧。在对自己竞选总部工作人员发表讲话时，他表示，“我深深相信，苏联解体是全民族的重大悲剧”。普京以无奈、悔恨和痛斥的心情说道：在苏联解体过程中，“大多数公民一无所获，人们遇到大量问题”。他说，当时存在的问题——文化、语言、宗教问题——“本可以在一个国家框架内在新的基础上加以解决”；这位俄罗斯的新总统深情地说：“我想对那些不同意这个决定的人说，请大家不要加剧局势，不要拆桥，不要分裂社会。如果有人认为不能使用苏联时期的标准，那等于说，我们的父母虚度了一生，活得毫无意义。我无论如何不能同意这种观点。我国历史上有过砸烂一切的时期。如果我们再一次这样做，世人就会说我们是数典忘祖的人。”在历史上，我国“文化大革命”中砸烂一切，推翻一切，否定一切，比起如今俄罗斯早 20 年，结果被拨乱反正，正本清源，来了一个否定之否定。如今保留在红场上的列宁墓供人瞻仰，却去掉了列宁主义。苏联是死了，但马克思主义或社会主义未亡。正如中国新疆有一种生命力极强的胡杨林一样。据说胡杨林一千年不死！死了，一千年不倒！倒了，一千年不朽！历史就是历史。历史告诉我们，对马克思主义和社会主义不仅讲究流行，更重要的是讲究流传。她用时空承载着人事沧桑。如果毛泽东仍活在人间，当他有知苏联消亡了，谁会怀疑他不会为“苏联老大哥”长叹一声啊！历史是无情的。苏联成于20世纪败于20世纪。20世纪曾经是革命和改革的世纪。20世纪的上半叶，以苏联为首形成了社会主义大家庭，有27个社会主义国家，但到了20世纪的下半叶，“改革”已成为人类社会最大的转换器，对于任何一个社会主义国家若不在改革中新生，便在“改革”中灭亡。中国等一批社会主义国家通过改革得以欲火重生，屹立于世界。我们坚信，“工人阶级的圣经”——《资本论》一定会在全球化的大趋势中得到传播和发展。苏联社会解体成为俄罗斯人心中永远的痛苦。不过俄媒体也指出，“与20世纪90年代初的全盘否定相比，人们对苏联和苏共的认识更趋理性化”。俄前总统普京的一句评语精辟地道出了一些俄罗斯人的心声：“谁不为苏联解体而惋惜，谁就没有良心；谁想恢复过去的苏联，谁就没有头脑。”

参考文献

①《马克思恩格斯选集》第1卷，人民出版社1973年版，第1页；第4卷，人民出版社1972年版，第320、321页。

②《马克思恩格斯选集》第2卷，人民出版社1972年版，第87、104页。

③《马克思恩格斯选集》第2卷，人民出版社1972年版，第86、87、88页。

④《马克思恩格斯选集》第1卷，人民出版社1972年版，第363页。

⑤《马克思恩格斯选集》第1卷，人民出版社1972年版，第34页。

⑥《马克思恩格斯选集》第2卷，人民出版社1972年版，第86页。

⑦《马克思恩格斯全集》第42卷，人民出版社1974年版，第37页。

⑧ 马克思：《资本论》第1卷，人民出版社1975年版，第261页。

⑨ 马戎著：《民族社会学导论》，北京大学出版社2005年版，第29页。

⑩《西方四大政治名著》，天津人民出版社1998年版，第464页。

⑪ 摩尔根：《古代社会》，商务印书馆1997年版，第69、122页。

⑫ 余金华注释：《颜氏家训》，华夏出版社1981年版，第21页。

⑬ 王亚南著：《中国官僚政治研究》，中国社会科学出版社1981年版，第41、130页。

⑭ 新华网2008年3月18日。

⑮ 廖进球：《国家、市场、企业三者关系新探》，《当代财经》1995年第6期。

⑯《马克思恩格斯选集》第 3 卷，人民出版社 1972 年版，第 424—425 页。

⑰⑱《马克思恩格斯选集》第 3 卷，人民出版社 1972 年版，第 442 页、第 431 页。

⑲⑳（英）内克尔顿、洛克斯利：《当代十二位经济学家》，商务印书馆 2005 年版，第 174、186 页。

㉑《马克思恩格斯全集》第 1 卷，人民出版社 1956 年版，第 341 页。

㉒《马克思恩格斯〈资本论〉书信集》，人民出版社 1976 年版，第 281—282 页。

㉓《邓小平文选》第 3 卷，人民出版社 1993 年版，第 16—17 页。

㉔㉕《毛泽东选集》合订本，人民出版社 1967 年版，第 1211—1212 页、第 118 页。

㉖《毛泽东选集》合订本，人民出版社 1967 年版，第 108 页。

㉗ 薄一波：《若干重大决策与事件的回顾》，中央党校出版社 1993 年版，第 1271 页。

㉘《参考消息》2009 年 2 月 10 日。

㉙ 马克思《资本论》第 1 卷，人民出版社 1975 年版，第 497 页。

㉚《列宁全集》第 3 卷，人民出版社 1959 年版，第 58 页。

第八章

艺术经济人

经济人的精神世界可大致地划分为智商和情商两个有机的精神世界；智商还可细分为智慧、理性、理智、理念和理论，并以抽象思维形式作为智商之大成和代表，如知识经济及知识经济人。情商则可细分为情感、情绪、情境、情意和情趣，并以艺术的形象思维形式作为情商精粹和载体。正像已被破解了的人脑分为右脑和左脑一样，智商与情商都是人们认识、概括和表述同一客体对象的两种基本思维形式或方法。在各民族的精神文化中，哲学和艺术具有特殊的地位和作用，哲学是精神文化的基础，艺术则是精神文化的花朵。而且在市场经济域境中，从物质和精神的双重观点来看，每一种商品均呈现为物质性和美学性——食（蛋糕）、衣（服饰）、住（装修）、行（汽车色调）、用（手机款式）、玩（芭比娃娃），同时每一商品经济人在经济活动中表现为科学性和艺术性。所以，主流经济学在反映、概括和表述经济人理念时通常是将科学性和艺术性相统一的。马克思早年在柏林大学读书时就写信告诉他的父亲说，“我打算埋头于科学与艺术”[①]，“我写了一篇将近二十四页印张的对话：《克莱安泰斯，或论哲学起点和必须的发展》，在这里，彼此完全分离的科学和艺术在一定程度上结合起来了。”后来他在颠峰之作《资本论》序言中果然将科学和艺术融为一体并将《资本论》视为“一部艺术的整体”。一百四十余年后萨缪尔森和诺德豪斯在他们的《经济学》序言中明确写道：“经济学是科学，也是艺术。”东西方两位经济学大师如此评述其经济科学特色，就是对我们的转喻和期待，呼唤我们同他们一道进入经济学的真善美的境界，即经济人的真善美的精神世界。

一、主流经济学是人的科学也是人的艺术

一般说来，人不如某些动物强壮，也不如另一些动物敏捷，但总体来说，人的构造却比一切动物都要完善。关键在于人具有优越于各种动物的智商和情商，并在市场经济场域中运用其智商和情商、理性和感性、抽象和形象相统一的思维活动

1-1. 黑格尔在《小逻辑》第二版序言告诉我们：“那最崇高、最深邃和最内在的东西，已经透露在各式各样的宗教、哲学和艺术里，采取纯粹的或不纯粹的、清楚的或模糊的，甚至常常是吓人的态透露出来。”西方流行智商（IQ）决定录用，情商（EQ）决定提升。后者全称为 emotional，简称情绪智力。美国总统小布什可作为煽情高手，他说：“你能调动情绪，就能调动一切。”有一部名著对于智商和情商还作了定性定量分析说明，一个人的成功，30%取决于智商，而70%取决于情商[②]。一般说来，高智商、低情商的也会遭到挫折或失败[③]。原始人在获取生活物质资料产品的同时启动了他们智商和情商，运用了理性思维和艺术思维，并使用人类特有的这两种思维力量来生产、获取其物质产品和精神产品。他们在采集树上的野果或挖掘地下根块，驯服野兽或祭祀祖先的过程中，往往都会用其情商报恩和祈求活动。在近东的苏萨出土了一只大酒杯上部绘有长颈鸟、中部是奔跑的狗、下部是大脚山羊。同时上面还绘有曲线、直线（巴黎罗浮宫藏）几何式线条就是一个典型。聪明的古埃及人在表现人物的雕塑中用人体每一部分作为尺度

单位——小腕尺，也就是从肘部到姆指指端的长度。他们认为人体关系是不变的——例如脚是手的三倍，正如我们知道的，当买袜子时，把袜子在拳头上围一圈就是脚的长度，他们就用这种方法来绘制身体各个部位的比例关系。著名的美学上的黄金分割律的比例本身体现了美的规律，从斯密到马克思都把劳动视为一切商品价值的内在尺度，而经济学中的各种比例关系链条无限之长，农、轻、重比例关系，第一、第二、第三产业比例关系等等。比例不仅是经济学上的重要结构内涵，也是艺术经济人的和而不同美的基本内涵。古希腊哲人讲到“人是万物的尺度”，是对人类头脑思维发展的一种重要的科学说明。所以，当我们看到埃及的著名的人面狮身像、孟卡而斯和他的王后并排座像，从中国故宫三大殿、天坛三层屋顶到如今北京的世纪坛等宏伟建筑就有一种审美的比例完美之感。人都有一种追求永恒的冲动，法老修建金字塔、皇帝修建罗马城、拿破仑修建凯旋门、秦王修建万里长城，乃至毛泽东修建人民英雄纪念碑，都是想用石头的不朽代替人的不朽！法国著名作家雨果说得极好：“人类没有任何一种重要思想，不被建筑写在石头上”，而为雨果本人做过塑像的大艺术家罗丹接着说道：“整个我们法国就包括在我们的大教堂中，如同整个的希腊包括在帕特农神庙中一样。”有意思的是，美国全国广播公司于2009年5月12日报道说，想起20年前成功推倒柏林墙的一幕，柏林人如今颇有些懊悔。柏林市旅游局局长伯可哈德·基克说：“在柏林，每一块石头下都有一段历史。最致命的错误是我们以‘典型德国人的做事方式’有条不紊地将柏林墙拆了个精光，尘封了一段历史。”④先民为祭祀祖先用石头刻碑留念等活动，无疑是一种人文智慧的表达和传承。马克思和恩格斯在1848年同样指出资产阶级在建筑上曾经显示过自己的力量。“它第一次证明了，人的活动能够取得什么样的成就。它创造了完全不同埃及金字塔，罗马水道和哥特式教堂的奇迹。”

1-2. 中国传统文化是非常讲究艺术的。《南怀瑾选集》讲到《论语》时曾提到中国文化大致分为君道、臣道和师道。在“三道”中他说君道是领导的哲学与艺术，臣道也包括了领导的艺术。但他在“三道”的师道中却未曾提到艺术。作为师道的开山鼻祖孔子是很讲究“六艺”的。有一次，他在答复子路问他人怎样才能成为人才和全才时说，人要成全才很难，但应该有智慧、清廉、勇敢，还要有“冉求之艺，文之以礼乐”。就是说，还要有冉求之艺、文学艺术的境界。孔子一生是偏爱乐的，主张“兴于诗、立于礼、成于乐”，把诗、礼、乐三者合一，把“乐”作为完成教育的全部过程和主要手段，是他审美教育思想的系统展示。这个“乐”，按照郭沫若的说法：“中国旧时的所谓‘乐’，它的内容包括很广。音乐、诗歌、舞蹈，本是三位一体可不用说，绘画、雕镂、建筑等造型美术也被包含着，甚至连仪仗、田猎、肴馔等都可以涵盖。所谓乐者，乐也。凡是使人快乐、使人的感官可以得到享受的东西，都可以广泛地称为乐，但它以音乐为其代表，是毫无疑问的。”⑤在各个民族的精神文化现象上，哲学和艺术两个概念具有特殊的阐释性和普遍性。在古希腊人那里，有各种具体学科，于是人们探求在这具体学科之上应该有一门综合学科，是一种科学的科学，这门科学就是哲学。可能还嫌不够，后来人想将它拓展和延伸，甚至把想说又说不太准说不太全的也干脆叫做哲学。于是什么“自然哲学”、“历史哲学”、“社会哲学”、“管理哲学”、“军事哲学”、“道德哲学”，等等科学哲学应运而生。

1－3. 在古希腊，人们对艺术和技术也是难解难分的。绘画、建筑叫艺术，裁缝、理发的技术也叫艺术。如今，城市以“美容”、“发雕”或“发艺”作为招牌的随处可见，就是一个例证。自文艺复兴以来，艺术逐渐地脱离了技术而自立，人们又习惯于把人类最高精神文化称为“艺术”。这种文化现象到了当代似乎有点返璞归真。有时把想说而又说不太清楚说不太明的东西统称为艺术。于是什么“政治艺术”、“军事艺术”、“领导艺术”、“管理艺术”、“教学艺术”、“生活的艺术”等层出不穷于文山书海之中，这恐怕是有待于美学或艺术词典搜集和诠释的新词条。《西游记》上的题词是值得人们回味的，它说：“文不幻不文，幻不极不幻，是知天下极幻之事乃极真之事，极幻之理乃极真之理。”辩证法上讲，天底下有一些事情是似是而非，是非而似的。金融海啸一来出现的经济语汇，如“下滑”、“未见底”、“过紧日子”、“出手要快”、“出拳要重”、“过冬”、“寒冬来了”等不一而足。说文雅一点，连自然科学都有“不确定性原理”和“模糊数学”，难道经济学上的“不确定性”的东西还少吗？何况人类描述思想精神方面的语汇和手段比起描写物质产品方面的语汇和手段本来就贫乏得多呢。著名学者何新从中西艺术词语上介绍说，艺术具有双重含义。在希腊语中艺术指美的作品和创造、技巧和技艺。艺，在古汉语中本义为植，为治《文雅·释诂》，善植善治者有技能，所以也具有技巧和美的内涵。这是两种不同评价。前者对物，对作品；后者对人，对作家——艺术家⑥。马克思是坚持科学与艺术统一观的，他创造的《资本论》作品不正是体现了上述艺术含义了吗？同时我认为，作为逻辑思维方法若不升华为艺术，或不同艺术相结合，方法也是难以操作和实践的。这恐怕与经济学的特点不无关系。经济问题绝不是靠一个理性方法就可以解决了的，它也绝不是一台数控机床。它需要的是千方百计。因为这门学问在人文科学中是纷繁复杂、瞬息万变的，不确定的外部因素多得不可胜数，因此，唯一办法是要因时、因地、因人地以艺术观点方法去面对和应用。

1-4. 我们看到，西方美学体系主要是从人的精神世界上去探索美学体系的。柏拉图提出了“美的理念”，普洛丁提出了“美的完善”，康德提出了“美是对象合目的性形式”，黑格尔则提出了“美的理念的感性显现”，并进而谈到了人的劳动主要是人的精神劳动问题。他们这些美学观点几乎都是从哲学或美学上讲的，尽管为后人认识美和评说美起过积极作用，但必须看到他们这种观点在一定程度上颠倒了物质与精神、存在与意识之间关系，把美的本质归结为主体精神、主观意识的产物。英国文学家肖伯纳明言，经济学是一门使人幸福的艺术。被西方经济学称做经济学之父的亚当·斯密在《国富论》一书中曾生动叙述过的经济人的那只“看不见的手”，几乎被当代经济学学界视为一部市场经济著作的活模特，经常会浮现在我们面前。英国另一位经济学家凯恩斯指出，经济学不是一种教条，而是一种方法，一种心灵的器官，一种思维的技巧，帮助拥有它的人得出正确的结论。我国改革开放初期引进的经济学名著——萨缪尔森、诺德豪斯《经济学》中盛赞经济学家谱中的马克思是经济学界的“巨匠”、是“智慧大师”、是“伟大的人物”，而且他们还在自述其著作中“综合审慎地考虑到经济学竞相争鸣的所有流派：后凯恩斯折衷主义、货币主义、合理性预期学派、芝加哥的自由主义、马克思主义和激进经济学”。一般说来，在学说上凡是能继承的就能发展，能综合的就能创新，这恐怕是一条创作定律。作为盛赞并综合了马克思主义的萨缪尔森、诺德豪斯当然是熟知马克思关于《资本论》是“一个艺术的整体”论断的，所以，在书中引证了斯诺的一句话说：G. P. 斯诺是一个科学家兼小说家，他曾呼吁结束人文和科学“两种文化”的分离状态；“经济学同时是这两种文化中的一部分，是一门可以把科学的精确性和人文方面的诗意性兼济一身的学科。”此外，还悄悄地告诉我们：“经济学像睡美人。它的苏醒正有待新的方法、新典范、新好手和新问题的一吻。”经济学界两位先贤如此郑重地评述其经济学特色，就是对于我们的转喻和期待，呼唤我们同他们一道踏入经济学的科学艺术境。萨缪尔森和诺德豪斯《经济学》上册的第一编《基本概念》即相当于我国经济学著作中的导言或导论，两位学者在书中还特意绘制了一幅生动的动物素描图画，借以说明即使是同一个主体，当人站在不同的立场角度或两个多个人站在不同的角度立场上在观察同一客体的素描动物时，也会得出或是一群大鸟或是一群羚羊的不同结论。接着他们运用这种审美观点考察经济学时明确写道："经济学是科学，也是艺术。"⑦后来在克林顿当政时期当过美国总统顾问委员会主席的著名经济学家斯蒂格利茨在他的《经济学》一书中运用圆形和七条短线箭头组合成一幅市场经济的运行线路，将市场、厂商和家庭三大经济主体之间的错综复杂的经济联系或关系绘出一幅简单、生动而深刻的市场理论蓝图或一幅素描。

1－5. 人世间万事万物都是有形有体的。人在实践活动中将纷繁复杂、千变万化的各种现象归结为两种现象即物质现象和精神现象，而主张绝对精神的著名哲学大师黑格尔也将其第一部著作称做为《精神现象学》。有趣的是，在西方经济学中往往还用驴、羊、猫、狗、狼等形象语言说明复杂、抽象的经济学问题。萨缪尔森等在《经济学》著作的开篇写道："经济学被称之为社会科学之王——是最古老的艺术、最新颖的科学。"并举例说像骑驴的人用胡萝卜和大棒来驱使驴子前进一样，市场制度应该用利润和亏损来解决市场上生产什么、如何生产和为谁生产问题。有的学者把世界500强企业比喻为"领头羊"。还是那位萨缪尔森，他在分析美国社会两极分化现象时尖锐地指出：一个富人的猫喝到的牛奶，也许正是一个穷人的孩子维持健康所必需的。他还用经济学教授的口吻说教：经济学上的价值理论并不难懂，只要你记住：是狗尾巴摇动狗身子。摇动价值和数量这条狗身子是边际效用这条狗尾巴。众所周知，当我国入世之后一些好心的经济学家惊呼"狼来了"。而民营企业家张瑞敏应对这种狼来啦提出，你要学会与狼共舞，你自己也得变成为狼。除此以外，西方经济学著作上的形象语言比比皆是：如"蛛网定理"、"逐鹿管理"、"橄榄型"或"洋葱型"结构、经济态势呈现为"哑铃型"或"树枝型"、农业"绿色政策"或"黄色政策"、"峰谷电价"。美国劳伦斯·彼特等一批学者在《改变人类生活的18条法则》中形象描述了经济生活法则。如马太效应、木桶定律、手表定律、鲇鱼效应等有形有体地说明了经济生活的法则道理。用基督教上的马太故事传述了两极分化人群的状况，马太效应说明如今是一个赢家通吃的时代，富人享有更多资源——

金钱、荣誉以及地位，穷人却变得一无所有。这一切表明，经济人所面对的客体现象都是有形有体的，这是认识、把握事物本质及其发展规律的前提条件。

1-6. 值得指出的是，在我国被一批著名的中青年经济学家推崇备至的美国学者曼昆的《经济学》除了用深入浅出、简洁明快的叙述文体以外，还在书中插入了许多黑白照片、素描和漫画等艺术品种来说明经济学上的若干原理。他用两幅超市和银行的照片，来反映经济人的全部收入最终将细分为生活消费产品与储蓄投资品，从而说明通货膨胀与物价上涨的对应关系；他在书中还用一幅城市交通拥挤污染的照片，借此说明经济学如何运用市场机制以解决交通的拥挤和污染等棘手问题；他还用四幅连环画的美术形式说明美国政府对农场主补贴的公共政策上的弊端。在这些画面中，有一组画，描绘了白人农场主麦克同雇佣黑人卢福期之间就补贴问题的对话。其中最后一幅是农场主麦克咧着嘴巴乐陶陶地说："我的国家真是补贴的美丽福地!!"看到这里，我们把曼昆的图文并茂的《经济学》联想为一部《画说〈经济学〉》又有什么过分夸张的呢？

二、马克思经济学是经济科学艺术的典范

马克思全部理论内容是从政治经济学中产生的，我们若要认识其美学艺术理论内容，同样应从其《1844年经济学哲学手稿》、《1857—1858年经济学手稿》导言和《资本论》三部经济学著作去探索和传承

2-1. 马克思对他的《资本论》评论时写道："不论我的著作存在什么缺点，它们都有一个长处，即它们是一个艺术的整体。"他曾针对蒲鲁东先生那种抽象的教条式的经济研究时强调指出："由于蒲鲁东先生把这个关系看成原理、范畴和抽象的原理，所以他只要把这些思想（它们的每一篇政治经济学论文末尾已经按字母安排好）编一下次序就行了。经济学家的材料是人的生动活泼的生活；蒲鲁东先生的材料则是经济学家的教条。"马克思关

于经济科学的这一重要的方法思想，对于探索我国的社会主义市场经济科学不是仍然有着现实的指导意义吗。马克思和恩格斯与西方的美学观点是不同的，首先是思想资料来源不同。正如恩格斯强调指出的，马克思主义全部理论内容是从政治经济学中产生出来的，主要是从经济“人的生动活泼的生活”中产生出来的。所以，我们要想认识和把握马克思主义经济学的美学艺术理论内容，同样应坚持从经济学上去挖掘和诠释。

2－2. 对《1844年经济学哲学手稿》我国学术界一直存在学科归属上的争论，这种争论无疑不利于对马克思美学思维的探索。以往哲学界说它是哲学著作，在我看来该手稿是一部经济学著作。暂且不去谈论它的内容仅就其文体来看，全书120余页竟有90余页篇幅论述的是经济学而不是哲学，我国美学界所诠释的马克思美学大都出于这部经济学。我们从美学探源上会看到，马克思在这部著作中论述了两种不同含义的“美”，一种是“劳动创造了美”，一种是“按照美的规律”。但有些美学著作只讲“按照美的规律”而不讲甚至少讲“劳动创造了美”，是偏颇的。正如马克思在国际工人协会宣言中提到的，他的经济学是一部“劳动的政治经济学”。“劳动创造了美”是马克思从经济学上论述资本主义私有制下劳动异化问题时提出来的。他饱含着工人阶级情感指出：在雇佣劳动制度条件下，“劳动为富人生产了奇迹般的东西，但是使工人变成畸形。劳动用机器代替了手工劳动，但是使一部分工人回到野蛮的劳动，并使另一部分工人变成机器。劳动生产了智慧，但是给工人生产了愚钝和痴呆”。马克思正是从私有制与雇佣劳动的剥削关系上论述了劳动异化、劳动产品异化、人与人的异化以及人的本质异化的。这四种异化意在说明劳动主体在发展过程中，由于私有制而使劳动者自己的劳动生产出自己的对立面，然后这种对立面又作为一种外在的、异己的力量即资本的力量来控制和支配劳动主体。后来马克思在《资本论》中从另一种意义上论述说商品拜物教时具有异曲同工之妙。商品本来是人用劳动双手生产出来的，可是当生产出来送到商品市场后能否卖出去能卖多少，这时商品生产者本人也捉摸不定，而且衍生一种宗教的祈求感和神秘感。因此，“劳动创造了美”是指工人使用自己的劳动创造了精良的物质产品和精美的精神产品，促进了人类社会物质精神文明的进步和发展。这是马克思第一次从经济著作中提出了美的主体和美的本质。因此，只有从人的生产劳动实践上去探求美的词源才比较符合马克思的美学意义。

2-3. 如果说："劳动创造了美"是马克思从人对人，资本人与劳动人之间生产关系和经济关系总结出来的，那么，"按照美的规律"这句经典就是马克思通过动物的活动和人的劳动的类比中总结出来的。他指出："通过实践创造对象世界，即改造无机界，证明了是有意识的类存在物……诚然，动物也生产。它也为自己营造成巢穴或住所，如蜜蜂、海狸、蚂蚁等。但是动物生产他自己或它的幼仔所直接需要的东西；动物的生产是片面的，而人的生产是全面的；动物只是在直接肉体需要的支配下生产，而人甚至不受肉体需要的支配也进行生产，并且只要不受这种需要的支配时才进行真正的生产；动物只生产自身，而人再生产整个自然界；动物的产品直接同它的肉体相联系，而人却懂得按照任何一种的尺度来进行生产，并且懂得怎样处处都把内在的尺度运用到对象上去；因此，人也按照美的规律来建造。"不难看出，马克思这里讲到的"人也按照美的规律来建造"显然是对"劳动创造了美"这一主题思想的深化和发展。这同他后来在《资本论》第一卷论述劳动过程中说明人的劳动与动物活动时的思想大体上是一致的。他说："我们要考察的是专属于人的劳动。蜘蛛的活动与织工的活动相似，蜜蜂建筑蜂房的本领使人间的许多建筑师感到惭愧。但是，最蹩脚的建筑师从一开始就比灵巧的蜜蜂高明的地方，是他去用蜂蜡建筑蜂房以前，已经在自己的头脑中把它建成了。"所以，不难看出，这同马克思在"手稿"中讲到人的美的规律一样，都是指人是自觉的、有劳动目的的生产劳动的，劳动产品越来越讲究人性化和艺术化，所以这种生产劳动本身就内含着美的规律。

2-4. 马克思一生写出了三个经济学手稿，在《1857—1858年经济学手稿》导言的第四节马克思从美学转到艺术学。翻开导言第四节就会知道，他在不到两页的篇幅集中论述了艺术及其艺术形式、艺术生产、艺术本身、艺术领域、希腊艺术、艺术方式、艺术加工、艺术发展、艺术家、艺术享受等21个艺术用语或艺术词条，几乎包括了艺术学科的主要思想和内容。因此，我愿在这里将马克思这个篇幅不长的艺术经典原文转录如下：

"关于艺术，大家知道，它的一定的繁盛时期决不是同社会的一般发展成比例的，因而也决不是同仿佛是社会组织的骨骼的物质基础的一般发展成比例的。例如，拿希腊人或莎士比亚同现代人相比。就某些艺术形式，例如史诗来说，甚至谁都承认：当艺术生产一旦作为艺术生产出现，它们就再不能以那种在世界史上划时代的、古典的形式创造出来；因此，在艺术本身的领域内，某些有重大意义的艺术形式只有在艺术发展的不发达阶段上才是可能的。如果说在艺术本身的领域内部的不同艺术种类的关系中有这种情形，那末，在整个艺术领域同社会一般发展的关系上有这种情形，就不足为奇了。困难只在于对这些矛盾作一般的表述。一旦它们的特殊性被确定了，它们也就被解释明白了。

我们先拿希腊艺术同现代的关系作例子，然后再说莎士比亚同现代的关系。大家知道，希腊神话不只是希腊艺术的武库，而且是它的土壤。成为希腊人的幻想的基础、从而成为希腊［神话］的基础的那种对自然的观点和对社会关系的观点，能够同自动纺机、铁道、机车和电报并存吗？在罗伯茨公司面前，武尔坎又在哪里？在避雷针面前，丘必特又在哪里？在动产信用公司面前，海尔梅斯又在哪里？任何神话都是用想象和借助想象以征服自然力，支配自然力，把自然力加以形象化；因而，随着这些自然力之实际上被支配，神话也就消失了。在印刷所广场旁边，法玛还成什么？希腊艺术的前提是希腊神话，也就是已经通过人民的幻想用一种不自觉的艺术方式加工过的自然和社会形式本身。这是希腊艺术的素材。不是随便一种神话，就是说，不是对自然（这里指一切对象，包括社会在内）的随便一种不自觉的艺术加工。埃及神话决不能成为希腊艺术的土壤和母胎。但是无论如何总得是一种神话。因此，决不是这样一种社会发展，这种发展排斥一切神话地对待自然的态度和一切把自然神话化的态度；并因而要求艺术家具备一种与神话无关的幻想。

从另一方面看："阿基里斯能够同火药和弹丸并存吗？或者，《伊利亚特》能够同活字盘甚至印刷机并存吗？随着印刷机的出现，歌谣、传说和诗神缪斯岂不是必然要绝迹，因而史诗的必要条件岂不是要消失吗？

但是，困难不在于理解希腊艺术和史诗同一定社会发展形式结合在一起。困难的是，它们何以仍然能够给我们以艺术享受，而且就某方面说还是一种规范和高不可及的范本。"⑧

前面引文中的罗伯茨公司是19世纪英国曼彻斯特一家机器制造公司，生产纺织机械、铁路机车等。武尔坎是罗马神话中的火神和锻冶之神，丘必特的儿子，传说他有一些冶炼炉，能制造各种精良的兵器、盔甲等军用品。丘必特是罗马神话中最高之神，即雷神；丘必特即希腊神话中的宙斯。动产信用公司是法国一家大股份公司。海尔梅斯是希腊神话中的商业之神，是宙斯和玛娅的儿子。印刷所广场是英国伦敦《泰晤士报》的总社所在地。法玛是罗马神话中的传闻女神，法玛即希腊神话中的俄萨。阿基里斯，又译阿喀琉斯，是希腊神话中的著名英雄，荷马史诗《伊利亚特》的主要人物⑨。

马克思《1857—1858年经济学手稿》导言中的艺术生产和艺术形式都有待于我们深入的研究和探索。

2－5. 这就是马克思著作中最普遍、最集中论述艺术思想的地方。在论述中他主要说明了人类生存发展需要两种生产——物质生产和精神生产包括艺术生产及其两种生产关系问题。在马克思看来，这种艺术生产目的可大致地分为生产的艺术和艺术的生产两类形式。在物质生产过程中，生产的艺术形式首先是通过自然科学技术的设计师、接着出现专门的工艺师、又出现协调厂房、车床和工人之间的色调而便利生产的美术师。比较规范的纺织厂、印染厂、日用陶瓷厂和儿童玩具厂都有工程师和美术师。这种生产领域的内部分工和建制型制体现了生产的艺术家。这类生产的艺术家出现之后便逐渐地使艺术出现了现实艺术和想象艺术两种形式，与物质生产相联系的艺术为现实艺术，这种艺术都以一定特质的生产劳动和物质产品相联系。然而与想象艺术相联系的艺术为艺术，这种艺术同样以一定物质生产劳动和物质产品相联系。想象艺术如我国传说中的女娲和伏羲。女娲用五色石补天想象她必定是一个女强人，她能在高空作业劳动。艺术是可以想象的。马克思在《1857—1858年经济学手稿》导言中从希腊神话一直联想到18世纪的科学技术，就是一种想象。比如我们想象女娲在远古朝代是位女航天员，她在飞船上和其他航天员在舱外利用机械手臂给美国修补哈勃望远镜吧。说明她能补天劳动。而神农氏伏羲从天时地利出发，制作耜，教给老百姓务农生产，使老百姓过上了丰衣足食的幸福生活，所以，他被老百姓奉为“神农”。“古之人民皆食禽兽肉。至于神农，人民众多，禽兽不足。于是神农因天之时，分地之利，制耒耜，教民农作，神而化之，使民宜之，故谓之神农也。神农之至，卧则居居，起则于于。”“民知其母，不知其父。与麋鹿共处，耕而食，织而衣，无有相害之心。”

2－6. 在1867年《资本论》中马克思创作了“整体”完美的科学与艺术相结合的政治经济学。如前所述，马克思早在1837年就读于柏林大学给他父亲写信时便坦露心声地说：“我打算埋头于科学与艺术”。此后，尽管马克思评论过歌德、黑格尔等人的美学思想，评述过拉萨尔的《济金根》的剧作，并创作过悲剧《乌兰涅姆》、讽刺小说《斯考尔昂和菲力克斯》，还给热恋中的燕妮三本诗集以及相当数量的叙述和嘲讽类的文学作品。然而，历史却选择了他把毕生的主要精力和创作兴趣投入于社会科学尤其是经济科学。马克思和恩格斯之间的友谊和合作堪称为世间的楷模。他们在创作《资本论》时彼此经常地激励、探讨和交流。他们的这种友谊和合作，可从他们留下来的《〈资本论〉书信集》中得到印证，也可从他们410封来往书信中折射出两位先贤之间志同道合的真诚和永恒。在1865年7月31日，当马克思呕心沥血撰写的著作《资本论》即将出版问世时，他深情地写信告诉挚友恩格斯说："不论我的著作有什么缺点，它们有一个长处，即它们是一个艺术的整体。"后来，马克思二女儿信赖的，德国党内著名的历史学家和思想家梅林在《马克思传》一书中也把《资本论》这一划时代的经济科学著作评价是一个"完整的艺术品"[10]。马克思在40年代从经济学上总结了"劳动创造了美"和"按照美的规律"的美学思想。在50年代又从经济学上总结了"艺术生产"和"艺术形式"等艺术思想，从而解决了美与艺术的本质及其规律而形成了独特的马克思主义美学体系。接着在60年代他坚持从经济上反映资本主义劳动世界，而且从艺术品种上创造了劳动整体的艺术思维。大千世界的万事万物都是有形有体的，从物质产品的表现形式看来，主要是实用的表现形式、造型的表现形式和思维的表现形式即逻辑思维形式或文学语言艺术形式。当今流行于世的"政治艺术"、"军事艺术"、"领导艺术"、"管理艺术"、"教学艺术"和"生活艺术"等著作术语，就是对逻辑思维形式或语言艺术形式的一种典型例证。在这里，我们愿从语言艺术形式上介绍一下《资本论》这个艺术整体思维的各种艺术品种的表现形式。

三、《资本论》阶级钟声的音乐艺术

《资本论》阶级钟声的音乐艺术，是马克思运用阶级观点给中产阶级、工人阶级和资产阶级摆上了三口大钟，作为醒世和警世名言的。以孔子为代表的儒学主张"兴于诗、立于礼、成于乐"的教育学，并将我国古代音乐分为治世之音、乱世之音和亡国之音是很有见地的一种人文音乐观

3-1. 中国《乐记》一书成为中国古代最早最权威的美学文献。“凡音者，生人心者也。情动于中，故形于声。声成文，谓之音。是故治世之音安以乐，其政和。乱世之音怨以怒，其政乖。亡国之音哀以思，其民困。声音之道，与政通矣。”（《礼记·乐记》）我国古代把音乐分为治世之音、乱世之音、亡国之音是很有见地的一种音乐观。如郭沫若所诠释的中国当时所谓“乐”，包含内容十分广泛，几乎等于全部艺术。可见只有郭老这样虚怀若谷之人，才能把一个“乐”字外延得海阔天空。

3-2. 马克思以历史唯物主义观点，不仅无情地鞭苔资产阶级，耐心地劝告中产阶级，而且对于工人阶级从自发到自为的过程中出现的种种偏激、盲动和自私也进行了善言忠告和耐心等待。他对巴黎公社工人，对英国宪章派工人，对德国社会民主工党的哥达纲领等都提出了批评和忠告。他在《资本论》第一卷的序言中总结了18—19世纪的阶级斗争历史时指出：“正像18世纪美国独立的战争给欧洲中产阶级敲起了警钟一样，19世纪美国南北战争又给欧洲工人阶级敲起了警钟。”同时他在总结英国生产力与生产关系矛盾斗争，致使资本主义内在规律作用时进一步指出：“生产资料的集中和劳动的社会化，达到了同它们的资本主义外壳不能相容的地步。这个外壳就要炸毁了。资本主义私有制的丧钟就要敲响了。剥夺者就要被剥夺了。”[11]在这里，马克思在《资本论》的钟声音乐艺术中相继为中产阶级、工人阶级和资产阶级面前摆放了三口大钟，并明确指出前面两口警钟已被“敲起了”，后一口丧钟“就要敲响了”。历史实践证明，列宁领导的十月革命曾给俄国资产阶级私有制的丧钟敲响了，毛泽东等老一辈无产阶级革命家领导的中国革命给中国资产阶级、地主阶级私有制的丧钟也敲响了。

3-3. 钟乐作为中西音乐文化有相似相通之处。如前所述，中国儒家是非常重视音乐审美、娱乐和教育作用的，曾把音乐细分为治世之音、乱世之音和亡国之音，是很有见地的。以孔子为代表的儒家学派将“礼乐”制度性教育上升到“乐教”的素质性教育高度，主张“兴于诗、立于礼、成于乐”，即学诗之后，学礼再学乐。“诗、礼、乐”三者合一，而把“乐”视为完成教育的全部过程的主要手段。马克思给三大阶级面前摆上的三口大钟从一定意义上再现了三种音乐的意蕴，不过是对阶级人的前途和命运的形象描述。作为人世间的一种铜质的、铁质的或其他合金质料的钟器，它在东西方的音乐史上是古老而庄严的，并在不同时代不同民族中发挥着报时、凑乐或祭祀的复合功能，唤醒着一代又一代人们的意识、识礼和想象。当今遍布于世的教会钟楼、庙宇吊钟、城市钟塔和学府挂钟其形其声深深地刻印在信徒或学子的心目之中。在《西方音乐史》上附有一幅插图描绘了古希腊音乐家们为了测量音质和音阶的情景，并附文说道："波伊提鸟在一个测弦器上测量音。毕达索拉斯拿了一套槌子，正用一把在敲钟"，可算做西方式的一种编钟吧。作为钟器之起源，在中国可追溯到《山海经》上所传说的炎帝之孙"鼓延"始为钟和杜氏《退典》所记述的钟为黄帝工人垂所制造，这充分说明中国早于西方之前就有钟器了。

3－4. 在中国，钟的前身可能是铃，俗称铃铛。夏代乐器以山西襄汾陶寺遗址中出土的鼓、馨、陶埙、铜铃为主。这批出土的文物可看做是夏文化的具有代表性的音乐文物。在叙述音乐文物的历史顺序和逻辑顺序上，我们首先介绍铜铃，然后再介绍铜钟和铁钟。在铜铃篇上重点介绍四川广汉三星堆商周时代2号祭祀坑。该坑出土的铜铃共43件。这在中国历史上是非常罕见的。当时，出土时一些铜铃挂在青铜铸造的树枝上，一些铜铃散落在坑内，有的铜铃还附有铃架。在造型上多数铃为直筒形，其中非常精美的是鹰形铃和花蒂形铃等铜铃。鹰形铃的鹰头顶部有一个环形纽，环内穿8字形青铜挂钩，铃舌尖辣椒状，顶部有环纽，挂在鹰铃内壁顶端。鹰头尖嘴，头部颈部的两侧有扇棱，颈部及两侧扇棱上阴刻羽毛。经音乐性测试发音哑。花蒂形铃的铃体分为三层：上层为四瓣圆朵花形，似盖状，顺花瓣沿刻两道纹；中层为花身呈扁圆形，上下各刻一槽，缘凸出山纹绕铃分一周；下层为长圆形花瓣4片，顺花瓣形阴刻两道线纹，每瓣内有若干圆点纹。铃舌长圆锥体，舌底为四瓣实心花形，悬挂于铃腔内部的顶端。

3－5. 1960年我国陕西省扶风出土的八件形制，大小递减，分别高为52、50、49、46.7、34、29、25.5、21厘米，它们依次重为28、26.65、26.25、22.05、10.3、6.6、3.25、3.25、3.25公斤，经测音可奏出6135613，56133561。编钟是用木制的框架分为两排，悬挂十六只大钟，以供乐工们合奏，这也许是中国特色的立式钢琴。特别值得指出的是，1978年在湖北省随县擂鼓墩发现了曾侯乙墓出土的成套编钟。这套编钟铸有2800余字的钟律铭文，称得是一部先秦的乐律学专著。钟架为铜木结构，上下分为三层，长7.48米，宽3.35米，高2.93米，由245个可拆卸的构件组合而成。上层悬挂钮钟19件，中层悬挂甬钟33件，下层悬挂甬钟12件。此外还有敲钟用的漆绘木槌和木棒。编钟质料是铜锡合金的，2008 年央视介绍说它的金属成分时指出锡约占百分之十三左右，而且钟铸造为合瓦形状，因此敲钟可发出双音。经测音研究表明，这套编钟音质良好，音色优美，音域宽广，可演奏具有和声、复调和转调等技法的中外乐曲。湖北省还为此专门组建了一支演奏编钟的艺术团体，在香港回归庆祝大典时经特批将编钟移至香港演出。著名音乐家谭盾创作的《天·地·人》名曲，就首次因使用这套堪称稀世珍宝的编钟乐器演奏而闻名于世。音乐文物是时间空间的储存器。这套作为公元 5 世纪的编钟乐器，不仅标志着中华文化的博大精深，而且在世界文明史上也被赞誉为一大奇迹。同样，马克思在《资本论》所使用“钟”词就是一个时代标志，记述了三大阶级在历史进程中的地位、命运和前途。

3 –6. 世界的犹太教、基督教、天主教和东正教等教堂都建有钟楼，但钟楼的数量多少不等，通常是一座钟楼，也有两座钟楼，巴黎圣母院就是南北两座钟楼，最古老的巴黎圣雅各曾经有过三座钟楼。每座钟楼的挂钟通常是一口大钟，也有悬挂成排母子钟的，这也许是西方式的编钟吧。敲起来有节奏有和声，给人们以强烈的音乐感和神圣感！法国巴黎圣母院同雨果的传世之作《巴黎圣母院》相互辉映。雨果在其著作的开篇就是以钟起笔的，描述 1482 年 1 月 6 日那天巴黎教堂所有大钟齐鸣，响彻老城、大学城和新城三重城垣，惊醒了全体市民。我们从他的笔下描述中知道，教堂敲钟除了宗教仪式的原因外，有时历史纪念日、提醒敌人入侵、国王驾到、王子结婚、学生造反、使臣到职、处死罪犯、狂欢节等等活动都要敲钟，可见教堂的钟声衍生有多重社会文化意义。小教堂除外，大一点的教堂的钟楼都有专职或兼职的敲钟人。敲钟人站在钟下面用手握着绳头来回摆动钟舌敲钟，如果钟体过大而又无钟舌，于是在钟楼顶架上绑上一条粗绳，绳下头捆绑一根粗大的木棍，一个人或几个人合抱着木棍从外面撞钟。巴黎圣母院有南北两座钟楼，雨果说敲钟人是一个三分像人七分像鬼而心地善良的卡西魔多。如果说，《巴黎圣母院》是从喜剧开幕，却以悲剧收场。卡西魔多这个善良忠厚的敲钟老人同大主教亚洛德围绕着钟楼而展开了生死搏斗，是人类的正义与邪教之间的争斗，然而他们死后却无人想起为他们敲起丧钟。

马克思说音乐是人类的第二种语言

3 –7. 马克思的女婿拉法格在回忆马克思时提到马克思曾经把音乐视为

人类的第二语言。马克思一生主要佩服两位世界名人，一是黑格尔，他自称他是黑格尔的学生，并在创作《资本论》时不时地翻阅黑格尔的《小逻辑》以便于从中寻找解剖资本主义整体的“解剖刀”。另一个是莎士比亚，他全家将莎翁著作视为“圣经”，为了使《资本论》精益求精，他二女婿拉法格回忆说，马克思曾从莎翁著述中摘录锦句作为修润《资本论》的行文参考。所以，马克思留给我们的理论语言是德意志式的逻辑抽象语言，但他从来都把抽象语言与形象语言结合起来，深刻而生动地说明一切表述一切的。马克思一家是酷爱文学艺术的。《资本论》第四卷即剩余价值理论历史分析生产劳动和非生产性劳动时，马克思就在评述中指出，“认为提琴制造者、风琴制造者、乐器商人、布景师等等”是生产的，而以他们的劳动为“准备阶段”的那些职业则是非生产的，难道这不是自相矛盾吗？在这里，马克思不仅熟悉演奏音乐的乐器，而且十分熟悉制造乐器劳动者的地位和作用。正像我们中国再贫困的家庭中或许都有一支竹制的笛子或一把二胡一样，马克思家里还有一架老式的立式钢琴，差不多每两周举行一次家庭歌唱会，由马克思的三女儿爱琳娜弹琴伴奏，全家合唱着古老的德国歌曲。马克思因浓重的喉音在家里只能算做一个低声部伴唱者。有意思的是，始终关心中国并痛斥英法等侵略军掠夺中国的马克思何曾想到，今日中国有两个东北人在钢琴制造和钢琴演奏上蜚声世界：一个是钢琴制造家施岩，另一个是钢琴演奏家郎朗。在当代，瑞士、比利时和德国是钢琴制造三大国家，要想在这些国家取得制造钢琴大师的头衔，他必须从头至尾地完整地制造一台钢琴，并经过专家委员会的严格测评和考核，方能取得这一职业称号。施岩是获得这一殊荣的第一位中国人。众所周知，郎朗则是誉满全球的钢琴演奏家。剑胆琴心的美国前总统小布什说他父亲老布什是郎朗的忠实“粉丝”，并请郎朗到白宫为其政府高官演奏；而英国为纪念女王诞辰特请郎朗到王宫演奏，花心王储查尔斯赞不绝口地说，郎朗弹钢琴的双手像飞了一样令他眼花缭乱，目不暇接。如今郎朗已被欧美顶级的交响乐团聘请，合同已排满三年。著名青年钢琴家郎朗不仅艺术价值红遍世界，还为世界驰名的奥迪、劳力士、史坦威钢琴等厂商聘请为形象大使而成为典型的商品人格化，可谓典型的艺术经济人。

3-8. 当今世风日下，一些人在男女关系上“不求永久，只求拥有”，“闪婚”、“闪离”现象层出不穷。然而马克思与燕妮的爱情、婚姻和家庭却为后人留下了千古佳话。两个青年人一见钟情，在热恋中马克思为燕妮先后创作了三部诗集。他毕生创作了396首脍炙人口、流芳百世的诗歌，其中他以音乐“歌”来命名的有《心中的音乐——致燕妮》、《歌手的爱情——致燕妮》、《献给燕妮的两支歌》、《歌手的终曲》和《歌手们》等歌曲，在《心中的音乐——致燕妮》中，马克思展示了“一个美妙的歌声世界”，讴歌两个人的友谊、忠贞和永恒。在这里，西方诗歌同中国诗歌有相通之处。“周代的著名《诗经》三百篇都有乐调的，孔子只是对三百篇做了校正乐调工作。”有意思的是，四川出版社前不久前出版了一部名人名家的《话说音乐》，收录了朱自清的《歌声》、梁实秋的《音乐》、冼星海的《作品第七号》、柯灵的《秧歌》、肖乾的《我爱音乐》、以群的《歌声》、王蒙的《音乐与我》、刘心武《牧童短歌》、贾平凹的《秦腔》等脍炙人口的文学作品。这些文学大家们用他们丰富的想象倾诉情感，在没有旋律、节奏、曲调和音色等音乐核心语言，似乐非乐地在视觉与听觉之间架起了一座沟通情感之桥。

3－9. 人类最早的音乐语言同人类发明文字一样，是一种文字谱形式。在西方最早现存乐谱是公元前6世纪产生的古文字谱，古希腊学者毕达哥拉斯制定了五度循环的音体系。这字母是μ、Γ、o、τ、M。中国文字谱即在公元7世纪齐相管仲所著《管子》中就有宫、商、角、徵、羽五音名称。东西方这种古老的文字一直延续到公元6—7世纪，大约1000余年，才从文字谱发展到数字谱，只要翻开西方音乐史几乎都异口同声地说音乐是建立在数的基础之上的。古希腊哲人亚里士多德在其《论天》一文中认为毕达哥拉斯学派主张万世万物都是由三个数决定的，因为始点、中点、终点这三者给予了世界万物以数。“万物类似于数”。并认为整个人间世界不过是和谐和数而已。传说有一天毕达哥拉斯路过一条小街道时听到了悦耳动听的打铁声，于是他好奇地寻声走进一家铁匠屋里看到铁匠正用锤子、铁墩在锻造铁器，于是他测量了三者的长短及其比例而换算出三者之间是1∶1.68的比例关系，即后人把这种悦耳和谐的比例称谓美学上的黄金分割律。这些古希腊哲人从美学上的和谐观点视音乐是由数和和谐而形成的。此后，比例、和谐便成为审美的一种重要尺度。西方音乐几乎把音乐语言中的节奏、旋律、和声和音色四大要素归结为数的比例及其转换关系。时间、空间是一切事物存在的基本方式。音乐作为一种时间的艺术形式，它自然要借助于一定的字谱体系才得以保存、发展和流传。我们非常熟悉的记谱中的简谱便是一种典型的数字谱。据讲这种简谱是18世纪40年代由法国多才多艺的卢梭（1712—1778）

于1743年将do、re、mi、fa、so、la、si 7个唱名配上了阿拉伯数字，并将其系统化和规范化。这种数学简谱始于16世纪中叶的欧洲，17—18世纪先后经法国巴黎天主教方济会教士苏埃蒂和卢梭、加林、舍事、梅森等人研究改进而使其逐步完善。大约至1882年梅森将简谱带入日本，后于清末又从日本传入我国。有趣的是，《世界文明史》一书认为经过了西方浪漫运动和法国大革命，进而影响了康德、叔本华的哲学，席勒的歌剧、歌德的小说、拜伦、雪莱的诗歌乃至马克思的社会主义。卢梭在音乐理论与创作上是值得后人记起的，他为法国《百科全书》准备了一篇音乐的文章，曾一度遭到非议，后经过修润他以《音乐字典》出版问世。他一生除了写作《社会契约论》和《忏悔录》等社会政治著作影响后人外，还以抄写乐谱作为生活收入以维持坎坷的一生。

艺术思维的力量能使不能变成能，"一切皆有可能"

3-10. 有音的听不到音，听不到音的却可以看到音。中国古人认为"大音希声"。老子在《道德经》讲得明白："听之不闻，名曰希"，就是最震撼的声音，人们耳朵反倒听不到，所以，叫大音希声；大音希声虽然是老子一种主观审美判断，但却为中国古典美学史上主体关照树立了一种特殊范式。中国美学上的弦外之音、味外之味、色外之色、韵外之韵、境外之境、言外之意等等论述，都源于老子的这一美学思想。后来《乐记·乐本篇》补充谈道："凡音者，生人心者也。情动于中，故形于声。声成文，谓之音。"可见众人之声统一于音。"是故审声以知音，审音以知乐，审乐以知政。"在现实艺术生活中，确有"情动于中，故形于声"的。有意思的是，2005年春节《东方时空》在采访残疾人演出《千手观音》的领舞者邰丽华时问她，你耳聋听不到音乐怎么去领舞呢？她用手语比划说，在排练时她对著名导演张培刚说："老师，我看到了你的舞蹈，我就看到了你的音乐！"马克思在《资本论》将千百万劳动人民、工人阶级的呼唤和呐喊之"声成文，谓之音"。使我们从《资本论》的字里行间的叙述中听到了"情动于声"的力量，即工人阶级在呻吟、呐喊和高呼。人们非常熟悉的《国际歌》曾一度成为苏联的国歌。列宁高度赞扬《国际歌》新歌的作者法国巴黎公社社员欧仁·鲍迪埃"是一位最伟大的用歌作为工具的宣传家"，"一个有觉悟的工人，不管他来到哪个国家，不管命运把他抛到哪里，不管他怎样感到自己是异邦人，言语不通，举目无亲，远离祖国，——他都可以凭借《国际歌》熟悉的曲调，给自己找到同志和朋友。”《国际歌》词作者鲍迪埃在“巴黎公社”失败后，在白色恐怖中没有屈服。他写下了《国际歌》这首诗，在鲍迪埃逝世7个月后，法国工人党为纪念他的活动，里尔城的工人作曲家比尔·狄盖特得到了一本鲍迪埃《革命诗集》。当狄盖特打开这本歌集的时候，被《国际歌》这首有深刻的政治内容、富有号召力的诗句所吸引，他怀着炽热的创作激情，立即为《国际歌》谱曲，经过一个不平静的夜晚写出了《国际歌》这首著名歌曲。第二天他把《国际歌》交给了法国里尔城的工人合唱团试唱成功，从此《国际歌》便蜚声世界。1927年，狄盖特应邀到莫斯科参加了“共产国际第六次代表大会”和“十月革命十周年庆祝大会”。年近80岁高龄的狄盖特老人站在列宁墓前，当听到军乐队演奏雄壮的《国际歌》，成千上万人高唱《国际歌》时，他热泪盈眶，激动万分。这样一位为工人阶级做出了杰出贡献的老人，回到法国后，仍然作为一名普通的点灯工人每天傍晚沿街点燃气灯，给巴黎人民送去光明。朋友们，让我们高唱同一首歌——《国际歌》吧！

小泽征尔的两次下跪

3-11. 1994年，世界著名音乐指挥家小泽征尔应邀回到出生地沈阳，指挥辽宁交响乐团上演《德沃夏克第九交响曲》。面对陌生的乐团，小泽事先指挥排练了多遍，但始终达不到理想的效果。对音乐要求十分严格的他脸色下沉，紧皱眉头，低沉地自语道：怎么会这样？这样的乐团怎么去演出？忽然，他将指挥棒重重地敲了一下乐谱架后说：从明天起，我们进行个人演奏过关训练。这下令所有的人都懵了。这等于在说，每个人需要从基本功训练起。这时，等候在演练厅的官员要接见和宴请小泽，但被他一一谢绝。他说，我这次来只有一个目的，就是送给沈阳市人民一台满意的交响乐。我不想见任何与音乐会无关的人。在以后的时间里，乐团每天训练6个钟头。小泽的头发都被汗水湿透了，一脸的疲惫，可他坚持指挥，差一点点就不行，他想要的是一次完美的演出，所以一次次地纠正第一小提琴手。到第三天下午，小泽实在太疲劳了，他先是蹲在地板上指挥，后来，干脆就跪在地板上指挥，脸上的汗水挥洒在乐谱和地板上……大家看到这样的场景，都泣不成声。这就是小泽征尔，把一生都献给了音乐事业，他的指挥风格，既能热情洋溢、豪迈奔放地将乐曲引向高潮，又能恰如其分地控制速度和力度的变化。他善于运用带有表情的目光和“会说话”的双臂来表达自己的思想，好像人在浩瀚的音乐海洋中游泳，使观众感到他浑身都是音乐。在他的眼中，音乐是纯净的，容不得半点瑕疵和不协和的元素，所以从他的累得下跪中，让人看到了他追求完美的境界！还有一次下跪，更令人感动。那是1978年6月，小泽征尔第二次访问北京，他指挥中央乐团演奏了弦乐合奏《二泉映月》，大获成功，受到听众的一致好评，人们站起来长时间为他鼓掌。因为大家没想到《二泉映月》竟然能这样演奏，并且演奏得那么动人。第二天，小泽到中央音乐学院访问，顺便想听听二胡独奏《二泉映月》的原曲。当时，为他演奏的是中央音乐学院民乐系一位17岁的女生姜建华。她端庄典雅，神情凝重，一声长叹开头后，旋律渐起，时而如诉如泣，时而哀婉凄凉，时而缠缠绵绵，小泽征尔不肯，他以东方人特有的虔诚说：“这种音乐应当跪下去听。坐着和站着听，都是极不恭敬的。”就这样，他一直跪着，双膝并立，直到曲终。演奏完后，小泽泪流满面地站起来，对姜建华深情地鞠了一躬，说：“谢谢你的演奏，要是早一点听到你用二胡演奏它，我是根本不敢指挥乐队再演奏它的。”随后又喃喃自语道：“这是真正的天籁，是世界级名曲。”小泽征尔是谁？世界顶尖级的指挥大师，赫赫有名。《二泉映月》的作者呢？一个乞丐艺人；而演奏者呢？一个17岁的学生，同样微乎其微。可是，小泽征尔却下跪了，真诚地下跪了。不为什么，就因为内心对音乐的共鸣和感动，还有灵魂深处的敬畏。在当代中国，也许再没有任何一位外籍艺术家比小泽征尔能够获得公众更加由衷的敬意了，标志性的花白头发不羁不苟，一脸的严肃和沉静，笑起来和蔼而深邃，这就是真正的世界艺术家。中国观众敬仰小泽征尔，是因为他对艺术的奉献和精益求精，因为他的清醒、悲悯的责任感。作为艺术家的小泽征尔是十分迷人的，他善于把自己与乐手们揉合在一起，以丰富的音乐修养的和炽热的艺术感情去启发、带动乐手们，指挥洒脱、大方、豪放、细腻，具有惊人的音乐记忆力和令人钦佩的音乐魅力。而能被称得上大师，则是令人尊敬的，由两次下跪，或许就能体现出他多么独特的人格魅力——对艺术的敬畏与对生命的关怀。最近媒体披露小泽征尔身患癌症，已不能站台指挥交响乐了。我们遥祝这位毕生将音乐视为神圣事业的音乐之神早日恢复健康！而他的敬业精神却永远值得经济人学习、坚持和弘扬！

四、《资本论》人格化活动的戏剧艺术

《资本论》人格化活动的戏剧艺术，商品、货币、资本等“经济范畴人格化”和“经济关系的人格化”即经济人在资本主义市场舞台上交替扮演着不同角色。每一个商品的总体形态变化“包括四个极和三个登场人物，”充分体现了艺术经济人的时空活动方式

4－1. 从沙粒到宇宙，从细胞到人体，从物质世界到精神世界，都存在一个有形有色、千变万化的形体或形象。人们运用这些外界的形体形象进行思维活动，便是形象思维。对于探索大自然的奥秘及其运行规律的科学对象，无论是宏观对象还是微观对象，都是有形有色的物质世界：生物学家从微生物到鲸鱼的解剖，物理学家从原子到基本粒子的模拟形式的研究，化学家对于物质的色、形、体、重的分解和化合，甚至连极为抽象的数学也要依据物质变化和空间形式进行概括。科学史充分表明，形象思维是科学家们取得科技成果的必不可少的思维形式。

4－2. 牛顿由苹果从树上掉下来的这一司空见惯的现象，悟出了万有引力定律；李政道、杨振宁对夸克模型的研究，阐明了今日的粒子物理学；李四光通过对陆相演化的探索，揭开了大庆地下蕴藏的石油宝库。在自然科学领域里，又有多少科学家从生物模拟的探求中取得了惊人的科技成就。从蝙蝠到雷达，从海豚到声呐，从鸟类翅膀到飞机机翼，无一不是科学家们运用抽象思维和形象思维的结晶。我国古代鲁班从草叶边缘生长的锋利小齿受到启发，一次草叶划破了手指，诱发他发明了伐木的重要工具——锯；德国的魏格纳从躺在医院病床上看到了对面墙壁上的世界地图，意外地发现了非洲与南美洲外形边缘非常吻合，使他联想到各洲大陆板块的成因，提出了大陆漂移学说；郭沫若用想象和联想对认识我国的甲骨文作出了杰出贡献；吴汝康从头骨和牙齿的化石，勾画出几十万年以前我们北京祖先的形貌；马克思

从石器、弓箭、铁斧、冶铁风箱到陶器，揭示了人类社会生产力的发展规律：“劳动资料不仅是人类劳动力发展的测量器，而且是劳动借以进行的社会关系的指示器。”并形象地指出：“手推磨产生封建主为首的社会，蒸汽磨产生工业资本家为首的社会。”这些富于创造力和想象力的科学家们，在科研活动中善于把他们的研究思想具体化，在脑海里构成形象，复制出一幅幅科学的蓝图，探求自然和社会的发展运动的奥秘和规律。

4-3. 至于文学大师们通过形象思维再现社会的更迭演变、反映社会的深刻本质，更是别具功力。荷马的史诗和我国的《弹歌》，从不同的侧面反映了原始社会风貌；拉·乔万尼奥里的《斯巴达克斯》和屈原的《离骚》都生动地描绘了奴隶社会的情景；吴敬梓的《儒林外史》和曹雪芹的《红楼梦》都用不同的人物形象表现了封建社会的盛衰史；巴尔扎克的《人间喜剧》“用诗情画意的镜子反映了整整一个时代”的自由资本主义社会。鲁迅的巨著《阿Q正传》与茅盾的《林家铺子》通过迥然异同的典型环境中的典型形象揭示了半封建半殖民地旧中国的社会本质；谁还会怀疑《礼记·礼运篇》中记述的儒家“大同世界”和康有为的《大同书》不是一幅中国版的空想社会主义的图画呢。莫尔向往的《乌托邦》和康帕内拉想象的《太阳城》勾画出人们憧憬着未来社会主义社会；而笛福的《鲁滨逊漂流记》中的主人为了生活而分配其劳动的形象为马克思《资本论》揭示了资本主义社会劳动意义，还为未来的社会主义提供了作为自由人联合体式的社会主义社会的雏形。

形象思维同抽象思维一样能达到相同的效果

——表现社会、经济、政治、文化等本质及其运动规律

4-4. 我们看到，在现实和理论中，这两种思维形式均以物质世界、现实社会作为人们认识的唯一实体，以感性认识作为理性认识的思维形式的共同内容。它们都是人们统一思维的有机的两个方面，是人们思维能力的两种不同作用的手段或方式。事实充分证明，古今中外的一切自然科学家、文学家、社会学家和经济学家，无论是谁，只要是他们进行思维活动，运用思维能力，总是普遍地使用形象思维的。这是人类认识史上的一条定律。现在让我们从马克思的政治经济学著作中看看人世间的政治闹剧、经济悲剧和社会喜剧吧！有意思的是，我们看到《资本论》的两位作者（恩格斯编辑第二卷、第三卷）合作得天衣无缝，惟妙惟肖。《资本论》问世不久，资产阶级及其御用学者惊呆得傻了眼，开始用沉默来扼杀《资本论》，这时恩格斯发挥了他能对不同报纸写出不同风格的书评来介绍《资本论》，对此深受马克思的赞赏。他热情洋溢给恩格斯的回信中说道：“小燕妮是内行，她认为，你在这场表现‘各种’观点和各种性格特征的演出中，显示了巨大的戏剧才华，甚至是喜剧才华。”

4-5. 马克思早在1850年1月至3月的《新莱茵报·政治经济评论》上的《法兰西阶级斗争》中，就用辛辣的戏剧语言展现了法兰西阶级斗争的人物和场景。他生动写道：“在资产阶级社会最高贵的舞台上公开演出那些通常使流氓无产阶级进入妓院、贫民院和疯人院，走向被告席、苦役所和断头台的同样场景时”，“顷刻间，官方的舞台布景、服装、台词、演员、配角、哑角、题词员、剧本主题、决定内容和整个局面——全都变了样”，“把自己摆在顶层座的观众面前示众”，结果有的官员扮演了“乞丐”、“傀儡”和“小丑”。至于法国农民“他们在一瞬间扮演了革命剧中活跃的主角，别人就再也无法强迫他们重新回到合唱队的无所作为的、唯命是从的角色了”，这时，“法国社会中所有阶级，都突然……被迫离开包厢、正厅和楼座而登上革命舞台亲身去跟着一道表演”政治闹剧。

4-6. 现在让我们从法国上演的政治闹剧抽身赶场去看看英国上演的经济悲剧吧。马克思在《资本论》中告诉我们说：“本书研究的，是资本主义生产方式以及和它相适应的生产关系和交换关系”，而资本主义生产方式的“典型地点是英国”，考察英国资本主义国家的“方便地点”是伦敦。英国资产阶级社会财富堆积中的“细胞形式”是商品。因此，马克思在解剖资本主义生产方式时，无论是从宏观、中观对象还是微观对象，均以人们的直观和表象的“典型”、“地点”和“细胞”等形体和形象作为论述对象出发点的。而且，政治经济研究对象的特殊性，正如恩格斯所指出的，它“所研究的不是物，而是人与人的关系，最后说来是阶级与阶级的关系”。马克思在《资本论》序言中在谈到经济人和阶级人时说：“我决不用玫瑰色描绘资本家和地主的面貌。不过这里涉及的人，只是经济范畴的人格化，是一定的阶级关系和利益的承担者。”列宁是精通马克思《资本论》的，他在评价《资本论》一书时讲得好极了。他写道：“把整个资本主义社会形态作为活生生的东西向读者表明出来，将它的生活习惯，将它的生产关系所固有的阶级对抗的具体社会表现，将维护资产阶级统治的资产阶级政治上层建筑，将资产阶级的自由、平等之类的思想，将资产阶级的家庭关系都和盘托出”，赤裸裸地展现在人们的面前，使人们受到浓郁的感染，引起强烈的共鸣。

一个商品的总体形态变化，包括四极和三个登场人物

4-7. 资本主义世界是一个商品世界。在这个商品世界舞台上，戏剧通常是从商品的流通领域开始的。马克思在《资本论》中描述说道：“我们看到，商品爱货币”，但是，“真正爱情的道路决不是平坦的”，“一个商品的总形态变化，在其最简单的形式上，包含四个极和三个登场人物。最后，与商品对立着的是作为它们价值形态的货币，而后者在彼岸……”“同一个商品所有者也要由扮演卖者改为扮演买者。可见，这两种角色不是固定的，而是在商品流通中经常由人们交替扮演的”，“这个历史每天都在我们眼前重演。现在每一个新资本最初仍然是作为货币出现的舞台上，也就是出现在市场上——商品市场、劳动市场或货币市场上。”可是，不久我们“就会看到，我们的剧中人的面貌已起了某些变化。原来的货币所有者成了资本家，昂首前行；劳动力所有者成了他的工人，尾随于后。一个笑容满面，雄心勃勃；一个战战兢兢，畏缩不前，像在市场出卖了自己的皮一样，只有一个前途——让人家来鞣”。但是，价值和剩余价值都是雇佣工人在生产领域中创造出来的，所以，戏剧的高潮是在生产领域中。这时，“我们的资本家就着手消费他购买的商品，劳动力”；就是说，“让劳动力的承担者，工人，通过自己的劳动来消费生产资料”，“劳动力的所有者提供他的劳动，实际只是提供他已卖出的使用价值。从他进入资本家的工厂时他的劳动力的使用价值，即劳动力的使用，劳动，就属于资本家了。”

4-8. 这时，马克思似一位道地的戏剧家紧接着在《资本论》中告诉我们：“就像在舞台上一样，同样一些人物要在各幕戏的各个场次轮流出场，但是也正像演员在整个戏的演出中是属于舞台一样，现在，工人在15小时之内是属于工厂”，农业工人“在最寒冷的天气里，每天要劳动13—14小时”，铁路工人“劳动时间延长到14、18甚至20小时”，“女工平均劳动16小时”，“衣衫褴褛、饿得半死、无人照管、未受教育的孩子”，而且是“一个7岁的孩子竟劳动15小时”，“假定工作日由6小时必要的劳动和6小时剩余劳动组成，在这种情况下，自由工人每周为资本家提供6×6小时即36

小时的剩余劳动。这和他每周为自己劳动3天，又为资本家白白地劳动3天，完全一样，但是这种情形是觉察不出来的。剩余劳动和必要的劳动融合在一起了。”工人们理所当然地为体力和智力的衰退、夭折、过度劳动的折磨而愤愤不平，然而，资本家却回答说：“既然这种痛苦会增加我们的快乐（利润），我们又何必为此苦恼呢?”这是“一个着了魔的、颠倒的、倒立着的世界。在这个世界里，资本先生和土地太太，作为社会的人物，同时又直接为单纯的物，在兴妖作怪”。他们“对直接生产者的剥夺，是用最残酷无情的野蛮手段，在最下流，最龌龊，最卑鄙和最可恶的贪欲的驱使下完成的”。马克思还借用恩格斯在《英国工人阶级状况》一书的评语十分愤慨地指出：“资本来到世间，从头到脚，每个毛孔都滴着血和肮脏的东西。”而且，“只要还有一块肉、一根筋、一滴血可供榨取吸血鬼就决不罢休”。最后，“生产资料的集中和劳动的社会化，达到了同它们的资本主义外壳不能相容的地步。这个外壳就要炸毁了。资本主义私有制的丧钟就要敲响了。剥夺者就要被剥夺了。”资本主义商品世界是悲惨世界，悲剧必将在丧钟声中徐徐落幕了。马克思早期曾写过一出资本主义的社会悲剧，反映了人类社会的“整整一个时代”。这就是商品——货币——资本的“经济范畴的人格化”的一出历史悲剧。

五、《资本论》劳动创造世界的绘画艺术

马克思将一切艺术和科学的产品、书籍、雕塑等等，只要它们表现为物，就都包括在这些物质产品之中，甚至将同一物体既作为劳动的物质对象又作为劳动的艺术对象。在当今市场经济活动中，经济人充分地运用色彩描绘其商品和经济人的内心世界

5-1. 马克思在《1857—1858年经济学手稿》导言中指出，主体用头脑掌握客体世界的方式有多种多样，其中哲学掌握世界的“方式不同于对世界的艺术的、宗教的、实践—精神的掌握的”方式。正如前面介绍的，马克思

把物质生产与精神生产视为人类主体的两种基本生产方式，因此，他对这两种生产方式及其两种产品的术语上是互用的。他把诗人、教师也叫“生产者”，把艺术品叫“产品”。他在前面一口气讲到了人类掌握世界的四种方式，即哲学的、艺术的、宗教的、实践精神的掌握方式。在深入分析经济范畴发展与历史社会发展的本质区别时他进一步指出，“这些范畴可以在发展了的、萎缩了的、漫画式的种种形式上，然而总是在有本质区别的形式上，包含着这些社会形式”。后来恩格斯在《劳动在从猿到人转变中的作用》中生动描述了人类祖先如何从四肢爬行的动物蜕变为从事和双脚不同的双手，并强调手不仅是劳动的器官，还是劳动的产物。并指出手的才能逐渐地达到了这样高度完善，“以致像施魔法一样造就了拉斐尔的绘画、托尔森的雕塑和帕格尼尼的音乐”。马克思在《资本论》第四卷即由考茨基编辑出版的《剩余价值学说史》中在谈到生产劳动和非生产劳动理论时指出：“一切艺术和科学的产品，书籍、绘画、雕塑等等，只要它们表现为物，就都包括在这些物质产品中。”并对绘画艺术评述中指出，小资产阶级社会主义者施蒂纳如果“把拉斐尔同列奥纳多·达·芬奇和提杰比较一下，他就会发现，拉斐尔的艺术作品在很大程度上同当时在佛罗伦萨影响下形成的罗马繁荣有关，而利奥多纳的作品则受到佛罗伦茨的环境的影响很深。和其他任何艺术家一样，拉斐尔也受到他以前的艺术所达到的技术成就、社会组织、当地的分工以及当地有交往的世界各国的分工等条件的制约”[12]。他在评述15世纪意大利三位伟大画家绘画样式、风格所显示的流派时，明确地指出了社会物质生活存在的环境原因，强调因画家所处社会物质生活环境不同其绘画艺术风格也不同的根本道理，告诫文学艺术家们千万不要脱离社会物质生活。我们党提出的“三贴近”，即贴近实际，贴近群众，贴近生活，充分地体现了这个道理。

马克思深刻描绘了“经济关系的人格化”的善恶两面性

5-2. 中国传统文化上的“义”与“利”是人性中精神追求与物质追求的两个层面，但两者并不是完全同等的。人所以成为人，是因为有主体意识，有精神追求和理想。孔子强调“杀身成仁”，孟子重视“舍生取义”。“义”有多方面内涵，主要是道义和正义，是崇高的理想和坚强的信念，这是一种无比高尚的精神境界。在旧社会，马克思和恩格斯两位导师在例数资本的种种罪行时非常愤慨地指出："资本来到世间，从头到脚，每个毛孔都滴着血和肮脏的东西"，而且到了"只要还有一块肉、一根筋、一滴血可供榨取，吸血鬼就不罢休"。马克思在描给资本主义悲惨世界画面时体现了"三到"中的理到，他深刻揭示了资本对劳动的剥削压榨的实质和秘密。气到，他饱含着对雇佣工人的深厚感情，一口气用"最"字把矛头直指剥削者。趣到，马克思用紫色、红色、青色等"随美赋色"的大手笔把资本先生和土地太太描绘成了一幅妖魔鬼怪嗜血成性的画面。英国著名物理学家霍金认为，光的不同波长正是人眼看到的不同颜色，最长的波长出现在光谱的红端，而最短的波长在光谱的蓝端。自然科学不能离开色彩，医学科学则利用色彩照像观察人的生理和病理。在当今市场经济活动中人们运用颜色，描绘商品和商品经济人。形和色是视觉现象的两大基因素，也是视觉艺术需要认识和作为表达元素的基本内容。形分为平面和立体两大类，基本构成元素则是点、线、面。色的基本知识包括光色原理和色彩原理。光原色、固有色、环境色以及三者关系解释了人对色彩的知识现象原色、间色、复色以及色相、明度、纯度等知识，构成了色彩原理与运用规律。朱尼人（Zunis）认为，神呼出的气就是云，云在北方染成黄色、西方染成翠绿、南方染成红色、东方染成银灰色。在这里，他们将方位与颜色联系起来认识自然现象。在爪哇土人中，他们将空间、时间与颜色联系起来认识自然现象。他们认为，每五天为一个星期，第一天表示白色和东方，第二天红色和南方，第三天黄色和西方，第四天黑色和北方，第五天是杂色和中心。印第安人也有类似的认识划分。在古代中国，也有东西南北中五个方位，并且用同五行、五色、五数等联系起来的分类法认识客体事物。在市场经济上，"万利达"笔记本电脑以更轻薄、更时尚的炫彩，即用黑、白、黄、红、蓝五种色调作为品牌语言，介绍磨沙黑、象牙白、贵族黄、法拉利红和爵士兰为其特色。笔者作为一位消费者，在上海浦东第一八佰伴商场看到的美国苹果牌播放器即MP4的八种品牌色调：粉红、磨砂黑、天蓝、银灰、紫色、金黄、老虎黄和草绿八种色彩样式。我还在浦东新区"阿迪达斯"折扣商店看到用红色、黄色、紫色、黑色等颜色作为价格打折的比例标志。股市 除了统计图表显示活动及其变化趋势之外，经常用红、绿、黄三种借以表示上涨、下跌和平稳三大状态。如今"绿色食品"已成为驰名品牌而蜚声世界市场。我国还从经济文化上出版了《中国绿色时报》，作为经济人的重要媒体。国人对贪婪商人斥之为“黑心商人”，书市上有一部书名就叫做《厚黑学》。

心见与眼见，写意与写实是中西绘画艺术的两种不同基本理念和风格

5－3. 马克思对我们黑头发、黑眼睛、黄皮肤的中国人情有独钟，一向同情、声援中国人民反抗侵略斗争。当他得知英国发动鸦片战争，英法联军火烧圆明园等掠夺侵略行为时奋笔疾书。同时他也关心中国清王朝的经济改革消息，并在《资本论》论述货币时提到了清王朝大官王茂荫的名字，还在书中说明商品时提到了中国瓷器。有意思的是，他在家中将两个心肝宝贝的女儿称谓“中国皇帝”或“中国王子”，称呼大女儿燕妮为“中国皇帝奎奎”小女儿爱琳娜为“中国王子古古”。有时马克思给她们写信时情不自禁的直呼“亲爱的皇帝”。马克思的想象力比创造力更大。他在《摩尔根〈古代社会〉一书摘要》中指出：“在野蛮期的低级阶段，人类的高级属性开始发展起来……想象，这一作用于人类发展如此之大功能，开始于此时产生神话、传奇和传说等未经记载的文学，而已给予人类以强有力的影响。”大智大勇的马克思在将传说中的中国演变为想象中的中国长城、皇宫、服饰和绘画等艺术。在绘画艺术上，中西方绘画都以人本为中心形成了各自的流派和风格。中国绘画艺术，是人文精神意识为主体，讲究意画，不求模仿，而是通过“物我交感”来表达人的审美情感。中国绘画艺术的表现方式是向内看，以“心见”为主来表达感观，与西方绘画艺术那种追求“眼见”即以理性的直观再现客体人物不同，也与亚里士多德的“艺术本于摹仿”的理念有很大的不同。作为绘画艺术，中国绘画题材以表现主体美的特色，不必尽求其写实、准确。我国唐代的画史、画论专家张彦远把绘画创作理念总结为八个字，即提倡“意在笔先，画尽意在”的追求神似或写意。花是拟人的。有位花匠说，几乎所有的白花都很美，愈是颜色艳丽的花愈是缺乏芬芳，“人也是一样，愈朴素单纯的人，愈有内在的芳香。”夜来香其实白天也香，但人很少闻得到，“因为白天的人心太浮了，闻不到夜来香的香气。”如果一个人白天的心也很沉静，就会发现夜来香、桂花、七里香在酷热的中午也很香，清晨在花市买莲花一定要挑盛开的，因为“早上是莲花开放的最好时间，如果一朵莲花早上不开花，可能中午和晚上就都不开了。我们看一个人也是一样，一个人在年轻的时候没有志气，中晚年就更没有志气了”。花贩告诉我们，愈是昂贵的花愈是容易凋谢，那是为了要向买花的人说明，“要珍惜青春呀！因为青春是最名贵的花，最容易凋谢的”（庄铭国，2006 年）。马克思运用其机敏头脑在《资本论》描绘了一幅悲惨世界图画是体现了中国画的三到，即“理到、气到、趣到”的意境。书画是同源的。著名美学大师李泽厚在《美学三书》中附录的中国象形文字，就是一个典型例证。附象形文字如下：

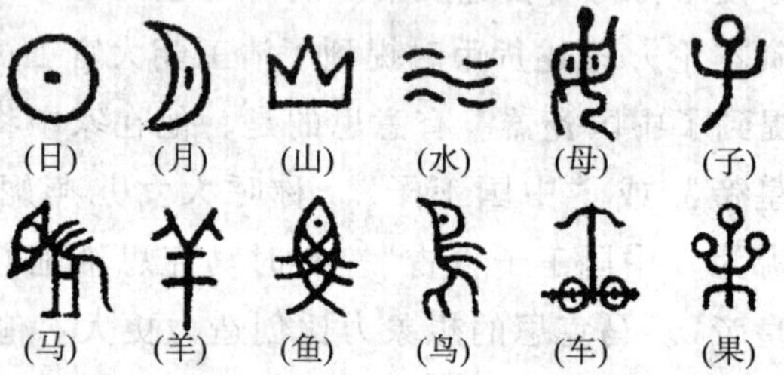

5－4. “这是一个着了魔的、颠倒的、倒立着的世界。在这个世界里，资本先生和土地太太，作为社会人物，同时又直接为单纯的物，在兴妖作怪。”他们“对直接生产者的剥夺，是用最残酷无情的野蛮手段，在最下流、最龌龊、最卑鄙和最可恶的贪欲的驱使下完成的”。在这里，马克思在描绘资本主义悲惨世界画面时充分体现了“三到”绘画精神。例如，理到，马克思用理论语言深刻揭示了资本对劳动的剥削实质和秘密；气到，马克思饱含着对雇佣工人和劳动人民的深厚感情，一口气用四个“最”字把矛头直指剥削者；趣到，马克思用“随美赋色”的大手笔把资本先生和土地太太描绘成一幅妖魔鬼怪嗜血成性的灰暗的画面。有趣的是，大家比较认同可以用白色、黑色、灰色、血色、金色 5 种“颜色收入”来描绘当前形形色色的各种收入，刻画了经济人的道德、品相和追求。“白色收入”指正常的工资、福利等合法收入；“黑色收入”指通过贪污受贿、偷盗抢劫、欺诈贩毒等违法手段所获得的非法收入；“灰色收入”指介于合法和非法之间的各种收入；“血色收入”指那些丧失人性，以牺牲他人的生命和鲜血榨取的收入，如从黑砖窑、黑煤窑等处取得的收入；“金色收入”指利用黄金、股票、期货等资本形式所获得的各种收入。光是色彩之母，没有光一切物体的存在我们都无法看见，也就谈不上色彩的任何意义了。由于光的作用力刺激人们的色感神经，使我们的眼睛具有了感光和感受色彩的本能，我们眼睛所以能够看到许多物体的形状、色彩，主要是由于光的反射作用。所以，我们眼见到物体的色彩本身都受着光的支配，因而产生着无限的色彩变化。在运用色彩艺术时有感性理性之分。感性是指无序的色彩意象及抽象表现，理性是指有序的色彩具象表达（陈嘉全，2006）。

马克思的人本绘画理念还体现在他制定的“经济关系的人格化”

5－5. 经济人如资本先生和土地太太是贪婪、丑恶、低下的，而雇佣工人则是纯朴、美丽、崇高的。在艺术发展史上，真正经得起历史考验的、有生命力和感染力的作品往往是将真善美三者统一起来的。他在《政治经济学批判》和《资本论》两部代表著作中绘制了一幅反映资本主义的劳动之美的崇高形象。马克思继承了德国文学巨匠海涅的《西里西亚织工之歌》的现实主义创作传统，讴歌颂扬了工人阶级和劳动人民。康德认为“崇高”有三种，他说：“崇高也有各种形式。这种感情本身有时候带来某种恐惧，或者也还有忧郁，在某种情况仅只伴有宁静的惊奇，而在另一种情况则伴有弥漫着一种崇高计划的优美性。第一种我称之为令人畏惧的崇高，第二种我就称之为高贵的崇高，第三种我就称之为华丽的崇高。”艺术美学在东西方文化体系中大都归属于哲学范畴，统称艺术哲学。康德这位德国古典哲学鼻祖，在这里对崇高作为美学范畴的分析是独特而深刻的。《资本论》中的无产阶级和广大劳动人民，因一无生产资料二无生活资料而过着衣衫褴褛、面黄肌瘦、牛马不如的生活，但他们的内心的无私世界却是高大的。他们是人类社会历史的真正的缔造者，是人类生存发展的衣、食、住、行、用等基本生活的物质资料的主要生产者。因此，马克思在《资本论》中高度颂扬了工人阶级和劳动人民的“畏惧的崇高”、“高贵的崇高”和“华丽的崇高”。并把这三种崇高在他著作中综合为一幅伟大的可视形象。

5－6. 马克思认为，在人类社会历史上，劳动本身经历了三个发展形态：原始劳动、异化劳动和自由劳动（即由谋生劳动到乐生劳动的一种自由劳动），而每一种劳动主客体的社会历史形式都是人与自然、人与社会和人与自己的关系展示。其中人与自然的关系是其他两种关系的主体关系。而这个主体关系的核心则是人的劳动，而且，正是劳动成为串成上述三种关系的统一的共同基础。在马克思看来，从劳动实践中展现了人类社会历史发展，发现了历史唯物主义即唯物史观，并在唯物史观考察下，从劳动与资本的实践的关系中展现了资本主义社会历史发展，并发现了剩余价值学说。一部人类社会的历史，也就是一部劳动发展史，劳动者发展史。当代我国美学界之所以无书不提马克思“手稿”，就是因为“手稿”在深刻比较了动物活动与人类劳动时首次提出了著名的“美的规律”观点，为人类提出了经典的美学观点。这种观点实际上是指美的规律就是劳动的规律。说明人是按照美的规律进行生产和生活的。不仅如此，马克思在“手稿”中还深入地指出，“植物、动物、石头、空气等等，一方面作为自然科学的对象，一方面作为艺术的对象”，他明确将同一物体既作为劳动的物质对象又作为劳动的艺术对象的观点是精辟的。马克思是以劳动价值理论作为分析资本与劳动关系的基础和前提的，也是据此而规定异化劳动概念的。同时他将异化劳动主线推理出未异化阶段——异化阶段——异化清除阶段，其中他主张将第一阶段和第三阶段称做是真正实行劳动价值阶段，即社会劳动所分成的物质财富和价值财富应统统归劳动者所有和享受。但是，在资本主义的异化劳动形态条件下，劳动者同劳动、同劳动产品、同人和人、同人的自身本质都异化了，并成为反对劳动、奴役劳动的异己力量。所以，劳动经济人的鲜明而崇高的形象被异化扭曲、掩盖了。

资本主义商品世界是一幅世界版的《清明上河图》

5-7. 马克思《资本论》研究目的是揭示资本主义生产方式及其相应的生产关系和交换关系，其中的生产关系作为社会经济基础并作用于上层建筑而具有决定性意义，因此，他从生产关系的产生、形成和发展中考察了资本生产关系运行发展规律，同时从与资本运动相适应的交换关系的产生、形成和发展中考察了交换关系的市场运行发展规律，前一个是资本运动规律，后一个是交换（即市场）运行规律，两种规律系统相伴前行有如火车与轨道、轮船与河道一样。在人类交换历史发展上，依次经历了自然经济、商品经济和未来的产品经济等三种交换经济形态。资本主义是最复杂、最发达的商品经济，这种商品经济中的生产、分配、交换和消费等行为和活动都必须经过商品市场交换和演化。所以，市场是交换的场所、渠道和枢纽。马克思和恩格斯早在《共产党宣言》中就指出了资本主义商品经济已冲破了过去那种地方的民族的自给自足和闭关自守状态，如今被各民族的各方面的互相往来和各方面的互相依赖所代替了。将来各民族的精神产品必将成为公共的财产即世界财产。并依据这种考察分析，他从个别到一般，从资本主义社会市场交换到整个世界市场交换，给我们描绘了一幅生动的、繁荣的世界版的《清明上河图》。

5-8. 这是我国绘画史上的瑰宝，也是举世闻名的现实主义风格画杰作。"《清明上河图》描绘了北宋都城汴京即今河南开封，特别是汴河一角水陆码头商业繁华景象。全部画卷展开可分为三大段，开端一卷描绘的是城郊景色：一队毛驴在小道上得得行进，过了小桥，疏林中掩映着三五农家，接着是村口、官道、汴水河边。这里林木葱郁，阡陌纵横，房舍渐密，店肆渐多，官道上有一行轿马，汴河中有数艘巨舟，正在向汴城进发。中段是画卷最精彩的地方：汴河中间架着一座规模宏伟的木质拱桥，宛如飞虹，沟通南北，两岸店铺林立，桥上摊贩众多，车水马龙，行人熙攘，肩挑背负，骑马乘轿，北往南来，如梭如织。而汴河中一艘巨舟正在逆流而上，船工们一个个使气用力，拉纤的、撑篙的、掌舵的无一不全神贯注，在与激流搏斗着；而桥顶上众多凭栏俯视的人们，有抛绳索相助的，有呐喊鼓劲的，也无一不与船工们的紧张神情汇合成一片。画家用天工之笔，刻画了船工们这一惊心动魄的劳动场面，从船工们张着的嘴巴中，也仿佛能听到他们吆喝的号子声。这一段是全画的最高潮。最后末段绘画的是城区繁华景象，这里以高大城楼为中心，一队骆驼驮着货物正慢慢走出城门，城边城内街道平坦宽广，道路纵横交叉，两边屋宇鳞次栉比，各行各业店铺排列齐整，市招高挂，买卖兴隆。城区内外行人摩肩接踵，有官吏，有士绅，有兵丁、和尚、乞丐、苦力、挑贩、货郎，还有卖艺、说书、医卜星相、车马轿夫，各色人等，一应俱全。画家体察入微，勾勒出了十二世纪我国都市生活的诸多情态，具体地再现了先民们的风采，从而使本画卷具有很高的历史价值和艺术价值，这应是本画卷最大的特色之一。"[13]值得指出的是，我国古代绘画，大多数是以贵族社会的生活风貌或以士大夫们隐居山林的生活为描绘对象，而《清明上河图》却能跳出这一窠臼。画评者说这个风俗画长卷一共绘有600多人，后来据央视播发的一条消息说《清明上河图》共有1000余人。其中虽也有一些官吏、士绅、贵公子之类的人物，但所占的比例很小，绝大多数是普通市民小贩劳工，特别是船工们的劳动场面，从而具现了古代劳动人民的生产、生活现象，这对于我们研究古代人民生活史，无疑是极为重要的形象资料。林虞生先生上述的画说《清明上河图》中的商品市场经济显然是历史上的简单商品经济，与《资本论》中的商品市场经济不同。

5-9. 马克思在《政治经济学批判》和《资本论》两部代表著作中还绘制了一幅反映资本主义的劳动之美的崇高形象。德国古典哲学开创者康德在谈到美学上的“崇高”时分畏惧的崇高、高贵的崇高和华丽的崇高。他这里对崇高所作的美学范畴分析是独特而深刻的。《资本论》中的无产阶级和广大劳动人民，尽管遭受了不如牛马的劳役，不如囚犯的鞭笞，但他们却是人类社会历史的真正的缔造者，他们具有当之无愧的崇高的形象。德国古典哲学集大成者黑格尔在《小逻辑》中说道：“那最崇高、最深邃和最内在的东西已透露在各式各样的宗教、哲学和艺术品里。”作为艺术家应该首先具有第一种令人畏惧的崇高。一度曾是共产党员的绘画艺术大师毕加索在论及艺术家的任务和职责时曾在《法兰西文学报》上发表了一篇激情文章说：“你以为艺术家是什么，一个低能儿？如果他是一个画家，那就只有一双眼睛；如果是音乐家，只有一对耳朵；一个诗人，只有一具心琴；一个拳击家，只有一身肌肉吗？恰恰相反，艺术家同时也是一个政治家。……绘画并不是为了装饰住宅而创作的，它是抵抗和打击敌人的一个武器。”有史以来，真正的艺术家无一不是思想家、政治家；真正的思想家、政治家也无一不是认识世界、发现世界和导演历史发展的艺术家。马克思和恩格斯非常推崇大文学家莎士比亚和巴尔扎克，说他们揭示的经济生活要比经济学家、统计学家深刻得多了。

5－10. 我们认识一个国家可先从代表国家的国旗开始。国旗可以激励人的士气，尤其国家在发生战争或危难之时，国旗也成为国家代表的象征。我国神舟七号遨游太空，南极科考都高高举起了五星红旗。国旗的颜色和图案具有重要的历史、民族等多重文化意义。依据颜色划分：以绿色为主，大抵为阿拉伯国家；以红色为底色的，大多是共产国家；以蓝色为底色的，大多为四面环海的国家；以白红蓝为主色的，大多为斯拉夫民族国家；以红黄绿为主色的，大多为非洲国家；以双对双色“黑白红绿”四色旗的均为回教国家；在非洲各国国旗上呈现黑色的占到很高比例，毕竟黑人本色。而颜色最多的是南非，多达六种颜色。在国旗图案上有用日、月、星、地球；也有以特色动物为旗的如秘鲁（骆马）、波利维亚（羊骆）、多米尼加（鹦鹉）、乌干达（羽冠鹤）。以特产植物为旗帜国家的有加拿大（枫叶）、黎巴嫩（松）、缅甸（稻）、阿富汗（麦）、玻利维亚（四色树）、秘鲁（奎宁树）、赤道（木棉）（庄铭国，2006 年）。

马克思被评为千年最伟大思想家

5－11. 放眼世界，马克思和他的《资本论》日益深入人心，广为传播，已成为一种世界文化的永恒亮点。美国国会图书馆协会会长唐斯编了一部导读书《影响世界的十六本书》中就有《资本论》；两位美国著名学者艾德勒和范多伦合作写了一部称为《西方思想宝库》书中同样有马克思的《资本论》；在萨缪尔森和诺德豪斯写的《经济学》绪论中评述经济学发展阶段时指出，自斯密后出现了马克思的巨著《资本论》，并惊呼“10亿多人，约占全世界人口的1/3，生活在把《资本论》当做经济学真理的国度里”。不仅如此，世界一些著名大学以开设《资本论》来标榜他们学术的开放和自由。1987年台湾时代出版社出版了4000套《资本论》，不到两个月便销售一空，成为当时社会上的一条爆炸性新闻。耐人寻味的是，中国台湾著名作家李敖在他的《快意恩仇录》一书中讲到他在高中时有一位同学叫杨尔琳的是教马克思的，书中只写到他“教马克思的”便收笔，此处可谓“无声胜有声”。2002年6月，创作《男人的一半是女人》的著名文学家张贤亮在接受《阳光》卫视记者杨澜访谈时直言，他在“文化大革命”住“牛棚”期间是因为看到了马克思《资本论》，是这本书给了他活下去的勇气，也正是因熟读《资本论》使他坚信了“穷社会主义”没有出路的认识。在他的心目中，马克思和《资本论》对于他不是“救世主”不是“圣经”，又是什么呢!？早在2004年7月央视的《不老人生》节目中曾以“出卖荒凉的人——张贤亮”访谈中，张贤亮介绍他自己如何从学习《资本论》中得到启示，使他从一个只有70余万元的人赚到了几千万元。当杨澜追问他用什么理念去赚钱时，他一口气连续说企业家第一是利润、第二是利润、第三还是利润的经商心声。如此看来，20世纪在我国，若论活学活用《资本论》而实现了人生价值的，唯有张贤亮先生。当然，面对百科全书式的《资本论》是仁者见仁，智者见智的。使人铭记在心的是，1999年英国BBC搞了一个网络投票评选千禧年世界伟人时，马克思在选举中胜出成为千年最伟大的思想家。可见英国人是有良智的民族，并未因马克思曾用尖刻辛辣的笔锋鞭笞了他们的祖先而怀恨至今。在当今经济学世界，正像女高音争唱《卡门》序曲，男高音竞唱《我的太阳》以显示自己的实力和魅力一样；有多少经济学家、政治家和历史学家以提到或写到马克思和他的《资本论》，来证明自己在学术王国中的资格和影响。西方著名经济学家几乎无一不在其著作中提到或评述马克思和他的《资本论》；一百四十余年前《资本论》问世不久，梅林由感而发地讲了两句名言，他说对《资本论》惊讶的人多，读它的人少；对《资本论》

惊叹的人多，理解的人少。如今回忆先贤的如此醒世名言不仍然感到倍加亲切吗。

六、《资本论》文本结构的建筑艺术

各种建筑的纵横结构相交给人以稳定、和谐和力量之美。在人类各种实际活动中，只有建筑活动有权利被提高为艺术的地位；无论是人的物质劳动还是精神劳动，物质生产还是精神生产及其产品都是具有鲜明的建筑性的

6-1. 在西方，人们只知道世界七大建筑奇迹，即埃及金字塔、亚历山大灯塔、巴比伦空中花园、阿尔卑斯神庙、宙斯神像、摩索拉斯陵墓、罗德岛太阳神巨像。而东方的印度和中国则没有奇迹。之所以如此，据讲这七大奇迹最早是由古希腊旅行家昂帝帕克旅行时发现后提出的，他根本不知道在东方有个文明古国中国及万里长城。在艺术品类中，建筑艺术为首推艺术，是其他艺术，其他艺术品类无可攀比的。俄国著名学者车尔尼雪夫斯基就说过："艺术的序列通常从建筑开始，因为在人类所有各种多少带有实际目的的活动中，只有建筑活动有权利被提高为艺术的地位。"世界的埃及金字塔、中国长城、秦始皇墓兵马俑等八大奇迹就是这种艺术观的集中体现。文艺复兴时期的法国著名作家雨果，将建筑艺术意义作了形象而深刻的概括，他说："人类没有任何一种重要的思想，不被建筑艺术写在石头上。"而为雨果本人做过雕塑的大艺术家罗丹后来说道："整个我们国家就包含在我们的大教堂中，如同整个的希腊包含在帕特农神庙中一样。"他们如此评述建筑艺术思想和艺术精神无疑是一种人文智慧的表达和传递。

6-2. 马克思和恩格斯在1848年同样指出：资产阶级在建筑上曾经显示过自己的力量。"它第一次证明了，人的活动能够取得什么样的成就。它创造了完全不同于埃及金字塔，罗马水道和哥特式教堂的奇迹。"在1865年，马克思在他《资本论》书稿即将出版问世时写信告诉他的挚友恩格斯时说：

"不论我的著作有什么缺点，它们有一个长处，即它们是一个艺术的整体。"而整体就是各种因素、成分、规定所组合或排列结构的体系。马克思和恩格斯两位无产阶级导师耗费了五十余年的心血，匠心独运地设计并雕琢了《资本论》文体结构的思维艺术大厦。其坚实稳固、壮丽辉煌的思维形体，尽管在历史发展的潮流中曾被冲击、洗刷、篡改和诋毁，然而它却始终巍然屹立、万古流芳。我国著名女作家池莉在她的《谬论结构》中讲世界上万事万物，凡是站得住站得稳的，无不是结构得好。大处看天与地，如太阳与月亮；小处看鱼和水，如针与线，如琴与弦。试想没有高山，哪有江海；没有草原，哪有骏马。《资本论》这个人间的思维结构奇迹既刻画了资本主义的时代印记，又预示了社会主义的未来曙光。仅在中国，一项不完全的书市统计，在金融危机风暴之前，平均每月销售百余部《资本论》，之后人们想起了马克思和他的《资本论》，每月平均销售上千部《资本论》。有一位名人曾对艺术与人有过一段评论，他说艺术形式不仅同现在的人交流还可同过去的人和未来的人交流和沟通。《资本论》这部艺术整体自然是这种交流和沟通的一条桥梁和纽带。在经济思想文化史上，她是承载着新旧两种社会演变的人文艺术精品，充分体现了思维艺术大厦的壮美和崇高。

《资本论》艺术大厦的建筑设计

6-3. 中国《搜神论》以人为本表述建筑整体理念时形象写道："它以形势为身体，以泉水为血脉，以土地为皮肉，以草木为毛发，以屋舍为衣服，以门户为冠带。"这种整体观念概括地体现了中国古代建筑最基本的哲学内涵。马克思把他的传世之作《资本论》视为艺术整体是非常贴切的。任何一种艺术客体，比如一座大厦首先映入人们眼帘的是它的形象整体。如当代中国北京的国家体育馆（俗称"鸟巢"）、国家游泳馆（俗称"水立方"）、国家大剧院（俗称"蛋壳"）和央视大楼（有人称"裤子楼"）这种俗称给人们视觉的第一印象就是整体形象。哲学作为人类思维的精华，讲究阐释思路完整的体系。黑格尔就曾强调没有"体系"的不称其为科学。《资本论》文体思维体系的艺术大厦同样给人以系统性、整体性的特征印象。作为艺术整体的《资本论》是以历史和方法构筑其理论体系的，其中方法则是构建其体系中的精华。马克思认识、概括和表述其代表著作《资本论》的设计和布局所运用的就是历史唯物主义和辩证唯物主义的哲学方法，包括马克思在

"导言"讲到的艺术认识世界方法。这种方法的特点是从事物的联系和发展中来认识、把握客体的整体性。从东西方古典哲学历史上不难看出，尽管东西方哲学都研究事物的整体性，但又各不相同。西方则重于分析并从部分直接分析到整体；而东方主要是中国则侧重于综合，从整体分析到部分。

6-4. 中国老子主张的"道生一、一生二、二生三、三生万物"中的"一"就是整体，"万物"就是部分。西方意大利哲学家布鲁诺（1548—1600年）在《论原因、本原与太一》一书中也认为，宇宙（太一）是完整的整体在语义上的表述。他虽然和老子在用语的表述上有点不同，但他的"太一"和老子的"一"的思想内涵却是相同的，都从不同角度凸显了事物的整体性。《资本论》这部巨著从分析商品细胞到分析资本主义商品社会，就是运用整体思想的典范。商品内存的劳动价值等因素的合成有如一座独立的建筑整体。它是各种因素、成分和规定的组合方式或排列方式。商品细胞可克隆出整个的商品世界。一座超高层的独立建筑大厦是一个极其宽广整体，就是一座城市乃至一个国家或社会。这座建筑大厦的屋顶有直升机停机坪、有空调机房、变压器房、电梯机房，此外有观光厅、餐厅、宴会厅、夜总会和精品商场等楼面，还有顶层花园、机械设备层、载重汽车卸货平台、酒吧间、舞厅和展销厅、屋面花园、贮藏室、饭店、洗衣房、理发室、健身房、娱乐室、游泳池、医务室、保安室、总经理室，等等。细胞无论是动物的还是植物的都是一个纷繁复杂的有机整体。商品细胞形式有如一栋建筑大厦，但它相对于资本主义商品社会机体来讲，无疑是马克思构筑其理论艺术大厦的建筑材料，是这座艺术大厦的基本结构单位和基本功能单位。然而，只有建筑材料而没有建成艺术大厦显然是没有多大意义的。正如人身体中的细胞与体液的关系一样。因此，在马克思的经济学体系中始终关注的是如何解决资本主义商品社会的宏观机体或社会整体问题。我们可从《资本论》的阐释功能和预测功能上看得十分清楚，马克思就是从社会制度经济学的观点上，全面深入地阐释了资本主义社会制度的产生、形成、发展和消亡的历史趋势。所以，《资本论》是从理论思维形式上概括和表述了资本主义商品社会的整体，其思维大厦始终是讲究整体思路和整体结构的。这已成为马克思创作《资本论》文体结构的最重要的指导思想。

马克思说建筑师的本领比蜜蜂筑房高明

6-5.《资本论》中的比较研究特色是显著的。在第一卷第五章论述劳动过程和价值增殖过程相统一时，马克思曾把人的活动和动物的活动做一类比分析。他说："蜘蛛的活动和织工的活动相似，蜜蜂建筑蜂房的本领使人间的许多建筑师感到惭愧。但是，最蹩脚的建筑师从一开始就比最灵巧的蜜蜂的本领高明的地方，是他在用蜂蜡建筑房屋以前，已经在自己的头脑中把它建成了。劳动过程结束时得到的结果，在这个过程开始时就已经在劳动者的表象中存在着，即已经观念地存在着。"当然动物肢体某一组织功能是人类所不及的：老鹰的眼睛、狗的鼻子、蝙蝠的声音、海豚的嘴唇、老虎的腿力等等都是人类的类似器官功能所不可比拟的。蜜蜂建造蜂房、白蚁构筑蚁穴、河狸建造堤坝、蜘蛛编织罗网是令人赞叹的活动，然而，正如马克思指出的："动物只是生产自身，而人再生产整个自然界。"人比动物高明的地方除了劳动以外，是人有理性思维、辩证思维和创新思维。这就是说，人在活动时可以预先设计和联想。这是因为，作为个体的人一生下来就遇到了社会给他留下来的种种资源、工具和知识，他可以在这些人类劳动积累的基础上学习、借鉴和创造。马克思在创作《资本论》时吸取了资产阶级古典经济学的优秀成果，考察了西欧资本主义社会经济活动的实践经验。所以，在《资本论》成书以前，他在头脑思维中已经对于资本主义的历史、内容和发展有一个认识和反映的雏形。也就是说，他"已在自己的头脑中把它建成了"。在近现代，世界有两位犹太人——马克思和爱因斯坦做出了跨越时空的杰出贡献。一个创作了不朽的《资本论》，一个发现了相对论。"两论"几乎完全改写了人类文明史。创作史表明，马克思在设计《资本论》艺术大厦结构时曾经三易其稿，精益求精。从 1843 年开始研究政治经济学到 1867 年《资本论》第一卷出版问世，其间先后绘制了六册著作、五篇著作和四卷著作的三张理论文体结构的设计蓝图。本书前面已对马克思文体结构演变作出说明，这里不再重述了。

《资本论》艺术大厦的纵向结构

6－6. 一般系统非常讲究其整体性，而且认为整体内部具有结构性、层次性和连动性诸种特点。作为结构则是各种因素、成分和规定的组合方式或排列方式。建筑，无论是单层平房建筑还是多层建筑，都要有栋梁结构以支撑其整体性能。在我国，栋为竖向立柱，梁为水平支撑，栋梁之间通过节点联结以巩固建筑框架结构。在建筑结构中可分为纵向结构和横向结构，两种结构相交给人以稳定、和谐和力量之美，可谓壮美。随着建筑经验的积累和建筑材料的更新发展，高层建筑体态逐渐地由砖石结构向钢筋混凝土结构和当今流行的钢筋、玻璃结构的方向发展。在我国，古代高塔建筑中采用了砖砌单筒结构，以后又发展到砖砌的筒体和木结构双筒体的框架。像一根挺拔翠绿的毛竹，这种古塔建筑筒体有如毛竹空间薄壁构件，每一层的楼板好似竹筒的结膜。在建筑上的多层和高层的设计要求上，它应保证建筑整体结构在负载作用上具有足够的承载能力，以保证在正常使用时期稳固可靠。我国古塔建筑群落就是这样。嵩岳寺塔（河南登封，公元523年，外观5层，内部10层，高度40米）、千寺塔（云南大理，9世纪，外观7层，内部11层，高度60米）、瞭敌塔即开元寺塔（河北定县，公元1055年，11层，高度82米）、应县木塔（山西应县，公元1056年，外观5层，内部9层，高度67.3米）至今稳固如初，充分体现了我国古代劳动人民的建筑才智。关于中国这种木石结构的宝塔，美国著名学者房龙曾在其《论艺术》一书中说："十八世纪的先辈曾为这倾倒。"上海浦东著名的金茂大厦就是中西合璧之作，从外观上不难看出它的中国古塔模样。

6-7. 世界高层建筑多数是依靠巨型结构来实现的。我国的8层以上建筑，10层及10层以上的建筑住宅和超过24米的建筑通称为高层建筑。根据1972年国际高层建筑会议把高层建筑划分为四大类：一类为9—16层，高度不超过50米；二类为15—25层，高度不超过75米；三类为26—40层，高度不超过100米；四类为40层以上，高度100米以上。世界100幢超高建筑中，美国占58%。1911—1913年在纽约建造的渥尔华斯大厦，高度52层，达到241米。在落成典礼上有记者报道称，仰望渥尔华斯大厦高耸入云的塔楼非常壮观，可谓是"摩天大楼"，从此摩天大楼用语便广为流传。1931年，纽约的帝国大厦102层，高为381米；1974年，芝加哥建成了西尔斯大厦，110层，高443米；1996年，马来西亚首都吉隆坡建成了双塔式的纳斯大厦95层，高452米。中国香港中环广场大厦，78层，高374米，中国银行大厦72层，高368米。它们像山间春笋拔地而起，其体态壮美已成为香港的著名标志物。据我国统计，已建成20层以上高层超过8000幢；1993年广州建成的国际信托大厦63层，高199米；1996年，深圳建成的帝王商业大厦91层，高384米；在上海浦东开发区，设想建筑中国式的"曼哈顿高层群"，其中1998年建成的金茂大厦88层，高420米，上海环球金融中心为95层，高460米，已于2007年9月14日封顶。人类建筑的物质产品将与人类的精神产品相互辉映。科威特计划建造的1001米高的摩天大楼——“一千零一塔”，将坐落在科威特湾沿岸最北端城市苏比亚，毗邻伊拉克。这座高塔建筑的灵感源自阿拉伯经典《一千零一夜》。特别有创意义的是，在接近楼顶的地方，一座清真寺、一座基督教教堂和一座犹太教教堂将被分别建在大楼的三个侧面，象征三种宗教和谐共存。而沙特阿拉伯计划建造的摩天大楼则更高，这座高达1600米的摩天大楼将矗立在沙特红海沿岸城市吉达，竣工后，无疑是世界上最高的摩天大楼了。

6-8. 整座《资本论》思维艺术大厦的地基是以劳动二重性为中心的劳动价值作为理论基础，其支撑思维艺术大厦的中心柱或筒体柱则是资本与劳动。恩格斯生动而深刻地指出：“资本和劳动的关系，是我们现代全部社会体系所依以旋转的轴心。”马克思是以资本和劳动这个社会生产关系对象为轴心或中心柱，作为他的经济科学文体结构建筑的论述对象的。这完全可从马克思的创作史中看出其思维蓝图的基本线索。在19世纪40年代，马克思借用异化劳动思想，并据此考察了资本和劳动的生产关系，留下了《1844年经济学哲学手稿》；在50年代，马克思沿用劳动价值思想，创立了以劳动二重性为核心的科学劳动价值论，考察了资本和劳动的生产关系，写出了《政治经济学批判》；在60年代，马克思在以劳动二重性为核心的劳动价值理论的基础上运用剩余价值思想（或剩余社会劳动的特殊形式）考察了资本和劳动的生产关系，从而构建了《资本论》艺术大厦的理论结构体系。马克思是酷爱建筑艺术的。他本人就生活在18世纪的文艺复兴后的巴罗克式、哥特式的建筑氛围中。马克思被迫流亡定居于英国伦敦这座世界大都会的数以千计的尖塔建筑之中，并在其中生活和活动。而且他经常出入位于伦敦市中心的布鲁斯普斯大街的博物馆的图书馆。这座博物馆的正门是高大的柱廊和装饰各种高浮雕的山塔式层顶，是典型的希腊古典柱式建筑，显得格外的庄重典雅。当时，这举世无双的公用建筑及其生活环境，无疑给马克思留下深刻而美好的建筑文化印象。

中国古典建筑是举世闻名的

6-9. 马克思不仅酷爱西方建筑艺术，也非常热爱东方中国的古典建筑艺术。北京拥有3000年建城史，850年建都史，同时拥有6处世界文化遗产，堪称世界文明古都。当马克思得知西方八国联军入侵北京火烧和掠夺世界级的圆明园建筑文物时，其内心世界的沉痛和愤怒之情是可想而知的了。马克思和恩格斯于1853—1859年先后揭露、鞭笞了英法等西方列强侵略中国的罪行。马克思在《中国革命和欧洲革命》、《英人在华的残暴行动》、《鸦片贸易史》、《中国和英国的条约》、《对华贸易》、《波斯和中国》等批判性论文中，为贫穷、落后的中国人伸张正义。他深情说道："历史的发展，好像是首先要麻醉这个国家的人民，然后才可能把他们从历来的麻木状态中唤醒似的。"[14]用法国拿破仑话说中国还是一只睡狮！有趣的是，马克思的三个女儿中的大女儿和小女儿在家被他戏称为中国"皇帝"，大女儿燕妮的绰号是"中国皇帝"或"中国皇帝奎奎"，小女儿爱琳娜的绰号为"中国王子古古"。有时马克思给他们写信直呼"亲爱的皇帝"。有一次马克思在给夫人去信时嘱咐她说："代我吻所有的人，特别是多吻吻中国皇帝。"马克思不仅经常在他笔下写到"中国皇帝"，还在《资本论》中分析货币问题时联想到皇帝的臣子王茂荫。这是他唯一提到的有名有姓的一位中国人。他深情地说道："清朝户部右侍郎王茂荫向天子上了一个奏折，主张暗将官票宝钞改为可兑现的钞票。在1854年4月的大臣审议报告中，他受到严厉申斥。他是否因此受到笞刑，不得而知。审议报告最后说：'臣等详阅所奏……所论专利商而不便于国'。"（《资本论》第1卷第146—147页）看到这里，人们蛮可以联想到马克思会自然而然地想象到中国清朝臣子们上奏折的地方——紫禁城。

6-10. 如果说，中式古典建筑讲究的是大屋顶的话，西式建筑则讲究的是各式各样的大柱子。如希腊、罗马流行的多立克柱式、罗马的爱奥尼柱式、科林斯柱式等显现出一种壮美之感。在中国，屋顶是建筑风格最典型的标志。中国建筑文化创造了众多的屋顶组织结构形式。而在屋顶、屋脊、屋角等造型外观上，在各种瓦面及其色泽调配上给人以稳定的生动的强烈印象。如今北京西站的大屋顶式建筑可谓古为今用的一例经典。马克思的胸怀是广阔的，他的科学思维是超越时空界限的。应当说，我们看到的《资本论》是有限的，然而，我们想象的《资本论》则是无限的。物质生产与精神生产是统一的。谁又能说马克思的《资本论》的第一至三卷文体结构与中国紫禁城的三大宫殿结构没有相似之处呢？或者说它同中国的天坛祈年殿的三层古典建筑屋顶的艺术样式没有相似的外观呢？中国皇家的祭祀建筑有天坛、地坛、日坛、月坛及庙、社稷坛等建筑。其中最著名的要算北京天坛，而天坛中的标志性建筑则是祈年殿。它是一座圆形平面的殿宇，上面盖着三层蓝色琉璃瓦圆形攒尖顶。祈年殿下层圆形的石基座，衬托着上部的三层蓝绿色调为主的殿宇，更显其秀丽壮美。如果将祈年殿的三层圆攒尖顶想象为理论《资本论》第一、第二、第三卷的话，那么，祈年殿下的三层石头基座便可想象到《资本论》第四卷，即《剩余价值理论》的第一、第二、第三卷的理论基础。

6-11.《资本论》艺术大厦结构第一层次，《资本论》第一卷是“资本的生产过程”。第一卷有时马克思曾把它视为完整的独立著作。整个《资本论》是论述资本的，然而资本只有带来剩余价值时才是资本，所以从资本的来源和使命讲，资本实质上是剩余价值，资本的生产实质上是剩余价值生产即生产最大的利润或利益最大化。所以，《资本论》第一卷，以剩余价值为中心形成了七篇二十五章，74 万字的文体结构。按照相通或相近的原则，其理论可依次归纳为劳动价值论（第一篇）、剩余价值论（第二至六篇）和资本积累论（第七篇）。如果我们从资本理论逻辑来讲，这三论讲的是资本前提、资本的生产和资本历史。我们再用一个字来把握它们，对资本前提（劳动价值论）应抓住一个“本”字，因为它是整个《资本论》的本体论，是关于资本理论的基础理论，即以劳动二重性为核心的劳动价值理论（即被马克思称做是理解他的政治经济学的枢纽和基础）；对资本的生产（剩余价值论）应抓住一个“揭”字，也就是说，马克思在科学史上首次揭示了资本主义生产方式的实质和“秘密”；对于资本历史（资本积累论）应抓住一个“源”字，也就是说，用历史唯物主义和辩证唯物主义的观点，从资本的起源上深入地揭示了资本主义产生的历史脉络。这样一来，我们就从方法论上全面、深入、系统地掌握了资本运动的生命史。

6-12.《资本论》艺术大厦结构第二层次，《资本论》第二卷是“资本的流通过程”。资本生产出来的剩余价值只有经过流通过程或交换过程，才能得以实现资本利润的最大化。如果说，整个《资本论》讲究剩余价值的生产，那么这一卷的中心是讲剩余价值的实现问题。第二卷以剩余价值实现为中心形成了三篇二十一章，43 万字的文体结构。从资本的流通或运行的时空观点来看，这一卷的第一、二两篇研究的是微观资本运行或个别资本运动过程，说明公司企业的资本运行问题，第三篇是将前面个别资本运动综合起来，从社会整体上或宏观上研究资本如何运行问题。马克思在第二卷中嘱咐我们从方法上应该把资本看做是一种运动，对于“它只能理解为运动，而不能理解为静止物”。因此，学习《资本论》第二卷应把握住一个动态研究方法。简单来讲，第一篇应抓住一个“联”字，资本循环运行或运动要依次经过购买阶段、生产阶段和销售阶段三个阶段，与三个阶段相对应是货币资本、生产资本和商品资本三种职能资本形式以及三种资本循环形式之间的必然联系起来，绝不能停滞或断流；第二篇应抓住一个“快”字，就是说资本周转时间要快、周转次数要多，它最能集中体现资本的时间价值或时间是金钱的道理；第三篇应抓住一个“协”字，从商品二重性出发，将资本商品分为使用价值二重形式和价值三种形式，其中社会总资本的生产资料部类和生活资料部类的内部和它们外部的比例关系要协调统筹发展，使社会经济借以达到最佳优化的资源配置目标。

6－13.《资本论》艺术大厦结构第三层次，《资本论》第三卷是“资本主义生产的总过程”。总过程是将前面第一、第二卷的生产过程和流通过程综合在一起的总过程，是从社会总体的宏观观点上考察资本—剩余价值运动过程。总过程旨在从总体上分配剩余价值或各个资本如何瓜分利润问题。因此，这一卷的研究中心是剩余价值的分配问题。第三卷同样以剩余价值为中形成七篇五十二章，73 万字的文体结构。按照相通或相近的理论原则，可将它们归纳为平均利润论（第一至三篇）、利润利息论（第四至五篇）、地租论（第六篇）和收入源泉论（第七篇）。从学习方法上看，我们同样可以用一个字概括地把握它们，即对平均利润论或生产价格论应抓住一个“平”字，因为资本主义经济运行的基本规律即价值规律有一个等价交换和平等要求，或者等量资本要求得到等量利润。对利润利息论应抓住一个“分”字，前面三篇都以产业资本和产业资本家为论述对象，并假定资本家主体是既抓生产又抓经营的。然而，市场的分工越来越细，从产业资本衍生出来的商业资本家和借贷资本家既然在生产经营中预付了资本，因而他们本能地要参与瓜分利润。对于地租论应抓住一个“权”字，这是因为，地租这个超额利润，是地主阶级凭借土地所有权来实现其经济利益的一种特殊形式，是占有转化过来的超额利润的一种经济形式。对于收入源泉论应抓住个“私”字，收入分配关系是由生产关系尤其是由生产资料私有制关系决定的。事实上，资本家的收入纯粹是凭借资本主义私有制得到的，并非是节欲、节俭或对他本人领导、管理“劳动”的报酬。以上就是我们对《资本论》艺术大厦的纵向结构蓝图的简单描述。对博大精深的《资本论》绝不能用区区的“本、揭、源、联、快、协、平、分、权、私”十个字把握住的，这只是笔者的一种尝试而已。

《资本论》艺术大厦的横向结构

6－14.《资本论》艺术整体的纵横结构相互紧固，彼此依附，形成了《资本论》文体结构的浑然一体的稳固和对称的完美形象。马克思考察资本主义社会时十分讲究该社会经济的运动规律或其“自然历史发展过程”。他在《资本论》序言中说：“本书的最终目的就是揭示现代社会经济运动规律。”并以十分赞同的口吻转述了俄国学者对他的著作一番评述，即：“在马克思看来，只有一件事情是重要的，那就是发现他所研究的那些现象的规律。而且他认为重要的，不仅是在这些现象具有完成形式和处于一定时期内可见的联系中的时候支配着它们的各种规律。在他看来，除此之外，最重要的是这些现象变化的规律，这些现象发展的规律即它们由一种形式过渡到另一种形式，由一种联系过渡到另一种联系次序的规律。他一发现了这个规律，就详细地来考察这个规律在社会生活中表现出来的各种后果……”谈到经济规律，《资本论》中有几十、上百条大小经济规律，但归纳起来不外主要是资本运动规律和市场经济运行规律这样两大系统规律。资本运动规律贯穿于资本自身的产生、形成和发展的自然历史过程，体现了资本的生产过程、资本的流通过程和资本主义生产的总过程的规律性。这些规律充分展现了《资本论》艺术大厦的中心柱。同时马克思也研究了自由竞争阶段上的市场经济运行规律，即作为资本商品“生产什么、如何生产和为谁生产”三大经济运行规律问题，即资本经济人的决策程序系统问题。

6－15. 值得人们反思的是，有的对内浪漫而对外幻想的经济学人存在着一种错觉，以为生产什么、如何生产和为谁生产三大基本经济问题是当代西方经济学著作的“专利”。其实，从理论渊源和文体论证来讲，它恰恰是马克思和恩格斯的知识“产权”。我们应该维护老祖宗的这份极其宝贵的经济文化遗产和经济知识产权。马克思和恩格斯早在1845年合著的《德意志意识形态》（1845年）中就萌发了生产物质条件下的人们“生产什么”和“怎样生产”的经济思想。后来，恩格斯在《反杜林论》（1876年）以及《社会主义从空想到科学的发展》（1880年）中又相继强调指出："生产以及伴随生产而来的产品交换是一切社会制度的基础；在每个历史地出现的社会中，产品分配以及和它相伴随的社会之划分或等级，是由生产什么、怎样生产以及怎样交换产品来决定的。"

6-16. 不带偏见的人都不难看出，马克思和恩格斯上述的"生产什么、怎样生产"两句话同西方经济学上的前两句话不仅神似而且形似。至于第三句话"怎样交换产品"，如果按照马克思和恩格斯的一贯经济思想来把握这句话的确切含义，就不难解读到马克思和恩格斯始终是把生产再生产放在一切经济活动的首要地位的。至于与生产并列的分配、交换、消费本质上只不过是生产要素和生产行为。而且在他们看来，商品生产者交换其产品是以产品生产所有者的身份出现的。交换产品行为实际上是一个生产者同另一个生产者怎样为对方的生产问题。即在他们头脑中浮现出的供给群体经济人主体对象。但是，在自发竞争的市场经济运行条件下，除非是按照需求的订单来生产的，否则任何一个厂商经济人并不十分清楚他到底是为张三还是为李四生产产品，于是只好用浮现于头脑中的假设经济人"模特"来泛指为"谁"生产问题。重要的是，马克思和恩格斯不仅最早最本质地提出了上述三大基本经济问题论断，而且还在他们的《资本论》的文体结构内涵中给予了科学证明[15]。

6-17. 第一，从东西方经济学的代表著作所阐述的三大基本经济决策问题的历史渊源、基本内涵和表述方式等来看，东西方经济学对此诠释上显然有些不同。马克思的政治经济学偏重于本质分析和过程分析，而西方经济学则重视现象描述和运行分析。从价值观点上讲，东西方经济学是完全可以彼此补充和综合的。第二，从社会经济基础与上层建筑的社会总体观点上考察，不应仅仅把上述的三大基本经济决策问题视为经济运行问题，还应该认识到它们是社会的经济基础问题和理论经济学的基础问题。第三，作为反映和概括社会经济的联系与发展的理论经济学的基本任务则在于，找出各种经济现象和经济过程中的本质及其运动的规律性或必然性。而三大基本经济决策问题实质上是将纷繁复杂的社会经济问题给人们一个规律性的概括和表述。从这种意义上，我们应该认识到生产什么、如何生产和为谁生产也是市场经济中的重大经济规律问题。由此可见，三大基本经济决策问题在理论思维形式中是一个本质的、基本的规律性的经济问题。《资本论》的理论大厦的纵横结构是严谨严密的，是一部完整的科学理论体系。古希腊著名哲学大师亚里士多德曾在《诗学》中论述艺术品的完整性时指出：“说完整，我是说一件具有开头、中间、结尾的事情。开头，是不需要做完任何事情在它的前面，但要有某些事情跟在它的后面；结尾，相反，它必须做完在它以前有些事情，必然的或盖然的但后面却不要任何事情跟着；中间，则假定前面有件事情发生而后面有些事情跟着。”这位人类第一位形式逻辑鼻祖（黑格尔有时称他的逻辑为辩证逻辑）如此概括描述人类思维形式，给人们一个“一分为三”的认识印象。有意思的是，《资本论》的艺术大厦的整体或完整，其统一性和整体性同样在《资本论》第一至三卷的纵向结构上表现出开头、中间、结尾；而《资本论》每一卷寓意的生产什么、如何生产和为谁生产的横向结构同样地具有开头、中间和结尾。所以，从《资本论》上述的文体结构中，我们蛮有理由地说，《资本论》表现为一部划时代的艺术整体。

七、“工人阶级的圣经”——《资本论》的传播艺术

“工人阶级的圣经”《资本论》的传播艺术，像任何想坚持信念信仰的人一样，只有坚定地站在工人阶级立场并维护其利益的人才能真正读懂和应用。人类认识史表明，人类的信念和信仰是相互联系互为作用的，“只要你信仰，你也可以理解”，邓小平明言“对马克思主义的信仰，是中国革命胜利的一种精神动力”

7－1. 马克思的“工人阶级的圣经”——《资本论》并不像宗教《圣经》那样是从沙漠部落或小神庙中传抄拼凑出来的。而是马克思流亡到英国伦敦后研究发现，英国是当时考察资产阶级的“典型国家”，而伦敦则是观察英国资本主义社会的“方便地点”。就像我们当代人往往把美国称为唯一的超级大国式的“典型国家”，而把其首都的华尔街视为经济首都是观察美国资本主义动向的“方便地点”一样。后来他就把这个“典型地点”和

“方便地点”看做是他认识、概括和表述资本主义英国的原型和平台。作为唯物史观的发现者和实践者，马克思写作《资本论》时目的明确，思路清晰，态度认真，精益求精。他博览了1500余种资产阶级学者著作，搜集了4000余种报刊杂志，写出了各种手稿、摘录、提纲和摘记120多本。1867年出版的《资本论》一卷中就提到了资产阶级学者509位，他们的著作文稿497部，资产阶级政府各种调查报告51份，资产阶级报刊37种；名人名家的文学著作37部，其中莎士比亚的名剧就有6部。整个《资本论》一至四卷有4690多页，300余万字，是一部博大精深的马克思主义百科全书。时间也是质量。马克思从1843—1883年逝世前写了40年，恩格斯从1883年接手到1895年逝世前续写了12年。《资本论》第四卷——《剩余价值理论》由考茨基接着整理编辑并于1910年出版。一部科学著作总共耗费了60余年时间，这在学说史和出版史上是罕见的。好像只有歌德（1749—1832）的《浮士德》写作时间能同马克思写作《资本论》的时间可比。歌德本人说《“从我计划写作《浮士德》的时候起，到今天已有60多年了。”但德国的彼德·贝尔纳创作的《歌德传》中直言说到自1808年后歌德在“长达20年的时间中，没有写过关于《浮士德》的一个字”。后来由“爱克曼不断地催促歌德，使得歌德从1825年2月起重新拿起旧时的手稿，几乎天天为此而工作，用了6年的时间，终于完成了这部著作”，所以算来算去歌德的《浮士德》只写了三十几年，不是40年，更不是60年[16]。

7－2. 和马克思一样，萨缪尔森说《经济学》是科学也是艺术。20世纪80年代，我国著名历史学家、思想家和大诗人郭沫若在全国科学工作大会上语重情长的呼唤声，使我们至今难以忘却。他说：“科学工作者同志们，请你们不要把幻想让诗人独占了。嫦娥奔月，龙宫探宝，《封神演义》上的许多幻想，通过科学，今天大都变成了现实。伟大的天文学家哥白尼说：‘人的天职在勇于探索真理。’我国人民历来是勇于探索，勇于创造，勇于革命的。我们一定要打破陈规，披荆斩棘，开拓我国科学发展的道路，既异想天开，又实事求是，这是科学工作者特有的风格。让我们在无穷的宇宙长河中去探索无穷的真理吧！”

“工人阶级的圣经”——《资本论》的传播艺术

7－3. 传播学把“传播”诠释为“是传递、输送、沟通、交流信息的意思”[17]，而传播的种类和工具多种多样，而理论思维传播则是传播的一种重要工具和方式。恩格斯曾从信念和信仰的传播上把马克思的《资本论》比喻为“工人阶级的圣经”[18]。人类的生活质量不能只有一个物质生活，人类的生活质量更高目标是憧憬、追求和信仰或理想的精神生活。人类两种“圣经”给人的是不同的精神力量。一般来说，宗教通常运用宗教的历史、仪式、组织和经典四大基本因素作为精神力量工具。然而贯穿于这四大基本因素的精髓不是别的，而是相信或信仰二字，即诱发甚至促使人去相信宗教或信仰宗教。作为宗教《圣经》自诞生以来教皇、神父和神学家不断地进行阐释、解说和考证，留下了浩繁的各种历史文献，其核心仍然是一个信不信和灵不灵的问题。如黑格尔在《小逻辑》中提到的，真正的宗教，精神的宗教，必须具有一种信仰，一种内容。当代西方，有两位著名学者著书立说阐释《圣经》的宗旨就是这样：美国著名学者亨德里克·房龙在《圣经的故事》开篇的第一章以《一部文学的遗产》的文学视角描述了《圣经》，塑造了约瑟、耶稣、大卫、所罗门等一批人物的慈悲众生的高大形象；另一位是英国著名学者戴维·罗尔在他的《时间的检验》一书中则以历史的角度探索了《圣经》起源，证明传说中的诺亚方舟和伊甸园是历史上存在过的两件神授珍宝。不难看出，两位学者用心无非是：一个想用文学感染人们去信仰《圣经》，另一个想用考古学说服人们去相信《圣经》。我国著名作家侯会的名著《世界文学五千年》同样介绍了犹太人的《圣经》中的信仰含义。马克思曾说：“信仰使人得救”，人是需要有信仰的，因为，科学信仰能使人目光远大，心胸开阔，步履坚定，目标如一。奥古斯汀（354—430）在创作《神学大作》中讲过“只有你信仰，你也会理解”。尽管当今学术界流行比较研究，如历史比较、哲学、经济、政治、文学等比较研究的作品层出不穷，然而我却始终认为宗教《圣经》和科学《资本论》“圣经”在内容和宗旨上是无法比较的。

7－4. 历史上的宗教《圣经》一词最早是由君士坦丁堡大主教约翰·克里索斯通在公元4世纪首创的，指的是《旧约全书》和《新约全书》。其中，《旧约全书》讲的是一个阿拉伯沙漠部落的故事，描述亚伯拉罕、摩西等人领导犹太民族走出 埃及所经历漫长的漂泊流浪生活之后，终于在西亚的一小块土地上定居下来并创建了自己的国家；《新约全书》则是围绕着一个中心人物——拿撒勒镇上的木匠即耶稣展开的。故事说犹太人约瑟的妻子玛利亚生了个儿子，他们自己人管他叫耶和华，他们领导希律人称他为耶稣。房龙说《圣经》故事是这样编辑出来的，从犹太人的每个小村庄、小神庙的一些传抄记载，并由长老汇集整理后把它们写在兽皮、金属片或埃及草纸上。到了公元1世纪这些记载才转译成为希腊文后被译成各种文字传播。后来在古罗马统治时期，从犹太教里又分化出一个新教派——基督教。基督教也拿犹太教的《圣经》作为经典，并称它为《旧约全书》，同时他们还另外编了一部经典叫做《新约全书》。当今学术界喜欢用"新"和"旧"词语来肯定自己而否定别人的东西，可能与《新旧约书》在文体上有点渊源关系。《新约全书》因受罗马帝国当局的迫害也只能暗地传抄的内容是真实可信的。经数百年后，教会为了正本清源召集了一批学者经过筛选编辑只保留了几部福音书和信徒们的几封信。直到基督教死后七百余年东西方教会才算达成了共识决定使用现在流行的《新约全书》。

7-5. 然而马克思《资本论》写的可不是犹太人沙漠部落和一个木匠的故事，而是英国工人阶级的故事，是15世纪以来的资产阶级尤其是19世纪英国资本主义社会中的资本和劳动、资产阶级和工人阶级之间在经济利益上的斗争故事。他毕生写的是"全世界无产者，联合起来!"解放和发展的革命故事。在全世界被压迫被剥削人民的解放运动中，马克思始终是同情、热爱和声援中国的。在马克思的心目中，中国人和犹太人是世界上两个伟大的优秀民族。当他知道列强对中国发动鸦片战争，知道英法联军火烧圆明园时便奋笔疾书，他和恩格斯先后写出了《中国革命和欧洲革命》、《俄国的对华贸易》、《英人在华的残暴行动》、《鸦片贸易史》、《中国和英国的条约》和《波斯和中国》等博文鞭笞侵略者。马克思可能同我们中国人有一种缘分，有一次他三个女儿给马克思出了20个自白式的题目让他表态，其中问到您喜爱的眼睛和头发的颜色时，马克思果断地回答说："黑色。"在《资本论》中他还多次讲到中国，讲到中国劳苦工人，还讲到清朝户部右侍郎王茂荫向天子上奏折改革货币而担心其不幸遭遇等问题。

7-6. 如今中国人坚持马克思主义信仰，而且成千上万人前往他的故乡特里尔瞻仰马克思故居。《参考消息》曾转载了英国《每日电讯报》报道说来自中国的马克思主义朝圣者迫不及待去逛资本主义商店，成千上万的中国游客正利用刚刚获准在德旅行的自由前往德国卡尔·马克思的出生地朝圣，同时争相去逛商店。一年中访问过特里尔的中国游客人数总计将超过3万人。特里尔靠近德国与卢森堡的边境，中国游客的涌入被戏称为“马克思因素”引来的“入侵”。这些游客们最先要做的事，是用他们的数码相机在这位共产主义之父1818年5月5日的诞生之地，一座巴洛克式的花园住宅前拍照留影。他们购买马克思的半身石膏像和马克思酒，这种酒产自当年他的父亲为养老而投资购买的葡萄园。然而印有马克思一脸浓密胡须头像的果仁糖却吸引了不少顾客。博物馆的一位导游说：“他们说把他吃掉太不敬了。”最近两年才获准在德国自由旅行的中国人，现在已经成为仅次于荷兰人的德国第二大旅游客源。参观完博物馆后，大多数中国游客会去购物，每个游客平均每天花费135英镑用于购买不粘锅、钢制刀剪、巧克力、名牌服装和瑞士军刀等物品。博物馆的几位管理人员说，中国游客们听到对马克思的真实描绘时通常会感到惊讶不已。由此可见，信仰与经济人消费有着绝对的因果关系。

7-7. “工人阶级的圣经”成书是历尽千辛万苦，遭受了人间种种磨难的。马克思一生始终是在政治迫害、经济贫困、疾病缠身和工作繁重的条件下创作《资本论》的。马克思的刚毅、激进和坦诚的性格和他不断地批判资产阶级社会的种种弊病，因而使他接连不断地遭到资产阶级及其反动政府的联合迫害和驱逐，迫使他不得不从德国到法国又逃到比利时，又从比利时辗转去法国和德国，最后被迫流亡到英国而定居于伦敦，并宣布自己从此已是世界公民。他一生只有一种革命职业，从来没有稳固的经济收入，即便他一度给美国《每日先驱论坛报》打工每两周写篇社论，但由于报社的老板常常拖欠和无端克扣稿费结果所剩无几。一家人经常为房租、面包等生活资料商品犯愁，有时马克思为了躲避房东讨债不得不整天逗留在伦敦的街头。当他经过15年潜心研究出来的第一部经济学著作——《政治经济学批判》要从英国伦敦寄到德国汉堡出版时发现自己已是身无分文，不得不急急忙忙地给恩格斯写信求援才得以寄出出版。

7-8. 马克思也有个富亲戚。笔者2009年在上海图书馆（淮海路第15号）翻到一本史书说，马克思在荷兰曾有一个姨父菲力蒲斯是个有名的银行家和电器制造厂老板（我没有条件考证中国荷兰菲力浦电器商店老板是否就是马克思的富亲戚）。有一天马克思的女儿在同他父亲的姨父的孩子闲聊时，小菲力蒲斯得意洋洋地卖弄说，你们家好谈论资本，而我们家却去赚资本。有一次马克思在写作《资本论》时感慨地说，世界上写货币的人中恐怕只有我这个写货币的人没有货币，确实如此。斯密是腰缠万贯的土地资本家，李嘉图是富得流油的金融家，他们在创作中毫无经济生活困扰。马克思正是在缺少商品、货币和资本的条件下而专门去写商品、货币和资本的人。我知道，我还不是一个虔诚的马克思主义孝子，然而当我握笔写到这里时内心却有着无限的思念和联想。贫病交加的马克思常常带病坚持写作《资本论》，有时捂着隐病的肝区去写，有时揉揉视线模糊的眼睛去写，有时臀部生了一个大疖子就只好坚持站着去写。他经常从上午九点到下午五点坐在大英博物馆内的图书馆看书写作。由于他固定地在一个坐位上两只脚经常地擦动地面致使图书馆的地上留下了两条坑印。同时他和他的一家还要经常地接待各国一些无产者、流亡者的生活，还要耐心细致地向国际工人运动做咨询和说教活动。历史实践表明，马克思的一生首先是革命的一生，是公认的国际工人运动组织的精神领袖，是马克思主义的创始人。马克思的“工人阶级的圣经”——《资本论》也不是从沙漠部落或小神庙中传抄拼凑出来的，而是马克思流亡到英国伦敦后发现，英国是考察资产阶级的典型国家，而伦敦则是观察英国资本主义社会的方便地点。后来他就把这个“典型国家”和“方便地点”看做是他认识、概括和表述资本主义英国的原型和平台。

宗教《圣经》和科学“圣经”的不同传承目的方式

7-9. 正如前面写到的，宗教《圣经》和科学“圣经”——《资本论》在内容上显然是无法比较研究的，但应该看到两种“圣经”在信仰的传播方式上却可以进行类比说明：作为宗教《圣经》启初有个时期关爱劳苦穷人，“你是个富人，应该变卖你所有一切，把钱送给穷人”。耶稣警告他的门徒说：“有钱人在成为上帝国的子民，比骆驼穿过针眼还难。”后来从平民宗教到大卫将犹太教定为国教，到后来形成为梵蒂冈宗教王国，其中教皇为上帝基督在人世间的代表，他是所有信徒的牧人和导师，成为诠释《圣经》的权威，具有至高无上的绝对权威，并实行一种严格的红衣主教、大主教、主教、修道院院长、神甫和修士等教阶制度。教皇还委派大使常驻于各国，以维护其宗教的传播和信仰的自由。而且《圣经》本身又是一部宗教“宪法”有摩西十戒即十条法律，前三条法律强调对耶和华的绝对敬奉，强调人与上帝之间订立契约和沟通，从而把信仰及其守法合二为一，成为保障信仰的重要的精神支柱。同时还设立宗教法庭即宗教裁判所以维护其宗教法统。著名科学家布鲁诺因说不是太阳围绕着地球转而是地球围绕着太阳转，此言一出，便遭到神父封杀，并据此判定他违犯了《圣经》而被活活烧死。犹太人为了传承《圣经》往往还从娃娃抓起。许多犹太人家庭在孩子稍稍懂事，家长就会在《圣经》和《塔木德》经典著作上抹点蜂蜜让小孩子去舔，意在让他们从小就知道《圣经》是甜的。可以说，一个人从摇篮到坟墓都神圣化、规范化了。重要的是还有一批又一批的虔诚的传教士维护和传播《圣经》。精神变物质。15—18 世纪，遍布于西欧城市和农村的高层华丽的建筑几乎都是教堂，甚至流行于世的巴洛克式、哥特式建筑风格都浸透着宗教精神。法国著名艺术家罗丹说道，“整个我们法国就包含在我们的大教堂中，如同整个的希腊包含在帕特农神庙中一样”。2008 年暑期，笔者有机会在上海图书馆的大厅看到了左侧的小展厅内悬挂着一幅 20 世纪 30 年代的一张徐家汇的老照片，映入眼帘的是整个徐家汇区最高层的建筑不是别的，而是一座哥特式的又高又直又尖的大教堂（然而当笔者于 2010 年初再到该图书馆的大厅时已见不到这幅历史老照片了）。还要看到，祭祀也是各种宗教活动的基本行为方式。作为犹太教也不例外，他们通过祭祀仪式和祭祀、约柜、烛灯等祭礼器物，具体而生动地反映了宗教信仰和宗教观念，借此将神与人结合在一起，使人神化了。

7－10. 马克思和恩格斯是生长生活在西方宗教世界，熟知宗教《圣经》的，所以他们也常常用“圣经”比喻经济学。马克思在 1857 年 1 月 15 日致恩格斯的一封信在评述浦鲁东时说他在巴黎出版了一部“经济学的圣经”，马克思做梦也未曾想到当 1886 年 11 月 5 日恩格斯为英文版《资本论》写序言中明确写到“《资本论》在大陆上常常被称为‘工人阶级的圣经’”。19 世纪中叶，自马克思的“工人阶级的圣经”问世以来，当时资产阶级及其御用文人先后对它采取了沉默计、剽窃计和矛盾计，借以扼杀《资本论》的出版和传播。与此相反，德国社会民主工党作出了全党学习《资本论》的决议，党内思想家和活动家梅林、工人理论家狄慈根写出了书评推荐，考茨基在恩格斯的指导下创作了《马克思的经济学说》著作成为介绍《资本论》的第一个科普解说读本。到了 20 世纪的上中叶，资产阶级政府及其学者对《资本论》不甘心其广为传播又采取了过时计、无用计和禁书计，借以否定和攻击《资本论》；然而此时在社会主义国家已把《资本论》作为领导科学、公民科学和信仰科学。我国经济学家洪远朋主编了一套《新编资本论》

介绍说，在中国第一个著文提到马克思和《资本论》的是蔡尔康，他在1899年《万国公报》上发表的文章中曾讲到马克思著有《资本论》一书。1902年和1903年，梁启超在《新民丛报》上，1903年，马君武在《译书汇编》上都多次提到了马克思和他的《资本论》。但第一个较为详细介绍《资本论》内容的是朱执信。他于1906年写了《德意志社会革命家小传》一文，其中约有300字具体评介了《资本论》的理论。到了1919年以后，李大钊在《我的马克思主义观》和《马克思的经济学说》两篇文章中，正确地谈到了《资本论》的基本思想。1920年10月在上海出版的《国民》月刊第二卷第三号上刊载了一篇《资本论》自叙，就是《资本论》第一卷德文版的序言。最早的中译本，是1932年上海昆仑书店出版的陈启修的译本，其次是1932年北京出版的两种译本，一个是国际学社出版的王慎明、侯外庐的译本，另一个是东亚书局出版的潘冬舟的译本。此外还有1934年上海商务印书馆出版的吴半农的译本，以上版本都是第一卷，有的只是第一卷的一部分。值得指出的是，1938年由上海读书出版社出版了郭大力、王亚南的全译本。顺便指出，郭大力为我们江西吉安人。1953年这个译本作了一些修改，由人民出版社出版，1963年底起又出了这个译本的修订第二版。从1972年起又出了中共中央马克思、恩格斯、列宁、斯大林著作编译局的全译本。现在，这两种译本同时在国内发行和传播。

对马克思主义的信仰，是中国革命胜利的一种精神动力

7－11. 我们党的三代领导人非常重视马克思《资本论》在中国的学习、应用和传播的。毛泽东同志带了个好头。他在游击战争、出生入死的年代创作的《矛盾论》（《毛泽东选集》第1卷，307—380页）、《改造我们的学习》（《毛泽东选集》第3卷，799页）和《整顿党的作风》（《毛泽东选集》第3卷，817页）三篇文章中都提到了《资本论》，并从学风和方法的角度上说明了《资本论》的重要意义。然而颇为费解的是，2001年厦门大学举办我国著名经济学家、《资本论》翻译家王亚南先生诞辰百年纪念活动时，于光远先生作为贵宾曾在一间教室讲座时竟然说毛泽东没有读过《资本论》，当时笔者和厦门大学吴宣恭教授等人感到十分惊讶！在20世纪50年代的后期我有机会在北京教育学院听过恩师于老讲过一堂精彩的经济核算问题。但是，如古希腊一位著名哲人讲过的一句名言，吾爱吾师，吾更爱真理。所以，我至今认为于老此言恐怕不符事实。《邓小平文选》在谈到宣传毛泽东思想时嘱咐我们不要丢掉马克思主义这个根本东西时，两次提到了《资本论》(《邓小平文选》第1卷284页；《邓小平文选》第3卷41页)；他还以“绿叶对根的情意”，反复强调在改革开放和现代化建设中不能忘记“老祖宗”，而且他明确指出，“对马克思主义的信仰，是中国革命胜利的一种精神动力”[19]。在党的十一届三中全会的解放思想和实事求是的思想路线指引下，1983年于无锡市成立了全国《资本论》研究会，1984年全国学习《资本论》第二卷，不久国内大量出版了《资本论》的解说、注释和科普著作；同时全国综合性大学、师范大学、财经院校和党校四大教育系统开设了《资本论》，其中河北经贸大学在出台的读书制度中硬性规定学生不读《资本论》等经典著作不能毕业，等等。但好景不长。写到这儿，笔者联想到一则故事。记得在20世纪80年代中期，某综合大学经济系成立了一个《资本论》研究室。当年为了申报第二年的研究经费给科研处打了一份报告，结果只批了人民币150元。记得那时经济系在生物楼办公，我们除了经常闻到了福尔马林的气味之外，也知道他们经常用荷兰鼠、大白兔做解剖，每逢冬季他们还从市场上买回两条狗做解剖。那时市价一条狗是80元，两条狗合计是160元。当知道才批给我们人民币150元研究《资本论》时，我们这些“信徒”对此颇有感慨，难怪马克思《资本论》背时！研究祖宗之道的给150元，而解剖研究两条狗的竟给160元。用现在流行的话来讲这哪里谈得上“国民待遇”！下附赵敦华主编《西方人学观念史卷》第六章插图：

参考文献

①《马克思家书集》，人民出版社2003年版，第10页。

②郭瑞增主编：《情商这样提高》，蓝天出版社2007年版，第4页。

③庄恩岳主编：《人生每日忠告》，华文出版社2004年版，第4页。

④《球球时报》2009年5月13日。

⑤王明君著：《模糊艺术论》，安徽教育出版社1991年版。

⑥何新著：《艺术分析与美学思辨》，时事出版社2001年版。

⑦（美）萨缪尔森、诺德豪斯：《经济学》（上册），中国发展出版社1992年版，第22页。

⑧《马克思恩格斯选集》第2卷，人民出版社1972年版，第113—114页。

⑨李泽厚著：《美学三书》，天津人民出版社2003年版，第16页。

⑩（德）梅林著：《马克思传》，人民出版社1972年版，第452页。

⑪马克思：《资本论》，人民出版社1975年版，第831—832页。

⑫《马克思恩格斯全集》第3卷，人民出版社1995年版，第459页。

⑬林虞生：《古代艺术三百题》，上海古籍出版社1989年版，第281页。

⑭《马克思恩格斯选集》第2卷，人民出版社1972年版，第2页。

⑮王泓远：《艺术资本论》，中国经济出版社2006年版，第291—292页。

⑯《外国著名思想家译丛文库》歌德篇，中国社会科学出版社1992年版。

⑰张隆栋主编：《大众传播学总论》，中国人民大学出版社1993年版，第1页。

⑱马克思：《资本论》第1卷，人民出版社1975年版，第36页。

⑲《邓小平文选》第3卷，人民出版社1993年版，第63页。

⑳《参考消息》2004年2月14日。

后 记

本书得益于江西财经大学经济学院学术基金的全额资助。也得到了王小平教授（博士生导师）、陈富良教授（博士生导师）、方宝璋教授（博士生导师）和陶永立资深教授的赏识和支持，在此一并表示诚挚的谢意！还要衷心感谢中国财政经济出版社前社长杨天赐、张立宪副总编辑、刘五书主任的关心和策划，和本书责任编辑卢关平的编辑和修润工作。今天是我的节日——“感恩节”。我要向关心、支持和帮助过我的人，再说一声，谢谢！

作者

2010 年 11 月 15 日